高等学校人工智能通识教育系列教材

# 生成式人工智能通识

主　编　郭春生
副主编　邓发云
编　委（按拼音排序）　董若剑　何雪梅　江艳萍　靳瑛杰
梁一博　王　琼　王　洋　吴志强
夏琬钧　杨　勇　朱维凤

中国教育出版传媒集团
高等教育出版社·北京

内容简介

　　本书聚焦于生成式人工智能这一新兴的生产力工具，致力于帮助读者提升生成式人工智能素养。书中围绕日常学习与工作中高频出现的需求，挑选了国内外数十款通用型及垂直领域的生成式人工智能工具。通过对这些工具在一系列关键场景中的应用进行梳理，剖析其与传统工具的差异，并详细解读其功能与使用方法，也对其局限性与使用风险进行了分析。

　　本书减少理论内容，注重实用性与可操作性，适合应用型大学、职业院校教学及愿尝试新技术以提高学习工作效率的读者使用。

**图书在版编目（CIP）数据**

　　生成式人工智能通识／郭春生主编；邓发云副主编．
北京：高等教育出版社，2025.8． -- ISBN 978-7-04
-065286-4

　　Ⅰ．TP18

　　中国国家版本馆 CIP 数据核字第 20257TZ013 号

SHENGCHENGSHI RENGONGZHINENG TONGSHI

| 策划编辑 | 王　硕 | 责任编辑 | 王　硕 | 封面设计 | 王　鹏 | 版式设计 | 董思含 |
| 责任绘图 | 马天驰 | 责任校对 | 王　雨 | 责任印制 | 高　峰 | | |

| | | | | |
|---|---|---|---|---|
| 出版发行 | 高等教育出版社 | | 网　　址 | http://www.hep.edu.cn |
| 社　　址 | 北京市西城区德外大街 4 号 | | | http://www.hep.com.cn |
| 邮政编码 | 100120 | | 网上订购 | http://www.hepmall.com.cn |
| 印　　刷 | 广东新京通印刷有限公司 | | | http://www.hepmall.com |
| 开　　本 | 787 mm×1092 mm　1/16 | | | http://www.hepmall.cn |
| 印　　张 | 21 | | | |
| 字　　数 | 470 千字 | | 版　　次 | 2025 年 8 月第 1 版 |
| 购书热线 | 010-58581118 | | 印　　次 | 2025 年 8 月第 2 次印刷 |
| 咨询电话 | 400-810-0598 | | 定　　价 | 49.80 元 |

# 前　言

　　清晨的智能语音助手用温柔的话语唤醒沉睡的城市，暮色中的智能驾驶车辆在车水马龙间自如穿梭，人脸识别系统在交通枢纽与写字楼里完成毫秒级身份核验，智能推荐系统比我们更懂自己，我们已然置身于这一场由人工智能深度重塑的时代浪潮中。这场由算法与数据驱动的技术革命，正以颠覆性力量改写人类社会的运行轨迹，将曾经存在于科幻想象中的场景，变成触手可及的日常。

　　在智能驾驶、人脸识别、个性化推荐等人工智能技术面前，普通人更多是以被动消费者的身份与之接触。然而，以 ChatGPT、DeepSeek 为代表的生成式人工智能技术的出现，彻底打破了这一局面。作为一种全新的生产方式，生成式人工智能高效生成文本、图像、音视频、程序等多元内容，在决策辅助、效率提升等方面发挥作用，成为个体强大的生产力工具。

　　生成式人工智能的革新意义，远不止于技术层面，更是一场生产关系的深刻变革。它通过模拟人类的创造力，突破了传统内容生产的局限，驱动了从"人力密集型"到"智能驱动型"的转变。这种转变不仅提升了内容生成的效率，更重塑了创作者与工具之间的关系，让技术成为赋能个体、激发创意的有力伙伴。它打破了知识与技能的传播壁垒，使更多人能够参与到内容创作的浪潮中，从而推动整个社会生产力的跃升，开启了一个个全新的生产范式。与此同时，生成式人工智能的"幻觉"现象以及使用者的依赖性带来了深远的影响，其广泛应用也引发了诸多法律和伦理问题。

　　在人机共生的时代浪潮中，生成式人工智能素养，涵盖生成式人工智能思维、技能与伦理，正逐渐成为新时代个体适应社会变革、攻克复杂难题的关键。能够正确且高效地与生成式人工智能技术互动，生成优质内容，并借助这些内容进行有效沟通与创新创造，已成为数字智能时代个体立足社会、应对挑战的核心能力之一。在这样的时代背景下，系统学习和提升生成式人工智能素养，是把握未来机遇的重要之举。

　　本书聚焦于生成式人工智能这一高效生产力工具，致力于助力读者提升生成式人工智能素养。本书紧扣日常学习与工作中高频出现的需求，系统梳理了生成式人工智能在高效信息搜索、辅助阅读、文本图像视频创作、辅助编程、数据处理、知识产权与创业等关键应用场景中的卓越表现。书中精心挑选了国内外数十款通用和垂直领域的生成式人工智能工具，剖析它们与传统工具的差异，详细解析其功能特性和使用方法，帮助读者精准匹配自身需求。同时，本书还分析了生成式人工智能的局限性与不当使用问题风险，强调人类创造力与批判性思维的不可替代性，倡导"AI 辅助决策，人类定义方向"的人机协同理念。

本书减少了理论内容，注重实用性和可操作性，旨在编写一本知识性强、可读性好、人人能用的实用指南。它非常适合应用型大学和职业院校的教学需求，也非常适合愿意尝试新技术、提高学习和工作效率的所有读者。

技术向善，智启未来。生成式人工智能能显著提升工作效率，但内容的最终品质仍源于人的认知与创造力。愿每一位读者都能在本书中找到专属的生成式人工智能实践答案，在人工智能的浪潮中，书写属于自己的精彩篇章。

本书的完成，离不开众多研究者与实践者的智慧贡献。编委会全体成员深度参与了西南交通大学生成式人工智能素养通识课程的建设和授课，并精心撰写了本书的全部内容。在此，我们感谢同学们提供的宝贵反馈，同时感谢本书引用文献的各位作者，他们深邃的思考与智慧为本书的撰写提供了极大的助力。感谢本书所使用的生成式人工智能工具的开发者与经营者，他们为人工智能领域的发展做出了不可磨灭的贡献，也为本书的创作提供了坚实的技术支撑。

受编者水平所限，书中难免存在诸多不足之处。我们恳请各位专家学者以及使用本书的广大读者对书中存在的问题予以指正。

编　者
2025 年 4 月

# 目 录

# 第一章　了解生成式人工智能

## 1.1　人工智能与生成式人工智能

在当今时代，人工智能正从单纯的技术工具，逐步演变为重构社会运行的全新基础设施。2022 年发布的 ChatGPT，凭借其自然流畅的多轮对话、高效精准的问答能力，以及生成论文、小说、电子邮件、编程代码等各类文本的强大功能，迅速在全球范围内掀起了一场技术风暴，并全面渗透至教育、生产、商业等社会基础领域。2025 年，深度求索（DeepSeek）的崛起同样引发了全球的广泛关注，它通过低成本训练和开源开放的策略，迅速占领市场，并成功接入我国的政务、教育以及企业系统，有力地推动了国产人工智能生态的重构。

在杭州某重点中学的智慧课堂中，人工智能学情分析系统正实时追踪数十名学生的解题轨迹，借助知识图谱技术自动生成个性化的错题本，为每个学生量身定制学习方案；在成都某大学的图书馆里，即将毕业的李同学正利用人工智能技术解析海量文献，进行学术写作的语法纠错和降重，高效地撰写本科毕业论文；在深圳科技园中，程序员小张每天借助人工智能代码助手完成 30% 的常规编码工作，从而将更多的精力投入创新架构设计之中；在北京某三甲医院里，专家团队借助医疗影像人工智能系统，仅用 3 分钟便完成了原本需要 2 小时的病理分析；在广东某地区，数十名人工智能公务员已经"上岗"，24 小时不间断地为大众提供服务……

现在，这些场景已经随处可见，它们生动地展示了人工智能已经深度融入我们的学习、工作和生活的方方面面。在这个全新的时代，人工智能素养正逐渐演变为数字公民的核心竞争力，成为高素质人才自主学习能力、创新能力以及创业能力的重要支撑。

## 1.1.1　人工智能

在生命的演化长河中，"智能"并非仅是一次偶然的馈赠，而是多次独立涌现的奇迹。在当代自然界的诸多角落，这一演化奇观仍在不断上演：新喀里多尼亚乌鸦能够巧妙地制作带有倒钩的树枝，将其作为捕食工具，展现出惊人的创造力；章鱼则通过精准投掷贝壳驱赶竞争者，彰显出卓越的决策能力；而大象群体更是会通过长时间的守候以及覆盖枝叶的仪式化行为，深情地哀悼离世的同伴。这些行为无不体现了不同生物在各自演化路径上所展现出的独特智能。

然而，人类凭借更为发达的大脑、卓越的语言能力、深邃的抽象思维以及文明的传承与积累，使自身的智能在演化舞台上显得独一无二，并创造出令人叹为观止的文明成就。如今，人类甚至开始创造全新的"人工智能"，开启了探索未知的崭新篇章。

人工智能（artificial intelligence，AI）是一门新兴的技术科学，专注于研究和开发用于模拟、拓展以及延伸人类智能的理论、方法、技术及应用系统。其核心目标是赋予机器一系列关键能力，使其能够像人类一样高效地处理复杂任务（图1-1），这些能力包括：

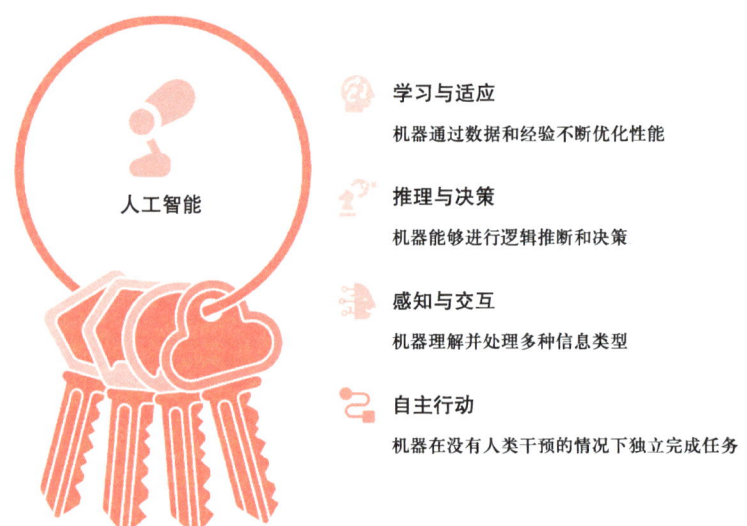

**学习与适应**
机器通过数据和经验不断优化性能

**推理与决策**
机器能够进行逻辑推断和决策

**感知与交互**
机器理解并处理多种信息类型

**自主行动**
机器在没有人类干预的情况下独立完成任务

图1-1　人工智能的四大核心能力

（1）学习与适应：机器能够通过数据积累和经验反馈不断优化自身的性能。

（2）推理与决策：机器能够针对复杂问题进行逻辑推断、规划和决策。它们能够在短时间内分析大量信息，并制定出最优的解决方案。无论是棋类游戏中的人工智能对手，还是自动驾驶系统中的路径规划模块，都体现了机器在推理与决策方面的强大能力。

（3）感知与交互：机器能够理解并处理多种类型的信息，包括图像、语音和文本等。人脸识别技术能够精准地识别个体身份，自然语言处理技术则能够让机器与人类进行流畅的对话交流。这些能力使机器能够更好地与人类互动，并在各种应用场景中提供支持。

（4）自主行动：机器能够在动态变化的环境中独立完成任务。无论是机器人在复杂环境中的自主导航，还是智能客服系统对用户问题的自动响应，智能体完成端到端的任务闭环，都展现了机器在自主行动方面的进步。它们能够在没有人类直接干预的情况下，根据预设的目标和环境条件，自主地执行任务并进行相应的调整。

2024 年，诺贝尔物理学奖被授予了美国普林斯顿大学的约翰·霍普菲尔德（John J. Hopfield）和加拿大多伦多大学的杰弗里·辛顿（Geoffrey E. Hinton）。这一奖项旨在表彰他们在"基于人工神经网络实现机器学习的基础性发现和发明"方面所做出的卓越贡献。霍普菲尔德教授提出了著名的霍普菲尔德神经网络，该网络以类似物理学中自旋系统的能量方式，实现了信息的高效存储与重建，为神经网络的研究开辟了新的路径。而辛顿教授则发明了玻耳兹曼机，这一发明为现代深度学习的发展奠定了坚实的基础，开启了人工智能领域的新纪元。

同时，2024 年诺贝尔化学奖被授予了三位在蛋白质设计和结构预测领域做出杰出贡献的科学家。美国华盛顿大学的大卫·贝克（David Baker）因其在"计算蛋白质设计"方面的开创性工作获得了该奖项一半的奖金。另一半奖金则授予了 DeepMind 公司的德米斯·哈萨比斯（Demis Hassabis）和约翰·乔普（John M. Jumper），以表彰他们在"蛋白质结构预测"方面的卓越成就。他们所开发的 AlphaFold2 模型成功攻克了困扰科学界 50 年的蛋白质结构预测难题，为生命科学研究带来了革命性的变革，开启了生命科学领域的新篇章。

诺贝尔物理学奖和化学奖授予推动人工智能研究的科学家，这不仅是对他们在各自领域所取得的突破性成果的高度认可，更预示着人工智能技术的发展已经从关键的突破期迈向了对社会产生更广泛影响的新阶段。这一举措不仅是对过去几十年来人工智能研究者们不懈努力的肯定，更是对未来人工智能技术将如何更深入地融入人类生活的展望。

经过数十年的飞速发展，人工智能已经悄然渗透到日常生活的各个角落，成为推动社会进步和变革的重要力量。

表 1-1 展示了人工智能在日常生活场景中的一系列典型应用实例。这些应用部分已经高度成熟，并无缝融入我们的日常生活，其智能化的存在甚至让人难以察觉；而另一些应用仍在持续发展与完善之中，预计在不远的将来，也将成为我们日常生活中不可或缺的一部分。

表 1-1　一些人工智能在日常生活中的典型应用实例

| 领域 | 应用 | 具体应用场景 |
| --- | --- | --- |
| 自动驾驶 | 无人出租车 | 城市道路中，乘客通过手机下单，无人出租车自动前往乘客定位地点接载乘客，按照导航规划路线行驶，自动避让行人、车辆等，到达目的地后自动停车并完成费用结算。 |
| 人脸识别 | 安防监控 | 小区门禁系统通过人脸识别实现居民的无感通行。在机场、车站等公共场所，通过摄像头，实时对过往人员进行人脸识别，与数据库中的人员信息进行比对，实现对可疑人员的预警和追踪。 |

续表

| 领域 | 应用 | 具体应用场景 |
|------|------|------------|
| 医疗健康 | 辅助诊断 | 医生将患者的计算机断层扫描（CT）、核磁共振成像（MRI）等医学影像数据导入辅助诊断系统，系统利用人工智能算法对影像进行分析，识别出病变区域、判断疾病类型和严重程度，为医生提供诊断参考。 |
| 智能制造 | 质量检测 | 在汽车制造、电子产品制造等生产线上，利用机器视觉和人工智能算法对产品进行实时检测，快速识别产品表面的划痕、裂纹、孔洞等缺陷，自动将不合格产品分拣出来。 |
| 智慧交通 | 交通控制 | 根据路口的车流量、人流量等实时数据，精准监测路段拥堵情况，预测交通拥堵的发生时间和位置，减少拥堵，提高交通运行效率。 |
| 金融科技 | 风险评估 | 金融机构在进行贷款审批、信用卡发卡等业务时，利用人工智能算法对客户的个人信息、交易记录、信用记录等多维度数据进行分析，评估客户的信用风险和违约概率，为金融决策提供依据。 |
| 教育科研 | 辅导教学 | 学生在学习过程中，智能辅导系统根据学生的学习进度、知识掌握情况，为学生提供个性化的学习计划和辅导内容，如针对学生的薄弱知识点推送相应的练习题和讲解视频。 |
| 人形机器人 | 家政服务 | 帮助老年人或行动不便者完成家务劳动，如扫地、擦桌子等；陪伴儿童玩耍、给儿童讲故事；为家庭成员提供简单的医疗健康监测等服务。 |

　　表 1-1 中所列举的人工智能技术大多应用于专业领域或特定范畴，它们在各自的细分领域内稳步发展，虽然广为人知，但多数人并未给予特别关注。然而，以 ChatGPT 为代表的生成式人工智能的出现，彻底改变了这一局面，人工智能从此真正走进了大众视野。

## 1.1.2　人工智能的发展历程

　　当我们谈及人工智能时，其并非横空出世，其发展源头可追溯至久远的古代。从古代的幻想萌芽到现代科技的落地，人工智能始终与科学技术的发展紧密相连。

　　在中国古代文献中，关于人造生命或智能机械的描述屡见不鲜。《列子·汤问》中"偃师造人"的故事便是经典案例。偃师用木头和皮革等材料制作出一个能歌善舞、栩栩如生的机器人，甚至能模仿人类的动作与情感。虽为虚构故事，却生动反映了古人对创造智能生命的渴望与想象。

　　西方文化中也有类似的幻想。犹太传说中的"魔像"（Golem）是一种由人工制造、拥有强大力量的生物，通常由犹太学者通过神秘仪式创造，用于抵御外敌。这些传说虽带有宗教和神秘色彩，却同样体现了人类对智能生命的向往。

　　为了节省时间和脑力劳动，人类一直在发明和改进计算工具。中国人将珠子串在框架的线柱上，发明了筹策（或称算筹），使其更便于使用和携带，但其功能仅限于简单的加法和减法，未达到自动化程度。

　　1642 年，法国哲学家兼数学家布莱兹·帕斯卡（Blaise Pascal）发明了第一台真正的机械计算器——加法器（Pascaline）。1837 年，英国的查尔斯·巴贝奇（Charles Babbage）设计了世界第一台可编程计算机。1943 年，麦卡洛克（McCulloch）和皮茨（Pitts）建立了单个神经元的第一个数学模型——MP 模型，提出人工神经网络的概念，开创了人工神经网络研究的时代。

随着科技的飞速发展，计算机技术也日新月异。1950 年，艾伦·图灵（Alan Turing）提出"图灵测试"，让机器智能的概念进入公众视野。1956 年，达特茅斯学院的人工智能夏季研讨会（达特茅斯会议）正式使用"人工智能"（artificial intelligence，AI）这一术语，标志着人工智能学科的诞生。

自 1956 年达特茅斯会议奠定学科基础以来，人工智能历经符号主义、连接主义、行为主义等多个发展阶段。2010 年之后，以深度神经网络为基石的机器学习技术取得重大突破，其中生成式人工智能作为最具颠覆性的分支，正在深刻改变人类认知世界的方式。

表 1-2 列举了 2010 年后生成式人工智能发展的一些关键事件。自 2023 年起，生成式人工智能领域几乎每周都有重大事件涌现。2025 年，DeepSeek 的发布，不仅推动了 AI 技术的快速迭代，还在全球范围内掀起了模型部署和应用接入的热潮。

**表 1-2　2010 年后的生成式人工智能发展大事记**

| 年份 | 大事记 |
|---|---|
| 2014 年 | Ian Goodfellow 提出生成对抗网络（GAN），通过生成器与判别器的对抗训练机制，首次让生成式人工智能具备从零生成逼真内容的能力，成为生成式人工智能领域的重要技术基石。 |
| 2016 年 | DeepMind 发布 WaveNet 模型，利用深度神经网络生成接近人类水平的语音，被应用于 Google Assistant 等产品。<br>微软推出聊天机器人"小冰"，初步展示生成式人工智能在诗歌创作和对话生成上的潜力。 |
| 2017 年 | 欲歌（Google）提出 Transformer 架构，为自然语言处理（NLP）和跨模态生成奠定基础。<br>微软"小冰"发布全球首部 AI 生成的诗集《阳光失了玻璃窗》，引发对生成式人工智能文学创作的广泛讨论。 |
| 2018 年 | 英伟达（NVIDIA）发布 StyleGAN 模型，支持高分辨率人脸生成，生成图像的真实性首次接近专业摄影水平。<br>DeepMind 推出 DVD-GAN 模型，能够生成连续视频片段，尽管时长较短（约 5s），但标志着 AI 在动态内容生成上取得突破。 |
| 2021 年 | OpenAI 推出 DALL-E，并在一年后推出 DALL-E2，可以根据简单的文字描述生成极高质量的卡通、写实、抽象等风格的图像，成为人工智能生成内容的重要组成部分。 |
| 2022 年 | OpenAI 发布 ChatGPT，引爆生成式人工智能领域热潮，成为 AI 发展史上的转折点。 |
| 2023 年 | "生成式人工智能"搜索量指数上升，公众对这一领域兴趣浓厚，人工智能从此真正走进了大众视野。生成式人工智能开始融入各行各业，成为提高生产力的工具。<br>基于大模型实现的生成式人工智能在多模态、长文本处理和文生视频等方面取得了新突破。 |

续表

| 年份 | 大事记 |
|---|---|
| 2024 年 | 智能化应用爆发式增长，全球涌现的新应用相当于过去 40 年间出现的应用数总和。<br>多模态生成式人工智能模型受到关注，提升了智能化应用中的信息丰富度和全面性。<br>Sora 的出现标志着生成式人工智能在视频领域的技术日益成熟，市面上出现多款生成式人工智能视频产品。 |
| 2025 年 | DeepSeek 发布，其凭借低成本、高性能、开源与开放的特点，引发了全球技术、市场与政策层面的深刻变革。它推动了 AI 技术的普惠化，降低了行业门槛，对全球算力市场和资本市场产生了重大冲击。<br>Manus 发布，作为全球首款通用 AI 智能体，通过技术创新推动了 AI 从被动应答向主动执行的范式转变，为 AI 产业发展提供了新方向。<br>ChatGPT 的更新以及马斯克发布 Grok3 等事件，推动生成式人工智能向更高水平发展。 |

生成式人工智能的黄金时代已然拉开帷幕，未来的发展令人期待。

## 1.1.3　生成式人工智能

生成式人工智能（generative AI，GAI）作为人工智能领域中极具潜力的关键技术分支，尽管诞生时间不长，却已在我们的生活、学习和工作中引发了深远的变革。它凭借强大的内容生成能力，迅速成为推动各领域创新的重要力量。

生成式人工智能是一种基于算法、模型和规则自主或半自主生成文本、图像、音频、视频、代码、3D 交互内容（如虚拟化身）等全新原创内容的技术。其核心特征在于通过对大规模数据集的学习，模拟事物的内在规律，并实现创新性内容的创造。这种技术不仅能够高效地生成多样化的内容，还能够根据用户需求进行个性化定制，展现出巨大的应用潜力。

人工智能生成内容（AI generated content，AIGC），特指由人工智能生成的符合用户需求或偏好的内容，涵盖文本、图像、音频、视频、程序代码等各种形式。

由于其广泛的应用、深远的影响以及为大众所熟知，AIGC 这一缩写正逐渐被赋予更丰富的内涵。例如，腾讯研究院发布的《AIGC 发展趋势报告 2023》指出，广义上的 AIGC 实际上就是生成式人工智能。当我们谈到 AIGC 时，不仅指人工智能生成的内容，更涵盖了利用人工智能技术自动或半自动生成文本、图像、音频、视频、代码等内容的技术，以及这种全新的生产方式。

受当下热门应用场景以及媒体聚焦热点的影响，在互联网交流的特定语境里，当大众谈及 AI 时，大比例人群实际所指的是 AIGC 技术，尽管这种指代并不精准，但却切实反映出一种语义范畴的悄然变迁。这一语义层面的微妙偏移，深层次地折射出技术持续演进与公众主观感知间相互依存、彼此塑造的共生格局。

AIGC 在多个领域展现出了强大功能，为人类的创作、决策、数据处理以及人机交互带来了前所未有的变革（图 1-2）。例如：

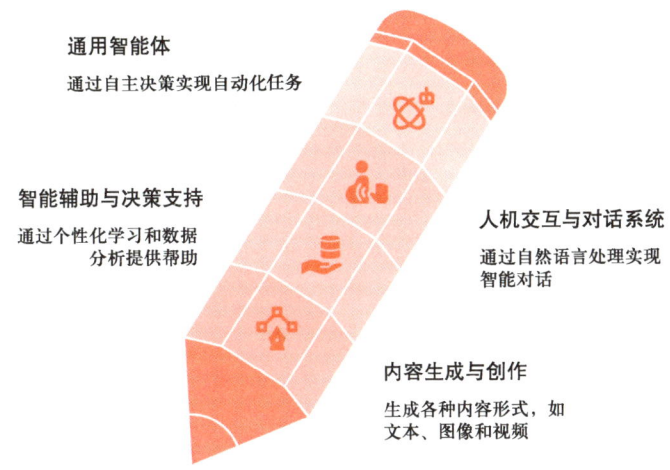

通用智能体
通过自主决策实现自动化任务

智能辅助与决策支持
通过个性化学习和数据
分析提供帮助

人机交互与对话系统
通过自然语言处理实现
智能对话

内容生成与创作
生成各种内容形式，如
文本、图像和视频

图 1-2　AIGC 在多个领域（内容生成与创作、智能辅助与决策支持、
人机交互与对话系统、智能体等应用方面）展现出了强大功能

（1）内容生成与创作：AIGC 能够生成多种形式的内容，如文本、图像、音频、视频、程序等。在文本方面，可用于创作小说、新闻报道、学术论文、诗歌等，能根据给定的主题、风格和要求自动生成连贯且有逻辑的文本内容。在图像领域，能生成逼真的绘画、设计图、插画等，甚至可以对图像进行编辑和优化。在音频和视频方面，AIGC 可以合成语音、创作音乐，以及生成视频内容，包括动画、特效视频等，为创意产业提供了强大的创作工具。AIGC 辅助编程可以智能生成代码片段、优化算法逻辑、自动修复错误以及提供实时代码建议等，显著提升编程效率与质量，降低开发门槛，助力程序员更高效地实现复杂功能开发。

（2）智能辅助与决策支持：AIGC 技术可以作为智能助手，帮助人们处理各种任务。例如，在学习中，AIGC 能为学生提供个性化学习路径、海量知识资源和高效学习工具，助力学生提升学习效率、拓展知识边界，激发学习兴趣与创造力，让学习更轻松有趣、富有成效。在科学研究中，AIGC 可以帮助科研工作者处理和分析大量的数据，发现数据中的隐藏模式和规律。在医疗领域，AIGC 可以辅助医生进行病历分析、疾病诊断和治疗方案推荐；在金融领域，AIGC 可以协助分析师进行市场趋势预测、风险评估和投资决策等。

（3）人机交互与对话系统：AIGC 推动了人机交互技术的发展，能够构建智能对话系统，例如 ChatGPT（chat generative pre-trained transformer）就是由 OpenAI 研发的一款聊天机器人程序。这些系统可以理解人类的自然语言输入，并以自然流畅的方式进行回应，实现与用户的多轮对话，解答各种问题，逐步完成各项任务，满足用户的各种需求。在游戏、虚拟现实等领域，AIGC 技术可用于创建虚拟角色与玩家或用户进行对话和交互。

（4）通用智能体：作为 AIGC 技术的核心应用领域之一，AI 智能体凭借其感知环境、自主决策与执行行动的能力，通过规划、记忆和工具调用等功能模块，在自动化任务、客户服务、内容创作等多个领域实现了显著突破，充分展现了 AIGC 技术的强大潜力与价值。

自问世以来，AIGC 便在全球范围内引发了广泛关注，并引发了相关产业的深刻变革。以 ChatGPT 这一现象级产品为代表，AIGC 被微软创始人比尔·盖茨盛赞为堪比互联网诞生、智能手机问世的划时代技术革命，其影响力足以重塑人类科技发展的轨迹；《麻省理工科技评论》将 AIGC 视为过去十年中人工智能领域最具潜力和前景的突破性进展之一，充分彰显了其在学术研究与实际应用层面的双重价值。

如今，随着技术研发的不断推进，AIGC 正以日新月异的速度持续进化。正如 DeepSeek 创始人梁文峰所说，AIGC 将深度融入人们的日常生活，成为像水和电一样基础且不可或缺的存在，全方位、深层次地渗透到人类的生产劳动以及衣食住行的各个环节，重塑人类社会的运作模式。

## 1.1.4　AIGC 的价值和影响

### 1. 新的产业革命

在历史进程中，技术的突破性发展常常成为国家命运转折的关键支点，通过引发产业革命重塑全球格局与人类工作模式。从蒸汽机到人工智能，每一次技术革命都伴随着权力结构的重构、经济范式的颠覆以及社会形态的演进。当下我们正处于第四次工业革命的浪潮之中，聚焦人工智能领域，中美两国已然开启了一场白热化的角逐。

细究之下，人工智能带来的产业变革与过往数次产业革命存在诸多共通之处：

（1）人工智能作为一种通用目的技术，其影响力正广泛渗透至整个经济社会。正如蒸汽机开启了工业革命，电力推动了大规模生产，电子技术和自动化技术引领了信息化浪潮，人工智能正在成为推动人类进入智能时代的关键力量。它不仅提升了生产效率，还催生了众多新兴业态。

（2）人工智能的发展正在引发一场生产力革命。它通过优化生产流程、提高决策效率、创造新的商业模式等方式，极大地提升了社会生产力。例如，在制造业中，人工智能技术的应用可以实现生产线的智能调度和优化，提高生产效率和产品质量。这种生产力的提升与历史上工业革命中技术进步带来的影响有着相似之处。

（3）人工智能对社会的影响是多方面的。它不仅产生了经济增长、服务民生等正面效应，还引发了法律、伦理等问题。这种复杂的社会影响与历史上技术革命的影响类似，都对社会秩序和公共管理体制提出了新的挑战。

### 2. AIGC 对大学生学习的影响

随着人工智能技术的迅猛发展，人类正加速迈向人机协同的文明新形态。在社会个体层面，尤其是当下的大学生群体，作为熟练运用 AIGC 工具的先锋力量，正面临着前所未有的机遇与挑战。AIGC 技术的普及既为他们开辟了崭新的发展空间，也带来了诸多亟待解决的问题。

人工智能时代，"大学生应该学什么、怎么学"这一问题引发了广泛思考和讨论，然而，目前这一问题仍未有确切的定论。不过，或许我们可以从以下几个关键方面展开深入探讨：

（1）AIGC 为大学生的学习带来了诸多便利，极大地丰富了学习体验和效率（图 1-3）。

个性化的学习支持
根据个人需求定制
学习路径

丰富的学习资源
提供广泛的教育材料

人机协同
促进互动学习体验

提高学习效率
通过自动化任务节省
时间

降低学习成本
提供经济高效的学习
解决方案

图 1-3　AIGC 对大学生学习的赋能

**个性化的学习支持**：它根据学生的学习进度、兴趣和能力，为其量身定制学习路径，精准推送适合的学习内容。同时，AIGC 还能实时跟踪学生的学习情况，提供即时反馈和指导，帮助学生及时纠正错误并巩固知识，这种个性化的学习方式能够有效提高学习效果。

**显著提升学习效率**：作为效率工具，AIGC 能够进行快速处理数据统计、文献梳理等重复性工作，例如将长录音转为文字、总结课堂内容，辅助阅读和写作，生成 PPT 等，从而释放学生的时间和精力，使其能够专注于深度思考和创造性活动。通过 AI 数字人导师提供全天候、实时的答疑服务，并辅助生成创意脚本、优化视觉设计，帮助学生更好地完成创作项目。

**提供丰富的学习资源**：AIGC 能够搜集和整理海量的优质教学资源，包括教材、课件、练习题等。此外，借助虚拟现实（VR）和增强现实（AR）技术，AIGC 还能为学生创造沉浸式的学习场景，例如虚拟实验室、历史场景重现等，让学生在更加直观和真实的环境中学习，从而加深对知识的理解和记忆。

**明显降低学习成本**：AIGC 工具提供免费或低成本的服务，例如智能检索学习资料，通过自然语言处理生成个性化学习内容、实时反馈学习状态等。这种模式使学习成本大幅度降低，使更多学生能够享受到优质的学习资源和服务。

**以人机协同促进学习**：学生可以通过对话式交互与 AIGC 展开深度讨论，例如在项目化学习中发起初始提问、拓展追问，并基于反馈优化方案设计。人机协同有望成为未来社会运转的基本模式之一，而学生通过与 AIGC 的交互式学习，可以尽早掌握并适应这种全新的协作模式，为未来的发展奠定坚实的基础。

（2）大学生的核心能力架构正被重塑，学习力、创新驱动力以及批判性思维的锻造均被赋予了新内涵。

**重构学习能力**：在传统教育模式下，大学生的学习多聚焦于知识记忆与重复练习。AIGC 的出现促使学习能力从单纯的知识记忆向认知重构转变。突破知识记忆的束缚后，大学生需重新分配时间与精力，全方位拓展自身能力边界，锻造终身学习能力与人工智能素养，精准驾驭 AIGC 工具助力学习，持续适应知识更新的浪潮。

**高标准创新要求**：AIGC 为大学生的创新能力提供了新的支持和挑战。通过多模态数据整合，AIGC 能够激发学生的创造力，帮助他们打破传统思维的局限。AIGC 时代对大学生的创新能力提出更高要求，大学生需要借助 AIGC 工具，主动探索多元创意、高效实现创意落地、参与跨学科实践、勇于试错与持续迭代、主动寻求个性化反馈，全面提升创新能力。

**强化批判性思维**：在 AIGC 时代，信息获取越发便捷，但信息过载与虚假信息问题也随之而来。AIGC 生成的内容虽丰富，却常伴随幻觉与错误，亟须批判性思维来甄别判断。大学生需要提升信息甄别能力、逻辑分析能力，保持质疑精神，学会多角度思考，强化证据意识，积极参与批判性讨论，以及定期进行反思与自我修正，全方位提升批判性思维能力，从而在海量信息中精准筛选，形成独立、客观的判断。

（3）AIGC 的不当使用问题也不容忽视。

**学术不端行为易发**：AIGC 技术的便捷性使得部分大学生在完成作业和论文时过度依赖 AI 生成内容，甚至直接抄袭 AI 输出的结果，导致学术不端行为。此外，AI 生成的论文和作业往往存在"幻觉问题"，可能会虚构文献或数据，严重影响学术诚信。

**思维惰性与创造力抑制**：长期过度依赖 AIGC 完成学习任务，可能会引发思维惰性，从而削弱学生的创造力和独立思考能力，其批判性思考能力也可能随之下降。一旦离开人工智能的辅助，他们可能会陷入无助与焦虑之中。部分学生在使用 AIGC 后，对自身创新思维的评价出现"自我夸大"的现象，然而其实际创新能力并未显著提升。

**伦理风险**：AIGC 的使用还潜藏伦理风险。其生成内容可能包含偏见或不准确信息，学生若盲目接受，易在知识体系中植入错误认知。同时，AIGC 的滥用还可能导致人际互动减少，进而阻碍情感智力和同理心的发展。

AIGC 对大学生学习影响深远。大学生应合理利用 AIGC，发挥其优势，提升学习效果，同时避免依赖与不当使用，培养自身核心能力与素养。

### 3. AI 对就业创业的影响

AIGC 对就业市场产生了深远的影响，既对传统职业造成了冲击，又带来了新的就业机会和发展方向（图 1-4）。

（1）对传统职业的冲击：AIGC 技术的核心优势在于其能够高效地生成文本、图像、音频等多种形式的内容，这使一些重复性、低技能的工作岗位受到冲击。例如，在内容创作领域，文案撰写、设计制图等工作可以通过 AIGC 技术快速完成，从而降低了对传统人力资源的需求。

（2）新的就业机会：尽管 AIGC 技术冲击了部分传统职业，但它也创造了新的就业机会。例如，AIGC催生了人工智能训练师、提示词工程师等新兴职业。这些职业需要从业者掌握AIGC技术，并能够将其应用于实际工作中。此外，AIGC技术还推动了岗位的升级，一些与内容相关的岗位如策划、编辑、设计等，增加了"具备AIGC经验"作为加分项。

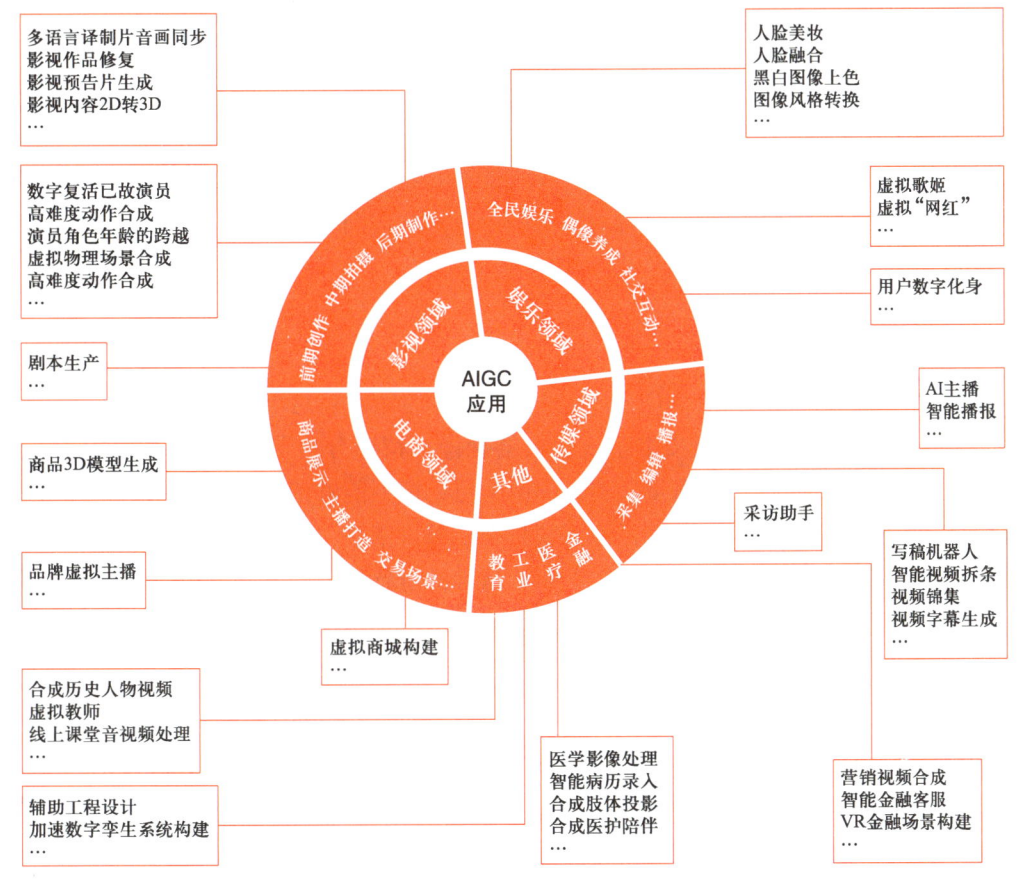

图1-4　AIGC在商业领域的探索和应用

（3）就业结构的变化：AIGC技术的应用导致就业结构发生变化。世界经济论坛发布的《2023年未来就业报告》测算，未来5年全球企业预计创造约6900万个新的工作岗位，其中增长最快的工作类型大部分与人工智能和数字化相关。预计数据分析师、大数据专家、人工智能和机器学习专家等从业者的工作机会将大幅增长。同时，AIGC技术也促使一些从业者转向更具创造性和情感投入的领域，如创意策划、品牌塑造等。

**案例1-1：**义乌宏盛玩具厂老板娘孙丽娟，利用Chinagoods AI智创服务平台的小商AI视创小程序，录制好带口型的中文产品介绍视频，小程序能按照指令智能生成36种外语的文案，并与视频结合，一键生成对应的外语视频。这些视频发布到社交平台后，为她带来了大量订单。此外，她还利用AI工具进行图片处理，用手机拍摄产品后，AI工具可自动生成白底图和各种场景图，节省了时间和成本。

# 1.2  AIGC 的技术原理

## 1.2.1  AIGC 的核心技术

AIGC 的核心技术，包括自然语言处理、生成对抗网络、变分自编码器、Transformer 架构、扩散模型和多模态技术等，各自从不同的角度和层面为人工智能生成内容提供了强大的支撑。

### 1. 自然语言处理

自然语言处理（NLP）是 AIGC 中生成文本内容的关键。它承担着理解人类自然语言并生成相应文本的重任，涵盖文本生成、机器翻译、情感分析与文本摘要等多个关键领域。在文本生成方面，通过对海量文本数据的学习，模型能够依据给定的主题或提示，生成逻辑连贯、语义通顺的文本。机器翻译则打破了语言壁垒，使不同语言之间的信息交流畅通无阻。情感分析帮助计算机理解文本背后蕴含的情感倾向，无论是喜悦、悲伤还是愤怒，都能精准识别。而文本摘要技术，能从长篇幅的文本中提炼出关键信息，大大提高信息获取效率。

### 2. 生成对抗网络

生成对抗网络（GAN）为数据生成带来了全新的思路。它由生成器和判别器这对相互博弈的"对手"组成。生成器如同一位富有创造力的艺术家，努力生成新的数据，如图像、音频等；判别器则像一位严格的评审，仔细甄别生成数据的真伪。在这场持续的对抗训练中，生成器的能力不断提升，最终生成高质量的数据。例如在图像生成领域，GAN 可以创造出逼真的风景、人物图像等。

### 3. 变分自编码器

变分自编码器（VAE）在图像生成和语音合成等领域大显身手。它借助编码器和解码器的协同运作来生成新的数据样本。编码器将输入数据映射到一个潜在空间，在这个空间中提取数据的关键特征；解码器则依据这些特征重构或生成新的数据。

在图像生成方面，VAE 可以根据给定的分布特性生成具有特定特征的图像。在语音合成中，它能够根据输入的语音特征或者文本语义信息合成自然的语音。VAE 的一个优势在于它可以学习数据的概率分布，从而能够在生成新数据时更好地控制生成的多样性和质量。

### 4. Transformer 架构

Transformer 架构凭借基于注意力机制的独特设计，打破了传统循环神经网络和卷积神经网络的局限，使模型在处理长序列数据时能够更好地捕捉全局信息。在自然语言处理领域，基于 Transformer 架构的模型（如 BERT、GPT 系列等）显著提升了文本生成和翻译的质量。

在文本生成方面，Transformer 架构可以对整个文本序列进行建模，而不仅仅像传统的循环神经网络那样依赖于局部信息。这使生成的文本在逻辑连贯性和语义准确性方面有更好的表现。在机器翻译中，Transformer 架构能够更好地处理不同语言之间的语法和语义差异，提高翻译的准确性和效率。而且，Transformer 架构的可扩展性使它可以处理不同规模的数据，在大型语言模型的构建方面表现出色。

### 5. 扩散模型

扩散模型（diffusion model）通过逐步去除噪声的巧妙方式来生成数据。它从一个完全随机的噪声图像开始，利用模型逐步预测并去除噪声，最终生成清晰、高质量的图像。这种模型具有高精度和良好的可扩展性，能够生成几乎以假乱真的图像，满足不同场景的需求。而且，随着模型规模的扩大和训练数据的增加，扩散模型在生成复杂场景、特殊风格的图像方面有着巨大的潜力。这一技术也在不断发展，被应用于虚拟现实、数字艺术等多个领域。

### 6. 多模态技术

多模态技术是 AIGC 的一个重要发展方向，它整合文本、图像、音频和视频等多种模态的信息，让计算机能够理解和处理更加复杂的内容。例如，在影视制作中，编剧可以通过编写故事脚本（文本），然后利用多模态技术直接生成对应的故事板和视频预览。在教育领域，多模态技术可以根据教学内容生成包含文字、图像、音频的教学资源，满足不同学习风格的学生需求。同时，多模态技术还可以应用于虚拟现实和增强现实领域，为用户创造更加沉浸式的交互体验。

### 7. 模型上下文协议（MCP）

模型上下文协议（MCP）是一种开放标准协议，旨在标准化大型语言模型（LLM）与外部数据源和工具之间的通信。它类似于 USB-C 接口，为 AI 应用连接各种数据源和工具提供了标准化的方式。MCP 遵循客户端-服务器架构，通过标准化接口，使开发者可以一致地将各种数据源和工具连接到 AI 模型，同时确保数据安全性和可扩展性。它为多个领域提供了可能性，如增强 AI 助手、智能代码编辑器、复杂数据分析与知识管理等。

以上核心技术并非孤立存在的，而是相互交织、相互促进的。自然语言处理为多模态技术提供了文本理解和生成的基础；生成对抗网络、变分自编码器和扩散模型为图像、音频等数据的生成提供了多样化的手段；Transformer 架构则为各种技术在处理大规模数据时提供了高效的解决方案。它们共同构成了 AIGC 技术体系的基石，推动着 AIGC 在各个领域的广泛应用和不断创新。

这些技术均为人工智能领域的前沿成果，代表了当前科技发展的前沿方向。在本通识课程中，由于课程的性质和时间限制，我们仅对其核心概念进行非常扼要的介绍，未能深入探讨其复杂而精妙的原理。对于那些对这些前沿技术充满热情并渴望深入了解的同学，强烈推荐你们修习人工智能专业课程。在那里，你们将有机会系统地学习相关知识，深入剖析技术原理，掌握前沿应用，并与志同道合的伙伴们共同推动人工智能发展。

## 1.2.2 AIGC 生成内容的过程

AIGC 的内容生成过程是一个多步骤、多技术协同的复杂系统，其核心流程主要包括数据准备、模型训练、内容生成以及后处理与优化等阶段。尽管不同模态（如文本、图像、视频）的生成逻辑各有特点，但都遵循这一基本框架。

### 1. 数据驱动的学习

每个 AIGC 系统都需经历类似人类的学习阶段——数据预训练。

首先，需要准备高质量的数据，包括收集、清洗和标注大量的文本、图像或其他模态数据。这些数据是模型学习的基础。

在预训练阶段，语言类模型会接触海量的文本，学习语言的结构和语义，就像一个孩子在不断听别人说话来学习语言一样。这些模型通过多样化的学习方式来精准把握语言的精髓。有的模型采用自回归方式，逐字逐句地预测下一个词，就像我们在写作文时思考下一个字怎么写；有的则采用自编码器方式，通过理解上下文来猜测被掩盖的词，就像我们根据上下文理解句子的意思一样。

对于图像类模型，它们会学习数百万张图像。有的通过自监督学习，比如把图像切成小块，让模型预测这些块的正确位置，就像我们在拼图游戏中学习图像的结构；有的则通过对比学习，让模型区分相似和不相似的图像，就像我们通过比较来认识不同的物体一样。

### 2. 概率拼接的内容生成

在完成基础学习之后，AIGC 的内容生成过程展现出独特的数字智慧。当人们向 AIGC 输入指令或提示词时，这些信息首先被转化为机器能够理解的数字形式。如果是文本，文字会变成蕴含语义特征的数学向量；如果是图像，则被拆解为像素坐标数据。这种转化让机器能够"理解"抽象概念，比如将"未来城市"精准对应到金属光泽、几何建筑等视觉元素的组合。

概率拼接的核心在于概率模型。以文本生成为例，机器会根据输入的提示词，在其学习过的海量文本数据中寻找相关的词序概率分布，按照概率大小依次拼接生成新的文本内容。比如输入"未来城市"，模型会先生成与"未来"相关的词汇，如"高科技""智能"，再生成与"城市"相关的词汇，如"摩天大楼""交通网络"，并合理地将它们组合起来，生成一段描述未来城市的文本（图1-5）。

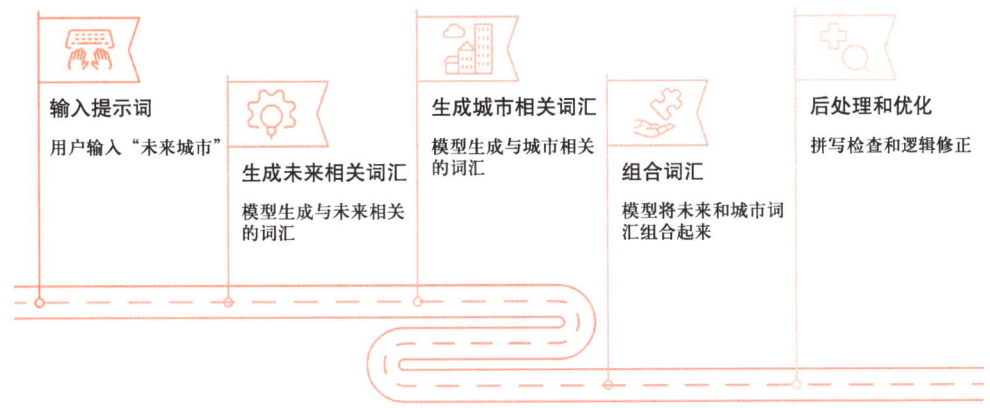

图1-5　一个描述"未来城市"的文本生成过程简单示意

概率拼接依赖于大量的数据学习和分析。数据的质量和数量直接影响生成内容的质量和多样性。它还具有随机性，每次生成的结果都可能不同，这使生成的内容具有多样性，但也可能带来不稳定性和不可控性。不过，随着数据量的增加和模型结构的优化，概率拼接的创造机制可以不断扩展和提升，生成更加丰富和高质量的内容。

在内容生成完成阶段，AIGC 还会进行后处理与优化。系统会对生成的文本进行拼写检查和逻辑修正，确保内容的准确性和连贯性。同时，根据新的数据和用户的反馈，模型会不断改进和完善自身，例如通过人类偏好的数据进一步优化回答的质量，从而让生成的内容更加贴近用户的期望和实际需求。

### 3. 创新瓶颈与技术突破

尽管 AIGC 展现出令人惊叹的创作能力，但目前的系统大多停留在"模仿创新"的阶段，难以真正突破知识边界，实现颠覆性的创造。例如，在文本生成方面，可能会产生逻辑自洽但事实错误的伪科普文章；在图像生成方面，也很难创作出完全脱离训练样本的全新艺术风格。这种局限源于 AIGC 的"概率拼接"本质，其所有输出均为已有数据要素的重新组合。

为了突破这些瓶颈，科研人员正沿着多个方向推进技术革新。一方面，将 AIGC 与外部知识库深度融合，引入结构化的知识图谱，使其能够更好地理解概念之间的关系，从而生成更准确、更有深度的内容。另一方面，小样本学习技术的出现显著降低了对数据量的依赖，赋予了 AI"举一反三"的思维能力。同时，可解释性工具的研发也在不断推进，通过热力图示等技术直观展示 AI 的创作决策过程，致力于打开模型的"黑箱"。

## 1.3　AIGC 工具的分类和选择

　　当前，AIGC 领域的各类模型与工具犹如雨后春笋般不断涌现，其数量之庞大令人瞩目。这些工具的应用场景极为广泛，从文本生成到图像创作，从语音合成到视频编辑，几乎涵盖了内容创作的每一个角落，为不同行业的用户提供了丰富多样且极具针对性的选择（图 1-6）。

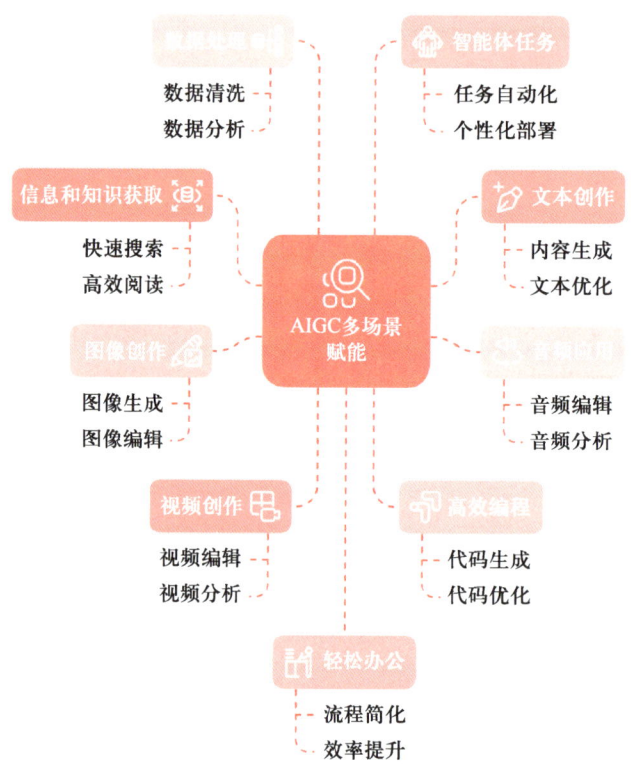

图 1-6　AIGC 在智能搜索、高效阅读、文本创作，图片生成、
音视频生成、辅助编程、办公等多场景应用

　　据中国信通院发布的《全球数字经济白皮书（2024 年）》显示，截至 2024 年 7 月，全球基础大模型数量已高达 1328 个，其中中国拥有 478 个，占比超过三分之一。由天津市人工智能学会联合多方发布的《2024 年全球 AIGC 产业全景报告》指出，随着 AI 大模型的广泛普及，AIGC 产业正加速从模型层向场景应用层转变，并对众多领域产生了深远影响。各种垂直大模型和专业 AIGC 工具在营销、传媒、金融、医疗、教育、娱乐、办公、制造、科学发现等多个领域掀起变革浪潮。这些模型各具特色，有待使用者进一步挖掘与探索。

### 1.3.1　AIGC 工具的分类

AIGC 工具数量繁多且迭代迅速，其分类方式丰富多样，主要取决于使用者的具体需求、应用场景以及对技术细节的关注程度。

从生成内容的类型来看，AIGC 可分为文本生成、图像生成、音频生成、视频生成和程序开发等不同种类。从应用场景角度来看，AIGC 可广泛应用于智能对话、创意设计、办公效率提升、企业应用等诸多领域。

从使用方式上来说，AIGC 工具可分为通用型工具和专业型工具。通用型工具，如 ChatGPT、豆包、元宝等，能够处理多种类型的任务，适用于广泛的场景；而专业型工具则针对特定领域或行业定制，例如医疗、教育、科学发现工具等，它们在特定领域的功能更加专业、精准。

与通用大模型不同，推理大模型专注于逻辑推理和复杂问题的解决。例如，DeepSeek R1 能够处理复杂的因果、演绎、归纳等逻辑关系。如今，许多工具都推出了"深度思考"选项，这正是推理大模型的应用体现。这种模型通常针对特定领域进行了优化，以更好地适配其逻辑规则和知识体系。此外，混合推理模型，如谷歌的 Gemini 2.5 Flash 和阿里巴巴的千问 3，将多种推理技术或模式结合在一起，以实现更高效、更灵活的问题解决能力。

### 1.3.2　AIGC 工具的选择

AIGC 工具数量庞大且迭代速度迅猛。每个人都面临着如何挑选合适工具的挑战，以更好地提升学习、科研和工作效率。

在众多选择策略中，挑选当下最为流行的模型往往是一种相对稳健且风险较低的策略。以应用市场为例，在 iOS APP、安卓应用以及华为应用的排行榜中，那些名列前茅的产品，通常都经过了市场的广泛检验和用户的高度认可，选择它们大多不会出错。同理，借助权威机构发布的 AIGC 工具排行榜来挑选排名靠前的工具，也是一种较为可靠的选择方式。例如、中国报告大厅网发布的《2025 年 AICC 品牌排行榜》、AIGCRank 每月发布的中国 AI 应用排行榜，以及德本咨询发布的《年度 AIGC 应用创新 TOP30 榜单》等，都是极具参考价值的榜单。

但若要实现更深入、更精准的应用，我们则需要从技术特性、应用场景、成本效益及合规性等多维度因素出发，进行系统性的考量。

#### 1. 明确核心需求与场景适配

（1）明确核心需求：对于个人而言，学习需求可能关注的是高效的知识提取和整理，如通过 AIGC 生成复习笔记；工作需求可能聚焦于文本生成或数据分析，比如撰写报告或处理数据；而科研需求则更注重工具的学术性和专业性。对于企业来说，不同业务场景的需求也各有不同。例如，客户服务场景需要精准的自然语言理解和快速响应能力；产品设计场景则可能需要图像生成或创意激发功能。

（2）场景适配：市场流行的 AIGC 工具虽然具有通用优势，但在特定场景中的表现可能并不理想。比如适合生成个性化学习内容的工具可能在法律文本处理中就效果很差。因此，在选择 AIGC 工具时，需要结合实际应用场景进行精准匹配，确保工具的功能与需求高度契合。

### 2. 评估工具的性能与局限性

（1）生成质量：不同的模型在生成质量上可能存在差异，有些模型生成的文本可能更自然、更贴近人类的写作风格，而有些模型生成的文本可能在某些方面存在不足，如语言生硬、逻辑不连贯等。在选择模型时，可以通过查看模型生成的示例文本、进行文本质量评估等方式来了解模型的生成质量。

（2）幻觉率控制：幻觉率是指模型生成的文本中出现虚假或不准确信息的概率。在一些对事实准确性要求高的场景，如新闻报道、学术研究等，幻觉率的控制尤为重要。高幻觉率的模型可能会生成误导性的信息，给用户带来困扰甚至造成不良后果。因此，在选择模型时，需要关注模型的幻觉率控制能力。

（3）推理速度：推理速度是指模型对输入信息进行处理并生成输出结果的速度。在一些对实时性要求高的场景，如在线客服、实时翻译等，推理速度是一个关键因素。不同的模型在推理速度上可能存在较大差异，有些模型可能需要较长的时间来生成结果，而有些模型则能够快速响应。

（4）可解释性：可解释性是指模型的决策过程和生成结果的可理解程度。在一些对决策可解释性要求高的领域，如金融、医疗等，了解模型的决策过程是非常重要的。例如，在金融风险评估中，金融机构需要了解模型是如何根据各种数据和因素得出风险评估结果的，以便进行风险管理和决策支持。一些模型通过基于规则的方法、可视化解释工具等方式来提高可解释性，使用户能够更好地理解模型的决策依据和逻辑。在选择模型时，需要根据具体应用场景对可解释性的要求来选择合适的模型。

（5）数据隐私和安全：在处理敏感数据的场景中，模型的数据隐私政策和安全措施无疑是至关重要的考量因素。部分模型可能需要访问并处理用户的个人数据、商业机密等极为敏感的信息。在这种情况下，选择的模型是否严格符合相关数据隐私法规与安全标准，不仅是法律的要求，更是对用户权益和企业声誉的保障。

对于涉及敏感数据的处理任务，许多企业和机构可能会更倾向于选择本地部署的模型。通过本地部署，企业可以更好地掌握数据的流向，实施定制化的安全策略，并对数据访问进行严格的权限管理。这种部署方式尤其适合那些对数据安全和隐私有极高要求的场景。

### 3. 选择的要点

（1）模拟真实场景测试：构建与实际应用场景高度相关的模拟环境，以此对模型进行全面测试。例如，科研团队则可以模拟文献综述撰写场景，检验模型在资料整合以及启发创新观点方面的能力。通过在真实任务的压力下对模型进行实战测试，深入了解其在实际应用中的表现，从而为选型决策提供有力支持。

（2）多轮迭代对比：开展多轮测试对比，逐步筛选出最适合的模型。在首轮测试中，重点评估模型的基础性能，例如通用知识问答能力。随后，不断引入新的数据以及更复杂的任务，进行迭代测试。通过持续的优化选型，找到能够与自身需求动态适配的最优模型组合，确保模型在实际应用中具备强大的性能和稳定性。

（3）建立组合选型策略：对于复杂任务，单一模型往往难以满足多样化的需求。此时，需要选择具有多元能力的模型进行协同工作。根据不同任务的特点和需求，合理分配模型的职责。

**案例 1-2**：在跨境电商运营中，合理运用多种先进工具能够显著提升工作效率与质量。例如，借助 Gemini Ultra 强大的多语言翻译能力，可以精准地完成商品描述和客服沟通的翻译工作，确保全球客户能够顺畅地获取信息并进行交流，从而提升客户满意度和购买转化率。同时，利用 Claude 对各国贸易政策进行深入审查，能够有效规避潜在的政策风险，为业务的合法稳健发展保驾护航。此外，选择具有低成本优势的 Llama 来处理日常订单查询等基础任务，不仅能够优化成本效益，还能确保基础业务流程的高效运转。充分利用不同模型的优势，可以构建起一个高效的工作闭环，从而显著提升任务完成的成效。

## 1.4　AIGC 素养

### 1.4.1　数字素养到生成式人工智能素养

#### 1. 数字素养

数字素养作为一种基础性能力，是数字时代公民所必需的关键技能。个体若要成为合格的数字公民，必须具备良好的数字素养，这不仅有助于其理解并有效运用数字技术，还能使其深刻洞察这些技术所蕴含的社会、文化与道德影响。

2018 年，联合国教科文组织（UNESCO）在发布的"数字素养全球框架"中，将数字素养划分为五个核心组成部分：信息素养、通信与协作素养、创造素养、解决问题素养以及安全素养。2021 年，我国在《提升全民数字素养与技能行动纲要》中对数字素养与技能进行了定义（图 1-7），将其视为"数字社会公民在学习、工作与生活中应具备的数字获取、制作、使用、评价、交互、分享、创新、安全保障以及伦理道德等一系列素质与能力的集合"。2022 年，欧盟发布的《公民数字素养框架（2.2 版）》则将数字素养细分为五个方面：信息与数据素养、通信与协作素养、数字内容素养、安全素养以及问题解决素养。

图 1-7 《提升全民数字素养与技能行动纲要》中对数字素养与技能的定义

　　虽然不同机构、国家在对数字素养标准的界定上各有侧重，但均高度强调了信息获取与数字工具运用等基础能力的核心地位，一致认可数字安全与伦理道德在数字社会中所发挥的至关重要的作用，同时着重凸显了创新与问题解决能力的不可或缺性。它们不仅注重数据处理、隐私保护以及协作能力的培养，更强调数字素养的全面性与创新性，致力于推动数字素养在技术层面与个体能力提升方面的协同发展。此外，这些定义还特别强调数字素养在社会、经济与文化领域的综合应用价值，着重突出隐私保护与规范性的重要性，以确保数字素养的发展能够更好地适应数字时代的多元化需求，为个人与社会的可持续发展奠定坚实基础。

### 2. 生成式人工智能素养

　　随着人工智能技术的蓬勃发展，数字素养的内涵正在发生深刻的变革。人工智能素养作为数字素养的重要组成部分，愈发凸显其关键价值。人工智能时代的来临，是数字化与智能化深度融合的必然结果，现代公民已然置身于一个数智化高度融合的社会环境之中。这种融合渗透到生活的各个角落，从智能家居设备的智能控制，到在线购物平台的个性化推荐，再到智能交通系统的优化调度，无一不体现出人工智能对现代社会的深远影响。公民需要具备相应的素养来适应这种环境，否则可能会在信息爆炸和智能化服务的浪潮中迷失方向。

　　然而，多数人工智能技术，如智能驾驶、人脸识别、个性化推荐等，大多局限于专业领域或特定范畴，普通人往往只是这些技术的被动消费者。但以 ChatGPT、DeepSeek 为代表的 AIGC 技术和工具的出现，彻底改变了这一局面。AIGC 作为一种全新的生产方式，无论是在内容生成、决策辅助，还是工作效率提升等方面，都能够成为个体强有力的生产力工具。在人机共生的时代背景下，AIGC 技术的崛起大幅降低了技术操作的门槛，转而更加突出使用者对领域知识和技术逻辑的理解。

AIGC 技术在全球范围内的广泛影响，使数字素养标准的制定与能力培养亟待与时俱进，以适应技术发展的新趋势。在此背景下，生成式人工智能素养（AIGC 素养）作为未来公民教育的新发展方向应运而生。AIGC 素养应当被理解为一种综合能力，即能够灵活运用并深度理解 AIGC 技术，主动思考并挖掘技术潜力，同时在技术使用过程中做出正确且符合伦理道德的决策。它不仅强调在技术普及的基础上，进一步提升公民对技术的深度理解和创新应用能力，还要求公民能够在技术使用过程中做出正确且符合伦理道德的决策。

AIGC 对教育领域提出了新的要求。教育内容需要更新，以涵盖 AIGC 技术的基本原理、应用方法以及相关的伦理道德问题。教育方式也应变革，采用项目式学习、探究式学习等方式，让学生在实践中提升 AIGC 素养。同时，教师的角色也需要转变，从传统的知识传授者变为学生学习的引导者和合作者，帮助学生建立正确的价值观和道德观。

## 1.4.2　AIGC 素养

中文"素养"一词最早见于《后汉书·卷七四下·刘表传》，其中提到"越有所素养者，使人示之以利，必持众来"，其本意指平日的修养。从广义上来说，它涵盖了道德品质、外表形象、知识水平与能力等多方面的内容。

经济合作与发展组织（OECD）指出素养具有以下四个特征：

（1）时代性：素养依存于特定的社会与时代背景；

（2）整体性：素养是知识、能力与态度的有机整合；

（3）发展性：素养可以通过特定的教育手段加以培养和提升；

（4）可测性：素养能够通过明确、可操作且可评估的指标进行量化与衡量。

这四方面意味着，凡是在特定情境中，有助于个体适应社会或解决复杂问题的能力与技巧，均可归为素养范畴。

2018 年，联合国教科文组织进一步拓展了素养的定义，将其表述为"使用与情境相关的所有材料进行识别、理解、解释、创造、交流和计算的能力"。

由此可见，当个人身处特定情境，面对生活中复杂多变的问题时，能够灵活运用和调动自身的知识、技能、判断等能力，去观察和理解世界，构建解决问题的方案，并通过实际行动去验证对世界的认知是否合理，从而提升自身的胜任力，创造新的知识与价值，这种综合能力与表现被称为"素养"。

目前，业界尚未对 AIGC 素养形成统一的定义。然而，参考 2023 年以来具有广泛影响力的国际组织发布的报告、指南及国际标准，尤其是联合国教科文组织、我国及欧盟所发布的数字素养框架，结合数智公民适应 AIGC 技术发展的需求以及本课程的重点探讨内容，我们可以从思维、技能和伦理三个维度来深入理解 AIGC 素养的内涵。

### 1. AIGC 思维

AIGC 思维是一种深度整合 AIGC 技术的思维方式。AIGC 思维包括四个方面，分别指指对 AIGC 基本原理、技术架构和应用场景的了解；对 AIGC 对社会和个人的价值的认知；具备"与 AIGC 协同"的人机协同思维模式；同时要求深刻洞察 AIGC 技术所蕴含的潜在风险。AIGC 思维内涵的二、三级指标和内容如表 1-3 所示。

表 1-3　AIGC 素养体系下思维维度的二级、三级指标与主要含义

| 二级指标 | 三级指标 | 主要含义 |
|---|---|---|
| 体系化知识 | 了解定义术语 | 对 AIGC 相关术语的准确理解 |
| | 了解基本原理 | 了解该核心原理和规律 |
| | 了解发展历程 | 了解 AIGC 的发展历史 |
| | 了解应用范围 | 知晓 AIGC 在不同场景中的应用情况 |
| 价值的认知 | 社会价值认知 | 了解 AIGC 在社会经济、文化、教育、科学等领域的价值 |
| | 个人价值认知 | 了解 AIGC 在个人学习、科研、生活等方面的价值 |
| 人机协同思维 | 人机优势互补认知 | 了解人类和 AIGC 各自的优势 |
| | 人机分工与协作 | 明确人和 AIGC 在任务中的分工，有建立有效协作的思维 |
| | 人机系统性融合 | 人和 AIGC 作为一个整体系统进行考虑，实现深度融合的思维 |
| 风险的认知 | 意识形态风险 | 识别和理解 AIGC 可能引发的意识形态相关风险 |
| | 隐私风险 | 对个人数据的收集、存储、处理和使用可能对隐私造成的影响 |
| | 虚假信息风险 | 了解 AIGC 可能出现的虚假信息传播风险 |

（1）体系化知识：筑牢技术根基

了解 AIGC 的基本原理，尤其是机器学习、自然语言处理等关键技术术语，是构建 AIGC 思维的基石；通过梳理其发展历程，把握技术脉络，进而提升运用相关工具的能力，为后续的创新应用奠定坚实基础；广泛了解 AIGC 在不同领域的应用场景，如内容创作、智能客服、数据分析等，以便能够根据具体需求灵活运用 AIGC 技术。

（2）价值的认知：探索无限可能

AIGC 技术正在深刻改变我们的生产方式、生活方式和社会结构。它不仅提高了生产效率，推动了经济的快速发展，还在文化、教育、医疗等多个领域带来了创新变革，为人类文明的进步注入了新的动力。对个人而言，AIGC 技术提供了更多的学习机会、工作机会和创作空间，极大地丰富了人们的生活体验。因此，需要正确认识 AIGC 技术的积极意义，积极拥抱这一变革。

（3）人机协同的思维：发挥各自优势

人类拥有独特的创造力、情感共鸣以及道德判断能力，在复杂决策、人文关怀等领域

具有不可替代的价值；而 AIGC 在数据处理、逻辑分析、模式识别等方面表现出色，能够高效完成大量重复性任务。

人类可以借助 AIGC 强大的数据处理和分析能力，更全面地了解问题的本质，同时凭借自身的创造力、情感共鸣和道德判断能力，对 AIGC 系统的输出进行评估和优化，确保最终解决方案的合理性和有效性。这种人机协同模式以前所未有的崭新辅助方式，帮助人类高效且精准地完成任务，为解决复杂问题提供了新的思路和方法。

（4）风险意识：保持理性与警惕

AIGC 技术并非完美无缺，其潜在风险不容忽视。意识形态风险可能导致价值观的误导，进而影响社会风气与文化传承；隐私安全风险威胁个人数据保护，可能引发数据泄露等严重后果，损害用户权益；虚假信息风险可能误导公众舆论，扰乱社会秩序，影响社会稳定。全面认识 AIGC 的风险，可以在使用该技术时保持理性和批判性思维，趋利避害。

### 2. AIGC 技能

AIGC 技能是指将 AIGC 技术灵活运用于实际场景的能力，包括熟练运用 AIGC 工具、优化应用能力、决策辅助技能以及开发创造技能。这些能力相互关联、层层递进，共同构成一个完整的能力矩阵。AIGC 技能内涵的二、三级指标和内容如表 1-4 所示。

表 1-4　AIGC 素养体系下技能维度的二级、三级指标与主要含义

| 二级指标 | 三级指标 | 具体说明 |
|---|---|---|
| 工具操作技能 | 与 AIGC 互动 | 掌握与 AIGC 交互逻辑，善于提问、提供反馈 |
| | 选择合适工具 | 根据任务需求匹配 AIGC 工具 |
| | 熟练使用工具 | 掌握参数调优技巧，用提示词工程优化指令，处理模型输出异常（如幻觉内容过滤） |
| | 解决实际问题 | 将 AIGC 嵌入工作流，实现降本增效 |
| 内容优化技能 | 优化生成内容 | 综合运用多种手段，优化内容生成质量，实现内容的精准适配与持续优化 |
| | 内容评估 | 通过交叉验证事实数据源确保真实性，利用多维度指标量化生成内容的优劣，识别模型能力边界 |
| 决策支持能力 | 数据智能管理 | 通过数据分析、复杂问题拆解，提供决策的精准依据 |
| | 最优解探索 | 利用 AIGC 快速迭代、多次验证与迅速反应寻求最优解 |
| | 个性化支持 | 依据任务需求与个人能力，提供动态适配的个性化方案 |
| 创新开发能力 | 人机协同 | 实现人机优势互补、分工协同 |
| | 新范式开发 | 探索涌现能力应用，突破传统范式限制 |
| | 新领域拓展 | 开发跨学科应用 |
| | 技术生态构建 | 跨系统的无缝能力集成 |

（1）工具操作技能：技术应用的基础

工具操作能力是技术应用的基石。使用者需要突破传统工具认知的边界，建立动态的工具适配思维。根据任务特性，在文本生成、图像创作、数据分析、程序编写等工具谱系中精准选择，并通过提示工程构建高效的人机协作范式。这不仅要求使用者掌握参数调优、多模态转换等基础操作，更需要培养"工具链"思维，通过跨平台协作实现创意的迭代升级。

（2）内容优化技能：技术应用的进阶

内容优化能力是技术应用的进阶体现。面对生成式人工智能的"黑箱"输出，使用者需精心构建一套科学的质量评估框架，并巧妙运用风格迁移、参数微调等技术手段，实现内容的精准适配与优化。这一过程要求建立"生成—评估—迭代"的闭环优化机制，以确保内容不仅高质量，而且高度适配实际需求。

AIGC 技术虽强大，但其输出并非绝对可靠。因此，使用者必须培养敏锐的分析评估技能，避免盲目依赖技术。通过多工具交叉验证能力，有效规避算法偏见，通过对不同生成模型结果的比对，确保生成信息的可靠性和有效性。这不仅能够提升决策的科学性，还能在复杂多变的环境中助力使用者做出更加明智的决策。

（3）决策支持能力：技术的战略价值

决策支持能力彰显了 AIGC 技术的战略价值。依托其卓越的系统化数据分析能力，借助 AIGC 构建决策支持矩阵，将复杂问题拆解为一系列既可量化又可迭代的子模块。通过快速迭代的高效过程，持续探索并寻求最优解，为决策提供坚实且精准的依据。此外，AIGC 所驱动的个性化支持系统，能为知识的创造与传播开辟全新的路径与模式。

（4）创新开发能力：技术应用的前沿探索

创新开发能力标定了技术应用的前沿疆界。这要求使用者突破"工具消费者"的局限，要将 AIGC 能力转化为可复用的技能模块，实现从被动使用到主动创造的转变。突破传统框架，深入探索 AIGC 在新领域的应用潜力，挖掘创新模式，不断拓展其应用边界，从而推动技术与行业的深度融合与创新发展。

更进一步的前瞻性实践则体现在构建 AIGC 技术生态。通过 API 开放实现跨系统的无缝能力集成，打破技术孤岛，促进不同系统之间的协同合作。这种创新实践不仅推动了技术的进化，更引领了人机共生的创新范式，探索未来的技术发展和行业变革。

### 3. AIGC 伦理

AIGC 伦理是指在人工智能生成内容的过程中，应当遵循的道德原则与行为规范。它涵盖了 AIGC 训练所使用的数据、生成的内容以及其对社会产生的影响等诸多方面。AIGC 伦理框架需要构建一个多维度的平衡体系，既要在维护国家安全和文化主权的基础上，确保技术发展始终服务于人类的共同福祉，又要平衡技术发展与社会公平、个体权益保护等多方面的关系，如表 1-5 所示。

表 1-5　AIGC 素养体系下伦理维度的二级、三级指标与主要含义

| 二级指标 | 三级指标 | 含义 |
|---|---|---|
| 确保国家安全 | 确保政治安全 | 确保 AIGC 的意识形态正确 |
| | 确保文化安全 | 抵制和防范 AIGC 生成和传播的不良文化内容 |
| | 确保科技安全 | 确保 AIGC 技术的自主可控 |
| 数据伦理 | 来源合法性 | 数据采集需符合当地法律 |
| | 个人隐私保护 | 尊重他人隐私权，不开展非法收集和传播他人隐私、数据等侵权活动 |
| | 数据版权保护 | 使用受版权保护内容需获得授权，或通过"合理使用"原则规避侵权风险 |
| | 数据多样性 | 训练数据需覆盖多地域、多群体样本，避免地域或文化偏见 |
| | 数据代表性 | 确保数据反映真实社会分布（如性别、种族平衡），防止模型歧视 |
| 内容伦理 | 内容真实性 | 建立事实核查机制（如标注 AI 生成内容），禁止传播虚假信息 |
| | 内容准确性 | 优化模型训练逻辑，减少"幻觉现象" |
| | 知识产权保护 | 明确 AI 生成内容的版权归属，完善法律空白 |
| | 内容适当性 | 禁止生成暴力、色情、仇恨言论等内容 |
| 公平考量 | 尊重基本人权 | 确保 AIGC 技术应用不侵犯生存权、发展权等基本权利 |
| | 避免歧视偏见 | 审计算法公平性，消除种族、性别、宗教、经济地位等隐性歧视 |
| | 增进人类福祉 | 优先将 AIGC 用于医疗、教育等公共福利领域 |
| | 关怀弱势群体 | 充分尊重和帮助弱势群体、特殊群体，并根据需要提供相应替代方案 |
| | 强调人类监管 | 确保系统处于有效的人为监管和治理下，重大决策需人工审核。 |

（1）确保国家安全

政治安全、文化安全和科技安全作为国家安全的重要组成部分，与人工智能技术的发展密切相关，因此成为人工智能伦理的核心内容。"维护国家安全和社会公共利益"这一重要原则已被明确写入《生成式人工智能服务管理暂行办法》与《互联网信息服务深度合成管理规定》的首条条款之中，凸显了其在相关法规中的核心地位。此外，《新一代人工智能伦理规范》第二十条亦明确规定："严禁危害国家安全、公共安全和生产安全，严禁损害社会公共利益等"，进一步强化了这一原则在人工智能领域的约束力。

（2）数据伦理

AIGC 模型的训练依赖海量数据，而数据来源的合法性是其运行的基石。若数据收集和使用未经个人明确授权，尤其是涉及医疗、财务等敏感信息时，个人隐私将被严重侵犯。不同国家和地区均有法律法规规范数据的收集、存储和使用，AIGC 模型开发者必须严格遵守，确保数据来源合法合规。同时，许多文本、图像、音频等数据受版权保护，未经授权用于训练不仅侵犯原作者权益，还可能引发法律纠纷。

数据的多样性与代表性同样至关重要。训练数据需涵盖广泛且具有代表性的样本，以

保障生成内容的公正性和客观性。若数据存在偏差或单一化，生成内容可能带有偏见，影响其可信度和适用性。例如，若语言模型的训练数据主要来自某一特定国家或地区的文本，其生成内容就会偏向该地区的语言风格和文化观念，对其他地区的内容理解和生成则会存在偏差。此外，数据的多样性与代表性还能提升 AIGC 模型的适用性，使其在更广泛的场景中发挥有效作用。

（3）内容伦理

AIGC 生成内容的真实性、准确性、知识产权保护以及适当性等，已成为衡量 AIGC 技术应用价值和社会影响的关键指标。

AIGC 生成的信息应尽可能真实、准确，避免传播虚假或误导性内容，杜绝幻觉现象。在新闻、学术等领域，不准确的生成内容可能引发公众恐慌或误导决策。例如，在学术领域，不准确的研究内容可能误导后续研究方向，浪费科研资源。AIGC 生成的内容必须严格保护知识产权。一方面，AIGC 模型在生成内容时，应当避免对受版权保护的文本、图像、音乐等进行未经授权的复制或改编。另一方面，随着 AIGC 技术的发展，知识产权保护机制也需要不断创新。例如，目前关于 AIGC 生成内容的版权归属问题仍在探讨之中。

AIGC 生成的内容应符合社会道德和法律规范，避免包含暴力、色情、歧视等不当内容。这些不当内容不仅可能对社会价值观产生负面影响，还可能触犯法律。

（4）社会公平考量

AIGC 技术对社会的影响应从社会公平与个体权益保护等角度进行全面考量。AIGC 技术可能进一步加剧社会的数字鸿沟。资源丰富的群体可能利用该技术获取竞争优势，而资源匮乏的群体则可能被边缘化，难以享受到技术进步带来的红利，从而导致社会不平等的加剧。

AIGC 技术可能取代一些重复性、规律性的工作岗位，如数据输入员、客服代表等。社会需要积极采取措施，减少技术进步对弱势群体的负面影响，同时强调人本关怀理念，帮助受影响的群体顺利适应新的就业环境，确保技术发展成果能够惠及更广泛的人群。

## 1.4.3　AIGC 素养培养的目标

在 AIGC 时代，能够正确且高效地与 AIGC 技术互动，生成内容，并利用这些内容进行有效沟通与创造，已成为数智时代个体适应社会变革、应对复杂问题的核心能力之一，其内涵随着技术的发展而不断演进。在这样的背景下，大学期间学习和提升 AIGC 素养，显得尤为重要。下面我们从以下七个关键能力维度，理解并明确学习 AIGC 的目标（图 1-8），从而更有针对性地应对 AIGC 时代所带来的机遇与挑战：

### 1.　人机协同能力

要认识到人与机器各自的优势，学会与人工智能系统合作。一方面，人类具有创造力、情感理解、批判性思维和复杂问题解决能力等独特优势；另一方面，AIGC 能快速处理大量数据、提供信息参考、辅助完成一些繁琐的任务。大学生应善于利用 AIGC 工具，将其作为提升工作效率和质量的助手，共同完成复杂的项目和任务。

图 1-8　大学生 AIGC 素养培养的目标

### 2. 创新与创意能力

虽然 AIGC 能够生成内容，但创新和创意仍然是人类的核心竞争力。毕业生需要培养独特的创新思维，敢于突破传统思维的束缚，提出新颖的想法和解决方案。在 AIGC 时代，创新不仅仅是创造全新的事物，还包括对现有技术和资源的重新组合与利用，以满足不断变化的市场需求。

### 3. 终身学习能力

AIGC 技术发展迅速，相关知识和技能不断更新。大学毕业生需要树立终身学习的观念，持续关注行业动态和技术发展趋势，不断学习新的知识和技能，以适应 AIGC 时代的变化。这包括学习人工智能相关的基础知识、掌握新的 AIGC 工具和平台的使用方法，以及了解 AIGC 在不同领域的应用案例等。只有不断学习，才能在职业生涯中保持竞争力，不被时代淘汰。

### 4. 数据思维能力

AIGC 的发展依赖于大量的数据，毕业生需要具备数据思维，能够理解数据的价值，掌握数据收集、分析和应用的基本方法。在工作中，能够运用数据来支持决策、优化流程、发现问题和机会。

### 5. 批判性思维能力

AIGC 生成的内容并非完全准确和可靠，需要毕业生具备批判性思维，对其进行评估和判断。在接收 AIGC 提供的信息和建议时，要能够从多个角度进行分析，不盲目接受，善于发现其中可能存在的错误、偏见或不合理之处。批判性思维还包括对 AIGC 技术本身的反思，思考其潜在的影响和局限性，以便更好地利用它为人类服务。

### 6. 跨学科思维能力

AIGC 涉及多个学科领域的知识和技术，如计算机科学、数学、语言学、艺术等。大学毕业生应培养跨学科思维，打破学科界限，将不同领域的知识和方法融合运用。

### 7. AI 道德要求

AIGC 时代的道德要求与传统道德既有联系又有区别。在内容真实性、数据隐私、伦理道德、知识产权、透明度、人机共生以及技术向善等方面，AIGC 时代提出了新的挑战和要求。这些新道德要求不仅是技术发展的需要，也是社会可持续发展的保障。只有通过技术创新、伦理规范、法律监管和公众教育的共同努力，我们才能在 AIGC 时代实现技术与道德的和谐发展。

在教育领域，人工智能正彻底改变着以知识积累和传递为中心的教学模式，新一代人工智能技术可以胜任原本属于人类脑力劳动范畴的部分工作。如何通过多样化的人机协同模式不断提升学习者的主体性、能动性和实践性，最终让大规模的个性化学习普遍发生，成为"智能时代、教育何为"需要直面的重大命题。

生成式人工智能将人类绝大多数知识装进数字化知识容器中，重构了人类知识版图，成为大数据时代中一种新型的"知识提供者"。然而，生成式人工智能的局限性也是显而易见的，它对个体自主思考、判断、学习能力乃至伦理道德观提出了前所未有的挑战。

# 第二章 驾驭AIGC的核心能力——提示词工程

AIGC（AI generated content），即人工智能生成内容，指由人工智能依据用户需求或偏好所生成的内容，其形式丰富多样，涵盖文本、图像、音频、视频以及程序代码等多个领域。AIGC 的核心在于借助深度学习技术模拟人类的创造力，旨在达成高效且多样化的内容产出。不过，AIGC 生成内容的质量高低，很大程度上取决于人类输入的"提示词"，而这也是本章聚焦探讨的关键技能。

提示词在 AIGC 体系中扮演着至关重要的角色，它如同沟通人类认知与机器认知的桥梁，在技术实现与人文价值之间搭建起动态平衡的纽带。我们可以将提示词看作开启人工智能智慧库的"密码"，而这个智慧库的深度与广度，直接决定了 AIGC 生成内容的创新高度与应用价值。通过精心且系统地优化提示词设计，我们能够显著提升 AIGC 生成内容的质量、准确性与实用价值。

掌握 AIGC 提示词技巧可以在多个领域创造更大的价值。在知识获取方面，它能够大幅提升效率。借助精准的指令，复杂的理论可被迅速解构，晦涩的知识变得通俗易懂，人们获取知识的速度与深度可以得到质的飞跃。在学术研究领域，它能够实现多语言学术资源的无缝整合与深度剖析，为学者们打开全新的研究视野，推动学术范式的创新变革。同时，通过优化实验设计和构建科学的研究框架，它可以助力学者拓展研究边界，挖掘更多未知领域。在创新实践的舞台上，它是跨界融合的催化剂。它能够打破学科壁垒，促进不同领域的知识与技术相互碰撞，催生出富有创意的跨界解决方案。在数字素养提升领域，它能够塑造人机协同的思维模式。通过工具应用的持续迭代与反馈，形成深度学习、批判思考与创新实践相互促进、螺旋上升的良性机制，助力学习者实现从知识被动接收者到创新主动参与者的蜕变。这不仅是技术工具的运用能力，更是数字时代学习者必须具备的核心素养。

# 2.1　提示词工程概述

## 2.1.1　提示词工程基本概览

### 1. 提示词的基本概念

"提示词是给大语言模型（LLM）的指令，用于强制执行规则、自动化流程和确保生成内容具备特定质量（和数量）。提示词也是一种编程形式，可以自定义大语言模型（LLM）的输出和交互。"[1] 其核心在于将人类意图转化为机器可理解的结构化任务，是实现高效人机协作的关键纽带。技术框架如图 2-1 所示。

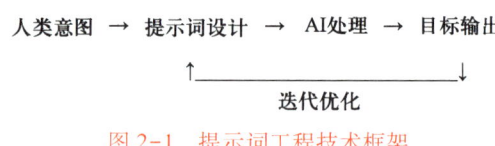

图 2-1　提示词工程技术框架

### 2. 提示词设计的核心作用

精心设计的提示词，可以让使用者有效把控人工智能生成内容的质量。结构化设计的提示词能大幅提升生成效率，而"跨界"设计的提示词则可引导 AIGC 探索创新路径。此外，在提示词中融入伦理约束，可确保 AIGC 生成的内容符合伦理与监管规范。

（1）质量控制：精准限定，确保内容相关性

通过精心设计提示词，使用者可精准划定 AIGC 的生成边界，保障内容的准确性与可靠性。例如，通过限定时间范围（如"2025 年"），指定数据来源（如"国家统计局"）、指定语言风格（如"正式"或"幽默"）、指定视觉风格（如"吉卜力动画风"或"水墨画风"）等提示词设计，能显著提升生成内容与需求的契合度。同时，运用负面提示（如去除图片水印、避免文本中出现政治敏感话题等）可以剔除不需要的内容，进一步增强内容的相关性，确保其符合特定场景需求。

（2）效率提升：结构化引导，减少试错成本

通过结构化设计提示词，可以引导 AIGC 结构化生成内容，大幅减少信息整合时间，降低试错成本。如采用分步指导与模板嵌套等结构化提示词设计技术可有效提升效率。

（3）创新引导：跨界融合，突破传统框架

通过跨领域参数耦合设计或假设情景模拟（如"设计 2030 年的城市排水系统"），可

---

① （White J, Fu Q, Hays S, et al. A prompt pattern catalog to enhance prompt engineering with chatgpt［J］. arXiv preprint arXiv：2302. 11382, 2023）

引导 AIGC 产出突破传统思维框架的成果。例如，要求"智能座椅融入南美魔幻现实主义风格与多功能互动"，可以迫使 AIGC 探索非传统组合，从而产出更具创新性的设计。此外，通过设计类比与迁移提示（如"参照蝙蝠的身体形状设计无人机的外形"），可进一步拓展创新的边界。

（4）伦理保障：纳入约束，确保内容合规

将法律与道德约束融入提示词，可确保 AIGC 生成的内容符合现行法律法规与道德原则。例如，在提示词中加入"优先引用已发表的权威文献"等规定，有助于减轻算法偏差；加入"自动过滤政治敏感和其他非法内容"的规定，可确保生成内容的合规性，规避潜在风险；在医疗类提示词中加入"在生成诊断和治疗建议时，请严格遵守《赫尔辛基宣言》中规定的伦理原则"，可大幅降低生成内容不合规的概率，减少患者误读风险。

## 2.1.2 提示词工程的演变和背景

在人工智能技术蓬勃发展的当下，提示词工程也历经了多个阶段的发展演变，具体如图 2-2 所示。

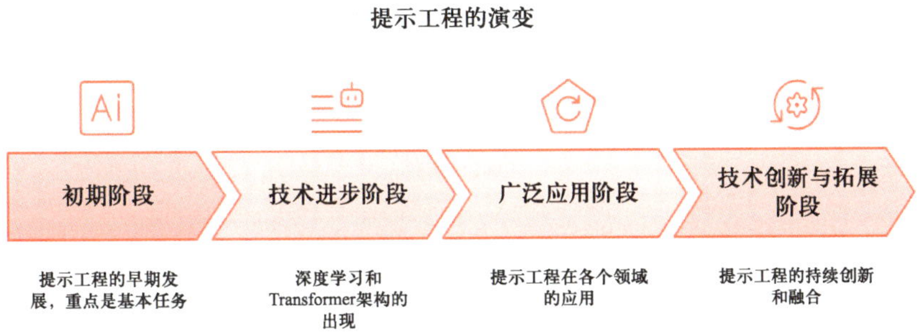

提示工程的演变

| 初期阶段 | 技术进步阶段 | 广泛应用阶段 | 技术创新与拓展阶段 |
|---|---|---|---|
| 提示工程的早期发展，重点是基本任务 | 深度学习和Transformer架构的出现 | 提示工程在各个领域的应用 | 提示工程的持续创新和融合 |

图 2-2　提示工程的演变历程

20 世纪 50 年代至 21 世纪初，自然语言处理模型领域尚处于探索期。彼时，提示词工程主要应用于文本分类等基础任务。这一阶段的研究聚焦于符号学和基于规则的方法，提示词工程的作用并未受到足够重视，宛如尚未被充分发掘的"宝藏"，静静等待着人们去探索其潜力。

到了 2010 年代中后期，深度学习技术取得重大突破，预训练模型（如 BERT、GPT 等）如雨后春笋般涌现，极大地提升了语言处理能力。这一变化促使研究者深入探索复杂的提示策略，提示词工程领域也由此逐渐成为研究热点，仿佛一颗璀璨的新星在学术天空中冉冉升起。

近年来，提示工程已深度融入文本创作、智能客服、教育辅助等众多场景。在文本创作中，它如同一位灵感无限的创作者，通过创意生成让作品焕发出独特魅力；在智能客服领域，它好似一位贴心周到的服务者，凭借精准响应为用户排忧解难；在教育辅助方面，它又宛如一位耐心细致的导师，以个性化学习支持助力学生成长，有效提升了各类应用的效果。

当下，技术创新持续推进，提示形式不再局限于单轮对话，而是拓展到多轮情境引导和角色扮演，并且与知识图谱、情感分析等领域交叉融合，碰撞出创新的火花。由此可见，提示工程的发展前景极为广阔，宛如一片充满无限可能的"蓝海"，等待更多研究者去开拓和探索。

## 2.1.3　提示词设计的核心原则

提示词设计的七大核心原则为意图精准映射原则、指令明确性原则、结构化输入原则、上下文动态管理原则、参数化迭代原则、伦理合规性原则、多模态协同原则，这些原则堪称设计高效提示词的"黄金法则"。设计者深入研习这些原则后，不仅能厘清原则间的逻辑脉络，还能通过这些原则了解提示词设计的基本方法与实用技巧。

### 1. 意图精准映射原则

意图精准映射原则的关键在于借助语义解析技术，在"用户需求"与"机器指令"之间搭建起精准的桥梁，将用户需求精准转化为机器能"心领神会"的指令，让机器准确捕捉用户意图，产出符合用户期待的成果。设计者可以通过"5W2H 模型"（如图 2-3 所示）和"场景三维定位框架（时间、空间和人物三个维度）"等方法设计提示词，实现意图的精准映射。

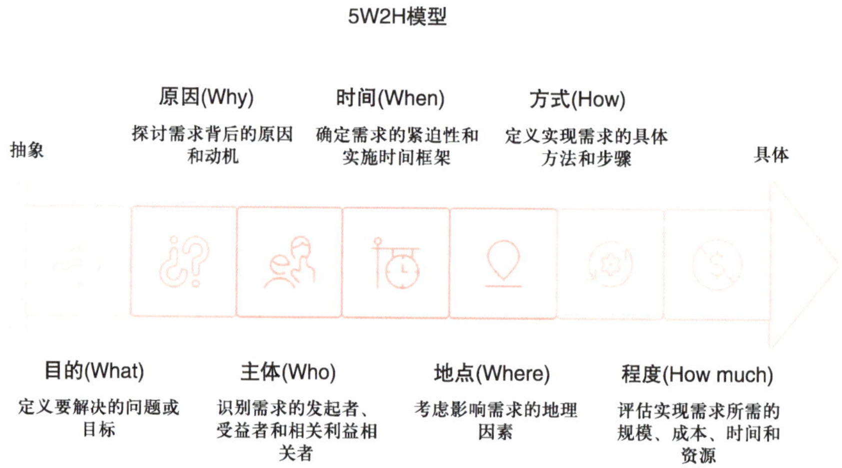

图 2-3　5W2H 模型

### 2. 指令明确性原则

指令明确性原则强调提示词必须像"精准导航"一样，清晰准确地传达任务要求，杜绝模棱两可，只有这样，才能保障机器准确解析并执行指令，提高生成结果的质量与可靠性。判断指令清晰度，有三个关键指标，如图 2-4 所示。

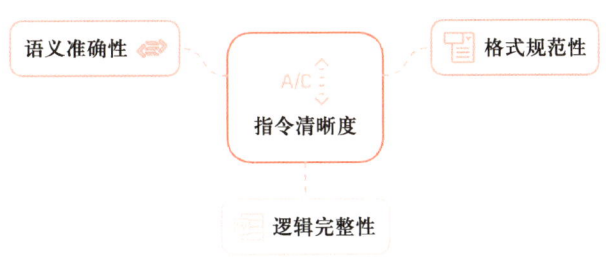

图 2-4　判断指令清晰度的三个关键指标

### 3. 结构化输入原则

结构化输入原则，是指提示词设计者对提示词进行结构化设计，通过四维架构模型（角色、任务、约束和输出）对任务要求进行"条分缕析"的划分，以此提升人工智能生成内容的准确性。结构化输入的四维框架模型如图 2-5 所示。

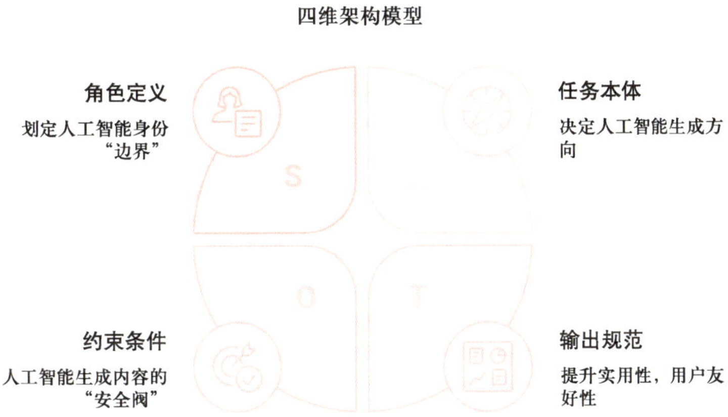

**四维架构模型**

**角色定义**
划定人工智能身份
"边界"

**任务本体**
决定人工智能生成方向

**约束条件**
人工智能生成内容的
"安全阀"

**输出规范**
提升实用性，用户友好性

图 2-5　结构化输入的思维框架模型

### 4. 上下文动态管理原则

上下文动态管理原则的重点是在多轮交互或复杂任务中有效管理和使用上下文信息，目的是使机器能够根据不同的场景和上下文动态调整响应策略，同时保持对话的连贯性和逻辑性。

### 5. 参数化迭代原则

参数化迭代原则是通过定量参数的动态重新校准和多轮反馈的迭代优化来不断提高生成内容的质量、效率和适应性。其基本原理以深度学习模型的动态响应特性为前提，结合用户需求和场景限制，提示词设计抽象为参数系统的可量化调节（如权重分配、上下文窗口长度、生成温度等），参数组合的有效性则通过迭代实验来验证。

### 6. 伦理合规性原则

伦理合规性原则是指在设计和应用提示词时，必须遵守相关的伦理道德和法律法规。这可以确保生成的内容是安全、合法和符合社会伦理道德的，并避免偏见、歧视或其他有害信息。具体包括在内容安全方面通过敏感词典和价值观调整机制过滤有害内容。在法律合规方面根据《生成式人工智能服务管理暂行办法》等规章，确保应用的合法性。在社会伦理方面实现偏差检测和文化适应，避免生成结果出现偏差。

### 7. 多模态协同原则

多模态协同原则是指整合来自多种模态（如文本、图像、语音等）的信息，从而使机器能够更全面地理解和处理复杂任务。这种处理能力的提升是通过不同模式之间的相互补充和协作实现的。多模态协同的提示词设计可以产生更丰富、更准确的结果。多模态协同策略是通过以下技术来实现的，如表 2-1 所示。

表 2-1    多模态协同策略

| 模态组合 | 技术路径 | 应用场景 |
| --- | --- | --- |
| 文-图 | 风格迁移 | 电商广告生成系统 |
| 语-文 | 语义增强 | 智能会议纪要 |
| 视-文 | 时空关联 | 教学视频知识提取 |

## 2.2    提示词设计方法

目前，提示词设计的方法主要有 3 种：人工设计法、工具辅助设计法和自动化生成法。如图 2-6 所示。人工设计法是提示词设计者根据已掌握的提示词设计原则、提示词模

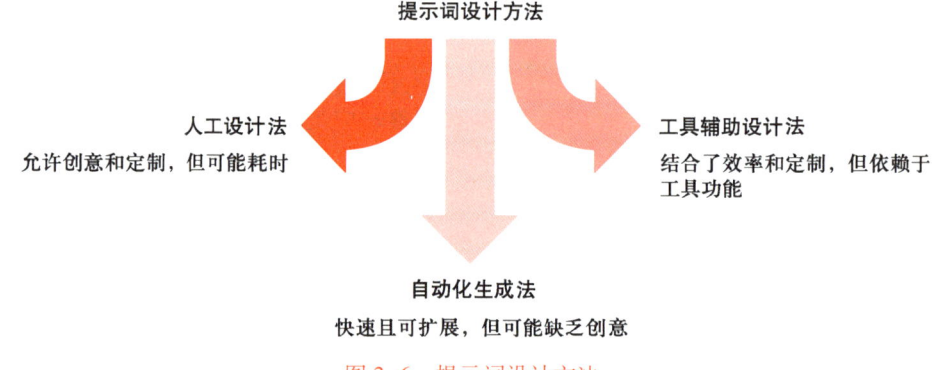

图 2-6    提示词设计方法

板结构、提示词优化方法自行设计提示词。工具辅助设计法是指提示词设计者使用提示词设计或优化工具，在工具给定的提示词模板基础上进行优化，设计出有效提示词。自动化生成法是使用工具自动生成提示词。

## 2.2.1　人工设计法

人工设计法完全依赖提示词设计者自身的知识储备，对提示词设计者有较高的要求。要求提示词设计者掌握不同应用场景下的提示词设计模板、结构，提示词设计的原则，以及提示词优化的方法及技巧。提示词的质量取决于设计者的提示词设计能力，具有较高提示词设计能力的设计者可以快速设计出有效、高质量的提示词，尤其在多次迭代交互中，较高提示词设计能力的设计者可以通过该方法节省交互的次数和时间，快速获取有效的"目标结果"。常用的提示词设计模板包括"任务导向模板"（图 2-7），问题分解模板（图 2-8）、5W2H 模型（图 2-3）等。

**任务导向模板结构**

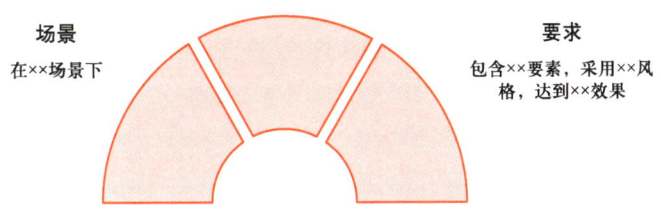

图 2-7　任务导向模板结构

**问题分解模板**

图 2-8　问题分解模板结构

## 2.2.2　工具辅助设计法

工具辅助设计法不要求提示词设计者掌握提示词设计的模板，只需设计者直接使用提示词设计工具提供的模板，在模板的基础上根据自己的实际需求对模板中内容进行调整，并应用提示词优化的方法和技巧生成有效提示词。有多种途径可以找到提示词设计工具。例如，在部分 AIGC 工具，如讯飞星火、智谱清言、文心一言、豆包等的智能体相关模块中搜索"提示词"，在 AIGC 工具中输入："请推荐几款使用频率高的提示词生成工具，要求提示词生成效果好，操作简单、免费，并给出提示词生成工具的有效网址。"AIGC 工具会自动推荐符合要求的提示词工具，还可以通过 B 站（bilibili）、小红书等其他途径找到提示词工具。目前国内常用的提示词设计工具如表 2-2 所示。

表 2-2　国内常用的提示词设计工具

| 工具名称 | 获取途径 | 应用场景 |
| --- | --- | --- |
| Stable Diffusion 提示词 | 讯飞星火大模型智能体广场中搜索"Stable Diffusion 提示词" | 适用于艺术创作、游戏美术设计、科研实验、多模态研究（图文结合分析）等场景 |
| 识图生成提示词 | 豆包大模型 AI 智能体中搜索"豆包识图" | 适用于分镜设计（如漫画分镜、影视脚本）、故事绘本创作、多场景产品展示（如电商商品图生成）等场景 |
| AI 绘画提示词生成器 | 文心一言大模型智能体广场办公提效模块中查找"AI 绘画提示词生成器" | 适用于文化创意设计、广告营销、个性化贺卡制作等场景 |
| Prompt 提示词生成专家 | 讯飞星火大模型智能体广场中搜索"Prompt 提示词生成专家" | 适用于自动化测试（自然语言生成测试用例）、教育辅导（个性化练习题生成）、医疗报告辅助生成、电商商品推荐文案优化等需要标准化模板的场景 |
| 提示词工程师 | 智谱清言模型智能体中心中搜索"提示词工程师" | 适用于实时翻译（中英文互译）、会议纪要自动总结、代码屏幕解读、视障人士环境识别等需要结合视觉和语言理解的场景 |

**思考题：**

1. 在提示词人工设计法中，提示词设计者的知识储备直接影响提示词的质量。那么提示词设计者可以通过什么方法增加知识储备？

2. 为什么结构化模板（如 5W2H 模型）能提高提示词的有效性？

3. 如果让你设计一个"大学生时间管理建议"的提示词，你会如何应用任务导向模板？请写出你的设计思路。

**训练题：**

请使用讯飞星火大模型的"Prompt 提示词生成专家"工具（见表 2-2），完成以下任务：

1. 在智能体广场搜索该工具，并截图展示其界面。
2. 使用工具提供的模板，生成一个"大学生考研复习计划"的提示词。
3. 请结合 5W2H 模型对提示词进行优化，使其更具体、可执行。
4. 对比优化前后的生成结果，分析改进点。

**提交要求：**

书面报告（含截图、优化前后的提示词对比、分析结论）。

### 2.2.3　自动化生成法

自动提示词生成法要求提示词设计者在自动化提示词生成工具中输入初始提示词、自动化提示词生成工具自动生成候选提示词，设计者根据提示词生成质量及需求选择是否人工优化提示词。表 2-3 展示了国内外主流的自动提示词工具。例如使用 Kimi 提示词专家输入基础提示词："请设计画一张抓阄的图片的提示词"。Kimi 提示词专家自动生成并优化出详细的提示词为："画面中心是一位年轻人，双手伸向一个装满纸条的罐子，脸上带着紧张而期待的表情。周围有几位朋友，有的在窃窃私语，有的在紧张地看着罐子，背景是一个简单的客厅环境，墙上挂着一些装饰画，地上铺着地毯。"

表 2-3　国内外自动化提示词主流工具

| 分类 | 工具 | 所属公司/团队 | 应用场景 |
| --- | --- | --- | --- |
| 国外工具 | Midjourney Prompt Generator | Midjourney, Inc. | 艺术创作、设计素材生成、多模态内容生产 |
| | PromptoMANIA | Plutomania Limited | 艺术设计、跨平台创作、教育实践 |
| 国内工具 | Kimi 提示词专家 | 月之暗面科技 | 教育辅助、商业文案生成 |

另外，在 AIGC 工具（如 Deepseek、Kimi、文心一言等）中输入初始提示词，请 AIGC 工具进行优化（例如，在 AIGC 工具中输入："请根据'一群朋友打算通过抓阄决定周末的活动安排。纸阄里写着不同的活动选项。'情境设计一个绘画提示词并给出完整提示词示例。"）也可以自动生成提示词。

## 2.3　提示词优化方法和技巧

在与 AIGC 交互的过程中，高质量的提示词可以帮助 AIGC 更为准确地理解任务要求，从而生成高质量的内容。通过对初始提示词应用明确性提示、具体性提示、提供上下文、提供示例、直接提问、输出格式与长度控制等优化方法或技巧或直接采用这些方法和技巧设计提示词，可以帮助提示词设计者提高提示词质量及有效性。

### 2.3.1　明确性：消除歧义的指南针

明确性提示词优化是指优化提示词的表述，使其更为清晰无歧义。通常，可以从下述两个维度来提升提示词的明确性。

首先，可以通过明确界定任务目标与核心要求来提高提示词的明确性。例如，将初始提示"大学生就业的方向有哪些？"优化为"土木工程专业智能制造方向的大学本科生就业方向有哪些？"。初始提示中"大学生"的范围不明确（广义的大学生应包括专科生、本科生、研究生），未明确大学生类型可能导致 AIGC 生成的结果不适用提问者自身情况。此外，不同专业及方向的大学生就业方向存在差异，初始提问中未明确专业类别及方向，过于宽泛，导致 AIGC 生成的结果也缺乏针对性，参考价值有限。

其次，可以采用具体词汇与结构化句式来减少语义模糊性，提高提示词的明确性。例如，将模糊提示指令"分析新能源汽车与空气污染数据"优化为"使用 SPSS 软件计算 2018—2025 年新能源汽车数量与空气污染指数之间的皮尔逊相关系数"。优化后的提示词表述方式更为精准，有助于 AIGC 工具准确把握任务要求。

通过使用上述明确性提示优化方法，不仅能提升提示词的明确性，还能使任务要求更加清晰易懂，从而确保任务的高效执行。

### 2.3.2　具体性：细节决定成败

具体性提示优化要求对提示词设定明确的限定条件，涵盖时间参数、文本约束、技术指标及其他相关考量因素。具体性提示词优化的核心目的是通过限定基础要素（如时间跨度、技术参数、受众特征等）来精准划定生成范围，进而提升 AIGC 生成内容的精准度与实用性。

以产品设计需求为例，若初始提示为"设计一款智能水杯"，则可优化为"设计一款专为户外运动打造的智能水杯，具备水温监测功能（监测精度达±1℃）、紫外线杀菌功能（杀菌波长为 300 nm）以及自动清洗功能，且能在-30℃至 45℃的环境温度下正常使用"。

相比之下，未优化的提示词因过于笼统，易造成设计功能简单化（如仅具备基础保温能力）。通过融入具体的技术指标（如精度、波长）、明确的使用场景（户外运动）以及环境适应参数（温度范围）等关键要素，设计方案的可行性与实用性均得到显著提升。

### 2.3.3　上下文：背景信息的钥匙

上下文提示词优化方法是指在提示词中提供有关任务背景（如"筹备科技展览"）、用户身份（如"学生创业者"）和应用场景（如"校园营销"）等信息，如图 2-9 所示。提供上下文的提示词能显著提高 AIGC 生成内容的相关性。

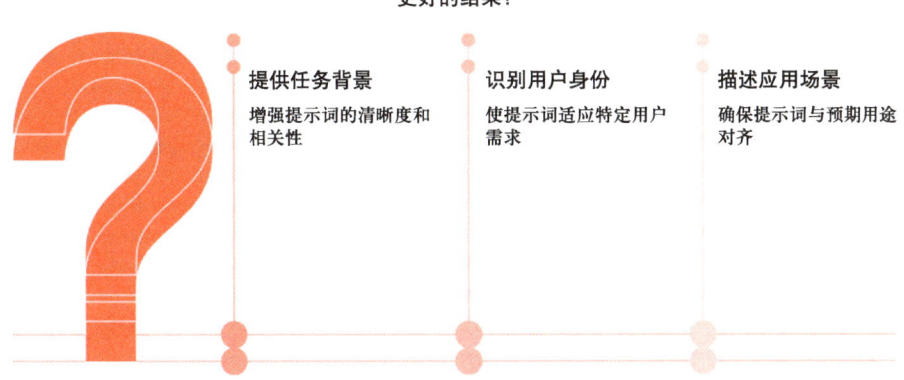

图 2-9　上下文提示词优化方法

例如，未提供上下文信息的初始提示词"撰写一份开幕式演讲稿"优化为"4 月 23 日世界读书日即将来临，你是大学图书馆 4.23 世界读书日活动策划馆员，你所在的图书馆将于 4 月 23 日在图书馆二楼大厅举办'4.23 世界读书日'系列活动开幕仪式。请撰写一篇约 8 分钟的开幕式演讲稿，要求文字热情洋溢、用词严谨规范，又不失风趣幽默。"

相比之下，优化后的提示词融入了任务背景（4 月 23 日世界读书日）、用户身份（大学图书馆 4.23 世界读书日活动策划馆员）和应用场景（'4.23 世界读书日'系列活动开幕仪式）等信息，显著提高了 AIGC 生成内容的相关性。

## 2.3.4　提供示例

通过在提示词中提供具体示例可以帮助 AIGC 更好地理解用户意图、任务格式及输出要求。提供的示例需遵守两个原则：① 示例应具有相关性与明确性（输入-输出对应关系需与任务主题高度匹配，避免模糊样例干扰模型）；② 示例应具有多样性与层次性（采用少样本提示覆盖从基础到复杂场景，逐步减少对示例的依赖以培养模型的独立能力）。

## 2.3.5　直接提问

直接提问的提示词优化方法对于 AIGC 推理模型（如 DeepSeek R1）效果优越。直接提问是用简洁直接的语言聚焦于明确的任务目标和需求，它无需复杂的步骤引导或角色设定，避免过多的背景信息或复杂的结构化要求，只需提供问题本身，模型会自动进行推理和分析。

AIGC 推理模型（如 DeepSeek R1）的直接提问优化方法得益于模型的核心技术-混合

专家系统（MoE）和多头潜在注意力（MLA）。混合专家系统（MoE）像身怀绝技的超级大脑，听到问题瞬间就能自动分工（数学题激活"公式达人"，编程题召唤"代码大牛"），而多头潜在注意力（MLA）则像自带高光笔，精准聚焦问题核心不跑偏。例如，在数学"极限存在定理"证明任务中，只需直接提问"证明极限存在定理"。在某科研文献综述写作任务中，只需直接提问"总结 2021 年后人工智能技术在智能建造领域中的应用突破，按技术路径分类对比"。在某创意内容生成任务中，只需直接提问"用《三体》的科幻风格描写大学生备战考研的深夜场景"。

### 2.3.6　输出格式与长度控制

输出格式与长度控制提示优化方法是指在提示词中对输出格式或输出长度等进行限定或约束，确保 AIGC 生成内容符合学术或工程规范。其核心在于平衡自由生成与结构化约束。

例如，"你是材料科学实验室助理。请你生成碳素钢拉伸实验报告，格式规范为：［摘要/实验方法/结果分析/结论］，数据呈现形式为：表格和图表，文字要求：摘要≤150 词，含"碳素钢"关键词，技术术语参照 ASTM E8 标准，使用被动语态。"

**思考题：**

直接提问方法是否对所有 AIGC 模型都适用？如何判断你使用的模型是否为 AIGC 推理模型？

**训练题：**

请综合使用明确性、具体性、上下文、提供示例等提示词优化方法与技巧设计一个你所在专业与学习相关的提示词。

## 2.4　提示词优化方法与技巧进阶

提示词优化进阶技巧是基础优化方法与技巧的深化。通过运用提示词结构优化、多模态融合提示、角色与风格限定、多轮对话、避免无效提示等进阶方法与技巧，提示词设计者能够设计出更加精准、高效的提示词，从而进一步提高 AIGC 生成内容的质量和相关性，AIGC 模型在各种场景下都能发挥最佳水平。

### 2.4.1　提示词结构优化

结构化的提示词更容易被 AIGC 理解，有助于提高生成内容的质量及准确性。常用的结构化提示词模板包括三维框架模板（角色+任务+约束）、任务导向模板（场景+任务目标+要求）（图 2-7）、问题分解模板（背景+问题+约束+输出）（图 2-8）、5W2H 模板

（目的+原因+主体+时间+地点+方式+程度）（图2-3）、四维框架模板（角色+任务+约束+输出规范）（图2-5）等。

通过将提示词按照已有模板进行结构化处理，可以优化提示词结构，提高提示词质量。例如将初始提示"汉长安城的建筑特征是什么"采用"角色+任务+约束"的结构化提示词模板进行优化，优化后的提示词为"作为历史学者，用通俗语言描述汉长安城的建筑特征，限500字内"。结构优化后的提示词更为明确、具体、规范，AIGC生成内容对提示词设计者的参考价值也更大。此外，在对提示词结构进行优化时，还需平衡灵活性与规范性，在满足提示词结构化要求的同时根据具体应用场景及使用要求进行灵活调整。

### 2.4.2　多模态融合提示

多模态融合提示词优化方法是指在提示词中整合文本、图像或音频等多模态信息，促使AIGC生成跨模态内容，如图2-10所示。例如，输入遗址图片并附加"以考古学家视角描述"可以引导AIGC生成图文结合的科普材料。例如，初始提示为"设计一份中秋节海报"。采用图文语义对齐方法优化后，提示词为"输入月饼插画（附件），生成配套文案需包含：① 节日起源，② 视觉元素象征意义。"多模态融合优化后的提示词文字量增加不多，但内容更为丰富和具体，从而提升了AIGC生成内容的质量。

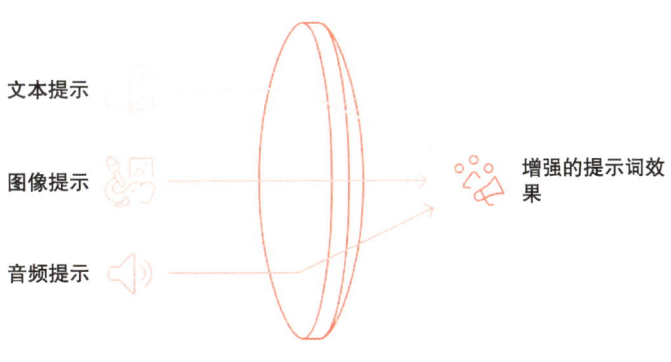

图 2-10　多模态提示词优化

### 2.4.3　角色与风格限定

角色与风格限定提示词优化方法通过在提示词中进行角色设定与风格限定，构建更为完整的生成语境。例如，在历史故事生成中，加入"以考古学家视角描述唐代服饰演变，需结合出土文物与文献记载"的限定条件，可提升内容专业性。例如，初始提示"请撰写一个大学生的故事"。采用在提示词中添加角色性格矛盾与风格限定的方法对原始提示进行优化，优化后的提示词为："请创作一个故事，故事需包含：① 主角为表面开朗的奖学金获得者，实际因家庭负债深夜打工；② 风格限定为成长故事；③ 体现'面具人生'主题"。相比于初始提示词，角色与风格优化后的提示词中增加"角色冲突设定（表面开朗的奖学金获得者，实际因家庭负债深夜打工）和风格设定（成长故事）的语境描述，可使 AIGC 生成的故事人物更具立体性。

但对于 AIGC 推理模型，提示词中通常不需要角色设定，只在某些场景下可以通过在提示词中设定语气特征来优化输出。典型适配场景包括科研论文撰写、技术文档生成等需严格遵循领域规范的任务。在 AIGC 推理模型中，提示词的角色与风格设定需遵循"精准触发，极简约束"原则。通过领域术语或专业身份声明（如"作为土木工程结构工程师"）可定向激活混合专家（MoE）架构中对应的知识模块（如结构设计、结构分析），从而提升领域术语准确性与逻辑严谨性。例如，"以 IEEE 期刊论文格式"等简短风格指令，可通过多头潜在注意力（MLA）机制调整潜在向量生成方向，确保输出符合学术规范（如章节结构、参考文献引用格式）。需注意：AIGC 推理模型中提示词角色设定应避免冗长拟人化描述（如"模拟资深专家心理状态"），此类指令会触发文本生成模块，挤占逻辑推理资源。

## 2.4.4　多轮对话

多轮对话提示词优化方法是提示词设计者与 AIGC 工具协作解决复杂问题的核心方法。多轮对话提示词优化方法本质是分阶段拆解任务、动态修正逻辑的交互过程。对于复杂问题，提示词设计者不是采用单次提问，而是通过"初始化–提问–跟进–总结"四阶段提问的方式与 AIGC 工具进行多轮对话，最终获得更为全面、有效、高质量的结果。典型应用场景如编程调试中的分步纠错、学术写作中的逻辑验证，最终实现从碎片化问答到系统性认知的闭环跨越。例如首轮输入："帮我推荐一本人工智能的书。"AI 可能追问："是否需要限定出版年份或作者？"用户第二轮输入："请限定 2010 年后出版的。"AIGC 系统可能会关联上下文，筛选 2010 年后的人工智能书籍，并列出前 3 本（包含书名、作者、馆藏位置）。用户第三轮输入："这三本书太复杂了，阅读起来难度太大，能否换一本更适合大学本科通信专业学生阅读的人工智能的基础书籍？"AIGC 系统可能结合"人工智能"和"基础"关键词，重新推荐。

## 2.4.5　避免无效提示

提示词优化的另一个有效方法为避免无效提示。无效提示可能降低模型效率，生成低质量或相关内容。例如，表述不清晰的提问、模糊广泛的提问、缺乏具体细节或技术细节不明确的提问、缺少问题背景的提问、复杂且多义的提问等。例如，提示词"生活怎么才能快乐？"涉及一个复杂且主观的主题——"快乐"。由于"快乐"的定义因人而异，且可能受到多种因素的影响，这个提问对于 AI 来说过于复杂且难以给出一个普遍适用的答案。

如果在 AIGC 推理模型提示词中不适当使用情感模拟、复杂思维链引导等也可能降低模型效率。AIGC 模型的混合专家（MoE）架构与强化学习训练已内化多步推理能力，冗余指令（如"请先深呼吸，逐步分析"）会迫使模型将计算资源用于解析引导结构，而非核心问题求解，导致注意力稀释与路径偏离。例如，在数学证明任务中，强制分步提示可能使错误率提升（对比直接提问），且响应延迟增加。技术层面，无效提示会干扰 MLA 的长上下文关联能力，破坏稀疏激活的专家路由策略（如误激活对话生成模块）。最佳实践要求采用极简的"目标-约束"指令结构（如"求解方程，输出 LaTeX 格式"），摒弃角色扮演与情感修饰，聚焦任务本质需求。

## 2.5　AIGC 提示工程的新趋势

AIGC 提示工程的新趋势为动态智能交互与深度创意协作。具体体现在自适应与情境感知系统日益成熟、人工智能创意赋能机制持续深化、个性化与多模态生成能力不断增强，以及伦理和安全框架同步完善等，如图 2-11 所示。

**提示词发展趋势**

**伦理与安全框架同步完善**
确保人工智能应用中的道德和安全

**自适应与情景感知系统走向成熟**
整合多模态数据以实现情境感知

**个性化与多模态生成能力增强**
根据用户偏好定制内容

**创意赋能机制持续深化**
利用人工智能进行跨学科创意生成

图 2-11　AIGC 提示工程发展新趋势

这些趋势表明，人工智能与大数据中心的重点正从技术驱动向价值驱动转变，未来人机协作的深度与广度将进一步提升。人机协同作为人工智能的主要发展方向，正从初级"工具辅助"阶段迈向更深层次的"深度融合"阶段。未来，这种协作将通过动态重构、认知互补与伦理平衡，实现智能协作范式的根本创新，为人类社会带来更多可能。

# 第三章　搜索阅读新"姿势"：用AIGC轻松应对信息洪流

在数字化时代的今天，全球产生的数据量以指数级增长，信息的获取和筛选变得越来越困难。AIGC 的出现，改变了我们获取信息获取的方式，突破了传统关键词匹配的局限，深度解析用户的搜索意图，并据此提供更为精准且相关的结果，提高了我们获取学习、生活、学术研究信息的效率与精准度。AIGC 也在快速浏览的泛读、重点提取的略读，以及深入探究的精读等多个层面助力我们实现高效阅读。

## 3.1　信息洪流时代的搜索困境

### 3.1.1　信息爆炸时代的信息过载与信息焦虑

信息技术的飞速发展使得信息的生产和传播变得前所未有的便捷，然而这种信息的"爆炸式增长"并没有带来知识的"爆炸式提升"，也让传统搜索阅读模式面临前所未有的挑战，"信息焦虑"与"信息过载"成为数字时代的集体困境。传统搜索模式的低效与滞后性日益凸显，搜索引擎看似无所不能，却常带回重复、矛盾或低质的碎片，而我们也陷入了信息获取速度永远追赶不上信息生产速度的搜索困境。

信息困境本质上是"信息供给"与"认知能力"的代际失衡，人类大脑的进化速度远不及信息增长的指数级曲线。传统搜索模式作为"信息搬运工"，非但未能缓解反而加剧了这种失衡，而 AIGC 技术的兴起，正是通过语义理解、智能整合与决策辅助，试图重建信息处理的"认知平衡"。当 AIGC 工具能在 10 分钟内生成文献综述时，部分学生会产生认知能力退化的焦虑，表现为对技术的依赖与抗拒并存，既离不开 AI 工具，又担心丧失自主思考能力。

### 3.1.2 传统搜索模式的系统性缺陷

传统的搜索引擎虽然能在一定程度上帮助我们获取信息，但它们也存在一些系统性缺陷。首先，传统搜索引擎主要依赖于关键词匹配，这可能导致搜索结果不够精准，用户需要花费大量时间来筛选有用的信息。其次，传统搜索引擎无法理解用户的语义和意图，难以提供个性化的搜索体验。此外，传统搜索引擎在处理复杂问题和多轮对话时也显得力不从心。

（1）关键词匹配的语义鸿沟。传统搜索引擎基于 TF-IDF 算法和倒排索引，依赖关键词精确匹配，存在严重的语义理解缺陷。

（2）结果呈现的碎片化问题。传统搜索结果以链接列表形式呈现，用户需要在不同网页间频繁跳转。这种碎片化导致信息整合成本极高，尤其在处理复杂问题时。

（3）需求理解的被动性局限。传统搜索遵循"用户输入关键词－系统返回结果"的单向模式，无法理解用户的隐含需求。例如，用户搜索"北京天气"，可能实际需求是"北京适合穿什么衣服"，但传统搜索只能返回天气数据，无法主动挖掘深层需求。

### 3.1.3 AIGC 对话式搜索：从交互到认知的进化

在搜索引擎诞生后，人类与机器的信息交互经历了从"关键词匹配"到"自然语言对话"的范式革命。传统搜索依赖用户输入明确的查询词，返回碎片化的网页列表，而对话式搜索则让机器能够理解自然语言背后的真实意图，在多轮交互中动态调整响应，最终成为集"理解、推理、生成"于一体的智能助手，AIGC 对话式搜索技术框架见图 3-1。

图 3-1　AIGC 对话式搜索技术框架图

## 3.1.4　AIGC 和传统搜索引擎的适用场景

在当今信息爆炸的时代，传统搜索引擎和 AIGC 搜索各具优势，适用不同的场景，能让我们在信息检索的过程中事半功倍，精准抵达知识的彼岸。

### 一、传统搜索引擎：确定性信息的精准猎手

传统搜索引擎基于关键词匹配和网页链接的检索方式，它遵循固定的算法规则，从庞大的网页数据库中提取与搜索关键词高度匹配的内容。当我们需要获取客观、明确的信息时，传统搜索引擎是当之无愧的首选，下图信息需求场景适用传统搜索。

（1）获取实时信息。当你需要获取最新的新闻、政策动态或其他时效性强的内容时，传统搜索引擎能够快速返回相关的网页链接。

（2）文献与资料查找。撰写论文、研究报告时，需要收集特定领域的学术文献、数据资料。传统搜索引擎可以依据关键词，将期刊数据库、学术机构网站、政府公开报告等资源精准定位。用户还能通过限定搜索时间、文件类型等条件，进一步筛选出符合需求的资料。

（3）已知信息的细化补充。当我们已经对某一主题有了初步了解，想要获取更多与之相关的细节信息时，传统搜索引擎能提供丰富的横向拓展内容。

### 二、AI 搜索引擎：复杂需求的智能向导

AI 搜索引擎借助大模型的推理和生成能力开展搜索工作，它依托强大的自然语言处理和深度学习技术，能够理解用户提问背后的意图，在处理复杂、模糊的需求时，提供更具针对性、个性化的答案。

1. 开放性问题解答。当我们提出"如何提高职场沟通效率"这类开放性问题时，AI 搜索引擎不会简单罗列网页链接，而是整合大量相关知识，以结构化、总结性的语言给出实用建议。它能从心理学、教育学、管理学等多个学科视角出发，结合实际案例，生成条理清晰的回答，为我们提供系统性的解决方案。

2. 个性化推荐与决策辅助。在面临选择时，AI 搜索引擎可以根据我们的偏好和需求提供个性化建议。例如，向 AI 搜索引擎询问"适合家庭亲子游的国内目的地推荐"，它会综合考虑目的地的安全性、亲子活动丰富度、交通便利性等因素，结合用户的出行预算、时间安排等信息，生成专属的推荐列表，并详细说明每个目的地的特色，帮助我们做出更合适的决策。

3. 语义理解与模糊搜索。当我们的搜索意图比较模糊，或者使用非标准表述时，AI 搜索引擎的语义理解能力就显得尤为重要。

传统搜索引擎和 AIGC 搜索各有优势，未来两者可能会长期共存。传统搜索引擎适合快速获取特定资源和实时信息，而 AIGC 搜索则在开放性答案、个性化决策和支持多轮对

话方面更具优势。

# 3.2　AIGC 主流搜索工具介绍与对比

## 3.2.1　国内主流 AIGC 搜索工具

在 AIGC 技术快速发展的背景下，国内涌现出多款功能各异的智能搜索工具，覆盖文本生成、多模态交互、垂直场景优化等需求。表 3-1 选取 8 款主流的具有代表性的工具，从使用特点、场景特点及优势、是否付费、使用途径等维度进行对比分析，为工具选择提供参考。

表 3-1　国内主流 AIGC 搜索工具情况表

| 工具名称 | 使用特点 | 场景特点及优势 | 是否付费 | 使用途径 |
|---|---|---|---|---|
| 纳米 AI 搜索 | 多模态搜索，可以文字、语音、拍照以及视频的方式搜索；有学术文献库，可生成结构化报告；可对内容进行深度理解分析 | 商业决策、学习支持、学术研究、医疗健康 | 基础功能免费 | 网页 |
| 秘塔 AI 搜索 | 数据源包含海量中英文科学文献，可生成结构化内容（思维导图、网页卡片） | 检索学术资源，引文追踪与数据可视化，生成思维导图和 PPT | 免费 | 网页 |
| 天工 AI 搜索 | 整合互联网全量信息，提供阅读更高效、优质的搜索体验；人工智能创作功能 | 创意辅助能力强；实时信息更新快 | 部分功能免费 | 网页/APP |
| 博查 AI 搜索 | 实时信息并提供参考源，多模态搜索能力，广泛的应用场景 | 学术研究、教育学习、职场办公、日常信息查询 | 普通用户免费 | 网页 |
| DeepSeek | 低成本高效检索，深度思考能力强，开源生态支持多场景优化 | 学习教育、工作办公、生活娱乐、科学研究 | 免费，API 调用收费 | 网页/APP |
| 文心一言 | 依托百度传统搜索优势，兼容传统搜索习惯，强大的中文理解与生成能力，多模态交互准确率高 | 生活服务信息场景、娱乐推荐、文案助手、市场调研 | 免费 | 网页/APP |
| Kimi | 超长文本处理与多文件上传，支持联网搜索 | 长文档解析能力强，智能体工具丰富 | 基础功能免费 | 网页/APP |
| 通义千问 | 强大的多语言与代码能力，超长上下文支持 | 商业场景、多模态应用 | 基础版免费 | 网页 |

## 3.2.2　国外主流 AIGC 搜索工具

### 一、SciSpace

　　SciSpace 是一款面向科研人员、学生及学术工作者的 AI 驱动型学术研究平台，旨在通过人工智能技术简化文献检索、阅读、分析及论文写作全流程，提升科研效率。它帮助用户理解和分析论文，提供高亮文本、提问、摘要生成及文献综述功能，其访问界面见图 3-2。

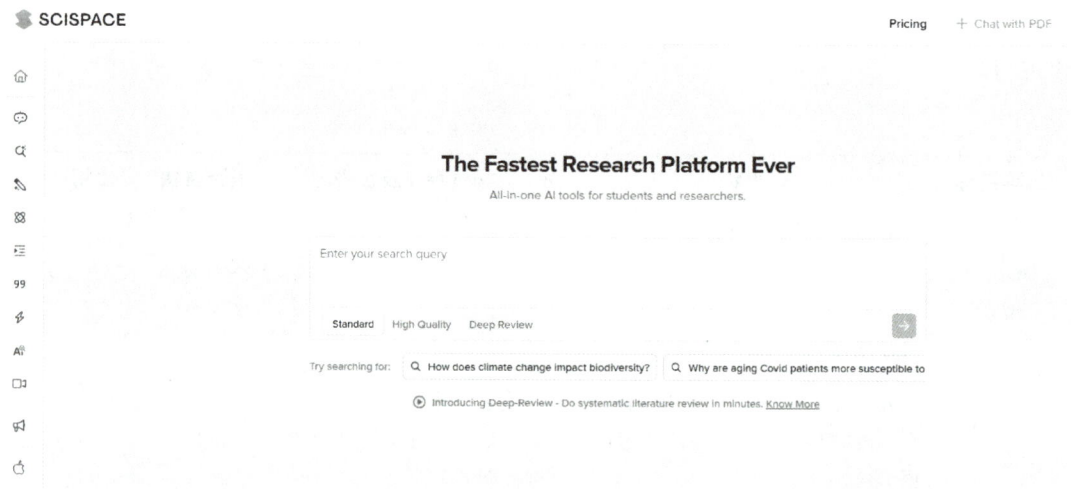

图 3-2　SciSpace 主界面图

　　文献检索与获取功能：接入主流学术数据库，同时支持用户本地上传 PDF 或用户自己的文献库，提供智能语义搜索，用户输入自然语言，或者直接输入研究问题，AI 自动解析关键词并扩展相关术语。并且检索后能自动合并不同平台中的重复论文，避免冗余信息，提供文献内交互式提问，输入研究主题后，AI 自动生成系统性文献综述。

　　优点：① 多数据库整合，检索更全面；② 强大的 AI 文献处理能力，能自动化文献综述和智能论文解析；③ 协作与知识管理功能，支持团队共享文献库，支持批注、笔记同步，AI 笔记本可整合文献摘录、实验数据和想法，形成结构化知识库。缺点：① 对非英语文献支持有限，主要针对英文论文，中文、德文等非英语文献的解析能力较弱，且数据库未完全整合；② 免费功能受限，高级功能需要付费使用。收费情况如表 3-2 所示。

表 3-2　SciSpace 各版本收费及功能情况表

| 版本 | basic 版 | Premium 版 | Advanced 版 | Teams 版 |
|---|---|---|---|---|
| 费用 | 免费 | $12 每月 | $70 每月 | 每人 $8 每月 |
| 功能 | 写作工具中的 AI 功能使用次数受限；<br>AI 驱动的笔记本使用次数受限；<br>论文摘要生成次数受限；<br>文献综述中仅可添加 5 列<br>文献综述搜索次数、聊天次数、引用生成次数、主题搜索次数、播客播放次数、改写输出次数、AI 检测次数；<br>不支持任何导出功能 | 在写作工具中无限次使用 AI 功能；<br>AI 驱动的无限量笔记本；<br>无限次论文摘要生成；<br>在文献综述中添加 50 列；<br>无限次文献综述搜索引用生成、无限次聊天、无限次改写输出、无限次主题搜索、无限次 AI 检测、所有工具中无限次导出；<br>导出至 RIS、CSV、BIB、Excel、XML 格式 | Premium 全部功能；<br>深度综述模型专属访问 | 多用户专属折扣；<br>管理员角色管理；<br>专属客户经理；<br>增强安全防护；<br>优先技术支持；<br>协作功能优先体验 |

## 二、Scite（Smart Citation）

Scite（Smart Citation）是一个学术研究工具，能够帮助研究人员更好地理解和利用学术文献中的引文信息。它提供一个全面的引文数据库，包括超过 12 亿条引文语句和 1.87 亿篇全文文章，涵盖了广泛的学术领域和出版来源。Scite 通过自动化引文分析和可视化技术，帮助用户评估文献的可靠性和影响力，其主界面见图 3-3。

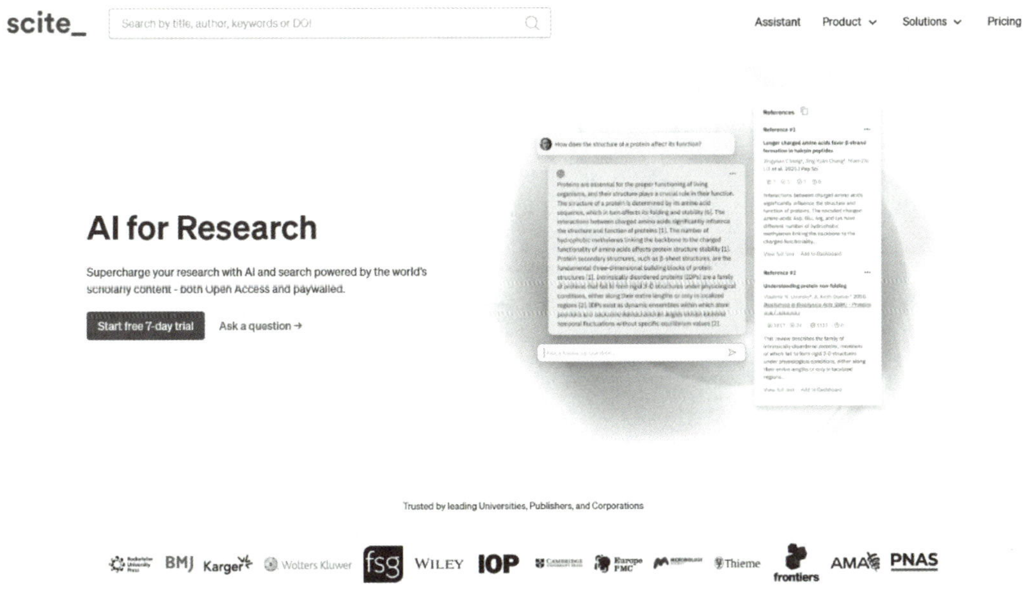

图 3-3　Scite 主界面图

主要功能：

1. 拥有 20 亿条引用元数据和 13 亿条引用 citation statements 提供搜索与探索，提供智能检索框，支持标题、DOI、作者等常规检索可通过查询元数据查询文献，查询引文上下文查询引文；

2. Scite Assistant 可基于科学文献里的内容，做出回答；分析、比较、总结指定/限定的内容；辅助写作，包括起草、改述等；

3. 可提供可视化交互图，用交互的图表来展现出版物之间的引用关系；提供引用检查，检查上传文档的文献引用质量。

优点：① 提供深度引文分析，超越传统引用计数，提供更全面的影响力评估；② 研究效率提升，快速识别关键文献，节省文献评估时间；③ 学术质量把控，发现研究中的矛盾点，提高论文写作质量。缺点：① 语言局限性，主要支持英文文献，对其他语言论文分析有限；② 使用门槛，高级功能需要付费。

### 三、Elicit

　　Elicit 是一款基于人工智能的研究工具，旨在帮助学者、科研人员和学生更高效地检索、分析和理解学术文献。它利用自然语言处理和大语言模型技术，自动化文献综述过程，使用户能够快速获取关键信息，其主界面见图 3-4。

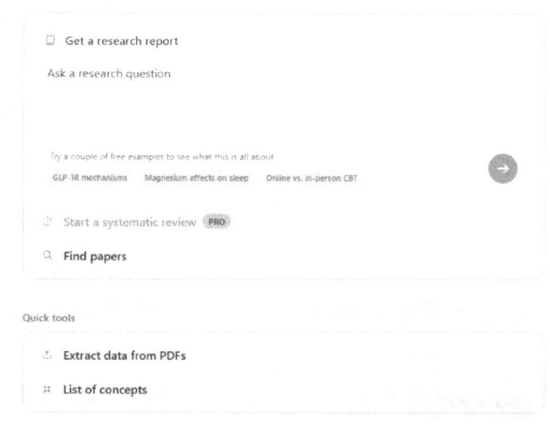

图 3-4　Elicit 主界面图

主要有以下五个功能：

1. 智能文献检索。输入研究问题或关键词，Elicit 能自动从海量学术数据库中筛选相关论文；并且提供论文摘要、关键结论、研究方法等结构化信息，减少人工筛选时间。

2. 自动文献综述。可批量分析多篇论文，提取核心观点、实验方法、结论异同等，并生成结构化综述；也支持按研究方向、实验设计、结果趋势等维度分类整理文献。

3. 问答式交互。用户可直接用自然语言提问，Elicit 会从论文中提取答案并呈现。

4. 证据合成与批判性分析。可评估论文的可信度，帮助用户发现文献中的共识与争议点，辅助研究论证。

5. 个性化文献管理。支持多种参考文献格式导出。

### 四、Scholarcy

是一款基于人工智能的学术文献摘要与知识管理工具，由英国伦敦的初创公司开发，主要面向科研人员、学生和专业人士。其核心目标是通过 AI 技术自动解析论文，提取关键信息，帮助用户快速阅读和理解大量文献，其主界面见图 3-5。

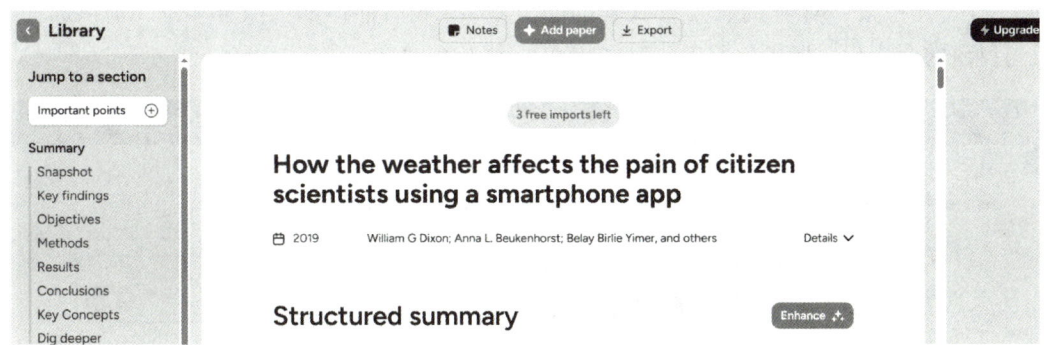

图 3-5　Scholarcy 主界面图

主要功能：① 文献摘要生成，可自动提取研究背景、方法、结论等；② 知识卡片（Flashcards）可将论文核心内容结构化呈现；③ 参考文献管理，支持导出 BibTeX、RIS 等格式；④ 文献对比分析，支持多篇论文关键信息对比。

优点：① 高效生成摘要，能快速解析论文，生成结构化摘要（研究问题、方法、结论等）；② 参考文献提取，能自动识别文中引用，支持一键导出至 Zotero 等管理工具。缺点：① 检索功能有限，需用户手动上传文献；② 批量导出、团队协作等高级功能需付使用。收费情况如表 3-3 所示。

表 3-3　Scholarcy 各版本收费及功能情况表

| 版本 | 免费版 | Plus 版 |
|---|---|---|
| 费用 | 免费 | $9.99 每月 |
| 功能 | 支持多种文件格式导入；<br>摘要生成限制：3 篇/次；<br>闪卡导出功能（仅支持单张）。 | 无限次文献摘要生成；智能摘要增强优化；闪卡存储与智能分类；多模式笔记记录；摘要批量导出功能；文献矩阵智能构建；参考文献一键生成 |

## 3.2.3　主流学术专用 AIGC 工具

随着 AIGC 在文献搜索领域的深入应用，出现了一批专门为满足用户在学术研究、知识探索等方面需求而设计的 AIGC 专用文献检索工具。这些工具凭借其独特的技术优势和功能特点，为用户提供了更加高效、精准和个性化的文献检索服务。

## 一、CNKI AI 学术研究助手

在深度推理模式下，AI 助手可智能识别用户意图，满足用户多种学习研究场景的需求，生成内容可信、可追溯、可验证，为学习、科研人员构建了可信、完整的知识闭环。AI 学术研究助手将先进的华知大模型、知网高质量文献与科研场景紧密结合，围绕前沿探索、文献研读、成果创作与知识管理等核心需求，构建了 AI 增强检索、AI 辅助研读、AI 辅助创作与苹果树智能体四大服务体系，提供面向学习与科研的全流程、场景化服务，其主界面见图 3-6。

图 3-6　CNKI AI 学术检索主界面图

其中问答式增强检索有以下特点：

1. 学术问答：分为全库问答和新鲜问答两种模式。在全库问答模式下，AI 助手将在知网全库范围为用户寻找精准权威的体系化解答。新鲜问答模式基于近十年发表的文献资源，生成最新的回答，让用户轻松把握前沿知识。

2. 可信增强：AI 助手回答的内容均来源于正式出版的期刊文献、博士论文、硕士论文、会议论文与重要报纸，AI 的回答均可追溯至来源文献。这样不仅有效避免了 AI 大模型的"幻觉"问题，更从根本上提高了答案的可信度。

3. 可控生成：鉴于每个人的知识层次和需求不同，即使同一问题，也会对答案内容的深度、领域等方面有不同要求。AI 可控生成服务创新性地满足了用户个性可控的问答需求，选文可控生成实现了 AI 在用户选定的单篇或多篇文章生成回答；分组可控生成实现了 AI 在用户选定的行业、主题、作者、时间等分组，进行文章聚类可控生成回答。

二、Scopus AI

Scopus AI 是基于全球最大的同行评议文摘索引数据库 Scopus 文献数据培育的生成式 AI，专门用于科研检索发现，为研究人员提供简明且可信赖的研究主题摘要，并支持实现"进一步探索"、自然语言查询和"思维导图演示"等功能。研究人员可以直接用自然语言问答的形式对科学问题进行渐进式研究和扩展，助力科学研究与探索，辅助科研教学。所有的结论都有经过同行评议的科技文献支持，确保回答结果真实有效并可溯源，其主界面见图 3-7。

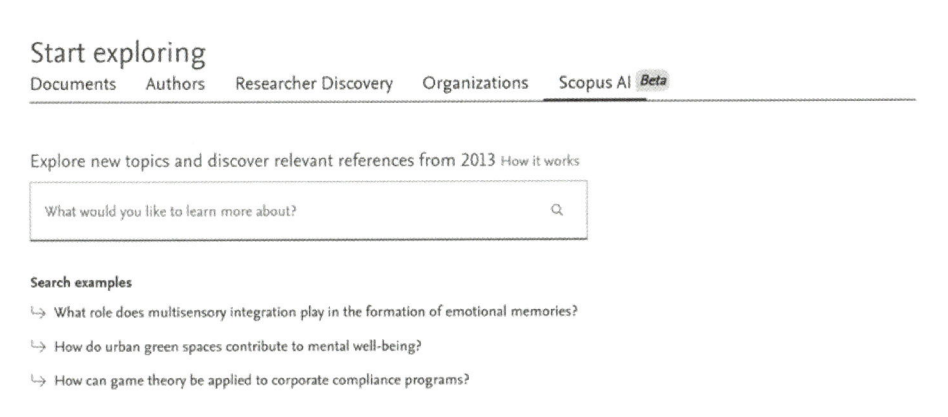

图 3-7　Scopus AI 主界面图

相较于通用式 AI 工具，Scopus AI 在应用于科研时有以下几个显著的优势：

1. AI 所采用的内容信源为经过严格同行评议的文献内容，确保了信源的可靠性；

2. 对于重要的结论性论述，标注参考文献及计量学指标，辅助科研人员判断内容的可靠性；

3. 即使模糊提问，也能定位到精准的科学问题，不生成歧义内容；

4. 自动生成知识脉络，帮助科研人员对研究领域形成清晰认知；

5. 自动引申相关科学问题，帮助拓宽科研人员的知识范围。

# 3.3　AIGC 搜索场景：三大核心应用场景

## 3.3.1　AIGC 赋能学习场景

在学习场景中，AIGC 搜索工具通过个性化推荐、高效检索和交互式学习平台，为学生和教师提供智能化的学习支持，帮助用户快速获取知识、提升学习效率。

1. 个性化学习。AIGC 搜索工具通过分析学习历史、兴趣偏好和知识薄弱点，推荐个性化的学习资源（如课程、练习题、视频等）。例如，使用 DeepSeek 学习助手生成个性化学习计划。减少学习路径规划时间，提供针对性学习内容。

例如，小李是今年大三的学生，他想报考机械工程专业硕士研究生，可以用 DeepSeek 询问报考规划建议以及获取考研信息渠道。"大三学生，想报考机械工程专业硕士研究生，该如何规划？可以从哪些渠道获取相关考试信息" DeepSeek 分别从备考规划核心步骤、考试信息获取渠道、时间轴规划、注意事项给出规划。另外，DeepSeek 还可结合目标院校的具体要求，动态调整复习策略，并且根据某所院校的报考难度或复试细节，进行针对性解答。

2. 高效信息检索。AIGC 搜索引擎通过自然语言处理技术解析用户查询意图，快速定位相关学习资源。搜索时间缩短至秒级，减少无关信息干扰。

3. 交互式学习平台。结合 AIGC 技术，交互式学习平台（如 Quizlet、Khan Academy）提供实时测验、闪卡和练习测试，帮助用户巩固知识点。

4. 生成知识点思维导图、制作复习题卡。AIGC 生成的知识点思维导图在预习、复习、课程总结等学习场景中作用显著。预习阶段，学习者借助 AIGC 生成的思维导图了解知识全貌，明确重点与难点，带着问题听课。复习时，以思维导图为线索，快速回顾知识点，查漏补缺。课程总结阶段，依据思维导图将所学知识系统化，加深理解与记忆。

5. 用 HelpLook 进行学习路径规划。操作步骤：导入个人学习资料库（如课件、笔记）；通过 AIGC 搜索生成个性化学习计划，推荐关联知识点。学习时间利用率提高 35%，自动识别知识盲区并推送补充资料。

随着人工智能生成内容（AIGC）技术的不断发展，其在教育领域的应用逐渐展现出巨大的潜力。AIGC 技术通过生成文本、图像、音频等多种形式的内容，提升了学习的效率和效果，帮助学生培养独立学习能力，促进教育公平，并支持教师优化教学策略，为大学生的学习提供了全新的赋能方式。

## 3.3.2    AIGC 开启美好生活

在日常生活中，AI 搜索工具通过智能化推荐、旅行规划和语音搜索等功能，帮助用户优化生活体验，提升效率。

### 1. 智能推荐

淘宝、京东等推荐系统，利用 AI 技术通过分析用户行为数据，推荐个性化商品和服务。效果：缩短购物决策时间，提升购买满意度。如用夸克进行健康咨询：输入"糖尿病饮食建议"，结合权威医学文献生成饮食方案；提供用药禁忌核查功能（对接国家药品数据库），避免非专业平台的虚假信息风险。

**2. 旅行与导航**

AI 搜索工具（如 Google Maps、携程）提供实时交通信息、最优路线规划和目的地推荐。效果：减少旅行延误，提升旅行体验。如利用谷歌搜索进行多任务搜索：

操作步骤：输入"周末北京亲子游攻略"，自动调用天气查询、景点推荐、交通规划等子服务；支持语音/图像混合输入（如拍照识别餐厅菜单获取营养信息）。

效果：信息整合效率提升 50%；支持跨平台数据聚合（如整合携程、大众点评数据）。

**3. 语音激活搜索**

AI 驱动的语音搜索（如百度语音助手、Siri）支持免提操作，用户可通过语音快速获取信息。效果：解放双手，适用于多场景（如驾驶、烹饪）。

AI 搜索工具在日常生活中的广泛应用，提升了生活的便利性和效率，帮助用户优化时间管理，改善整体生活质量。

## 3.3.3 AIGC 助力学术科研效率提升

生成式 AI 工具引起了各界关注，如 ChatGPT、Bing Chat、Bard 等开创性工具，为研究人员文献综述、数据分析、写作、校对等工作提供支持。

为应对这一问题，传统数据库厂商和科技公司纷纷推出学术 AI 工具，如 ScopusAI、Wos Research Assistant 等，将大语言模型技术引入学术搜索平台中，这对信息检索、知识创造等活动产生重大影响。

过度依赖 AI 生成内容，会让我们失去思考的动力，降低独立思考与创作的能力。AIGC 辅助下的学术科研是效率的提升而不应该是能力的降低，论文写作、作业完成的效率提升，让 AI 成为大学生不可忽视的学习伙伴。

AI 辅助的文献搜索系统能够迅速从海量信息中筛选相关内容，为学生节省大量时间，增加其知识广度。然而，AI 是否能够培养学生的知识整合能力、批判性思维仍是值得深思的问题。

AIGC 时代的思考在个体认知外包的基础上为大脑减轻了认知负担，让大脑的工作记忆从过去繁杂琐碎的重复劳动中解脱出来，从而可以进行更高级的思维活动。

**一、AIGC 助力关键词选择与优化构建检索策略**

AIGC 技术通过其强大的自然语言处理能力，正在重塑关键词选择与检索策略优化的全流程。它能够基于初始种子关键词智能扩展出丰富的长尾词体系，深度分析用户搜索意图并自动分类，同时评估关键词的竞争度与商业价值，为精准营销提供数据支撑。在检索策略构建方面，AIGC 可实现动态查询扩展、个性化结果优化和多模态内容理解，通过持续学习用户行为模式，自动调整布尔逻辑组合和排序算法，显著提升检索效率与相关性。

以"机器学习在医疗影像诊断中的应用"这一课题为例，如何在 AIGC 检索中精准选择和优化关键词，提高检索质量。在首次检索时，若仅使用"机器学习""医疗影像""医疗诊断"这几个简单关键词，得到检索结果很少，但其中包含许多与研究重点不相关的文献。如图 3-8 所示，在 CNKI 学术期刊库中使用篇关摘字段，输入检索式机器学习 *（医疗影像+医疗诊断）进行精确匹配检索仅得到相关文献 58 篇，且检索结果相关性较低。

图 3-8    CNKI 学术检索过程图

利用 AIGC 工具，辅助进行关键词的拓展和优化。向豆包提问"关于机器学习在医疗影像诊断中的应用，还可以从哪些方面提取关键词"（图 3-9）。豆包给出一些建议，如"模型优化""数据预处理""临床应用"等。"模型优化"涉及如何改进机器学习模型以提高其在医疗影像诊断中的性能；"数据预处理"是保证医疗影像数据质量，从而提高机器学习效果的重要步骤；"临床应用"则能提供实际应用中的经验和教训，对研究具有重要参考价值。

图 3-9    豆包检索过程图

利用豆包通过这样的关键词选择和优化，再使用文献检索工具进行检索，得到的结果将更加精准和相关。例如，在使用 CNKI 进行检索时，在 CNKI 学术期刊库中使用篇关摘字段输入优化后的关键词组合（机器学习+深度学习算法+卷积神经网络+模型优化+数据预处理）＊（医疗影像+影像特征+疾病诊断+临床应用）进行检索（图 3-10），检索结果较丰富，可以按相关度进行排序，检索结果中出现的文献大多是深入探讨机器学习在医疗影像诊断中应用的高质量研究，大大提高了检索效率和质量，为后续的研究工作提供了更有价值的信息。

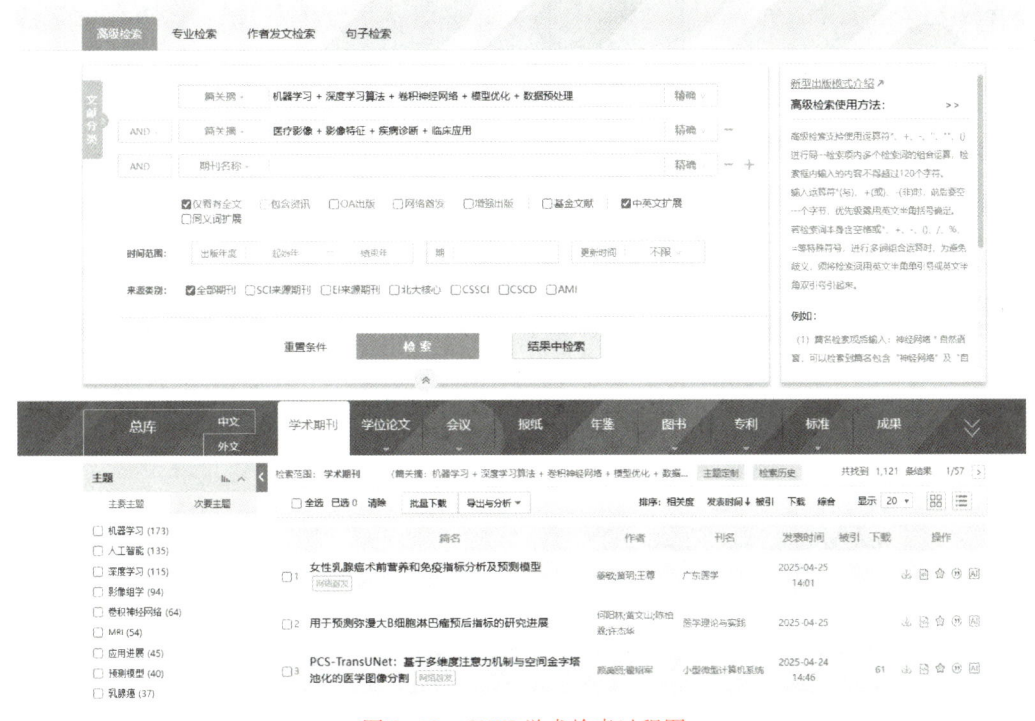

图 3-10　CNKI 学术检索过程图

## 二、检索策略检索表达式构建案例

以"量子计算与生物信息学交叉领域中，量子算法在基因序列分析中的应用及对药物研发的影响"这一复杂课题为例，讲解如何利用 AIGC 工具构建检索表达式，获取更精确结果。面对这样复杂的课题，传统的检索方式可能会因为关键词组合的局限性和对语义理解的不足，导致检索结果不理想。而借助 AIGC 工具，可以更有效地构建检索表达式。

选择 DeepSeek 作为检索工具，选择深度思考和联网搜索进行交互，详细阐述课题内容，提出需求"我正在研究量子计算与生物信息学交叉领域，重点是量子算法在基因序列分析中的具体应用，以及这种应用对药物研发产生的影响，请构建一个合适的检索表达式"（图 3-11），DeepSeek 会根据对课题的理解进行思考，分析其中的关键要素和语义关系。

图 3-11　DeepSeek 检索过程图

　　思考后给出主要的关键词是"量子计算"或者"量子算法"，然后是"基因序列分析"和相关术语"基因组学"或者"DNA 测序"，继续推测药物研发方面需要"药物发现""药物开发""药物设计"等词。接着考虑同义词和近义词，"量子计算"有不同的表达方式，"量子计算机"或者"量子信息处理"。基因序列分析有"序列比对""基因比对"或者"生物信息学"中的其他技术。药物研发部分可能还要包括"制药""药物开发流程"等，再进行专业术语检测，检查是否有更专业的术语。

　　然后需要确定数据库或搜索引擎支持的逻辑运算符，使用 OR 来连接同义词，用 AND 来连接不同的概念部分。把量子计算相关的术语用 OR 连起来，然后与基因分析的部分用 AND 连接，再与药物研发的部分用 AND 连接。最后考虑排除一些不相关的领域，比如用户不关心农业应用，可能需要排除相关词汇。还要考虑用针对不同数据库的适配检索式，并且注意某些术语的翻译差异。图 3-12 为 DeepSeek 给出的不同数据库的表达式。

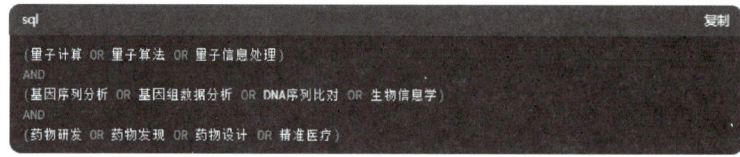

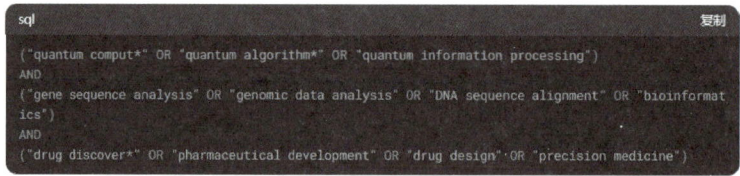

图 3-12　DeepSeek 检索式生成图

## 三、如何查询某技术的发展趋势案例

　　小李是今年刚进校的研一学生，正在撰写一篇关于"新能源汽车电池技术发展趋势"

的学术论文。在论文写作过程中，小李需要收集大量的相关文献资料，以了解该领域的研究现状和发展趋势。然而，面对海量的学术文献，小李在传统的文献检索过程中遇到了诸多困难。他使用关键词在 WOS 和知网等数据库中进行检索，得到的结果数量众多，且存在一些与论文主题相关性不大的文献。逐一筛选这些文献耗费了小李大量的时间和精力，而且效果并不理想。

为了提高文献检索的效率和准确性，小李决定尝试使用 AIGC 工具辅助检索。他选择"CNKI AI 学术研究助手"，选择深度思考，输入检索词"新能源汽车电池技术发展趋势"，学术检索范围为全库问答。如图 3-13 所示，AI 学术研究助手给出了六个发展方向：能量密度的提升、安全性增强、循环寿命的延长、多元化技术发展、智能化管理、回收与可持续发展，并且就每个方向展开叙述，比如能量密度的提升方面，新能源汽车电池的能量密度近年来持续提高，这主要得益于材料科学的进步。更高的能量密度意味着在相同的体积或重量下，电池能够存储更多的电能，从而显著提升汽车的续航里程。并且每个方向给出 CNKI 中的文献作为可靠的来源出处，并给出高度相关文献。

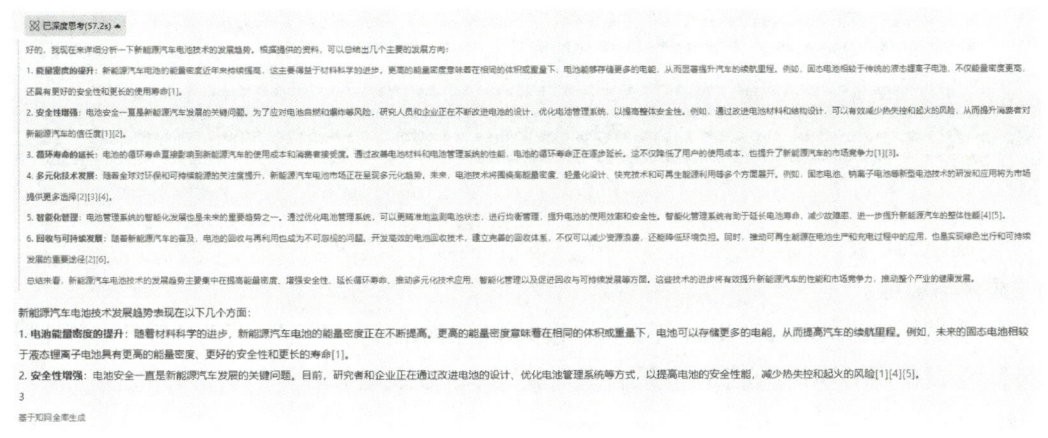

图 3-13 CNKI AI 研究助手检索过程图

在 CNKI AI 研究助手的学术趋势中输入"新能源汽车电池技术发展趋势"，如图 3-14 所示，CNKI 对新能源汽车电池技术发展趋势概述新能源汽车电池技术进行概述，从起源背景与发展阶段开始分析不同时期技术特点，早期的新能源汽车电池技术主要集中在锂离子电池，其具有能量密度高、循环寿命长等优点，随着技术的进步，又有镍氢电池、燃料电池等其他电池技术发展。然后分析发文情况，根据现有文献资料，新能源汽车电池技术的研究逐渐成为学术界和产业界关注的热点。

然后对当前研究现状进行综述，分别从材料方面和电池设计方面进行综述后进行学术趋势预测，一是提高电池能量密度和降低成本的同时，确保电池的安全性和循环寿命；二是研发新型电池技术，如固态电池、锂硫电池等，以实现技术的突破；三是加强电池的回收利用研究，减少环境污染和资源浪费；四是优化电池管理系统，提高电池的使用效率和寿命；五是推动电池标准化和模块化，促进新能源汽车产业的进一步发展。

图 3-14　CNKI 学术趋势检索过程图

**思考与训练：**

1. 尝试使用 DeepSeek、Kimi 等工具，根据你的需求制订一份五一劳动节假日出游计划。
2. 尝试使用 CNKI 研究助手获取自动驾驶汽车的发展趋势。

# 3.4　AIGC 搜索幻觉

在数字信息爆炸的时代，AIGC 如同一把双刃剑——它既能以惊人的效率整合知识，也可能在不经意间编织出令人信服的"数字谎言"。AIGC 常会输出看似合理实则不准确或者错误的信息，这种现象被称为搜索幻觉，这种现象在生成文本、代码、图像等多种内容时都可能出现。例如：虚构历史事件、编造不存在的学术论文，甚至给出错误公式推导。中国互联网络信息中心（CNNIC）发布的《生成式人工智能应用发展报告（2024）》显示，截至 2024 年 6 月，我国生成式人工智能产品的用户规模已达 2.3 亿人。生成式人工智能存在幻觉，特别是深度推理模型的逻辑自洽性提升，使 AI 生成内容真假难辨。带有算法偏差的虚假信息会被新一代 AI 系统循环学习，形成恶性循环，影响公众信任和社会稳定。

### 3.4.1 搜索幻觉的典型表现

搜索幻觉是 AI 模型基于概率生成的"逻辑自洽型错误":它并非刻意欺骗用户,而是受限于训练数据、算法机制与人类指令的交互偏差,最终输出看似合理实则违背事实或科学规律的内容。常见的搜索幻觉类型有以假乱真的虚构事实、算法包装的伪造引用、过度解读的逻辑漏洞、无限推广的过度泛化、语境扭曲、受数据集影响的数据偏差,AIGC 常见幻觉问题如图 3-15 所示。

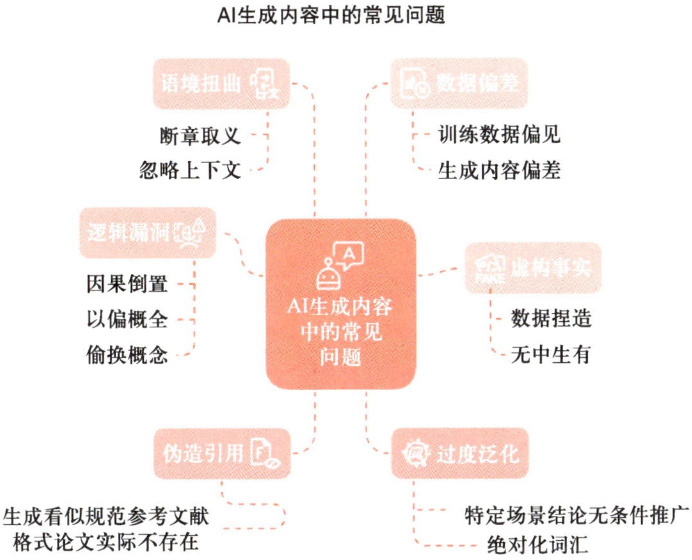

**AI生成内容中的常见问题**

- **语境扭曲**
  - 断章取义
  - 忽略上下文
- **数据偏差**
  - 训练数据偏见
  - 生成内容偏差
- **逻辑漏洞**
  - 因果倒置
  - 以偏概全
  - 偷换概念
- **AI生成内容中的常见问题**
- **虚构事实**
  - 数据捏造
  - 无中生有
- **伪造引用**
  - 生成看似规范参考文献格式论文实际不存在
- **过度泛化**
  - 特定场景结论无条件推广
  - 绝对化词汇

图 3-15　AI 生成内容中常见问题

### 3.4.2 如何揪出 AIGC 的"谎言"

人工智能幻觉主要是因为其基于大数据训练而形成,而这些数据可能存在偏差或错误,AIGC 也可能会受到模型数据结构、训练算法等因素的影响,导致输出的结果不准确。另外,AIGC 还面临着缺乏常识和情感理解的问题,它无法理解人类的情感、价值和道德标准,导致输出的答案与人类的期望有偏差。

解决 AIGC 的幻觉问题,需要采取一系列措施,包括数据清洗、算法调整、建立监督和反馈机制,以确保模型输出的答案符合人类的标准和期望,同时,也需要加强对 AIGC 的监督和管理,以确保其安全和可靠。作为普通的使用者我们可以在搜索时通过以下策略优化和提升我们的使用,减少幻觉。

1. 精准提问法。我们在对 AIGC 提问时,要注意添加限制条件,减少因为时效性而造成的误差,例如"请基于 2022 年后发表的权威研究回答"。在提问时要求 AIGC 给我们提供证据，给出来源出处，例如"请列出 3 篇支持该结论的论文标题及 DOI"。

2. 事实信息溯源。当生成内容出现某些年份或者某些事实内容时，我们可以对这些内容查找原始数据源验证，看原始数据出处是否可靠，如不确定可靠性可对相关事实进行验证。常用的权威验证平台有：CNKI 工具书库、中国大百科全书数据库、大英百科全书网络版等

3. 数据信息溯源。当输出结果有统计数据结论，我们一定注意追查数据来源。例如，当 AI 生成"2024 年西部某省 GDP 为 6.5 万亿元"，需通过该省政府工作报告或统计局数据，验证是否存在四舍五入误差或统计范围差异。权威验证平台：国内有国家统计局官方的国家数据平台、eps 全球统计数据/分析平台、中国经济社会大数据研究平台、成都市公共数据开放平台等。

4. 学术信息验证。当我们当生成内容出现学术文献的研究结果时，我们需要通过查看研究结果来源的文献名称、文献期刊名称等信息，并从期刊官方网站或学术数据库中进行核对。常用的权威验证平台：用 Web of Science、知网等学术数据库核对文献信息。

5. 追问测试法。逻辑自洽性检验，对 AI 输出内容连续追问细节，观察是否出现前后矛盾。

AIGC 生成的内容虽然具有高效性和便利性，但也可能存在错误或误导性信息。通过理解 AIGC 搜索幻觉表现、产生幻觉原因以及应对措施，我们可以有效揪出 AIGC 的"谎言"，提高信息素养和学术能力。识别 AIGC 谎言的终极目标，不是否定技术价值，而是当 AI 作为信息整合者时，AIGC 可以是学习加速器，但永远不会替代大脑的思考。

# 3.5　AI 辅助阅读

AI 辅助阅读是指借助人工智能技术（如自然语言处理技术、机器学习算法、现代信息检索技术等）对各种信息源进行智能化分析和处理，从而帮助读者高效、便捷地获取信息，更好地理解和掌握信息源内容，进而优化阅读体验的一种新型阅读方式。

## 3.5.1　AI 辅助阅读的主要功能、场景与意义

AI 辅助阅读不仅重构了知识获取的路径，更通过技术与人文的融合，为全民阅读时代提供了高效、多元的解决方案。与传统阅读相比，AI 辅助阅读更强调技术驱动的自动化和交互性，旨在解决信息过载、理解障碍等问题。

### 1. 主要功能

AI 辅助阅读作为技术与人文融合的创新实践，正通过多维功能重构知识获取路径，其核心价值体现在效率跃迁、场景适配与生态革新三个维度，为全民阅读时代提供智能化

解决方案。AI 辅助阅读的核心功能包括信息提炼、文本内容分析与理解、实时交互、个性化推荐、跨模态处理、辅助功能支持、阅读建议与指导等方式，为读者提供帮助（见表 3-4）。

表 3-4　AI 辅助阅读的主要功能

| 功能 | 主要内容 | 典型工具 |
| --- | --- | --- |
| 信息提炼 | 快速提取文本核心观点、关键数据，生成摘要 | Kimi、ChatPDF |
| 文本分析 | 语义分析、主题识别、结构拆解 | ChatDOC 的思维导图 |
| 实时交互 | 解答阅读中的疑问，翻译多语言文本 | 微信读书 AI 问书 |
| 个性化推荐 | 基于用户偏好推荐书籍或内容 | Notion、微信读书 |
| 跨模态处理 | 整合图文、音频、视频信息 | 掌阅 APP 的 AI 听书 |

除上述功能外，AI 辅助阅读还能基于对文本的理解和读者的需求，提供针对性的阅读建议，例如对于难度较大的文本，提示先从哪些部分入手，或者对于特定类型的书籍，推荐相关的阅读顺序和方法。

## 2. 典型应用场景

AI 辅助阅读应用场景广泛，目前在教育、医疗、公共图书馆服务、家庭阅读、出版行业、企业办公等领域已经有着广泛的应用，已形成学术研究、职场办公、教育培训、医疗健康、全民阅读推广等应用场景，如表 3-5 所示。

表 3-5　AI 辅助阅读的应用场景实例

| 场景 | 主要内容 | 典型工具 |
| --- | --- | --- |
| 学术研究 | 快速梳理文献 | ChatDOC、AskYourPDF |
| 职场办公 | 处理合同、报告 | WPS AI 处理法律文件 |
| 教育培训 | 学生用 AI 总结教材重点 | FlowUs 辅助学习 |
| 医疗健康 | 分析病历，提取关键信息 | ChatDOC 医疗应用 |
| 个人阅读 | 通过 AI 听书、生成读书笔记 | Narrify 文本转音频 |

比如教育领域，通过 AI 辅助阅读进行实时解答和解释，帮助理解内容，就像智能字典或翻译工具一样，根据学生的年龄、阅读水平和兴趣爱好，推荐适合的书籍，并提醒学生在特定时间进行阅读，以游戏闯关等方式辅助孩子阅读，根据学习进度和表现适配学习内容，增加阅读的趣味性和提高学生的参与度，让学生在游戏中提升阅读能力（见图 3-16）。

又如在职场办公领域，可以在员工培训中推送相关的专业书籍、文章和学习资料给员工，帮助员工提升专业技能和知识水平，例如根据员工的岗位和职业发展需求，定制个性化的阅读学习计划。

**1**

**阅读辅助**

阅读辅助提供实时解
答，增强互动性。

**2**

**互动学习**

互动学习通过个性化
内容提高学生参与
度。

**3**

**智能辅导**

智能辅导提供基础个
性化阅读计划。

**4**

**分析评估**

分析评估为教师提供
个性化教学策略。

图 3-16　AI 阅读工具在教育中运用

除上述场景外，AI 技术在阅读辅助领域的多元应用同样值得关注。在语言沟通层面，AI 翻译功能凭借强大的多语种即时转换能力，能够高效打破语言壁垒，尤其适用于国际化团队协作以及外文资料深度分析场景，为跨语言交流与知识获取提供便利。

内容理解方面，AI 的结构化输出功能堪称一大亮点。它能够将复杂文本转化为清晰的大纲或思维导图，助力用户快速把握内容核心与逻辑脉络，显著提升信息处理效率。而在文档处理与知识整合场景中，AI 辅助阅读更是展现出独特优势。以合同、报告等专业文档处理为例，它能够快速识别并提取关键条款，自动生成结构化摘要，大幅缩短信息处理时间。例如，WPS AI 已成功应用于多家法律事务所，帮助法律从业者节省文档阅读时间，并能基于提取的关键信息，自动生成法律意见书草稿，有效提升法律文书撰写效率。此外，AI 辅助阅读还能将分散的碎片化信息进行智能整合，通过构建知识图谱的方式，将看似孤立的知识点以可视化的形式关联起来。比如在学术研究领域，通过关联历史事件与人物关系，帮助研究者快速梳理研究思路，构建起系统完整的学术研究框架。

### 3. AI 辅助阅读与传统阅读的对比

在数字化浪潮重塑知识获取范式的今天，AI 辅助阅读与传统阅读的对比已超越简单的工具优劣评判，逐渐演变为人类认知模式与知识生态的双重变革。这一变革不仅关乎阅读效率与理解深度的权衡，更涉及集体智慧的汇聚与个体精神独立思考的融合。AI 辅助阅读依托智能算法与海量数据，展现出高效处理信息、整合集体知识的优势；传统阅读则更强调个体沉浸式的深度思考与独特感悟。二者并非相互对立，而是在知识获取的不同层面发挥作用，共同推动着知识生态的发展。它们的对比主要体现如下（见表 3-6）。

表 3-6  AI 辅助阅读与传统阅读的对比

| 维　度 | 传 统 阅 读 | AI 辅助阅读 |
|---|---|---|
| 效率 | 耗时较长，需逐字阅读 | 快速提炼核心，节省大量时间 |
| 深度理解 | 依赖个人思考，情感共鸣 | 提供结构化分析，辅助理解但缺少主观性 |
| 个性化 | 被动接受固定内容 | 基于偏好推荐，互动式问答 |
| 应用场景 | 适合沉浸式深度阅读 | 适合碎片化学习、信息筛选 |
| 局限性 | 信息过载时效率低 | 难以替代创造性思考与情感体验 |

AI 辅助阅读通过技术手段重新定义了信息获取与知识消化的方式，其核心意义在于解放人力、提升效率，同时兼顾个性化与包容性。从教育到职场，从学术研究到日常阅读，其应用场景持续扩展，并成为数字时代知识管理的重要工具。未来，随着多模态交互与生成式 AI 的进一步发展，AI 辅助阅读有望在深度与广度上实现更大突破。

## 3.5.2  主要工具及使用

AI 辅助阅读工具为用户提供了高效处理和理解大量信息的新方式。无论是国内还是国外的工具，都在各自领域展现了强大的能力和潜力，每款工具都有其独特的优势和适用场景。选择合适的工具需要考虑文档类型、语言需求、专业领域和个人偏好等多种因素，下面归纳整理了目前世界范围内比较典型的学术类 AI 辅助阅读工具（表 3-7）和大众类AI 辅助阅读工具。

表 3-7  学术类 AI 辅助阅读的典型工具

| 工具名称 | 功能特点 | 操作流程 | 适用范围 |
|---|---|---|---|
| 包阅 AI | 1. 一站式文献检索、AI 阅读、思维导图生成；<br>2. 支持跨文档提问与沉浸式翻译；<br>3. 专有名词即时解释。 | 1. 上传论文或输入 DOI 号；<br>2. 选择功能（摘要/问答/翻译）；<br>3. 生成结果并导出笔记。 | 1. 适合科研人员快速理解文献核心观点；<br>2. 支持多文档联动分析。 |
| CNKI AI 学术研究助手 | 1. 问答式增强检索（采用研读模式）；<br>2. 文献伴读（概念解释、引文推荐）；<br>3. 智能写作辅助（大纲生成、润色修改）。 | 1. 登录知网注册个人账号并绑定机构权限；<br>2. 输入问题或上传文献；<br>3. 选择功能（检索/伴读/写作）。 | 1. 答案可追溯至知网权威文献；<br>2. 支持中英对照翻译模式。 |
| 3MinTop | 1. 3 分钟生成书籍核心摘要；<br>2. 知识图谱可视化（时间轴/人物关系）；<br>3. 多语言术语自动标注。 | 1. 上传书籍或粘贴链接；<br>2. 生成语音摘要+图谱+术语卡；<br>3. 启动"每日 1% 计划"追踪进度。 | 1. 支持 27 种语言互译；<br>2. 适合通勤场景快速学习。 |

续表

| 工具名称 | 功能特点 | 操作流程 | 适用范围 |
|---|---|---|---|
| 豆包 AI 阅读 | 1. 能够快速理解文本核心内容，提供精准的内容总结；<br>2. 支持对文本中的难点进行详细解读，答疑解惑；<br>3. 可根据文本生成相关的拓展知识，丰富阅读体验。 | 1. 上传或输入要阅读的文本内容；<br>2. 根据需求选择相应的功能，如总结、解读、拓展等；<br>3. 查看并获取 AI 生成的结果。 | 1. 对于复杂文本，可分部分进行处理；<br>2. 利用拓展功能时，结合自身知识体系进行理解。 |
| WPS AI | 1. PDF/Word 智能总结与翻译；<br>2. 外文文献直译保留专业术语；<br>3. 集成于办公生态。 | 1. 打开文档后点击「AI 分析」；<br>2. 选择「总结」「翻译」或「问答」；<br>3. 追溯原文定位。 | 1. 适合合同、报告等办公场景；<br>2. 翻译结果需人工复核。 |
| SciSpace | 1. 语义搜索生成结构化综述；<br>2. 论文改写与引用格式优化；<br>3. AI 查重检测功能。 | 1. 搜索论文或上传至平台；<br>2. 选择「摘要」「改写」或「问答」；<br>3. 生成带引用的综述文本。 | 1. 支持多语言提问与回答；<br>2. 免费版限制每日查询次数。 |
| 小绿鲸 | 1. 提供大纲/思维导图双模式，内置综述、组会等模板，支持双向跳转原文；<br>2. 自动识别题录信息，支持无限级文件夹、标签分类及智能搜索。 | 1. 导入文献：本地上传或在线检索导入；<br>2. 划词触发多引擎翻译，或点击"全文翻译"保留格式生成对照版；<br>3. AI 解析文献核心内容，导出 PPT 或语料库，辅助论文写作。 | 1. 使用连翻功能翻译跨页断句，切换学科引擎提升专业术语准确性；<br>2. 提问时结合文献上下文，AI 解析更精准；<br>3. 非会员每月 3 次全文翻译（限 30 页）。 |
| Perplexity | 1. 跨语言整合答案（中英双语输出）优先抓取；<br>2. arXiv/Nature 等顶刊延伸问题推荐。 | 1. 输入自然语言问题（如"量子计算进展"）；<br>2. 查看 AI 回答与参考文献链接；<br>3. 追问扩展问题。 | 1. 适合全球化研究团队；<br>2. 需验证答案准确性。 |
| ResearchFlow | 1. 基于权威数据库精准检索文献，提供可引用答案，支持文本报告和思维导图两种形式；<br>2. 交互式节点扩展，帮助梳理研究框架，发现知识关联；<br>3. 高亮或框选文本/图表，AI 自动解读并整合至导图，支持多文献对比。 | 1. 访问官网（rflow.ai）注册账号并登录；<br>2. 拖拽多篇文献至同一白板，对比核心观点并生成差异表格；<br>3. 点击导图节点深入探索，或框选文档内容触发 AI 分析。 | 1. 同时上传多篇 PDF，AI 自动提取共性与差异；<br>2. 复杂图表截图后，AI 自动解析关键趋势与数据。 |

续表

| 工具名称 | 功能特点 | 操作流程 | 适用范围 |
| --- | --- | --- | --- |
| ChatPDF | 1. 与 PDF 实时对话生成摘要/问答；<br>2. 多用户协作与格式转换；<br>3. 支持 2000 页/个文件。 | 1. 访问 ChatPDF 官网；<br>2. 在官网页面上传需要处理的 PDF 文件；<br>3. 可以选择输入问题询问文档相关内容，或者点击「生成摘要」功能；<br>4. 根据需求导出结果，若多人协作可进行协作编辑。 | 1. 免费版有使用限制；<br>2. 适合法律合同与技术文档。 |
| Walles. AI | 1. 集成网页/PDF/视频阅读功能；<br>2. 支持 GPT-4 与 GPT-3.5 双引擎；<br>3. 聊天记录导出 Notion。 | 1. 安装浏览器插件或访问官网；<br>2. 选择内容类型（网页/PDF/视频）；<br>3. 生成摘要或对话记录。 | 1. 免费版每日限 30 次查询；<br>2. 适合学术研究与内容创作。 |

## 1. 学术类 AI 辅助阅读工具

工具举例 1：小绿鲸是专注英文文献阅读的 AI 工具，集翻译、笔记、管理、写作于一体，支持多端同步，其页面见图 3-17。

图 3-17　小绿鲸英文文献阅读页面

工具举例 2：ResearchFlow 一款 AI 驱动的学术研究工具，阅读分析功能强大，提供链接的原文，大多数功能可以免费使用，其页面见图 3-18。

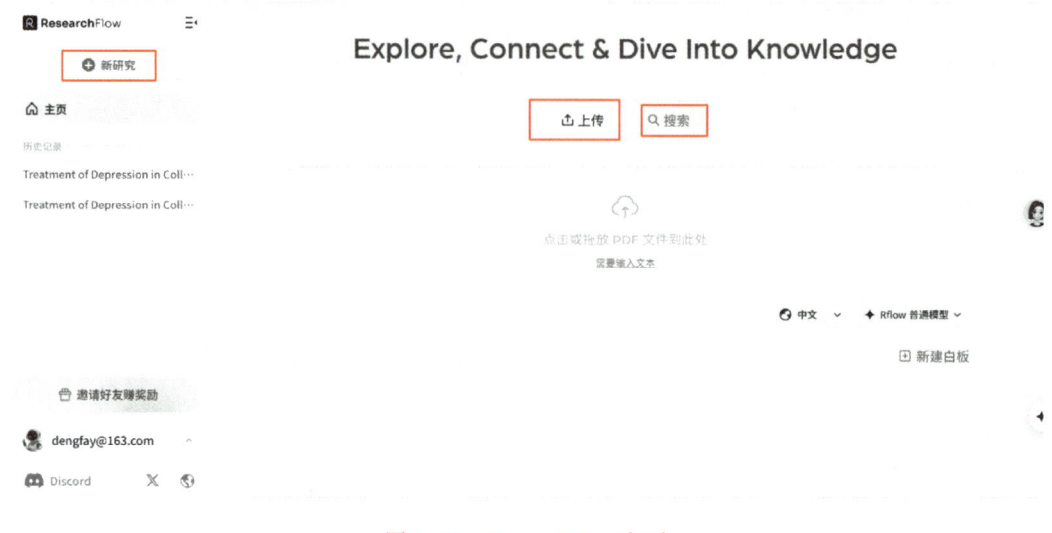

图 3-18　ResearchFlow 主页

### 2. 大众类 AI 辅助阅读工具

（1）微信读书 AI 问书：与微信读书海量书籍资源深度整合，可随时对书中内容提问；提供智能的对话交互体验，像与专业导师交流；能根据提问生成个性化的阅读建议和笔记。善用阅读建议和笔记功能，提升阅读效率。

（2）百宝箱 AI 助手：一款多功能阅读助手，其具备定制指令功能，能根据用户需求快速对网页和文件内容生成摘要，让阅读体验更加个性化。支持多种文件格式（如 PDF、Word、Excel 等），有一键生成摘要和提问功能，用户可自定义指令，适合各类信息处理需求。操作时，用户打开侧边栏，选择网页或文件，点击相应指令，就能生成简明摘要或提取关键信息。

（3）简阅：专注于网页内容的快速总结和关键点提取，界面设计简单，使用便捷，适合移动端用户。

（4）FlowUs AI：以知识管理和在线文档协作平台为载体，提供多种智能化工作流解决方案。其 AI 阅读功能可上传本地 PDF 等格式文档，用户可通过 AI 与上传的文档进行对话，实现快速阅读、深度追问、引文回溯等。支持全平台使用，包括微信小程序等，有个人免费版、个人专业版、小组版、团队版等不同版本。

（5）WetabAI：是基于浏览器的新标签页产品 Wetab 内置的组件，提供 AI 文档阅读、聊天对话、绘画等多种功能。Wetab 还提供实用小组件库、丰富可自定义的网站图标库等，WetabAI 支持桌面网页端和移动端。基础功能免费，AI 高级功能需付费。

### 3. 场景适配指南

（1）学术研究场景

基础文献筛选：MedPaper Ai（医学学科）、SciSpace（多学科）、Txyz（摘要库检索）。

深度论文分析：Scholarcy（研究方法拆解）、ChatDOC（公式图表解读）、Humata（跨文献对比）。

（2）办公效率场景

文档快速处理：WPS AI（集成办公）、包阅 AI（多格式汇总）、ChatPDF（合同条款提取）。

会议与学习记录：Otter.ai（语音转录）、360 AI 阅读模式（视频/音频解析）、豆包 AI 阅读（听书+标注）。

（3）垂直专业领域

法律/金融：ChatPDF（合同审阅）、司马阅（复杂文档信息提取）、Humata（条款溯源）。

医学/生物：MedPaper Ai（文献翻译）、Scholarcy（实验数据提炼）。

工程/技术：ChatDOC（公式解析）、Perplexity（顶刊技术动态追踪）。

（4）个人学习场景

学生党：豆包 AI 阅读（教材听读+脑图）、360 AI 阅读模式（网课笔记生成）、BookAI（书籍对话讨论）。

语言学习者：包阅 AI（多语言翻译）、ChatPDF（外语文档问答）、灵办 AI（划词翻译）。

### 4. 操作与成本对比

（1）操作便捷性

零门槛工具：豆包 AI 阅读（APP 一键上传）、360 AI 阅读模式（浏览器自动触发）、BookAI（书名搜索对话）。

轻量操作工具：包阅 AI、WPSAI、ChatPDF（网页上传+功能选择）。

专业门槛工具：SciSpace（学术功能链操作）、Perplexity（深度研究模式参数调整）、PapersGPT（插件集成设置）。

（2）成本模式

免费且无限制：豆包 AI 阅读（基础功能）、360AI 阅读模式、BookAI。

免费但有限制：ChatPDF（页数/次数限制）、Humata（换账号复用）、包阅 AI（基础功能免费，高级功能付费）。

订阅制付费：Scholarcy、Perplexity（Pro 版）、SciSpace（高级改写功能）、ChatDOC（国际版服务）。

**思考与训练：**

你使用过哪些 AI 辅助工具？请分析对比各个工具的使用特点。

## 3.5.3　AI 阅读使用技巧

在利用 AI 进行辅助阅读以实现高效阅读效果时，需要掌握科学的操作方法。以下将从目标设定、提示优化、信息验证、工具协同、结果管理这五个维度进行阐述，并结合具体工具与场景，解析其中的核心技巧与注意事项，旨在帮助读者更好地运用 AI 工具提升阅读效率。

### 1. 明确目标：精准定位需求，避免信息过载

（1）依据不同的需求选择合适的工具功能。因为不同工具具有不同的特性，所以在使用时需要根据工具的特点进行匹配。例如，当需要快速获取学术文献的主要内容时，可使用 ChatDOC 的"生成大纲"功能；若要深入理解某个内容的结构与方法，如对学术论文进行深度解析，可以采用 NotionAI 的"分析方法论"指令；而在碎片化阅读过程中遇到问题需要即时解答时，微信读书的"AI 问书"功能较为适用。

（2）需求细化：避免提出模糊不清的问题。比如，不应只是简单地说"总结这篇文章"，而应明确具体，如"请用思维导图形式列出论文的研究方法与创新点"。目标模糊这会导致 AI 输出冗余的信息。可以通过"5W1H"法（Who/What/When/Where/Why/How）来拆解需求，使其更加清晰明确。

### 2. 优化提示：结构化指令提升 AI 输出质量

初级提问作为基础信息获取手段，通常以直接询问的方式进行，例如"这篇文章的结论是什么？"而进阶提问则更注重逻辑层次与分析深度，需通过分步骤、分层次的方式引导 AI 进行系统性分析，例如"请用 SWOT 分析法总结企业案例"；追问策略可以利用 Thread 功能进行深度挖掘，像 ChatDOC 的"追问子窗口"就能发挥此作用。在向 AI 提出问题时，要明确要求输出的形式，如表格、列表、代码示例等。比如可以要求"请将以下内容转换为 Markdown 格式的思维导图"。不同工具具有不同的适配方式。比如 Kimi 支持多模态输入，可以结合语音提问；AskYourPDF 需要标注引用格式（如 APA/MLA），以避免学术引用出现错误（见图 3-19）。

### 3. 验证信息：交叉核对与人工复核

AI 辅助阅读工具提供的原文解读，需要进行交叉核对与人工复核。首先，AI 模型在处理复杂文本时存在语义理解偏差风险，尤其对专业术语、隐喻表达及文化背景依赖较强的段落，可能出现断章取义或过度引申的问题。其次，不同工具的技术路径差异会导致解读结果的不一致性。验证方法见图 3-20。

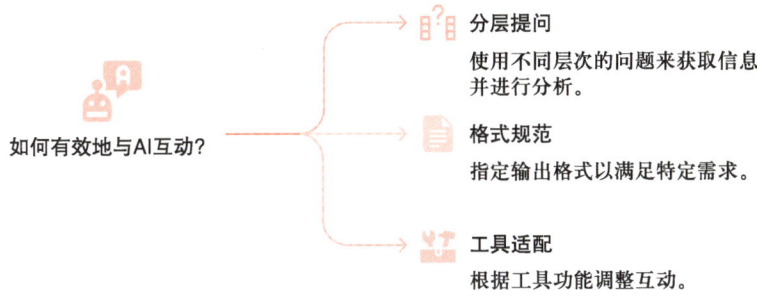

图 3-19　AI 辅助阅读中和 AI 工具交互要求

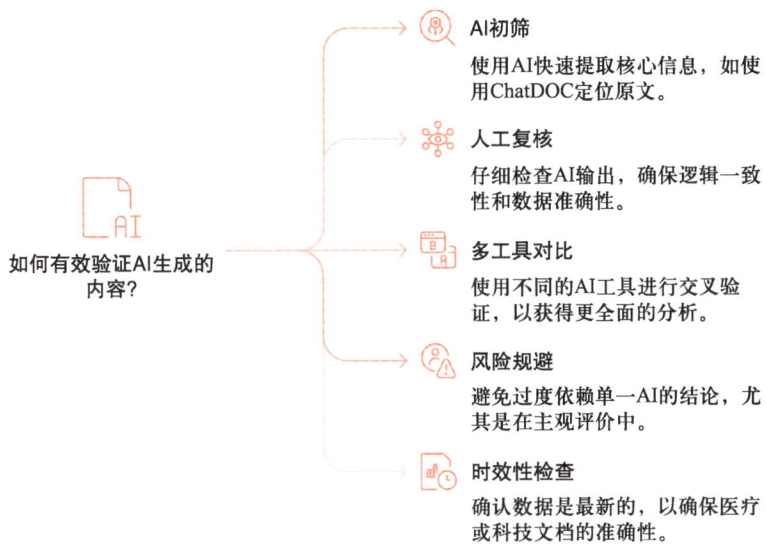

图 3-20　如何验证 AI 阅读工具生成内容

### 4. 工具协同：整合生态提升效率

（1）阅读+笔记工具：可以将 ChatDOC 生成的大纲，通过 FlowUs 转换为思维导图，再利用 Notion 进行归档；或者借助微信读书的"AI 问书"功能，配合剪映生成视频摘要。

（2）跨平台联动：WallesAI 能够集成网页、PDF、视频阅读，并支持一键同步至 Notion；而 Ollama+AnythingLLM 的组合则可以实现本地模型处理敏感数据，同时利用云端工具辅助分析。

（3）协同注意事项：对于敏感信息，优先使用本地工具，如 Ollama，以保障数据的安全性。要确保不同工具之间支持 Markdown、JSON 等通用格式，以便于信息的流转和使用。

### 5. 结果管理：结构化沉淀与知识复用

AI 辅助阅读工具通过智能摘要、术语解析和知识关联等功能，显著提升了信息处理与学习效率，但要达到学习效果，必须做好长期阅读的结果管理，达到知识的结构化沉淀与知识复用（见图 3-21）。

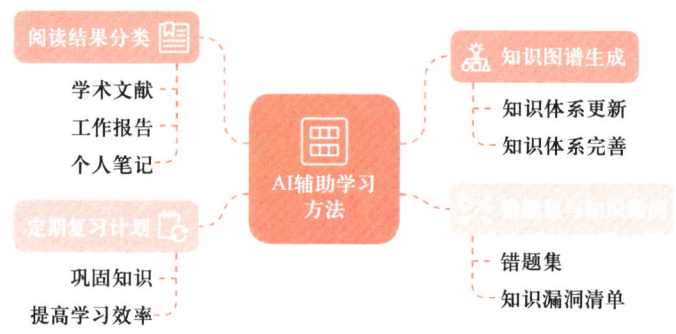

图 3-21　AI 辅助阅读提升效果方法

　　总之，AI 辅助阅读的操作要点需要综合考虑技术逻辑，像提示工程、工具特性等，以及用户需求，如学术严谨性、场景适配性等因素。通过明确目标、优化指令、交叉验证、协同工具与系统化管理这一系列方法，用户可以充分挖掘不同 AI 的效率优势，在不同的场景中，如学术研究中结合 Chat DOC 的"追问"功能与 Notion 的结构化存储，实现从信息提取到知识沉淀的完整流程。而在职场办公场景里，则可依靠微信读书的即时答疑与 FlowUs 的思维导图，迅速完成复杂的阅读任务，同时有效规避 AI 的局限性。

　　**思考与训练：**

　　1. 你正在研究"量子计算与人工智能的交叉应用"时，需整合一篇英文综述（PDF 格式）和一篇中文行业报告。请设计操作步骤，利用豆包 AI 的"智能总结+原文翻译+解题答疑"功能：

　　（1）将两篇文献上传至豆包，生成对比式摘要（要求突出技术瓶颈与商业落地差异）；

　　（2）针对摘要中"量子机器学习算法的容错率"概念，使用"解题答疑"追溯原文数据来源，并评估其可信度；

　　（3）提出一个跨文献的矛盾点（如成本预估分歧），通过 AI 翻译与总结功能生成分析报告。

　　2. 需快速梳理"碳中和背景下生物基材料的创新路径"，请运用 ResearchFlow 的"自动化分析+知识图谱"功能：

　　（1）输入 10 篇核心论文，自动生成包含"技术分支-政策影响-市场趋势"的三层知识图谱；

　　（2）通过图谱识别至少 3 个研究空白领域（如未关联的政策法规或技术短板）；

　　（3）设计一个自动化分析流程，实时监控新论文入库时，自动更新图谱并标记潜在突破点。

　　3. 使用微信读书 AI 问书阅读《人类简史》时，请结合"书本驱动"与"问题驱动"模式：

　　（1）使用"AI 大纲"提炼书中关键事件的时间线，并标注作者的主要论证逻辑；

　　（2）针对"农业革命是否是人类进步的转折点"这一争议，通过"问题驱动"检索微信读书书库中的反驳观点（至少 3 本书）；

（3）利用划词解释功能解析"虚构叙事"概念，并基于"延展问题"生成的子问题，撰写一篇 200 字左右的批判性读书笔记。

# 3.6　本章小结

在信息爆炸与技术变革交织的时代，本章聚焦于 AIGC 技术在信息检索与阅读领域的深度应用，系统剖析了其应对信息爆炸时代挑战的革新路径。随着全球数据量呈指数级增长，传统搜索模式在处理海量信息时暴露出精准度低、语义理解匮乏、交互性弱等系统性缺陷，导致用户陷入信息过载与搜索效率低下的困境。AIGC 对话式搜索应运而生，凭借自然语言处理与多轮交互优势，精准把握用户意图，整合碎片化信息，重塑搜索体验，成为重建认知平衡的关键力量。

在工具层面，详尽梳理了国内外主流 AIGC 搜索工具的功能特性与适用场景。国内工具如纳米 AI 搜索、秘塔 AI 搜索、天工 AI 搜索等，在多模态交互、学术文献处理、实时信息更新等方面各显神通；国外工具如 SciSpace、Scite、Elicit 等，则在学术文献深度解析、引文分析、知识管理等功能上表现卓越。通过多维度对比，为不同需求用户提供了精准选择工具的依据。

在应用场景层面，AIGC 技术深度赋能学习、生活、学术科研三大核心领域。于学习场景，它通过个性化学习路径规划、高效信息检索、交互式学习平台搭建，助力学生提升学习效率；在生活领域，智能推荐、旅行规划、语音搜索等功能优化日常体验，提升生活质量；在学术科研中，AIGC 更是如虎添翼，从文献综述、数据分析到写作校对全程辅助，显著提升研究效率。但同时，本章也警示了过度依赖 AIGC 可能导致的独立思考能力退化风险。

针对 AIGC 在搜索中备受争议的幻觉问题，深入剖析其典型表现，如虚构事实、伪造引用、逻辑漏洞等，并探究了数据偏差、算法局限等成因。为揪出 AIGC "谎言"，提出精准提问、事实溯源、追问测试等实用策略，倡导用户培养批判性思维，在享受技术便利时保持理性审视。

AIGC 辅助阅读方面，对其主要功能、典型工具及使用技巧进行了全面阐释。信息提炼、文本分析、实时交互等功能重构了阅读体验，学术研究、职场办公、教育培训等多元场景均有适配工具。掌握目标设定、提示优化、信息验证、工具协同、结果管理等技巧，能帮助用户充分挖掘 AI 辅助阅读潜力，实现从信息提取到知识沉淀的完整流程，在信息洪流中驾驭知识之舟，驶向高效学习与智慧生活的彼岸。

参考文献：

# 第四章 智慧墨水：AIGC赋能写作秘籍

AI辅助写作是指通过人工智能技术与工具，协助作者进行文案创作、内容组织、格式规范和文本润色，从而显著提高写作效率和质量的一种写作支持方法。在数字技术高速发展的今天，我们的写作习惯已经悄然发生了变革。人工智能技术逐渐融入写作的各个领域，包括学术论文写作、公文写作、报告拟定等场景。

## 4.1 AI辅助写作导论

### 4.1.1 AI辅助写作的历史沿革

AI辅助写作的历史沿革可划分为四个阶段，其技术范式与工具演进如下（见图4-1）：

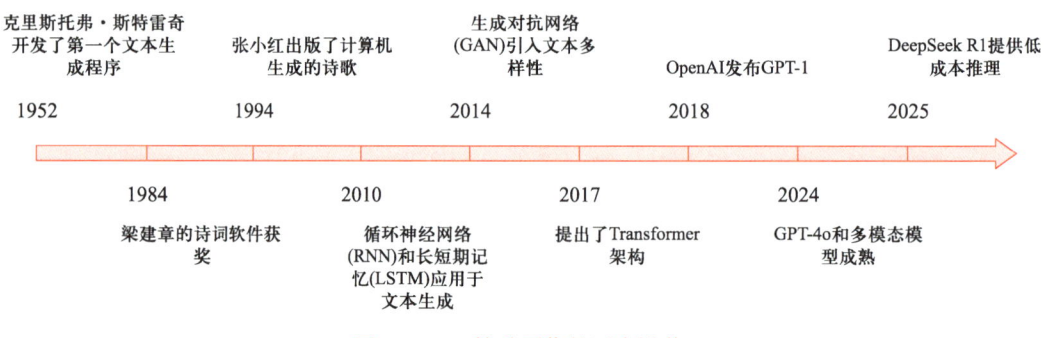

图4-1 AI辅助写作的历史沿革

1. 萌芽阶段（1950 s—1980 s）：基于规则的文本生成；
2. 探索阶段（1990 s—2010 s）：统计学习与神经网络的突破；
3. 爆发阶段（2017 年至今）：大语言模型与多模态融合；
4. 未来趋势（2025 年及将来）：人机协同与伦理重构。
（1）情感计算：增强 AI 对情绪的感知与表达；
（2）人机协同：深化"AI 生成初稿+人类润色"的协作模式；
（3）伦理规范：建立内容版权与真实性审核机制。

AI 辅助写作从早期的规则驱动演变为数据驱动的深度学习模型，技术范式经历了规则→统计→神经网络→大语言模型的四次跃迁。其核心工具从单一文本生成扩展至多模态创作，未来将更深度融入人类创作生态，推动"人机协同"成为新常态。

## 4.1.2　AI 辅助写作的主要功能和应用领域

作为知识工作者，我们所面临的文本阅读、信息归纳与知识整合任务十分繁重。AI 写作工具的快速发展与应用能够帮助我们从繁杂的文献处理和写作任务中解放出来，投身于更深层次的知识创新与学术探索。其主要功能、应用领域、不可替代优势如表 4-1、表 4-2 和表 4-3 所示。

### 1. 主要功能

表 4-1　AI 辅助写作的主要功能

| 功能 | 主要内容 |
|---|---|
| 高效内容生成 | 自动化写作：基于自然语言处理（NLP）与机器学习算法，快速生成新闻报道、广告文案、产品描述等标准化内容，效率远超人工（如新闻稿生成时间从数小时缩短至分钟级） |
| | 模板化适配：支持多领域模板（如 SEO 优化、社交媒体文案），通过关键词输入即可生成符合平台规则的文本 |
| 创意与灵感辅助 | 创意激发：通过分析海量语料库，提供故事大纲、情节走向建议或关键词联想（如小说创作中的"故事树"功能） |
| | 多风格模拟：可切换正式、幽默、学术等不同写作风格，满足多样化需求 |
| 数据驱动优化 | SEO 与热点分析：自动识别关键词、优化标题结构，提升内容搜索引擎排名与用户点击率 |
| | 实时反馈调整：根据用户数据（如阅读量、互动率）动态优化内容策略 |
| 多语言与跨模态支持 | 自动翻译：支持多语种内容生成，降低跨文化沟通成本 |
| | 多模态创作：结合图像、音频等输入生成文本（如根据草图生成故事） |
| 校对与润色 | 语法纠错：自动检测拼写、标点错误，提升文本规范性 |
| | 风格统一：调整冗余表达，优化句式结构 |

## 2. 应用领域

表 4-2　AI 辅助写作的应用领域

| 领域 | 主要应用内容 |
|---|---|
| 新闻与媒体 | 生成新闻摘要、财经/体育赛事报道，提升时效性（如自动化撰写股市行情） |
| 商业与营销 | 广告文案创作、社交媒体内容优化、产品描述生成，降低营销成本 |
| 学术与教育 | 辅助论文框架搭建、文献综述整理，提供写作建议（如学术写作中的参考文献生成） |
| 文学与创作 | 小说大纲生成、诗歌创作，解决长篇小说的素材管理难题（如"吉吉写作"工具） |
| 公共服务 | 自动生成 FAQ、客户邮件回复，提升服务效率 |
| 影视与游戏 | 剧本生成、游戏剧情设计，支持个性化内容定制（如 AI 生成互动式游戏脚本） |

## 3. 不可替代优势

表 4-3　AI 辅助写作的不可替代优势

| 优势 | 主要涉及内容 |
|---|---|
| 效率革命 | 规模化生产：单日可生成数千篇内容，适用于高频率更新场景（如自媒体、新闻媒体） |
| | 成本节约：减少人工撰写与校对时间，降低企业运营成本 |
| 数据处理能力 | 精准分析：通过大数据挖掘用户偏好，生成高转化率内容（如广告文案优化） |
| | 实时响应：快速整合热点事件信息，生成时效性内容（如突发事件报道） |
| 多场景适配 | 跨领域兼容：从学术论文到社交媒体文案，无需切换工具即可完成多样化创作 |
| | 多语言支持：解决跨国企业与国际传播的语言障碍 |
| 辅助创新 | 突破创作瓶颈：通过 AI 建议打破思维定式，激发新视角（如故事情节的"非线性"设计） |
| 标准化与一致性 | 品牌调性维护：确保企业多平台内容风格统一，强化品牌认知 |

通过上述功能与应用的深度融合，AI 辅助写作正重塑内容创作生态，成为数字时代不可或缺的生产力工具。

## 4.1.3　AI 辅助写作与传统写作对比

AI 辅助写作和传统写作之间的关系可以概括为互补共生，而非相互替代。以下是两者在关键维度上的对比与联系。传统写作方法与 AI 辅助写作方法实际对比如下（表 4-4）：

表 4-4　传统写作方法与 AI 辅助写作方法的实际对比

| 比较要素 | 传统方法 | AI 辅助方法 |
|---|---|---|
| 时间成本 | 高（耗费时间长） | 低（数小时） |
| 工作流程难度 | 繁琐复杂 | 简单高效 |
| 结果质量 | 因人而异 | 稳定统一 |
| 创造性 | 依靠个人能力 | 人机结合优化 |
| 流程对比 | 下载资料、逐篇阅读文献<br>逐步归纳总结文章内容与研究空白<br>手工拟订论文提纲及架构 | AI 快速扫描在线文库并总结关键信息<br>几分钟内生成文献综述摘要和研究空白提示<br>自动生成初步文章结构和逻辑框架<br>所需工作时长：数小时即可完成初步大纲 |
| 优势 | 创造性内核：依托作者的独特经验、情感与想象力，产出具有人文价值的内容（如文学、深度评论）<br>擅长复杂逻辑、批判性思考及跨学科创新<br>承载个体或群体的历史、价值观，赋予作品灵魂 | 通过自动化生成初稿、校对、数据分析等，大幅提升创作速度，适用于新闻、广告等时效性强的场景<br>提供语法纠错、多语言翻译、内容模板等辅助功能，降低写作门槛<br>能处理海量信息，生成结构化、数据支撑的内容（如报告、市场分析） |
| 局限 | 需大量时间构思、调研与修改，尤其在长篇幅创作中效率受限<br>易受作者知识广度、情绪状态影响 | 缺乏情感与深度：难以模拟人类的情感触动、文化隐喻或复杂哲思<br>可能产出偏见内容或侵犯版权，需人工审核 |
| 互补性 | 人类作为"价值层"<br>把控内容方向：确保 AI 输出符合伦理、文化敏感性及原创性标准<br>注入情感与深度：在 AI 初稿基础上进行润色、价值升华，赋予作品温度与生命力 | AI 作为"工具层"<br>承担重复性劳动（如格式优化、基础资料整合），释放创作者精力聚焦核心创意<br>提供灵感触发：通过数据关联生成新颖视角或结构建议 |

　　尽管 AI 辅助写作优势显著，但其仍无法完全替代人类在情感表达（如文学作品中的细腻描写）、文化深度（如历史隐喻解析）及伦理判断（如敏感话题处理）上的能力。AI 辅助写作与传统写作并非零和博弈，而是"效率工具"与"创意源泉"的结合。前者优化流程、拓展可能性，后者守护人文价值、确保思想深度。两者的协同（如"AI 生成骨架+人类填充灵魂"）将成为未来内容创作的主流模式，推动写作效率与质量的同步提升。

　　**思考与训练：**

　　尝试使用智谱清言针对你感兴趣的一个学术主题生成一篇论文大纲，并分析其具体可行性。

**思考问题：**

1. 你过去是否使用过 AI 辅助写作工具？效果如何？
2. 你认为 AI 工具在写作中的应用还有哪些可探索的潜力方向？

# 4.2  主要 AI 辅助写作工具

在本节中，我们将具体探讨目前主流的 AI 辅助写作工具类型，详细解析其背后的核心技术，并结合典型 AI 写作工具的示例，帮助大家把握这些工具的特点，以及不同类型工具的适用场景和具体使用方法，从而形成体系化的应用与实践能力。

## 4.2.1  AI 辅助写作工具的分类与特点概述

随着人工智能写作技术的飞速发展，各类辅助写作的 AI 工具不断涌现。这些工具根据其功能特点，主要可分为以下四类：

### 1. 自动化文本生成类工具

以 GPT 系列模型（如 GPT－3、GPT－4 以及 Bing Chat、文心一言、通义千问等）为核心的 ChatGPT 型 AI 技术。用户只需输入文字提示（Prompt），工具就能自动生成连贯且高质量的文本内容。其主要优势在于短文本生成、概念发散以及初稿撰写，例如，能快速生成新闻简讯、创意文案草稿、故事梗概等，为写作提供初始素材和灵感启发，在内容创作的起步阶段发挥关键作用，帮助用户突破写作瓶颈，提高创作效率。适用于需要快速产出大量文本初稿的场景，如自媒体内容创作、文案策划初期等。

### 2. AI 辅助文本改写与优化类工具

像达观智能文本编辑器、紫光同方智能写作平台、Quillbot、Grammarly、Wordtune 等都属于此类。它们专注于文本修改、语言润色、语法纠错以及写作风格优化，致力于提升文本的语言质量和可读性。在学术论文写作中，可对专业术语的使用、句式结构的合理性进行优化，使论文表达更精准规范；在公文稿件撰写里，能确保语言严谨、格式合规；对于商业文档，能增强文案的吸引力和说服力，助力企业和个人提升文本的专业度与表现力，是文字加工打磨环节的得力助手。尤其适合对文本质量要求较高的场景，如学术研究、企业公文处理、专业文案优化等。

### 3. 智能摘要与文献导读类工具

包阅 AI、ChatDOC、天工 AI、Scholarcy、SummarizeBot、Resoomer 等是这类工具的典型代表。它们能帮助研究者迅速提取文本核心内容，生成简洁的摘要，可以大大提升阅读效率，拓展信息获取范围，从而节省大量宝贵的研究时间。尤其在图书情报领域，面对海量文献资料，这些工具可快速定位关键信息，为后续深入研究提供精准指引，助力科研人员把握学术前沿动态，高效筛选有价值的研究成果。主要适用于学术研究、文献综述撰写、情报分析等需要处理大量文本信息的场景。

### 4. 智能创意内容辅助与营销创作类工具

妙思、快写红薯通 AI、喜娜 AI 助手、JasperAI、Copy.ai 等主要活跃在广告文案、品牌内容创意领域。它们擅长快速批量生产创意十足、吸引力强的营销内容，如设计新颖的广告标语、富有感染力的促销文案、独特的品牌故事等，能够精准把握目标受众的心理，满足企业品牌推广和市场营销对创意内容的高要求，为品牌在竞争激烈的市场中脱颖而出提供有力支持。适用于广告行业、市场营销、品牌推广等需要大量创意内容的场景。

## 4.2.2　典型 AI 写作工具

AI 辅助写作工具发展迅速，为文本创作带来新助力。从国内到国外，各工具在不同领域各显神通，各有独特长处与适用环境。挑选时，要结合文档种类、语言风格、专业方向及个人习惯等多方面来决定（见表 4-5）。

### 1. 典型工具介绍

表 4-5　典型 AI 写作工具及其介绍

| 工具名称 | 功能简介 | 案例 | 操作要点 |
| --- | --- | --- | --- |
| ChatGPT：超强综合文本生成工具 | OpenAI 推出的一款以 GPT 模型为核心的通用智能写作工具，无论从语言的准确性、连贯性及生成效率来看，都是同类工具中能力最领先的 | 帮助学者撰写研究问题梳理、编写研究综述草稿、提出研究思路，快速完成学术研究初稿，帮助提升科研效率，如国内某高校研究团队利用 ChatGPT 生成文献综述初稿，大幅提高文献整理效率 | 准确编写高质量 Prompt，如提供明确问题背景、结构要求，引导模型针对性高效生成内容 |
| Quillbot：卓越的文本改写与润色工具 | 因其强大的句式重构、风格迁移功能成为学术和商务写作必备工具之一 | 完成论文摘要、引言改写，优化语言表述，提升英文语言质量和表达精度，例如国内某企业员工利用 Quillbot 对商务报告进行语言润色，提高报告的专业性 | 适度使用文本改写功能，并重点检查变化后的语义，确认与原文表达一致，保证改写内容的准确性 |
| Scholarcy：专业的智能文献导读与摘要工具 | 汇集先进摘要技术和语义分析算法，能够在短时间内产生高可靠的文章摘要和文献关键信息 | 快速获取文献核心信息，优化研究流程。可以快速生成研究综述、文献综述摘要，便于研究人员迅速跟踪前沿研究动态，提升科研效率 | 注意成果二次审核，校验关键结论与原文逻辑的一致性，避免由于算法偏差带来的交叉误差 |

续表

| 工具名称 | 功能简介 | 案例 | 操作要点 |
|---|---|---|---|
| JasperAI：领先的智能营销写作工具 | 多应用于营销场景中的产品宣传、文案创作、品牌推广等方面 | 大量自动生成多种风格营销推文、广告文案，为市场营销人员节省大量脑力开支，例如国内某广告公司利用 JasperAI 生成社交媒体营销文案，提升创作效率 | 利用多次生成测试不同风格 AI 文案，快速确定最佳营销沟通方案，优化成交率与宣传效果 |
| 文心一言：本土化的智能写作助手 | 基于百度自主研发的深度学习技术开发的 AI 写作工具，提供多样化的文本生成、润色和辅助创作功能，适用于中文写作场景 | 帮助国内用户快速生成新闻稿件、撰写创意文案等，满足不同行业的写作需求 | 结合国内用户的语言习惯和行业特点，优化提示词（Prompt）以获得更符合需求的生成结果 |
| DeepSeek：具有推理能力的全能写作助手 | 通用领域 AI 工具，能够显著提升论文写作效率。其主要功能包括选题推荐、大纲生成、文献综述整理、论文初稿撰写等 | 某传播学硕士在撰写关于"躺平族行为抗争"的论文时，利用 DeepSeek 生成了论文大纲，并通过其文献综述功能整理了近 5 年的相关研究，节省了大量时间 | 需明确研究主题，细化提示词，逐步完善内容。例如润色时需提供具体段落以获得更精准的修改建议 |
| 通义千问：高效的文本生成与优化工具 | 通义千问是阿里巴巴达摩院推出的一款 AI 智能体，提供文本生成、图片生成和语音合成等多模态内容生成服务，兼顾文本质量和创作效率 | 可以用于撰写技术文档、生成宣传海报文案等，提升内容创作的速度和质量，如某科技公司利用通义千问生成产品宣传文案，优化宣传效果 | 输入的提示词要具体明确，以便更好地引导模型生成符合预期的内容 |
| Kimi：长文本或者多文本处理工具 | 月之暗面科技有限公司推出的长文本处理工具，具备强大的上下文理解和生成能力，支持多种文本生成任务，如对话、写作、摘要等 | 用户可以通过输入关键词或主题，让 Kimi 生成相关的创意内容。例如，输入"健康饮食建议"，Kimi 可以快速生成一篇关于健康饮食的文章 | 提供明确的问题背景和结构要求，引导模型高效生成内容 |
| 豆包：视频文案创作的好工具 | 豆包是字节跳动旗下的一款综合性 AI 工具，旨在帮助用户高效完成各类任务，特别是在视频文案撰写、旅行规划和学习方面表现出色 | 用户可以通过与豆包进行对话，获取关于某个话题的信息或建议。例如，用户可以问豆包"参考某经典广告文案"，让豆包给出其他产品文案设计 | 在生成文案或旅行规划时，提供详细的需求和关键词，以便豆包生成更符合期望的内容 |
| 智谱清言：学术论文写作和教学设计好帮手 | 具备通用问答、多轮对话、角色扮演、文本生成、代码生成等能力。其核心技术是 ChatGLM2，拥有 62 亿参数的中英双语对话模型，是目前世界上最大的中英双语对话模型之一 | 用户可以询问各种问题，涵盖科学、技术、文化、历史等领域，智谱清言能提供详尽而准确的解答。能够帮助用户高效完成文章、报告、简历等各类文本的撰写，并能创作诗歌和故事 | 通过多轮对话逐步深入探讨特定主题，获取更全面的信息和解答 |

除上述典型工具外，英文写作还有 Grammarly、Wordvice AI、Elict、paperdigest，中文写作还有彩云小梦、360 写作助手、WPS AI、笔灵 AI 写作、创一 AI、松果 AI 写作、爱制

作 AI、宙语 deng 等各种工具。

### 2. 不同群体 AI 辅助写作工具推荐建议

如图 4-2 所示，学生、职场人士、内容创作者以及研究人员，各自因所处场景、任务性质不同，对 AI 写作助力有着不同侧重。具体而言：

（1）学生群体需要适合学术写作、论文润色和语言学习的工具。

（2）职场人士需要提高工作效率，优化商务沟通和报告质量的工具。

（3）内容创作者需要提供创意灵感，加速内容生产，优化表达方式的工具。

（4）研究人员需要帮助文献调研，提供写作辅助，优化学术表达的工具。

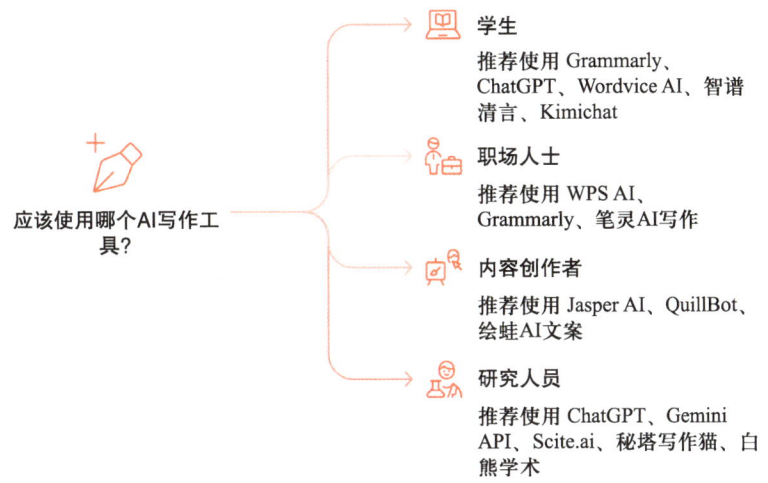

图 4-2　不同群体 AI 辅助写作工具推荐建议

**思考问题：**

1. 你是否知道如何使用 ChatGPT 和 Gemini？（提示：使用 Edge 浏览器，在扩展中安装 Sider：chatGPT。）

2. AI 辅助工具，有的是提供网页版在线使用，有的需要安装 APP 使用，请从上面提供的工具找两种先查看是否有网页版。

## 4.2.3　AI 辅助写作注意事项

AI 写作工具虽用途广泛且效率提升显著，但在使用中仍存在若干普遍问题值得留意：

### 1. 内容质量与准确性监督

AI 工具在生成内容时易出现真实性偏差（如"幻觉问题"）与事实性错误，因此审核文本内容准确性是首要前提。例如，某些 AI 生成的文献综述可能存在错误引用或不准确描述（如虚构文献作者、曲解研究结论），需通过人工核查确保内容可靠。

### 2. 风格一致性把控

避免依赖 AI 生成过于标准化或模板化的语言风格，应在所生成的内容上进行细致的人工二次加工调整，以保持文本与作者原有风格的一致性，如在文学创作中，AI 生成的内容可能缺乏个人独特的写作风格，需要作者进一步润色。

### 3. 明确边界，避免伦理与版权纠纷

使用 AI 时应遵循三项原则：适度使用（避免完全依赖 AI 生成核心观点）；明确标注（在学术论文、商业报告等场景中声明 AI 辅助部分）；权责明晰，确保 AI 生成内容不侵犯他人版权（如直接复制未授权文本），并承担道德责任（如避免生成虚假信息）。

**思考问题：**

1. 在你的日常学术或职场写作中，最迫切需要何种类型的工具支持？

2. 如何在下次实践中具体应用本文所分析的典型工具，从而更有效提升你的写作效率与质量？

# 4.3　AI 辅助文案与公文写作

随着数字化时代的到来，文案与公文写作已成为日常管理、事务组织、情感表达和信息传递过程中必不可少的重要环节。传统的文案与公文写作模式已经难以适应快速运转的办公节奏和要求。AI 工具的发展为高效、高质量的文案与公文写作提供了更多可能，可以辅助文本起草、格式优化、语法校验、智能润色，用最低的成本达到最佳的写作效果。与学术写作不同，文案写作强调用途、场景和情感表达，公文写作则强调规范性、逻辑性与制度性，要求更加标准化与高效化。

## 4.3.1　文案与公文写作的主要 AI 工具

### 1. 豆包-帮我写作

豆包-帮我写作是一款集成多种文案写作的工具平台，旨在帮助用户高效、高质量地完成各种写作任务（图 4-3）。

（1）功能特点

多种写作模板：豆包提供丰富、专业的模板库，涵盖多种行业和场景，包括报告、提案、营销文案、社交媒体文案、产品描述等。这些模板经过专家精心设计，能够帮助用户快速创建高质量的书面内容。

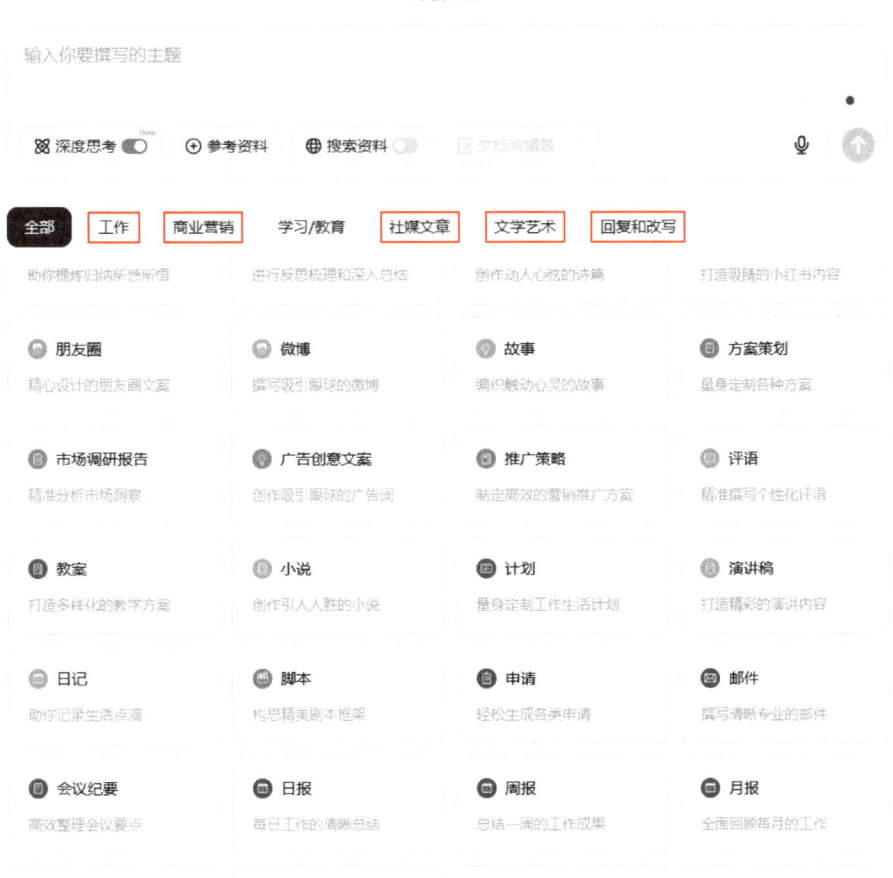

图 4-3　豆包-帮我写作页面

创意提示：豆包具有创意提示功能，帮助用户克服写作障碍。当用户输入一个主题时，豆包将生成相关的主题、关键词和内容建议，有助于激发用户灵感，提高写作效率。

多种语言支持：豆包支持多种语言，包括英语、汉语、日语、西班牙语和法语，满足用户国际化的写作需求。

定制化设置：豆包允许用户定制写作设置，包括输出格式、字数限制和语言风格，用户可以根据自己的需要调整写作结果，创造出个性化的内容。

（2）案例操作步骤

选择写作类型：在豆包首页左侧菜单栏，点击【帮我写作】，选择需要的文案类型，如"文章""营销文案"等；

输入主题和需求：在对话框中输入关键词和主题，例如"帮我写一篇关于环保的推广文案"，豆包会根据需求生成相应的内容；

生成大纲：如果选择分步骤撰写，豆包会先生成大纲，用户可以通过"修改"按钮进入二次编辑，确保内容符合需求；

生成文档：基于大纲生成文档，豆包会一步步帮用户生成文档，用户可以在此基础上进行编辑和修改；

润色和优化：豆包提供高级润色指令，可以一键优化段落结构，轻松调整逻辑顺序，替换重复表达，使文章瞬间变得流畅自然。

（3）实际应用效果

豆包能够快速识别用户提供的文案主题和描述，在短时间内生成一篇高质量文章，从而显著提高写作效率。通过语法和风格检查功能，豆包可以确保生成的内容清晰、准确、合乎规范，提升了文章的整体质量。豆包的创意提示功能帮助用户克服写作障碍，激发灵感，提高写作效率。用户可以根据自身需求对文案的语气、字数、类型等进行调整和优化，以满足不同的写作需求。

## 2. 聪明灵犀

聪明灵犀是一款撰写各种类型的文案的人工智能软件，它能理解用户的需求，生成基本符合这些需求的文案，并且语言处理能力较强（图4-4）。

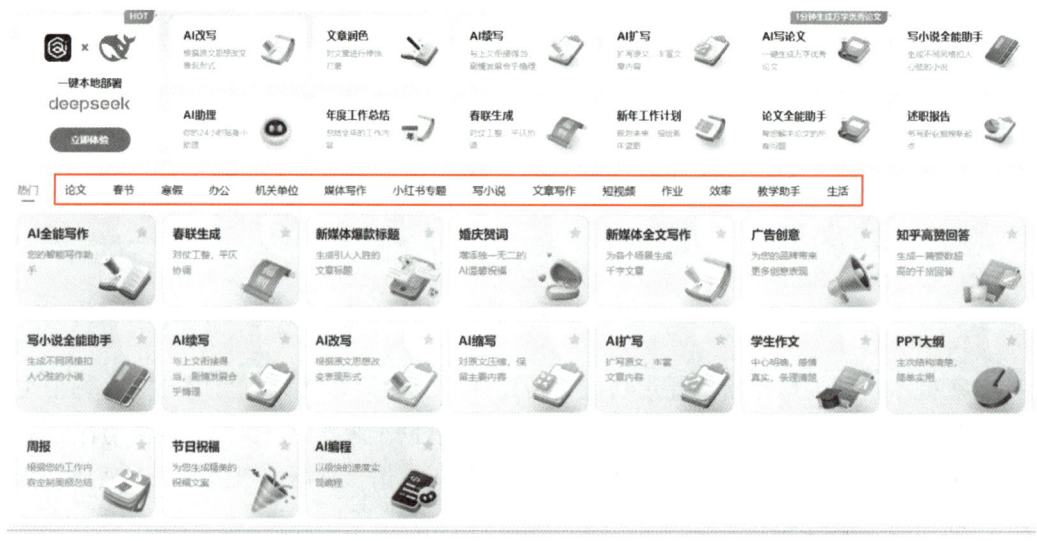

图 4-4　聪明灵犀页面

（1）功能特点

多场景文案生成：适用于广告文案、产品介绍、社交媒体推广等多种场景。

快速生成文案：输入产品或服务的基本信息，即可快速生成文案。

（2）案例操作步骤

打开聪明灵犀软件，选择需要的文案类型；

输入推荐的产品和重要功能描述，点击"开始生成"；

根据生成的文案进行进一步优化。

（3）实际应用效果

聪明灵犀生成的文案内容充实，能够快速满足用户的写作需求，适用于多种文案创作场景。

### 3. 火呱 AI 写作

火呱 AI 写作是一款强大的 AI 写作工具，集成了自然语言处理技术和深度学习算法，能够帮助用户快速生成原创文案。

（1）功能特点

支持多种风格和语气选择，满足不同写作需求。

提供文案模板，用户只需输入主题或关键词即可自动生成高质量文案。

（2）操作实例

用户输入主题或关键词，例如"为一款智能手表写一篇 300 字的新品介绍，重点突出它的健康监测功能"，AI 助手将生成相应的文案内容。

（3）实际应用效果

提供详细的需求描述，确保生成的文案符合预期。

### 4. 微软（Microsoft）Word 内置 AI 功能

（1）功能特点

语法和拼写校正（Grammar & Spell Check）：Word 内置的高级校对功能使用 AI 技术，可识别公文撰写中常见的语法错误，拼写错误，以及基本的措辞建议。

风格审核与表述优化（Style Refinement）：微软 Word 可自动识别冗余表达、敏感词汇、行文不规范、句子结构复杂度较高等的问题，并提供具体修改方案，帮助用户提升公文表达质量。

智能模板和推荐表述（Smart Templates & Phrase Suggestions）：提供外观精美、格式规范的模板供行政文书使用，并根据输入内容实时智能推荐下一步措辞或常用表达方式，大大降低撰写难度和时间成本。

（2）案例操作步骤

以某单位"图书馆年度工作报告"为例，新建 Word 文档后，输入标题"年度工作报告"，Word 自动推荐相关"报告类"模板，并生成公文规范封面；

撰写正文时，系统会实时提供或自动纠正语法、词汇错误，语句格式或风格问题即刻弹出提示并推荐修改方案；

当输入特定术语如"人力资源管理""信息化建设"时，Word 可识别并提供相应的专业术语建议；

在公文撰写完成后启动"审阅"功能，自动检查行文一致性与公文标准化要求，最后导出 PDF 统一发布使用。

（3）实际应用效果

微软 Word 内置 AI 功能，显著缩短了规范性公文写作周期，有效保证了报告逻辑性与表述品质，更易获得领导和同事认可。

### 5. JasperAI 工具平台

（1）功能特点

智能辅助内容创作：JasperAI（原 Jarvis）定位为营销文案生成工具，主打广告文案、社交媒体推文、博客文章等场景，提供丰富的内容模板，辅助快速起草各种文案。

上下文联想写作：AI 工具可理解上下文意图，自动联想生成后续内容，有效提高写作连贯性。

文本润色优化：对语法、措辞、行文风格自动提出改进意见，大幅提高公文的语言质量与可读性。

（2）案例演示步骤（以"重要通知"起草为例）

登录 JasperAI 平台后，输入内容需求关键词，如"文件通知""2023 年图书库存盘点工作通知"等；

系统自动匹配典型通知格式模板与常用语言表述方式，生成一键可使用的内容段落；

用户根据实际需要简单修改具体信息并完成校对后即可输出成文。

（3）实际应用效果

实际应用中，利用 JasperAI 生成各类文案，平均时间短，且表达规范、清晰流畅，可为营销部门提供高质量文书素材，大大提升系列行政公文处理效率。

### 6. Copy.ai 平台的公文辅助应用

Copy.ai 是一款免费公文写作、商务写作的工具（图 4-5）。

图 4-5　Copy.ai 主页

（1）功能特点

快速生成标准化、规范化文本。

提供诸多实用模板，能够高效完成通知、公示、事务类公文。

简单的界面便于新手快速掌握。

（2）案例操作步骤：主动生成"会议纪要"

进入 Copy.ai 平台后，选择"Meeting Minutes"（会议纪要）模板；

输入基本会议要点与时间地点后，系统自动生成清晰、规范的会议纪要；

用户可对细节内容稍作修改，导出即可使用。

（3）实际应用效果

通过 Copy.ai 生成会议纪要，流程简单、规范统一。一篇会议纪要撰写平均耗时压缩至 10 分钟以内，显著提升行政办公室文件整理效率。

特别提示：Copy.ai 虽支持会议纪要生成，但其输出偏向商务会议记录（如项目讨论、营销策略），缺乏政务/行政会议纪要的规范性要求（如领导批示、政策引用）。相比之下，WPS 智能公文、寻知 AI 等工具更适配公文场景。

## 4.3.2　文案与公文写作中 AI 工具的使用技巧

1. 确定适用场景：审慎选择适合文案或者公文用途的 AI 工具，避免误用，影响效率。

2. 人机结合：AI 工具提供初稿后，必须由人工仔细审定、校正事实表述后再正式提交。

3. 日常经验积累：对常用文案或者公文规范、用语习惯、组织惯例进行日常积累，有效提高 AI 协作效率。

4. 保障文件安全与保密：避免公文草稿信息泄露，建议选择可信度高的平台，遵守组织信息安全管理制度。

AI 工具的有效使用，关键是准确把握公文写作目标并合理选择 AI 工具。推荐学习使用 Microsoft Word 内建 AI 功能、JasperAI、Copy.ai 等权威 AI 平台，同时也要明确人工与机器的责任界限，始终将 AI 工具作为智能助手而非替代人本身。

**思考与训练：**

1. 请用豆包–帮我写作完成一篇竞选班干部的演讲稿。

2. 用 Copy.ai 写一篇华为手机的英文推广文案。

# 4.4　AI 辅助学术论文写作

人工智能工具在论文写作的各个环节都能发挥作用。在思路拓展阶段，能通过回答问题、提供不同观点和思路，激发学生的创新思维，帮助他们确定独特的研究角度；在文献综述时，可协助学生理解复杂的学术概念和理论，对相关研究进行分析和总结；在正文撰写过程中，能够对学生的问题提供专业解答，帮助学生完善论述内容，还可以对语言进行优化，使其更符合学术规范和表达习惯；在论文修改阶段，能检查语法错误、逻辑漏洞等问题，并提供改进建议，提高论文整体质量。

## 4.4.1　AI 辅助学术论文写作流程

AI 辅助学术写作的典型流程通常包括：① 选题与构思 → ② 文献综述与理论框架 → ③ 论文框架构建 → ④ 内容撰写与数据分析 → ⑤ 修改与润色 → ⑥ 格式调整与查重 → ⑦ 提交与答辩准备。在这一流程中，每一步骤通常都会涉及不同 AI 工具的快速有效配合，在实践中充分展现 AI 写作工具与人工智慧的互补协作，如表 4-6 所示。

**表 4-6　AI 辅助学术写作的典型流程**

| 流程内容 | AI 辅助功能内容 | 人工介入内容 |
|---|---|---|
| 选题与构思 | 智能选题建议：输入研究领域（如"人工智能在医疗影像中的应用"），AI 分析研究热点与空白，推荐细分方向（如"基于深度学习的乳腺癌早期筛查算法优化"） | 筛选具有创新性与可行性的选题，结合自身研究基础调整方向 |
| 选题与构思 | 趋势分析：通过学术数据库（如 Web of Science、CNKI）挖掘前沿课题，结合领域专家观点生成选题逻辑链 | 筛选具有创新性与可行性的选题，结合自身研究基础调整方向 |
| 文献综述与理论框架 | 文献检索与分类：自动抓取相关文献（如近 5 年核心期刊论文），按支持/反对/中立观点分类，生成摘要与关键词云图 | 提炼文献矛盾点，提出研究假设与理论缺口 |
| 文献综述与理论框架 | 知识图谱构建：可视化展示领域内理论关系（如"机器学习→神经网络→卷积神经网络"） | 提炼文献矛盾点，提出研究假设与理论缺口 |
| 论文框架构建 | 智能生成大纲：输入选题后，AI 输出结构化框架（如引言、方法论、结果、讨论），包含子标题与内容要点提示 | 优化逻辑链条，补充个性化研究路径 |
| 论文框架构建 | 模板适配：根据期刊要求（如 APA/MLA 格式）调整章节顺序与字数分配 | 优化逻辑链条，补充个性化研究路径 |
| 内容撰写与数据分析 | 初稿生成：基于大纲自动填充段落内容（如方法论部分生成实验设计步骤） | 验证数据逻辑，补充理论解释与案例分析 |
| 内容撰写与数据分析 | 数据分析支持：输入原始数据后，AI 推荐统计方法（如回归分析）、生成可视化图表（如箱线图、热力图），并解释结果显著性 | 验证数据逻辑，补充理论解释与案例分析 |
| 修改与润色 | 语法与术语优化：检查语法错误，统一专业术语（如"卷积神经网络"而非"CNN"） | 强化创新点表述，删除冗余内容 |
| 修改与润色 | 逻辑连贯性检测：标记段落间跳跃点，建议过渡句优化方案 | 强化创新点表述，删除冗余内容 |

续表

| 流程内容 | AI 辅助功能内容 | 人工介入内容 |
|---|---|---|
| 格式调整与查重 | 自动排版：调整参考文献格式（如 Harvard/IEEE）、图表编号与标题 | 复核引用规范，补充必要声明（如数据来源） |
| | 查重降重：对接知网/PaperFree 等系统，识别重复率并提供改写建议，AIGC 检测率降至 30% 以下 | |
| 提交与答辩准备 | PPT 生成：根据论文内容自动生成答辩 PPT，包含核心图表与问题预测库 | 模拟答辩问答，完善逻辑应答策略 |
| | 自述稿优化：将学术语言转化为口语化表达，突出研究亮点 | |

通过上述流程，AI 辅助学术论文写作实现了从"工具替代"到"智慧协同"的转变，成为科研效率与质量的双重保障。

## 4.4.2　外文 AI 工具辅助英文论文写作流程

假设我们准备利用 AI 工具协助完成某一研究选题的研究与写作任务，从而更高效系统地完成论文撰写全过程。

下面以一篇假设中的图书情报学领域的学术论文："The Impact of Emerging Technologies on the Knowledge Service Model of Public Libraries and Strategies for Response（新兴技术对公共图书馆知识服务模式的影响与应对策略探讨）"为例进行详细的实例分析。

第一步：选题确定与内容关注重点分析（AI 使用工具推荐"ChatGPT"）。

实例说明：

利用 ChatGPT 工具，输入命令：please recommend several research topics in the current hot directions of Library and Information Science（请推荐几个当前图情学热点方向的研究题目）。

AI 工具迅速给出几条热点选题：如："人工智能影响图书馆服务的实证研究""大数据技术提升图书馆知识服务的路径研究""5G 背景下公共图书馆的智慧服务实践探索"等。

经过人工研判，融合几个热点后确认最终所选题目为"新兴技术对公共图书馆知识服务模式的影响与应对策略探讨"。

第二步：快速进行文献综述挖掘与整合（推荐 AI 工具："Scholarcy"与"Connected Papers"）。

实例具体步骤：

在知网、Web of Science 数据库搜索到相关文献后，将文献导入 Scholarcy 工具；

Scholarcy（见图 4-6）工具自动抽取论文摘要、关键词和重点内容，

快速形成逻辑清晰、结构合理的文献综述摘要，为后续具体写作奠定资料基础；

将核心文献的题目或 DOI 输入 Connected Papers 网站，迅速获取与之相关联的最新文献网络图谱，补充更新更多前沿文献，避免重要文献遗漏。

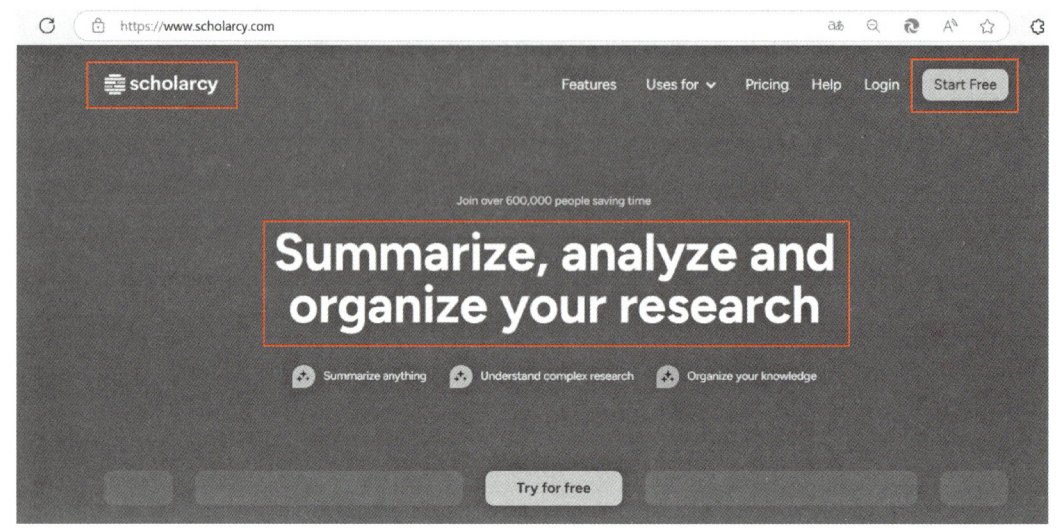

图 4-6　Scholarcy 主页

第三步：论文整体框架规划与大纲自动生成（推荐 AI 工具："chatGPT" 或 "Gemini"）。

实例演示：

打开 chatGPT 工具界面，提供论文研究主题和核心内容关键词，让其进行论文构思，AI 系统可以快速推荐一个标准化的初级论文结构，包括引言、研究背景、研究问题、研究方法、研究成果、政策建议等关键部分。

人工根据研究实际情况对系统推荐结构与大纲稍作调整，快速确定论文构建与层次规划，节省大量思考与组织时间。

第四步：正文写作中的人工智能协同（AI 使用工具推荐："Grammarly" 以及 "Quillbot"）。

实例演示：

在文本撰写中，Quillbot 提供措辞及语句优化帮助；

Grammarly 工具则全程监控语言语法准确性、句式严谨性和措辞学术性，使写作质量达到标准期刊要求；

在写作敏感难点段落（如观点论证、结论分析）时，使用 ChatGPT 提供提示支持与表达思路建议，人工整合优化后完成最终稿件。

第五步：学术引用规范化与参考文献标准化管理（推荐 AI 工具："Zotero" 或 "Mendeley"）。

实例演示：

安装 Zotero 后，可以快速自动搜集并管理多源文献引用，如知网、谷歌学术、SCIE 数据库获取文献并自动分类管理；

撰写中实时插入符合 APA、MLA 或 Chicago 等多种引用格式的文献条目，并在文章完成后一键生成符合投稿期刊格式的标准参考文献列表。

第六步：智能化审稿与文本润色优化（推荐 AI 工具："Paperpal"和"Writefull"）。

实例演示：

Paperpal 可以深度发现论文初稿中表达、结构等潜在问题，提供详细修改意见，帮助完成人工难以全面覆盖的彻底修订；

Writefull 提供优质学术表达润色服务，帮助提高论文质量达到期刊出版水准后，便于进一步送交期刊或会议等发表渠道。

其他辅助工具包括：

文献管理：Zotero（一键导入参考文献，生成引用格式）。

翻译工具：DeepL（高质量学术翻译，保留术语准确性）。

答辩 PPT：Boardmix AI（AI 生成 PPT 框架，协作编辑）。

## 4.4.3　国内 AI 工具辅助论文写作流程

第一步：论文思路拓展与选题。

（1）学生可以向生成式人工智能工具如 Kimi 提出开放性问题，如"在研究［主题名称］时，有哪些新颖的研究角度或方法尚未被充分探索"，如在 Kimi 中调研"在研究虚拟主播的情感传播时哪些新颖的研究角度或方法尚未被充分探索"（见图 4-7）。或者通过询问 AI 工具关于类似研究主题的成功案例，学生可以学习和借鉴其他研究者的思路和方法，将其应用到自己的毕业论文中。例如，在研究电子商务营销策略时，了解其他行业在类似营销场景下的创新策略，并思考如何迁移到电子商务领域。

图 4-7　Kimi 提问页面

（2）使用技巧与方法：先检索收集相关文献全文，包括最新的中外文资料，上传资料让其分析其中的研究空白点，并提出做类似研究的创新点。

（3）推荐工具：DeepSeek、Kimi。

第二步：快速获取文献信息。

（1）一是通过向 ChatGPT 提问，可获取一些经典研究文献的关键信息，如作者、发表期刊、主要研究成果等，为进一步深入阅读和筛选文献提供基础。例如，学生研究"人工智能在医疗影像诊断中的应用"，可以让 GPT-4o mini 提供最新的 20 篇高度相关的关键文献。二是利用 AI 工具如玻尔（见二维码）、星火科研助手进行文献搜索：输入与研究主题相关的关键词或者标题，工具可以迅速提供一系列相关文献的标题、摘要甚至全文链接，帮助学生快速了解该领域的研究现状和前沿动态。如使用白熊学术收集"虚拟主播的情感传播"相关文献（图 4-8）。

图 4-8　玻尔根据关键词生成参考文献页面

（2）使用技巧与方法：让其提供跟论文高度相关的学术论文，按照参考文献标准格式列出，并给出全文链接。

（3）推荐工具：白熊学术、GPT-4o mini。

第三步：生成文献综述初稿。

（1）一是将多篇关于某一主题的文献摘要或者全文输入智谱清言中，要求其生成一篇连贯的文献综述段落，突出各研究的异同点和整体研究趋势。二是直接让 AI 工具如秘塔写作猫生成研究综述，三是利用文献收集结果中选取文献生成摘要，如星火科研助手。

（2）使用技巧与方法：先用中国知网、SCI 等进行检索，输出含有摘要内容的参考文献，上传给 AI 工具，让其生成综述。如：请根据提供的 50 篇参考文献文摘内容写一篇人工智能在新能源汽车中应用的研究综述，要求每篇文献都要体现在综述中，并以某人某年研究了的格式进行阐述。

（3）推荐工具：秘塔写作猫、星火科研助手。

第四步：提供研究方法与研究数据来源。

（1）论文撰写最困难的是如何确定研究方法与如何获取研究数据，可以向生成式人工智能工具请求生成相关数据或案例。例如：在研究企业社会责任对品牌形象的影响时，要求智谱清言提供相关企业履行社会责任后品牌形象提升的具体案例及相关数据（见图4-9）。

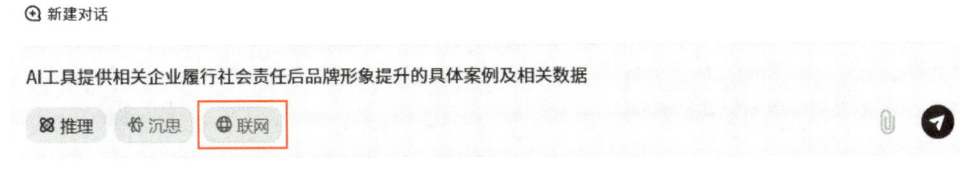

图4-9　智谱清言提问页面

（2）推荐工具：智谱清言、DeepSeek-R1（打开联网搜索）。

特别提示：让AI工具提供数据或者案例时，一定要打开工具的联网功能。

第五步：构建论文大纲与段落续写。

（1）根据研究主题和思路，学生可以与AI工具互动，确定论文的章节标题和主要内容框架。AI工具可以提供关于每个章节应涵盖内容的建议，如在撰写"关于新能源汽车市场发展的研究"论文时，帮助确定"新能源汽车市场现状分析""新能源汽车面临的挑战与机遇""促进新能源汽车发展的策略"等章节，并对每个章节的重点内容进行简要阐述。

（2）调整大纲逻辑：在初步构建大纲后，利用其他AI工具检查各章节之间的逻辑关系是否合理，是否存在内容重复或逻辑跳跃的问题。AI工具可以提供关于大纲结构优化的建议，使论文整体逻辑更加严密、连贯。

（3）段落续写：当学生在撰写某个段落时遇到思路中断或难以继续展开的情况，可将已写内容或者要写的段落标题输入AI工具中，让其根据上下文生成后续内容，为学生提供写作灵感和思路延续。

（4）推荐工具：智谱清言、DeepSeek。

第六步：语言润色与校对。

（1）生成式人工智能工具可以快速检查论文中的语法错误、拼写错误以及标点符号使用不当等问题，并提供修正建议。这有助于提高论文的语言准确性和规范性，避免因低级错误影响论文质量。

（2）语言风格统一：在论文写作过程中，可能会出现语言风格不一致的情况，如部分段落较为口语化，部分段落过于晦涩难懂。工具可以帮助学生调整语言风格，使其在全文范围内保持统一、流畅，符合学术论文的语言要求。

（3）推荐工具：豆包-帮我写作中的润色、校对（见图4-10），Kimi的论文改写。

生成式人工智能工具为学生毕业论文写作提供了诸多便利和支持，通过有效地利用这些工具，并结合自身的专业知识和努力，学生能够提高毕业论文的质量。同时要注意在这个过程中培养和提升自己的学术写作能力、创新思维能力和独立思考能力，为未来的学术研究和职业发展奠定坚实的基础。

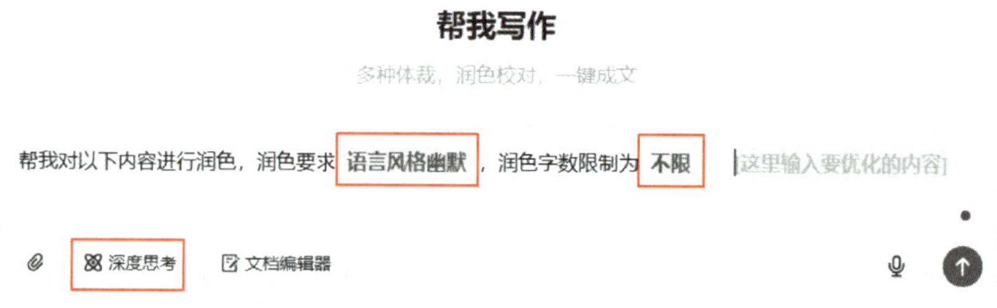

**帮我写作**

多种体裁，润色校对，一键成文

帮我对以下内容进行润色，润色要求 语言风格幽默 ，润色字数限制为 不限 这里输入要优化的内容

⌀ 深度思考　☑ 文档编辑器

图 4-10　豆包帮我写作的润色页面

第七步：论文总结和 PPT 生成。

在学术论文提交与答辩准备阶段，AI 工具通过自动化生成 PPT 与优化自述稿，可以显著提升答辩材料的效率与专业性。

（1）智能内容提取：AI 自动识别论文中的核心图表、研究方法、结论等关键信息，生成逻辑清晰的 PPT 框架（如标题页、摘要、研究方法、结果分析、结论等）。

（2）问题预测库：基于论文内容生成可能的答辩问题列表（如"数据样本量是否充足？""实验设计的局限性是什么？"），辅助答辩者提前准备。

（3）内容调整：人工补充案例、补充图表说明或调整逻辑顺序，确保 PPT 与论文深度契合。

（4）推荐工具：博思 AIPPT、WPS AI。

其他辅助工具包括：

（1）选题灵感：青泥学术（热点选题+趋势分析）、open knowledge Maps（可视化文献关联）。

（2）润色校对：秘塔写作猫（语法纠错+AI 改写）、Grammarly 中文版（深度语法检查）。

（3）格式排版：LaTeX（专业排版）、Word 模板（一键调整格式）。

（4）答辩辅助：canva（答辩 PPT 模板）、觅知网（PPT 素材库）。

## 4.4.4　AI 工具辅助学术论文写作技巧

### 1. 高效使用提示词

提示词不仅是启动 AI 智能写作的钥匙，更是引导 AI 准确理解和输出所需内容的向导。通过精心设计的提示词，可以大大提高 AI 写作的针对性和效率。下面提示词具备高度的概括性和准确性，能够精确传达作者的写作意图，使 AI 在处理大量信息时能够迅速锁定关键点，从而生成符合学术规范和逻辑结构的论文内容（见表 4-7）。

表 4-7 AI 辅助学术写作各种场景的提示词

| 修改领域 | 修改目标 | 提示词示例 |
|---|---|---|
| 选题 | 创新方向探索 | 我是［××学科］学生，想研究［××领域］，请推荐 5 个创新且可行的选题，要求结合近 3 年研究热点，并附上每个选题的研究意义和可能的创新点 |
| | 空白领域定位 | 当前关于"［主题］"的研究空白是什么？请结合最新文献提出 3 个可能的研究方向，并附上相关文献支持 |
| 文献综述 | 分类分析 | 请总结近 5 年关于"［主题］"的国内外研究，按观点分类，指出争议焦点，并引用至少 3 篇权威文献 |
| | 研究整合 | 根据最新研究，总结［领域］的核心发现及其对［相关领域］的影响，并引用 5 篇关键文献 |
| | 文献验证 | 请验证以下文献的权威性：［文献标题+作者］，并说明其在［主题］领域的贡献 |
| 大纲构建 | 大纲生成 | 请生成一篇关于"［主题］"的论文大纲，包含引言、文献综述、研究方法（定量/定性）、数据分析、结论与建议，每个部分需列出子标题及核心内容概述 |
| | 跨学科视角融合 | 从［学科 A］和［学科 B］的交叉视角探讨［问题］，生成包含理论框架、方法论和案例分析的论文大纲 |
| 论文校对 | 错误检查 | 校对以下段落［在此处插入段落］中的语法错误、拼写错误和风格不一致之处 |
| | 风格检查 | 检查以下论文［在此处插入论文］是否符合［特定风格］指南，例如 APA、MLA |
| | 连贯性检查 | 请优化以下段落的逻辑结构，确保论点与论据匹配，并添加过渡句增强连贯性 |
| 研究方法设计 | 定量研究方案 | 针对"［问题］"，设计一个包含控制变量的定量研究方案，需说明样本选择、数据收集工具和统计方法 |
| | 定性研究设计 | 为探索"［现象］"的机制，设计一个定性研究方案，包括访谈对象筛选、编码流程和伦理审查步骤 |
| | 实验设计对比 | 对比［方法 A］与［方法 B］在解决［问题］中的优缺点，推荐适合当前研究的方法并说明理由 |
| 根据大纲扩写 | 研究背景与意义 | 请根据人纲扩写研究背景与意义部分，要求结合最新技术研究趋势、政策背景、时代发展，阐述研究的重要性和创新点 |
| | 研究方法 | 请根据大纲扩写"研究方法"部分，要求详细说明研究设计、样本选择、数据收集方法和数据分析步骤 |
| | 数据分析与结果 | 请根据大纲对【数据特征】进行描述性统计，并撰写文字描述<br>请根据大纲【回归/方差/文本分析】结果，提炼主要发现并用易懂语言呈现<br>请根据大纲对【实验或实证】进行初步解释，突出与研究假设或问题的对应关系<br>请根据大纲并依据【表格或图表】信息，逐步说明结果背后的潜在逻辑或机理<br>请根据大纲对结果中出现的【意外发现或特殊现象】进行合理推测与分析 |

续表

| 修改领域 | 修改目标 | 提示词示例 |
|---|---|---|
| 根据大纲扩写 | 讨论与建议 | 请根据大纲扩写"讨论与建议"部分，结合研究结果和文献，提出理论贡献和实践建议 |
| 研究讨论 | 研究应用 | 请总结本研究在管理实践/政策建议/行业应用方面的启示，并结合论文研究说明 |
| | 局限性总结 | 请分析本研究存在的局限性，如样本规模、研究方法或数据来源的不足 |
| | 未来展望 | 请提出本研究未来研究的可能方向或需要深入探讨的问题，以供学界或业界参考 |

### 2. 采用学术化表达

在 AI 辅助论文写作中，精准使用专业术语和学术用语是确保输出成果质量的关键要素。

（1）认知动词的运用（见图 4-11）

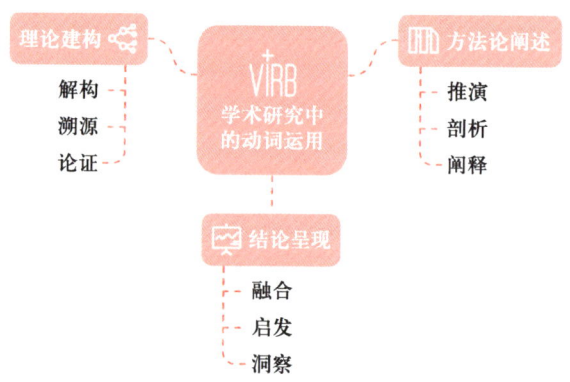

图 4-11　学术写作时采用提示词的动词

（2）问题表征的要素完整性

定量研究：明确变量定义（如"自变量操作化""调节变量机制"）。

质性研究：规范方法论术语（如"扎根理论""现象学还原"）。

混合研究：标注信效度标准（如"$\alpha>0.7$""因子载荷$>0.6$"）。

（3）学术语域的规范校准

句式优化：采用客观表述（如"数据表明"），避免主观推断（如"我们觉得"）。

工具辅助：使用 Writefull 等工具校准学术语域，将口语化表达（如"发现有趣现象"）优化为专业表述（如"识别××机制的非线性关联效应"）。

### 3. 清楚单个工具局限，多个工具综合运用

单一 AI 工具难以覆盖论文写作全流程，需构建"核心工具+辅助工具"的协同体系，

实现效率与质量的平衡。同时，AI 工具通常只能基于已有内容智能优化，重要判断与创新思维的环节还需人工承担。

（1）动态交互与结果整合（见图 4-12）。比如通过 API 接口或中间文件格式（如 Markdown）实现工具间的数据流转。例如，将 DeepSeek 文献检索结果导入 Zotero 管理，再通过 AI 摘要工具提炼核心观点，最终嵌入论文综述部分。

| 功能模块 | 核心工具 | 协同机制 | 数据流转示例 |
| --- | --- | --- | --- |
| 知识发现 | DeepSearch + WoS | API抓取元数据 → Zotero存储 | XML → Zotero数据库 |
| 知识组织 | Markdown + 知识图谱 | 双向链接生成知识卡片 | Markdown → 知识卡片 |
| 内容生成 | Kimi + ChatGPT | Markdown整合多模态内容 | LaTeX → Word文档 |
| 质量控制 | Grammarly + Turnitin | 多维度校验（语法/查重） | PDF → 查重报告 |

图 4-12 AI 工具的动态交互与结果整合

（2）人机协同验证机制。对 AI 生成的结论性语句（如"本研究证明××理论具有显著优势"），需结合领域知识进行逻辑验证，必要时通过实验复现或专家评审确保结论的可靠性。

### 4. 中外文资料与中外文工具平衡

在全球化学术语境下，平衡中外文资源是提升论文国际视野与本土适用性的关键，也是构建全球化与本土化融合的知识体系的关键。

（1）文献检索的语种策略，采用"外文核心文献+中文补充资料"的双轨模式。利用 Web of Science、Scopus 等外文数据库获取前沿理论，结合中国知网、万方等本土平台获取政策、案例数据。同时，使用风车 AI 翻译的术语对齐功能，确保跨语种引用时的术语一致性。

（2）工具选择的适配性考量，比如可以用 Kimi、智谱清言构建论文框架，生成更符合汉语逻辑的句式结构，采用 ChatGPT、Gemini 进行文献调研。

（3）通过 AI 工具的对比写作功能（如生成中英双版本摘要），结合人工润色调整论述侧重点，确保论文在不同学术圈的可接受性。

### 5. 持续学习与更新工具使用技能

强化自己在具体情景下 AI 工具的应用能力，不断熟悉最新 AI 技术进展，提升 AI 辅助写作的能力与效率。

### 6. 理性看待 AI 技术与人工智慧的协同关系

坚持人工主导和 AI 辅助相结合原则，避免过度依赖或完全摒弃 AI 工具，合理利用以打造最佳协作效果。

### 7. 严格遵守相关规定

人工智能生成工具，在过去几年内展现了惊人的语言生成能力。然而随之而来的隐忧逐渐显现，如生成内容真实性不足（如提供虚假参考文献）、原创性边界模糊、学术诚信模糊、责任归属不明等问题，因此学生必须正确认识工具的功能与局限性，在项目实地调研、数据收据、试验、逻辑论证等方面必须亲力亲为，严格遵守学校使用人工智能工具的相关规定，坚守学术诚信原则，将其合理地融入毕业论文写作过程中。

**思考题：**

1. 大家在此前使用 AI 辅助工具的过程中，有没有关注过相关伦理问题或版权风险？

2. 你所在学校有没有使用 AI 学术工具的相关规定？尤其是在毕业设计和毕业论文写作方面。

扩展阅读：《复旦大学关于在本科毕业论文（设计）中使用 AI 工具的规定（试行)》

扩展阅读：OpenAI 于 2024 年 11 月 13 日发布的学生用 GPT 写作指南（见二维码）里面分为 12 个步骤，每个步骤都有详细说明。

**训练题：**

利用 AI 工具助力本科毕业论文写作（大家主要看提问方式，主要用 Kimi 与智谱清言完成），也可以根据自己的专业修改论文题目，或者直接让 AI 写作工具帮你出题。

你是一名大学建筑专业四年级学生，要写一篇"智能建造背景下装配式建筑碳排放优化研究"的毕业论文，请利用人工智能给出论文构思，包括标题、摘要、关键词、主要研究内容与研究方法。

1. 先按关键词：智能建造、碳排放、装配式在中国知网检索并选取 30 篇中文文献、15 篇英文文献，按含有摘要的查新格式导出 WORD 文档，将该文件上传至 Kimi，提问：根据上述参考文献，我要写一篇论文，从哪些方面开展，才能体现研究的创新性？

2. 请根据上述可以开展研究的角度，给出论文的标题、摘要、关键词和主要研究内容。

3. 请将上述标题、摘要、关键词翻译成英文。

4. 请将上面 45 篇参考文献写成综述，要求包含全部论文，综述展开层次要与研究内容相符合。

5. 将标题和摘要输入到智谱清言，请写出该论文研究背景和意义，包括建筑业和炭排放方面相关的产业政策、产业规划、时代背景。

6. 请列出上述论文的研究方法和数据来源。

7. 收集相关案例和研究数据。

8. 根据前面研究内容，扩写研究设计部分。

9. 输入主要研究内容，请给出该论文的研究结论、研究不足与研究展望。
10. 请写出该毕业论文的致谢，包括指导老师、父母、同学，要具有深情表达。

# 4.5　AI 辅助写作未来发展趋势与能力培养

## 4.5.1　AI 辅助写作技术发展现状

近年来，人工智能技术在写作领域的应用取得了显著进展，正逐步改变传统的写作流程、方法和工具，对人们语言表达和内容创造的方式产生深远影响。自 2018 年起，以 GPT-2、GPT-3、ChatGPT 等模型为代表的自然语言处理（Natural Language Processing, NLP）技术在文本生成方面取得了重大突破，显著提升了文本生成的质量与效果，尤其在语言理解、情感捕获、常识认知与逻辑推理等方面表现出色。

目前，市面上已出现多种广受欢迎的 AI 辅助写作工具，如 ChatGPT、JasperAI、Copy.ai、Scholarcy、Grammarly、Quillbot 等，它们被广泛应用于不同的写作场景，并获得了用户的高度认可。然而，尽管取得了这些进步，当前的 AI 工具仍存在一些问题，如表达质量波动、创造性不足、内容真实性问题以及版权争议等。在未来几年，解决这些问题并推动技术的进一步融合发展，将成为 AI 辅助写作领域的重要研究方向。

## 4.5.2　AI 辅助写作未来发展的核心趋势

未来，AI 辅助写作技术有望沿着以下几个核心趋势持续发展（见图 4-13）：

| 特征 | 精细化和个性化文本生成 | 多模态AI写作 | AI助手作为智能伙伴 |
| --- | --- | --- | --- |
| 重点 | 精确控制和针对性内容 | 整合多种信息来源 | 深度互动和主动协作 |
| 输入 | 详细的风格、情感和语境 | 文本、语音、图像和视频 | 用户习惯和需求 |
| 输出 | 个性化和风格化的写作 | 基于丰富线索的高质量内容 | 主动建议和协作写作 |
| 应用 | 商业、学术和创意写作 | 实验报告和营销文案 | 智能写作平台生态系统 |

图 4-13　AI 写作趋势

### 4.5.3    未来 AI 辅助写作技术突破方向

#### 1. 常识推理能力突破

当前，AI 写作工具的一个突出问题是缺乏跨领域的常识推理能力，导致在内容生成时可能会出现逻辑和事实错误。未来几年，研究人员将致力于强化语言模型的常识推理模块，通过结合知识图谱和语义网络等技术，构建更可靠的常识支撑体系，从而显著减少内容作伪和逻辑推导出错的情况。

#### 2. 情感智能及风格迁移技术的发展

在未来 5 到 10 年内，AI 的情感理解和表达功能将迅速成熟。AI 工具将能够更精准、更真实地识别文本中的情绪和观点，并灵活地表达多种情绪色彩，使生成的文本在情感上更真实、更细致，更符合创作者的意图。同时，语言风格迁移技术也将更加成熟，使人工智能能够自动实现不同语体风格之间的顺畅切换，如学术语体、公文语体和文学语体等。

#### 3. 高效的长文本生成及精准摘要技术增强

目前，AI 在长篇文本的条理性、结构性和逻辑连贯性方面仍存在不足。未来的技术发展将专注于解决这些问题，提升长文本生成的质量。同时，文本摘要技术的快速提升将能够帮助用户快速准确地获取大量阅读材料的精髓，并精确生成与给定目标高度契合的大型长文本，如研究报告、政策文件、小说和剧本等，从而大大扩展 AI 工具的实用场景。

#### 4. 知识版权保护和安全合规技术迅速发展

随着 AI 写作技术的大规模应用，版权和安全问题变得日益重要。未来，AI 内容保护与版权追溯技术将成为研究的前沿领域。通过区块链技术和生成内容版权追踪机制，创意和知识将得到有效保护，AI 生成内容的版权问题也将得到有效解决，从而推动技术的落地和商业化发展。

### 4.5.4    提升 AI 辅助写作能力的实践方法论

为了帮助同学们真正掌握 AI 写作技能，强化自身的写作能力，可以从以下几个方面进行重点实践（见图 4-14）：

AI 辅助写作技术不断发展，人类只有通过持续学习，才能在数字时代保持竞争力。同学们应该时刻关注相关技术和业界的最新成果与趋势，如 ChatGPT 的迭代或谷歌 Gemini 等。这要求大家具备敏捷的技术跟踪学习能力，可采取的具体策略包括：订阅 AI 科学研究或主要技术期刊，关注前沿学术研究进展，保持对专业领域的洞察与研究更新；加入专业社区，参与公开网络研讨会和论坛，在实战交流中不断提升专业技能和技术应用能力；加强横向（跨学科）技能协作与专业交叉能力。

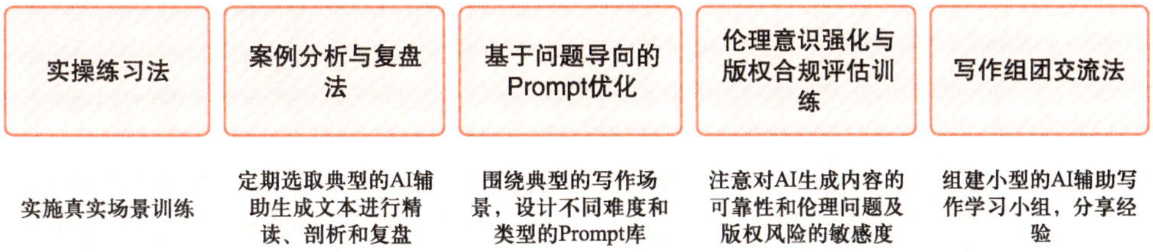

| 实操练习法 | 案例分析与复盘法 | 基于问题导向的Prompt优化 | 伦理意识强化与版权合规评估训练 | 写作组团交流法 |
|---|---|---|---|---|
| 实施真实场景训练 | 定期选取典型的AI辅助生成文本进行精读、剖析和复盘 | 围绕典型的写作场景，设计不同难度和类型的Prompt库 | 注意对AI生成内容的可靠性和伦理问题及版权风险的敏感度 | 组建小型的AI辅助写作学习小组，分享经验 |

图4-14 AI写作技能提升方法

## 4.6 本章小结

回顾本章整个章节，AI写作技术展现了广阔前景却充满挑战。希望所有参与本章学习的同学，不仅要掌握AI辅助写作随时可用的工具性技巧，更要从中体会到AI时代语言生成技术与信息生产的深层关系，具备数字时代应有的工具使用能力、伦理自觉与版权意识。

# 第五章 图像创作新潮流：用 AIGC打造视觉盛宴

AI 绘画是利用人工智能技术进行图像创作的前沿领域。它将计算机科学与艺术设计相结合，通过深度学习模型和算法，使计算机能够依据输入的文本描述或其他指令生成图像。这些模型经过大量数据的训练，能够学习和理解图像的特征和模式，从而创建出具有艺术价值的作品。

随着技术的不断进步，AI 绘画不断拓展艺术创作的边界，为艺术家、设计师以及普通用户提供强大而便捷的创作工具。无论是概念设计、商业广告，还是个人艺术表达，AI 绘画都展现出了前所未有的潜力和可能性，引领着视觉创作的新趋势。

## 5.1 AI 绘画概述

从 1826 年第一张照片问世到 1975 年，人类摄影师花了 150 年的时间创造了 150 亿张照片，而 2022 年到 2024 年，短短两年时间，借助文本生成图像的算法，已经产生了 150 亿幅图像。由此可见，AI 绘画技术的飞速发展极大地加速了图像生产的速度和规模，展现了人工智能在艺术创作领域的巨大潜力和影响力。这一变革不仅拓展了图像创作的边界，还预示着数字时代艺术表达形式的深刻转型，如今，个性化、大规模且富有创意的图像生成已成为现实，为艺术创作、设计、娱乐等多个行业带来了革命性的进步。

### 5.1.1 AI 绘画的特性

AI 绘画作为新兴的艺术创作形式，具备一系列显著的特性，使其在艺术领域迅速崭露头角。这些特性不仅改变了传统的绘画创作方式，还为艺术家和设计师提供了更广阔的创作空间和更多的创作可能性。表 5-1 是 AI 绘画的主要特性概述：

表 5-1　AI 绘画特性

| 特性 | 内容 |
|------|------|
| 多样性 | 能够生成各种风格和题材的作品，涵盖写实、抽象、卡通等多种风格，满足不同用户的需求 |
| 高效性 | 在短时间内生成高质量的图像，大大提高了创作效率 |
| 易用性 | 许多 AI 绘画工具操作简单，无需专业绘画技能，降低了创作门槛，使更多人能够参与到艺术创作中来 |
| 创新性 | 能够结合不同风格和元素，创造出独特的艺术作品，为艺术创作带来新的可能性 |

## 5.1.2　AI 绘画与传统绘画的比较

　　AI 绘画技术的迅猛发展对传统绘画领域造成了巨大冲击，引发了关于艺术创作本质与价值的广泛争议。表 5-2 是两者之间的详细对比，有助于我们更清晰地认识两者的特点与定位。

表 5-2　AI 绘画与传统绘画的比较

| 比较维度 | 传统绘画 | AI 绘画 |
|---------|---------|---------|
| 创作方式 | 艺术家使用传统工具（如画笔、颜料）手动创作，注重手工技巧和表达 | 利用人工智能技术，通过机器学习和深度学习算法生成图像 |
| 时间成本 | 需要长时间的练习和积累，创作过程耗时 | 可以在短时间内生成作品，大幅提高创作效率 |
| 画质 | 呈现丰富的细节和质感，具有独特的手感和纹理 | 生成的图像质量较高，但可能在细节和质感上不如传统绘画丰富 |
| 艺术性 | 强调艺术家的个人情感和思想表达，作品具有独特风格和情感深度 | 可以模仿多种艺术风格，但可能缺乏独特的情感表达 |
| 适用场景 | 适合需要深度情感表达和独特风格的艺术创作 | 适合快速生成图像、批量创作、商业设计等场景 |
| 学习曲线 | 学习和掌握绘画技巧需要较长时间 | 降低了绘画的门槛，即使没有绘画基础也能快速上手 |
| 创作成本 | 需要购买实体绘画工具和材料，长期成本较高 | 通常只需要计算机和软件，部分工具免费，长期使用成本较低 |
| 修改灵活性 | 修改较为困难，可能需要重新绘制 | 轻松进行调整和修改，提高创作的灵活性 |
| 风格多样性 | 艺术家需要长时间学习和实践才能掌握多种风格 | 快速生成多种风格的图像，方便探索不同风格 |
| 互动性 | 主要依赖艺术家个人的灵感和技巧，与观众的互动有限 | 根据用户反馈和需求快速调整，增强与用户的互动性 |
| 受众接受度 | 在艺术市场和收藏领域具有较高的认可度和价值 | 正在逐渐被接受，但在艺术市场的认可度和价值评估上仍有争议 |

AI 绘画与传统绘画在创作方式、效率、易用性、多样性等多个维度上展现出显著差异。AI 绘画凭借其高效性、易用性和多样性，为艺术创作带来了前所未有的便利和可能性。它不仅降低了创作门槛，使更多人能够参与到艺术创作中，还在风格多样性和创新性方面展现出巨大的潜力。尤其在互动性和修改灵活性方面，AI 绘画工具能够根据用户反馈快速调整，增强与用户的互动性，支持轻松的调整和修改，使用户可以快速试验不同的创意和风格，无需担心传统绘画中常见的不可逆修改问题。这种灵活性不仅提高了创作效率，还为艺术家和设计师提供了更大的创作自由度。总体而言，AI 绘画在效率、易用性、多样性、互动性和修改灵活性等方面展现出显著优势，推动了艺术创作的普及化。

## 5.1.3  AI 绘画的历史与技术要点

### 1. 早期的计算机绘画尝试

1973 年，加利福尼亚大学圣地亚哥分校的教授哈罗德·科恩开始了电脑程序绘画的尝试，他开发的程序名为 ARRON。它与我们如今熟悉的 AI 绘画有本质区别：ARRON 通过计算机程序控制机械手臂，使用画笔和颜料进行实体创作。ARRON 在艺术创作形式上具有开创性，可以视为 AI 绘画的早期雏形，但它与现代意义上的 AI 绘画在技术原理、智能程度和创作主体等方面存在着显著差异。

### 2. 基于深度学习的 AI 绘画

我们现在所提及的 AI 绘画，主要基于深度学习模型的自动数字绘图计算机程序。这一领域的早期尝试可以追溯到 2012 年的"猫脸实验"。

（1）猫脸实验

2012 年，谷歌的两位 AI 专家吴恩达和杰夫·迪恩，利用 1.6 万个 CPU，耗费三天时间，以 1000 万张猫脸图片为数据集，训练出了当时全球规模最大的深度学习网络，最终生成了一张十分模糊的猫脸图像（图 5-1）。

虽然从今天的标准来看，其训练效率和输出结果都不理想，但这一实验对于当时的 AI 研究领域，是一次有突破意义的尝试，它不仅证明了深度学习模型能够学习到图像的复杂特征，还为后续基于深度学习模型的 AI 绘画研究奠定了基础。

（2）AI 绘画的深度学习与多维度特征空间

AI 绘画生成图像的过程并非简单地复制原始素材，而是基于深度学习模型，对大量图像

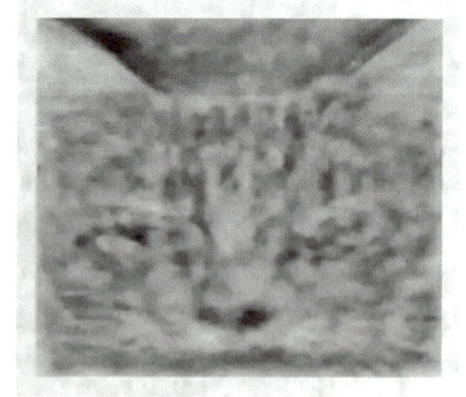

图 5-1    猫脸实验生成的图片

数据的特征和模式进行提取与学习。以苹果为例，模型通过分析海量苹果图像，提取出形状、颜色、纹理等多维度特征，将其转化为特征信息。当用户输入"苹果"时，模型根据这些特征信息，在特征空间中进行匹配和组合，生成符合描述的图像。这种基于特征提取和组合的生成方式，使 AI 绘画能够创造出具有创新性和多样性的图像，而非直接复制某个具体的原始图像。

AI 绘画的深度学习过程涉及构建一个多维度的特征描述空间，每个维度代表物体或概念的特定特征，如形状、颜色、纹理、光泽等。这个空间不仅适用于实物，还可以扩展到抽象概念，如艺术风格、情感表达等。例如，素描风格、水彩风格等也可以在这个空间中被表示为特定的特征组合。

当用户输入一个文本描述时，如"一个素描的苹果"，AI 会将这个描述分解为多个文本元素，如"素描"和"苹果"。在多维度空间中，AI 找到与这些文本元素对应的特征区域，例如"素描"对应于某种线条风格和质感，"苹果"对应于形状、颜色等特征。AI 通过算法找到这些特征区域的交集，创建出符合描述的图像（图 5-2）。

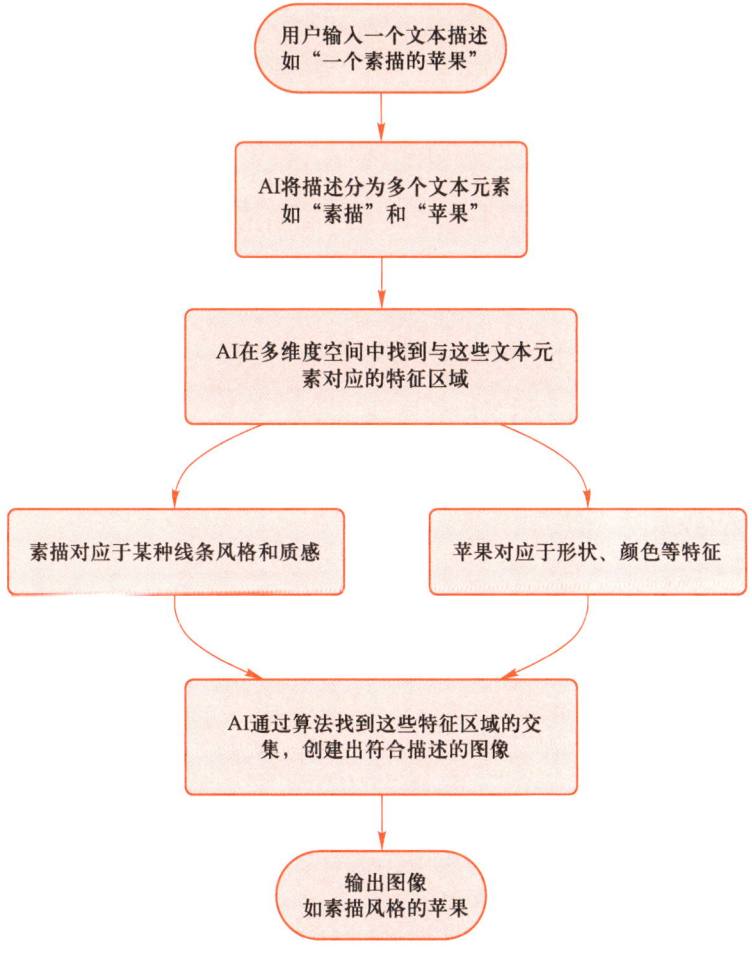

图 5-2    基于深度学习的 AI 绘画生成流程

### 3. AI 绘画主要模型

在深度学习的推动下，AI 绘画领域催生了多个具有代表性的模型（表 5-3），它们在技术原理和应用效果上各具特色，其技术创新与迭代持续推动着 AI 绘画技术的进步。

表 5-3　AI 绘画重要技术模型

| 模型名称 | 核心原理 | 主要优势 | 局限性 | 意义 |
|---|---|---|---|---|
| GAN 模型 | 生成器和判别器通过对抗训练，生成逼真图片 | 提升 AI 绘画生成图像的质量和效率 | 生成过程黑盒，结果不稳定，可能出现模式崩溃，硬件需求高，计算成本高 | 对抗训练机制为 AI 绘画技术发展提供了新思路，推动了生成模型的优化 |
| Diffusion 模型 | 通过逐步添加和去除高斯噪声进行图像生成 | 架构简单，训练稳定，结果可控，生成图片质量高且多样化，训练高效，硬件需求低 | 相对 GAN 模型，训练时间可能较长 | 在生成图像的稳定性和多样性方面表现出色，降低了硬件需求，进一步推动了 AI 绘画技术的实用化发展 |
| CLIP 模型 | 联合训练文本和图像，实现跨模态理解和生成 | 实现了文本与图像的精准匹配，推动了多模态 AI 的发展 | 主要集中在模型训练和理解层面，直接生成图像的能力有限 | 实现文本与图像跨模态理解，支持 AI 绘画文本生成图像功能 |

**简答题：**

1. 简述 AI 绘画与传统绘画在创作方式上的主要区别。
2. AI 绘画在教育领域的应用有哪些潜在价值？

**案例分析：**

某广告公司使用 AI 绘画工具快速生成了一组宣传海报。请分析 AI 绘画在这一场景中的优势和可能的局限性。

**课后思考：**

在实际应用中，你认为哪种 AI 绘画模型（GAN、Diffusion、CLIP）最适合快速生成高质量图像？为什么？

## 5.2　AI 绘画主流工具介绍与对比

### 5.2.1　基于 Diffusion 模型和 CLIP 模型的著名国外软件

随着深度学习技术的不断进步，尤其是 Diffusion 模型和 CLIP 模型的出现，Midjourney、DALL-E 和 Stable Diffusion 等软件 AI 绘画工具应运而生，并在行业内产生了巨大的影响力。此外，GPT-4o 的图像生成功能也展现了强大的能力。

Midjourney 以其出色的创意和艺术性，成为艺术家和设计师激发灵感、快速生成原型的首选工具；DALL-E 则凭借强大的文本理解能力和高质量的图像生成，广泛应用于广告设计、教育演示等多个领域。而 Stable Diffusion 作为开源的图像生成模型，因其可定制性和本地部署的灵活性，深受技术开发者和创意工作者的青睐；GPT-4o 的强大的文本嵌入能力可实现文字与图像的深度融合图像，其在艺术风格转换和复杂场景处理方面的表现尤为突出，为设计师和创作者提供了强大的工具（见表 5-4）。

**表 5-4    基于 Diffusion 与 CLIP 模型的全球主流 AI 绘画软件**

| 名称 | 适用场景 | 是否收费 | 是否本地部署 |
|---|---|---|---|
| Midjourney | 艺术创作、设计灵感激发、快速原型制作 | 是 | 否 |
| DALL-E | 广告设计、插画创作、教育演示、跨语言图像生成 | 是 | 否 |
| Stable Diffusion | 广告设计、游戏美术、教育演示、个人创意项目 | 否 | 是 |
| GPT-4o | 多模态理解、复杂场景处理、多样化风格支持、多轮交互修改、文本渲染与细节控制 | 是 | 否 |

### 1. Midjourney

**核心技术**：Diffusion 模型。

**特点**：擅长生成高质量、多样化的艺术图像，具有用户友好的界面，可通过简单指令生成复杂图像，在艺术性和创意上表现出色。

**优势**：生成图像艺术性强，创意丰富，操作简单。

**缺点**：相比其他模型，在图像细节控制上较弱，生成速度相对较慢。

### 2. DALL-E

**核心技术**：CLIP 模型+Diffusion 模型。

**特点**：基于大量数据训练，能准确理解文本描述生成相应图像，生成图像质量高且细节丰富，支持多种语言和风格生成。

**优势**：文本理解能力强，生成图像质量高，支持多语言和风格。

**缺点**：训练数据庞大导致生成速度较慢，对硬件要求较高。

### 3. Stable Diffusion

**核心技术**：Diffusion 模型。

**特点**：开源的图像生成模型，可本地部署，生成图像质量高，能根据文本描述生成多样化图像内容，具有良好的社区支持和扩展性。

**优势**：开源可定制，支持本地部署，社区扩展性强。

**缺点：** 对硬件要求较高，需要一定的技术知识进行部署和调整。

### 4. GPT-4o

**核心技术：** 结合自回归模型与 Diffusion 模型，利用 CLIP 模型的文本引导能力，支持多模态输入输出。

**特点：** 多模态理解，精准将文本描述转化为图像；能处理复杂场景，单张图像中精准呈现多个物体；支持多种风格生成，提供极大创作自由度；支持多轮交互修改，确保生成结果与需求一致；精确生成文字和符号，提升图像交互性和实用性。

**优势：** 图像生成质量高，细节把控能力强；多轮交互能力提升用户体验；支持多种风格和复杂场景，适用范围广。

**缺点：** 对硬件需求较高，生成速度可能较慢；生成图像中的文字和符号可能需要进一步优化。

## 5.2.2    国产免费 AI 绘图工具的介绍与基础操作

国外的 AI 绘画工具虽然功能强大，但考虑到语言、支付方式和网络访问等因素，国内用户在使用时可能会感到不便。近年来，国内的 AI 绘画工具发展迅速，在技术与应用方面取得了显著成就，出现了一批优秀的国产 AI 绘画工具，它们在功能、易用性和应用场景上各具特色，为用户提供了丰富的选择。

与国外同类工具相比，国内的 AI 绘画工具针对本土用户需求进行了优化，提供了更优质的本地化服务和用户体验。特别值得一提的是，这些国内工具中有很多是免费的，用户无需支付费用即可使用其基本功能。这些工具各具特色，能够满足不同层次用户的需求，从初级用户到专业用户都能找到适合自己的选择。

接下来，本节将通过**"齐刘海、戴耳环的女生"**这一统一提示词，详细介绍几款国内知名 AI 绘画工具的使用方法和生成效果。通过这种方法，读者可以直观了解不同工具在相同命题下的操作方式、参数设置以及图像生成的差异，从而选择适合自己的工具并快速上手。

### 1. 讯飞星火

**网址：**

**初级用户友好**

讯飞星火以其简洁直观的操作界面和强大的自然语言处理能力，为初学者提供了低门槛的 AI 绘画体验。用户只需输入简单的文字描述，即可快速生成图像，无需掌握复杂的绘画技巧或软件操作知识。

**基础操作**

它提供了丰富的预设选项和模板，帮助新手用户快速上手。其图像生成功能集成在对话框中，用户可以通过背景和风格等的参数的选择来定制图像，进一步降低了操作难度（图 5-3，表 5-5）。

图 5-3　讯飞星火的【图像生成】

表 5-5　讯飞星火 AI 绘画参数

| 参数名称 | 定义 | 选项示例 | 作用 |
|---|---|---|---|
| 风格 | 图像的艺术表现形式和视觉特征 | 油画、赛博朋克、古风、抽象、CG 动画、国风、二次元等 | 生成不同艺术特征的图像，满足多样审美 |
| 场景 | 图像的背景环境或主题情境 | 沙滩、办公室、体育馆、天台、地铁上、家里、大海上等 | 增强图像情境感和真实感，契合特定主题 |
| 画面（可多选） | 图像的视觉效果和表现手法 | 电脑滤镜、高清画质、细节刻画到位、画面丰富等 | 改变图像视觉效果，提升艺术感染力 |
| 构图（可多选） | 图像元素的布局和排列方式 | 主体居中、画面对称、有空间感、透视关系合理等 | 使图像更具美感和专业性，突出主体 |

**案例操作步骤：**

打开网址后，在左侧菜单栏中点击【图像生成】，在对话框输入提示词，调整相应参数，生成内容（图 5-4）。

**文字描述：**齐刘海，戴耳环的女生；**风格：**CG 动画；**场景：**在家里；**画面：**高清画质；**构图：**主体居中

## 2. 豆包

**网址：**

**适合有基础用户**

豆包在易用性和功能深度之间取得了较好的平衡，适合有一定 AI 绘画基础、希望提

图 5-4    讯飞星火的 AI 图像示例

升创作能力的用户。其操作界面友好，易于上手。

**基础操作**

豆包提供了更多的参数设置，如插入参考图、设置比例等。此外，它还具备擦除、区域重绘、扩图等扩展功能，允许用户对生成的图像进行更精细的调整和修改，满足有基础用户对创作细节的追求（图 5-5，表 5-6）。

图 5-5    豆包的【图像生成】

表 5-6  讯飞星火 AI 绘画参数与扩展功能

| 功能名称 | 说明 | 选项示例 | 作用 |
|---|---|---|---|
| 参考图 | 用户可上传或选择系统推荐的图片作为参考，辅助生成更符合预期的图像 | 参考风格、主体、人脸、姿势与智能编辑 | 生成更符合预期的图像，提高创作效率 |
| 比例 | 图像的长宽比，直接影响图像的布局和呈现效果 | 1∶1、3∶4、4∶3、16∶9、9∶16 等 | 适应不同的应用场景，如社交媒体、海报、打印等 |
| AI 抠图 | 通过 AI 算法自动识别并分离图像中的主体与背景 | 系统自动识别 | 将人物、物体等主体从背景中分离出来，生成透明背景的图像，方便用户进行图像合成等操作 |
| 擦除 | 可手动圈选或涂抹需去除的区域，AI 自动分析背景并补全被擦除部分 | 用户自由选择擦除区域 | 去除图像中不需要的元素，如水印、路人等，实现图像的净化和美化 |
| 区域重绘 | 圈选需修改的区域，输入描述，AI 根据指令重绘选定区域 | 用户根据需求输入描述 | 修复图像中的瑕疵、更换物体、调整色彩等，实现对图像的局部优化和创意修改 |
| 扩图 | 上传图片后，调整目标尺寸或比例，AI 根据原图内容自动扩展画布，补充背景或优化边缘细节 | 16∶9、4∶3、正方形等 | 将竖版照片改为横版壁纸、图片尺寸调整等，满足不同场景的图片尺寸需求 |

**案例操作步骤：**

打开网址后，在左侧菜单栏点击【图像生成】，在对话框输入提示词，调整相应参数，生成内容（图 5-6）。

图 5-6  豆包的 AI 图像示例

**文字描述**：齐刘海，戴耳环的女生；**参考图**：上传讯飞星火生成的图片；**比例**：4∶3；文章配图，插画；**风格**：CG 动画。

图片生成后，还可以进行二次修改和创作，包括：智能编辑、区域重绘，扩图，擦除。

### 3. 百度图片 AI 创作工具

**网址**：

**适合进阶用户**

百度 AI 绘画在功能的深度和专业性上更进一步，提供了更丰富的参数设置和智能辅助功能，能够满足用户更复杂和多样化的创作需求。

该工具不仅支持文字转图片功能，还提供了高效的图像编辑和设计工具，能够满足有基础用户的多种需求。其独特的图片编辑功能，如去水印、变清晰等，使得用户可以进一步优化和调整图像。

**基础操作**

百度图片 AI 创作工具分为图片创作与图片编辑两大模块，不仅支持文字转图片功能，还提供了高效的图像编辑和设计工具，如去水印、变清晰等独特的编辑功能。同时，具备"给我灵感""帮我润色"等智能辅助功能，以及创作模型、创作风格、画面比例等多样化的参数设置。

（1）图片创作模块主要通过文字描述和更加丰富的参数设置生成高质量的图像（图 5-7，表 5-7）。

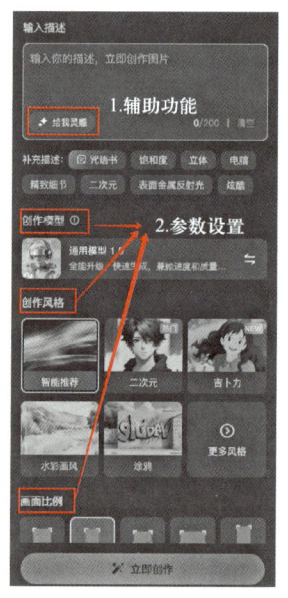

图 5-7　百度图片 AI 创作工具的【图片创作】

表 5-7　百度图片创作参数与辅助功能

| 功能名称 | 说明 | 选项示例 | 作用 |
|---|---|---|---|
| 给我灵感 | 输入框为空时，系统根据已选参数提供创意建议 | 系统自动推荐 | 产生创意，完善描述，生成更符合预期的图像 |
| 帮我润色 | 输入框有内容时，系统根据输入内容提供优化建议 | 系统自动优化 | 进一步完善描述，提升生成图像的质量 |
| 创作模型 | 通用模型 | 兼顾了速度与质量的平衡 | 适用于多种创作需求，是用户在进行快速图像生成时的首选 |
| | iRAG 模型 | 擅长动漫和名人 IP 的二次创作 | 适合需要高质量和细节的动漫或名人相关图像的创作 |
| | 人像写实 | 细腻刻画人物细节 | 适合人像创作 |

续表

| 功能名称 | 说明 | 选项示例 | 作用 |
|---|---|---|---|
| 创作风格 | 提供多种风格模板，满足不同创作需求 | 智能推荐、二次元、水彩画风、涂鸦等 | 丰富创作形式，提供更多风格选择 |
| 画面比例 | 用户可选择不同长宽比以适应不同应用场景 | 1∶1、3∶4、4∶3、16∶9、9∶16 等 | 适应社交媒体、海报、打印等不同场景的图片尺寸需求 |

**案例操作步骤：**

打开网址后，选择【图片创作】，在对话框输入提示词，点【帮我润色】，系统会丰富、完善内容；随后根据内容调整各项参数，点【立即创作】生成图片，根据结果调整提示词和参数修改（图 5-8）。

**输入描述**：齐刘海，戴耳环的女生；**帮我润色**：一个留着齐刘海、戴着耳环的中国女孩，在日落时分的海滩上拍摄，她的剪影映衬着金色的天空和宁静的海浪，微风轻拂着她的头发；**咒语书**：人物-少女，身份-学生，情绪-青春；**创作模型**：通用模型；**清晰度**：高清；**创作风格**：智能推荐；**画面比例**：4∶3。

图 5-8　百度图片创作图像示例

（2）图片编辑模块可以对已生成或上传的图片进行优化、调整和再创作，满足用户对生成图片的修改和二次创作需求实现更加个性化和专业化的视觉效果（表 5-8）。

表 5-8　百度图片编辑功能

| 功能名称 | 功能描述 | 适用场景 |
|---|---|---|
| 变清晰 | 提升图片清晰度，增强细节表现 | 处理模糊或低分辨率的图片 |
| AI 去水印 | 智能识别并去除图片中的水印内容 | 处理带有水印的图片，保护版权或提升视觉效果 |

续表

| 功能名称 | 功能描述 | 适用场景 |
|---|---|---|
| 文字替换 | 替换图片中的文字内容，支持多种字体和样式 | 广告设计、海报制作等需要修改文字的场景 |
| 提取线稿 | 快速提取图片中的线条轮廓，生成线稿 | 插画创作、矢量设计等需要线稿基础的场景 |
| 智能抠图 | 精准识别并抠取图片中的主体部分，支持复杂背景 | 电商图片处理、素材提取等需要分离主体与背景的场景 |
| 涂抹消除 | 通过涂抹方式去除图片中的瑕疵或不需要的部分 | 人像精修、风景优化等需要局部调整的场景 |
| AI 相似图 | 根据上传的图片生成相似风格的图片 | 寻找灵感、扩展设计思路等需要参考相似图像的场景 |
| 局部替换 | 对图片中的特定区域进行替换，保持整体风格一致 | 广告设计、创意合成等需要局部修改的场景 |
| 风格转换 | 将图片转换为不同的艺术风格，如油画、水彩等 | 艺术创作、装饰画设计等需要风格化处理的场景 |
| 背景替换 | 更换图片背景，支持多种预设背景选择 | 证件照处理、产品展示等需要更换背景的场景 |
| AI 扩图 | 扩展图片画布并智能填充内容，保持画面协调 | 幅面调整、全景创作等需要扩展画面的场景 |
| AI 重绘 | 利用 AI 技术对图片进行重绘，提升整体质量 | 旧图翻新、质量优化等需要提升图片品质的场景 |

## 4. 通义万相

网址：

**专业用户选择**

　　通义万相功能丰富，支持多种创作模式和更加精细化的参数调整，能够满足高标准图像创作需求。它具备智能辅助功能和高级图像编辑功能，可帮助用户实现精细的图像调整和较为复杂的创作构想。因功能深度与参数复杂度更高，用户需要花费一定的学习成本，因此，通义万相更适合对图片质量要求较高的专业用户或进阶用户。

　　**基础操作**

　　文字作画作为其核心功能，支持中文长文本提示词，能够深入解析复杂语义，提供多样化的风格选择，生成的图像细节丰富（图 5-9，表 5-9）。

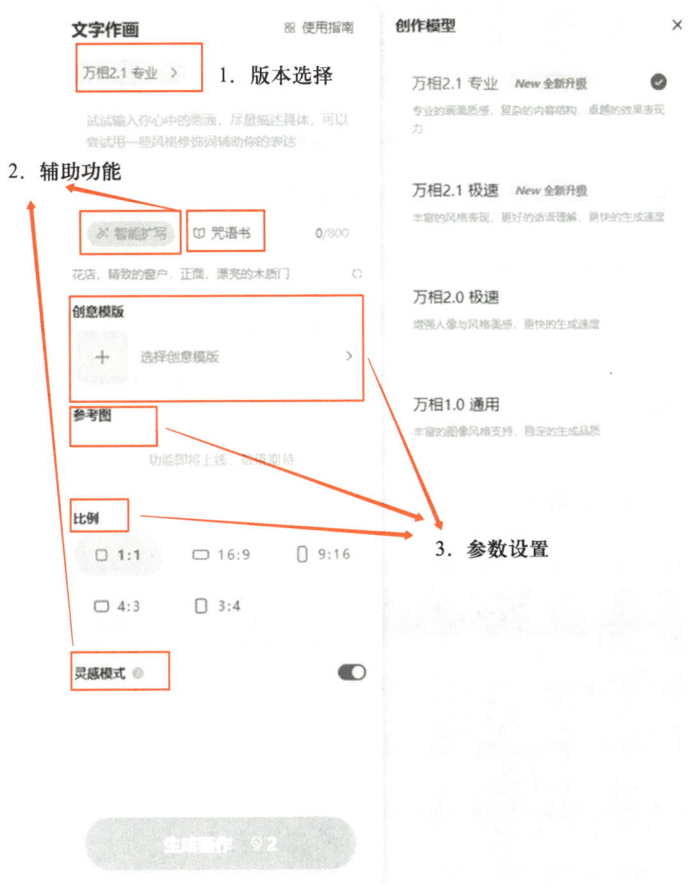

图 5-9 通义万相的【文字作画】

表 5-9 通义万相版本选择、参数设置与辅助功能说明

| 功能名称 | 说明 | 选项示例 | 作用 |
|---|---|---|---|
| 版本 | 万相 2.1 专业 | 提供专业的画面质感和复杂的内容结构 | 满足用户对生成速度和图像质量的不同需求 |
| | 万相 2.1 极速 | 在保持较好图像质量的同时，显著提高生成速度 | |
| | 万相 2.0 极速 | 生成速度较快，能够满足用户对效率的需求，同时保持一定的图像质量 | |
| | 万相 1.0 通用 | 提供丰富的图像风格支持和稳定的生成品质，适合各种基础的图像生成需求 | |
| 智能扩写 | 根据用户输入的初步描述，自动补充和丰富细节 | 无具体选项，系统自动扩写 | 提升生成图像的准确性和艺术性，使图像更加丰富和生动 |

续表

| 功能名称 | 说明 | 选项示例 | 作用 |
|---|---|---|---|
| 咒语书 | 提供丰富的预设描述词，涵盖各种风格、元素和场景 | 风格、光线、材质、色彩、构图等分类的描述词 | 帮助用户快速构建复杂的图像描述，提高创作效率 |
| 创意模板 | 预设的创作主题和风格模板，用户可直接选用 | 人物、风景、静物、抽象等主题模板 | 简化创作流程，为用户提供灵感和起点 |
| 灵感模式 | 根据用户输入的描述，自动联想相关的创意元素和灵感建议 | 系统自动提供灵感 | 拓展用户的创作思路，激发更多创意可能性 |

**案例操作步骤：**

打开网址后，选择【文字作画】，进入页面，选择合适版本，在对话框输入提示词，点击【智能扩写】，扩充提示词内容；调整相应参数，点击【生成画作】，生成内容（图 5-10）。

图 5-10　通义万相的 AI 图片示例

**版本**：万相 2.1 专业；**提示词**：齐刘海，戴耳环的女生；**智能扩写**：一位拥有齐刘海的年轻女性，她戴着精致的耳环，微笑着看向镜头，她的皮肤在暖色调灯光下显得光滑细腻，背景是柔和色彩的模糊处理，营造出温馨而梦幻的氛围。近景肖像，强调面部特征与光影互动；**咒语书**：光线-暖光；渲染- Octane；色彩-柔和色彩；**创意模版**：四格漫画；**灵感模式**：开。

除文字作画功能外，通义万相在【应用广场】中，还提供了 4 项 AI 图像工具，涵盖文字作画、涂鸦作画、相似图生成、风格迁移和识图玩法，满足不同创作场景需求（表 5-10）。

表5-10 通义万相【应用广场】中的AI绘画工具

| 功能名称 | 说明 | 适用场景 |
|---|---|---|
| 文字作画 | 通过文字描述生成画作 | 用户有明确创意，可通过文字详细描述的场景 |
| 涂鸦作画 | 随意手绘创意作画 | 用户有手绘基础，想将手绘与AI创作结合 |
| 相似图生成 | 根据图片生成相似图 | 用户有基础图片，想探索相似风格变化 |
| 风格迁移 | 一键迁移图像风格 | 用户有特定风格需求，想快速转换图片风格 |
| 识图玩法 | 拍照识图创意作画 | 用户通过实物图片，借助AI进行创意作画 |

**注：**通义万相通过"灵感值"进行创作，并不是完全意义上的免费软件，但是可以通过"签到"功能获取灵感值进行免费创作。

## 5.2.3 典型国产收费AI绘图工具简介与对比

国内收费AI绘图软件在功能、图像质量和操作难度上各有特点，适合不同需求和专业程度的用户。收费软件通常提供更高质量的图像、更丰富的功能和更专业的服务，对于追求特定风格、复杂图像生成或商业用途的用户来说，是值得考虑的选择。表5-11是4款国内用户数多、口碑好、市场占有率较高的收费AI绘图软件。

表5-11 典型国产收费AI绘图工具

| 软件名称 | 网址 | 功能多样性 | 图像质量 | 操作难度 | 适用场景 | 收费模式 |
|---|---|---|---|---|---|---|
| 文心一格 | | 高 | 高 | 中 | 广告设计、插画创作、教育演示 | 按次收费、订阅收费 |
| Vega AI | | 中 | 高 | 高 | 专业艺术创作、商业设计 | 订阅收费 |
| 无界AI | | 高 | 高 | 中 | 插画创作、概念设计、艺术学习 | 按次收费、订阅收费 |
| 即梦AI | | 高 | 高 | 中 | AI图片和视频创作 | 免费试用、订阅收费 |

**课后思考：**

工具对比与选择：你认为国产免费 AI 绘画工具和收费工具的主要区别是什么？在实际使用中，你会如何选择？

**作业：**

工具体验与报告：选择一款国产 AI 绘画工具（如讯飞星火、豆包或百度图片 AI 创作工具），进行实际操作体验。撰写一份体验报告，包括以下内容：

1. 工具的基本功能和操作流程。
2. 生成图像的质量和效果。
3. 你对这款工具的总体评价和改进建议。

# 5.3　AI 绘画工具的应用场景与案例分析

在前一部分中，我们对一些 AI 绘画工具的基础操作进行了详细介绍，包括如何进行图像创作、编辑和优化。然而，想真正掌握这些工具，需要在实际应用场景中进行深入探索。本节将围绕 AI 绘画工具的两大核心功能——文字生图与图片编辑，深入探讨其在多种场景下的应用，并通过具体案例分析，帮助读者更精准地掌握并运用 AI 绘画工具。

## 5.3.1　生图功能

### 1. 文字生图

**广告设计场景（以豆包为例）**

**案例**：某广告公司需要为一款新的旅游产品设计宣传海报，要求生成一张展示热带海滩度假场景的图像，包含椰子树、沙滩和海浪等元素。

**操作步骤**：登录豆包平台，进入【图像生成】界面；在文本框中输入详细的描述："一片美丽的热带海滩，有高大的椰子树，金色的沙滩在阳光下闪闪发光，海浪轻轻拍打着岸边，天空湛蓝，有几朵白云点缀。"根据需要调整风格、场景等参数，如**风格**：风景；**比例** 4:3；点击生成按钮，系统将根据文本描述生成相应的图像。对生成的图像进行预览，根据实际情况调整文本描述或参数，直到得到满意的图像。保存生成的图像，用于广告海报的设计。生图结果见图 5-11。

### 2. 扩图

**案例**：把上一张图扩展为 16:9 的比例，增加图片内容。

**操作步骤**：在图片上方功能区直接点击【扩图】（见图 5-12），选择比例为 16:9，确定扩展区域，点击【按尺寸生成新图片】，完成扩图功能（图 5-12）。

图 5-11　AI 生成旅游宣传广告场景

图 5-12　旅游宣传广告场景扩图

### 3. 涂鸦作画

**艺术创作场景（以通义万相为例）**

**案例：**一位画家创作了一幅马头的线稿，想要将其转化为具有油画质感的艺术作品。

**操作步骤**：登录通义万相的【应用广场】平台，进入【涂鸦作画】界面；上传线稿，输入文字描述和参数设置，如**画板比例**：1∶1；**描述**：一匹马；**风格**：油画；点击【生成涂鸦作品】，生成图像（图5-13）。

图5-13　涂鸦作画

#### 4. 相似图生成

**案例**：现在，画家希望基于这幅生成的马头油画，进一步创作一系列风格相似但细节有所变化的油画作品。

**操作步骤**：登录通义万相的【应用广场】平台，进入【相似图生成】界面；将选中的马头油画上传至平台，点击【生成画作】，生成相似图像（图5-14）。

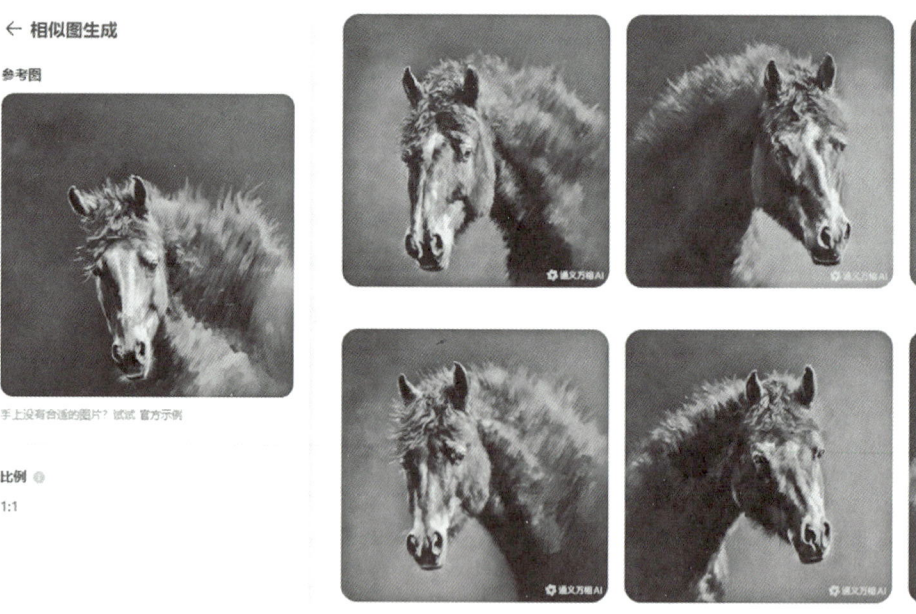

图5-14　相似图生成

## 5.3.2  图片编辑功能

### 1. 抠图（以豆包为例）

**广告设计场景**：电商产品图背景更换。

**案例**：某电商商家需要为一款新产品制作广告图，但原始产品图背景杂乱，需要将其更换为简洁的白色背景以突出产品。

**操作步骤**：

（1）上传图片：登录豆包平台，进入【图像生成】界面，选择【抠图】功能，上传需要更换背景的产品图片。

（2）自动识别主体：豆包的抠图界面会自动识别图片中的主体（如产品），并将其从背景中分离出来；此时，你可以直接选择【抠除主体】完成抠图。

（3）手动调整：如果自动识别不准确或需要抠出其他部分，先点击【清空】按钮，清空自动抠图的内容；使用画笔工具选择并标记你想要去除的部分；选择【擦除所选区域】，系统会根据你的标记进行擦除；保存抠图结果。

### 2. 擦除（以豆包为例）

**风景摄影场景**：自然风光照片优化

**案例**：一位摄影爱好者在山区拍摄了一张风景照，但照片中出现了路标和游客，影响了整体美感。需要去除这些干扰元素，使风景照更加纯净。

**操作步骤**：

（1）上传图片：登录豆包平台，进入【图像生成】界面，选择【擦除】功能，上传需要优化的风景照片；涂抹需要去除的部分：使用画笔在照片上涂抹路标、游客等干扰元素；通过调整画笔大小，可以对不同大小的元素进行处理；

（2）AI 补充去除部分：涂抹完成后，系统会自动识别并去除所选区域，并利用 AI 技术将去除部分补充完整，使画面自然融合，避免出现明显的修复痕迹；完成擦除和修复后，保存图片。

### 3. 区域重绘（以豆包为例）

**人像摄影场景**

**案例**：你帮朋友拍摄了一张照片，但照片中人物的服装颜色与背景不协调，需要更换衣服颜色。

**操作步骤**：进入【图像生成】界面，选择【区域重绘】功能，上传人像照片；选择重绘区域：使用选择工具框选需要优化的部分，如头发、服装等；输入描述：在对话框中描述希望优化后的效果，如"使头发更加柔顺，服装更加鲜艳"；点击生成按钮完成区域重绘。

### 4. 变清晰（以百度 AI 图片助手为例）

**旅行摄影场景**：风景照清晰度提升

**案例**：用户在旅行中拍摄了一张风景照，但由于拍摄时的光线不足，照片显得有些模糊，需要提升清晰度。

**操作步骤**：登录百度 AI 绘画工具平台，进入【图片编辑】界面，选择【变清晰】功能，上传模糊的风景照片；系统将自动识别并优化图片的清晰度，无需手动调节参数；保存优化后的图片照片的清晰度将显著提升，细节更加丰富。

### 5. 局部替换（以百度 AI 图片助手为例）

**家居装修场景**：家具风格调整

**案例**：用户正在为新家选购家具，但不确定不同风格的家具在实际空间中的效果，希望模拟不同家具风格在房间中的呈现，以做出合适的选择。

**操作步骤：**

（1）上传图片：登录百度 AI 绘画工具平台，进入【图片编辑】界面，选择【局部替换】功能，上传房间的照片。

（2）涂抹要替换区域：使用画笔工具涂抹需要替换的家具区域，如沙发，画笔大小可调整以精确选择替换范围。

（3）描述修改内容：在对话框中输入希望替换的内容，如"现代简约风格的灰色布艺沙发"；点击【立即生成】按钮，系统将根据描述自动替换所选区域，生成新的图像。

### 6. 背景替换

**室内照片背景替换为室外风景**

**案例**：用户拍摄了一张室内照片，但希望将背景替换为室外的美丽风景，以创造一种在大自然中的感觉。

**操作步骤：**

（1）上传图片：登录百度 AI 绘画工具平台，进入【图片编辑】界面，选择【背景替换】功能，上传室内照片。

（2）选择替换方式：默认【智能选区】，系统将自动识别背景；若需调整，可点击【手动涂抹】选择需要替换的背景区域。

（3）描述替换内容：在对话框中输入希望替换的背景内容，如"阳光明媚的森林小径"；点击【立即生成】按钮，系统将根据描述自动替换背景；完成背景替换后，保存图片。

**注**：上述案例基于 AI 绘图工具 2025 年最新版本操作，具体功能可能因版本更新而有所变化。

课后作业：

**作业 1：综合广告设计与图像优化**

**目标：** 使用 AI 绘画工具完成从图像生成到优化的完整设计流程。

（1）图像生成

选择一个广告主题（如旅游产品、电子产品等）。

使用所选工具的"图像生成"功能，输入详细的文本描述，生成一张高质量的宣传海报。调整参数（如风格、比例、画面效果等），优化生成结果。

（2）扩图与内容增加

将生成的海报图像扩展为适合不同媒介的比例（如 16∶9、4∶3 等），并在扩展区域添加相关背景或装饰元素。

（3）抠图与背景更换

从生成的图像中提取产品主体，使用"抠图"功能将其背景更换为符合广告需求的场景。

（4）整体优化

使用"变清晰"或"局部替换"等功能，进一步优化图像的清晰度和细节。

**提交要求：**

最终的广告海报图像。

简短报告，包括每个步骤的参数设置、遇到的问题及解决方案。

**作业 2：艺术创作与风格转换**

**目标：** 通过 AI 绘画工具完成从手绘线稿到艺术作品的创作，并尝试风格转换。

（1）涂鸦作画

准备一张手绘线稿（如人物、风景等）。

使用所选工具的"涂鸦作画"功能，上传线稿并生成具有特定风格（如油画、水彩等）的艺术作品。

（2）风格转换

选择一张普通照片，使用工具的"风格迁移"功能将其转换为不同的艺术风格（如印象派、赛博朋克等）。

**提交要求：**

原始线稿、生成的艺术作品及风格转换后的图像。

创意说明，包括风格选择的理由和创作意图。

**作业 3：综合风景摄影优化与创意表达**

**目标：** 利用 AI 绘画工具优化风景照片，并通过创意表达提升图像的艺术价值。

（1）风景优化

选择一张含有干扰元素（如路标、游客等）的风景照片。

使用所选工具的"擦除"功能去除干扰元素，并利用 AI 技术补充完整画面。

（2）创意扩图

将优化后的风景照片扩展为全景图，增加天空、地面等元素，增强画面的视觉冲击力。

（3）艺术效果增强

应用"风格迁移"功能，将风景照片转换为具有艺术感的图像（如油画、素描等）。

**提交要求：**

原始风景照片、优化后的图像及艺术效果增强后的图像。

创意说明，包括优化过程和艺术效果的评价。

# 5.4 AI 绘画工具的使用技巧与注意事项

## 5.4.1 技巧与心得

在掌握了 AI 绘画工具的基础操作之后，运用一些实用技巧可以提升绘画的质量与效率，达到事半功倍的效果。以下从提示词撰写、工具选择与使用、学习资源利用等方面，详细阐述 AI 绘画的技巧与经验，帮助读者在创作中更加得心应手。

### 1. AI 绘画工具提示词的撰写

（1）明确主题与细节描述

在使用 AI 绘画工具时，明确主题并提供丰富的细节描述是生成理想图像的关键。用户需要清晰地表达出想要绘制的主体、场景、风格等核心元素，并尽可能地细化描述，包括主体的外观、动作、表情，场景的氛围、光线、天气状况，以及画面的整体色调、质感等。

**示例：**

主体与场景描述："一个穿着汉服的少女在樱花树下翩翩起舞，阳光透过花瓣洒在她身上。"

风格与氛围描述："水彩画风格，色彩柔和，画面具有梦幻般的诗意氛围。"

（2）灵活运用关键词与短语

掌握一些常用的关键词和短语能够帮助用户更高效地构建提示词。这些关键词包括不同的风格（如"油画""赛博朋克""古风"）、元素（如"花朵""建筑""动物"）、光影效果（如"逆光""阴影""高光"）以及构图方式（如"对称构图""中心构图"）等。

**示例：**

风格关键词："印象派风格""写实风格""卡通风格"。

元素关键词："星空""海洋""森林"。

光影关键词："日出光线""黄昏暖光""月光"。

（3）参考与借鉴

在撰写提示词时，参考已有的艺术作品、摄影作品或自然景观等能够为用户提供参考，带来创作灵感。通过分析这些参考对象的特征和表现手法，用户可以提取出有用的描述词汇，将其融入自己的提示词中。

**示例：**

参考名画："模仿梵高《星空》的笔触和色彩运用，绘制一个充满动感的夜空场景。"

参考自然景观："以黄山云海为灵感，创作一幅展现山峦起伏和云雾缭绕的山水画。"

（4）加入个人情感描述

在提示词中融入个人情感描述，如"孤独感""怀旧氛围"等，能够为图像增添独特的情感色彩，避免生成的图像过于同质化。情感描述可以帮助 AI 更好地理解创作意图，生成更具个性和感染力的作品。

**示例：**

带有情感的描述："在空旷的山谷中，一个孤独的身影静静地伫立，周围弥漫着淡淡的忧伤氛围。"

情感与场景结合："描绘一个充满怀旧氛围的老街角，阳光透过斑驳的墙壁，仿佛诉说着过去的故事。"

（5）利用 AI 写作工具生成标准化提示词

AI 写作工具可以协助用户生成标准化的提示词，提高提示词的质量和规范性。这些工具通常基于大规模的语言模型，能够根据用户输入的主题或关键词，自动生成多样化的提示词，帮助用户更高效地构建高质量的提示词。

**示例：**

使用 DeepSeek 生成提示词：

输入主题："森林中的精灵。生成一句话 AI 绘画提示词"；

生成结果："晨雾弥漫的古老森林中，半透明蝶翼的精灵悬浮于发光蘑菇群间，指尖洒落星尘光粒，藤蔓缠绕的巨树透下金色光晕，吉卜力风格混合数字绘画厚涂质感，柔光紫与青苔绿渐变"。

（6）使用智能扩写功能完善提示词

许多 AI 绘画工具提供"智能扩写"功能，能够根据用户输入的初步描述，自动补充和丰富细节，使图像描述更加具体和生动。这一功能不仅可以帮助用户完善提示词，还能激发创意灵感。

**示例：**

初始描述："一个女孩在花园里。"

智能扩写后："一个穿着蓝色连衣裙的女孩在充满鲜花和绿植的花园里，阳光洒在她身上，微风拂动她的头发，周围蝴蝶飞舞。"

### 2. 工具的选择与学习

（1）根据功能需求选择

不同的 AI 绘画工具在功能上各有侧重。如果用户注重生成图像的多样性，可以选择支持多种风格和创作模式的工具；如果对图像质量有较高要求，适合选择以高分辨率和细节表现力著称的工具；而针对特定的创作需求，如将文本描述转化为图像、对图像进行精细编辑等，用户应挑选在相应功能上表现优异的工具。

（2）考虑操作难度与学习成本

AI 绘画工具的操作界面和使用流程复杂程度不一。初学者可能更适合选择界面友好、操作简单的工具，以便快速上手和熟悉基本功能；而有一定基础和经验的用户，可以尝试功能丰富但操作相对复杂的工具，以创作更精美的图像并挖掘更多创作潜力。

（3）利用学习资源

活跃的用户社区和丰富的学习资源对于提升 AI 绘画体验至关重要。用户可以通过在线教程、案例分析、视频课程等资源，更好地掌握工具的使用技巧和创作方法。一些知名 AI 绘画工具的官方账号也会在微博和抖音上发布最新信息和教程，帮助用户快速了解工具的最新功能和使用技巧。

### 3. 多次尝试与优化

（1）调整提示词

在生成图像后，如果结果与预期有差距，用户可以通过调整提示词来优化。这包括增加或删减描述内容、替换关键词、细化细节等，力求更精准地传达创作意图。

（2）修改参数设置

除了提示词，用户还可以尝试修改工具的其他参数，如风格强度、画面布局、色彩饱和度等，观察不同设置对生成图像的影响，逐步找到最满意的组合。

（3）版本对比与选择

在多次尝试后，用户会得到多个版本的图像。通过对比这些图像，分析每个版本的优点和不足，用户可以选择最符合需求的作品，或从中汲取灵感进行进一步的创作。

## 5.4.2　AI 绘画风险规避

在掌握了 AI 绘画工具的多种技巧后，我们还需留意一些关键要点，以避免在创作过程中陷入不必要的困境，下面便是为创作者们准备的 AI 绘画避坑指南。

### 1. 原创性：AI 作为辅助工具

AI 绘画工具并非创作的主体，而是辅助创作的工具。在使用过程中，用户需要将个人创意与 AI 生成结果相结合。例如，在生成图像后，用户可以通过调整参数、修改提示词或手动编辑图像，对 AI 生成的作品进行二次创作，融入独特的创意和想法，从而确保作品的原创性。

### 2.　尊重艺术规律：提升图像质量的关键

尽管 AI 能够快速生成图像，但艺术创作的基本规律依然适用。用户需要理解构图、色彩、光影等基本艺术原则，才能获得更佳的效果。例如，在生成图像前，合理规划画面布局，明确主体与背景的关系；在生成后，根据艺术规律对图像进行微调，以提升作品的艺术性和专业性。

### 3.　版权问题：合法使用 AI 生成图像

使用 AI 生成的图像时，要注意版权问题。虽然 AI 生成的图像通常不涉及传统意义上的版权，但在某些情况下，如商业使用，可能需要获得相应的授权或许可。例如，若将 AI 生成的图像用于广告、产品包装等商业用途，需确保其符合相关法律法规，并尊重原作者的权益。

### 4.　避免误导性信息与不当内容：确保图像的正面价值

在生成图像时，要避免生成包含误导性、虚假或有害信息的内容。用户应确保生成的图像真实、准确，不误导观众。同时，应避免生成涉及暴力、色情、恐怖等不当内容的图像，以免对观众产生不良影响。

### 5.　关注技术发展：持续提升创作能力

AI 绘画技术在不断发展和进步，用户应关注行业动态和技术趋势，及时更新自己的知识和技能，了解最新的 AI 绘画工具和技巧，从而不断提升自己的创作水平。

## 5.5　AI 绘画的工具不足和未来展望

### 5.5.1　AI 绘画工具的不足

AI 绘画工具在创意生成和艺术创作方面表现出色，但仍存在许多局限性，包括幻觉问题、文字支持不足、生成速度与资源消耗问题、版权与伦理问题、细节控制能力有限以及跨平台兼容性问题。这些问题不仅影响了工具的使用效果，也对用户体验提出了挑战。表 5-12 详细列出了这些问题及其原因，可以帮助用户更加全面地理解 AI 绘画工具的现状和改进方向。这些问题需要通过技术改进和用户体验优化来逐步解决。

表 5-12　AI 绘画工具的不足与原因分析

| 问题分类 | 具体表现 | 原因分析 |
|---|---|---|
| 幻觉问题 | 细节与构图错误：生成图像的细节、构图与提示词不符或不合理 | AI 模型对提示词语义理解不准确，处理复杂场景时空间关系理解不足 |
| | 物理与风格错误：光线、阴影、材质违背物理规律，风格与提示词不符 | AI 模型缺乏物理世界理解，风格定义不精确，受训练数据影响 |
| | 内容与语境错误：生成内容出现提示词未提及的元素，不符合文化或语境 | AI 模型基于训练数据关联性生成无关细节，训练数据缺乏特定文化覆盖 |
| 文字支持问题 | 文字模糊不清：生成的图像中文字无法辨认 | AI 模型在训练数据中对文字的处理能力有限，尤其是对复杂字体或手写体的支持不足 |
| | 文字内容不符：文字内容与提示词不符或出现错误 | AI 模型对文字的语义理解不足，无法准确捕捉提示词中对文字的描述 |
| | 排版不协调：文字的排版、字体风格与图像整体风格不协调 | AI 模型缺乏对文字排版和风格协调性的训练 |
| 生成速度与资源消耗 | 速度较慢：生成高分辨率或复杂图像时速度较慢 | AI 绘画工具通常基于复杂的深度学习模型，计算量大 |
| | 资源消耗高：对硬件资源（如 GPU、内存）要求较高 | 复杂的深度学习模型需要大量的计算资源支持 |
| 学习曲线与用户体验 | 学习难度大：初学者难以快速掌握专业工具的高级功能 | 工具功能复杂，需要用户具备一定的技术背景或艺术知识 |
| | 界面不直观：工具的界面设计和操作逻辑不够直观 | 工具的界面设计未充分考虑用户体验，导致操作复杂 |
| 风格局限性 | 风格单一：在特定风格上表现较好，但在其他风格上效果不佳 | AI 模型的训练数据可能集中在某些特定风格上，导致生成结果有局限性 |
| 版权与伦理问题 | 版权侵犯：生成的图像可能模仿了特定艺术家的风格或使用了受版权保护的素材 | AI 模型的训练数据可能包含受版权保护的内容 |
| | 敏感内容：生成的内容可能涉及敏感或不当内容 | 工具缺乏对生成内容的伦理审查机制 |
| 细节控制能力有限 | 难以精确控制：用户难以通过提示词精确控制图像中的细节 | AI 模型对提示词的语义理解有限，无法完全捕捉用户的意图 |
| | 多次迭代：需要多次调整和迭代才能达到预期效果 | AI 模型无法一次性准确生成用户预期的图像，需要多次调整提示词或参数 |
| 跨平台兼容性 | 平台限制：某些工具仅支持特定的操作系统或设备 | 工具的开发和优化通常针对特定平台，跨平台支持需要额外的技术投入 |
| | 功能不一致：云端版本和本地版本功能不一致 | 工具的云端版本和本地版本在开发和优化上存在差异，导致功能不一致 |

## 5.5.2　AI 绘画的未来展望

　　目前来看，AI 绘画技术在某些方面还存在不足，但随着技术的不断进步，其应用领域也在迅速拓展，展现出巨大的发展潜力。

### 1. 技术进步推动艺术创新

（1）更智能、更精准的画作生成

AI 绘画模型正朝着更智能、更精准的方向发展。一方面，大语言模型与图像生成模型的深度融合，让 AI 能够更透彻地理解复杂的语义描述，生成的画作与创作者意图高度契合。例如，当用户输入一段包含多种隐喻和情感的文字描述时，模型可以精准捕捉其中的意象，绘制出符合意境的作品。另一方面，模型对细节的处理能力不断提升，从毛发的质感、肌肤的纹理到光影的微妙变化，都能展现得淋漓尽致，让画作更具真实感和艺术感染力。

（2）多模态融合与个性化定制

AI 绘画将与增强现实（AR）、虚拟现实（VR）等前沿技术深度融合，催生出更具沉浸感、互动性与唯一性的数字艺术形态。未来的 AI 绘画工具能够更加精准地捕捉并理解用户的个性化需求，实现从内容到风格的全方位定制。

### 2. 应用领域的拓展

（1）艺术创作

AI 绘画将为艺术家提供更多的创作可能性和灵感来源。艺术家可以与 AI 系统合作，将人的创意与机器的计算能力结合在一起，创作出前所未有的艺术作品。AI 能够辅助艺术家快速验证构思、探索风格边界，催生出"人机协同创作"的新形态。

（2）设计领域

在广告设计、影视概念艺术、游戏开发等领域，设计师们借助 AI 快速生成多种视觉方案，大大缩短了迭代周期。AI 绘画工具能够根据用户需求进行调整和定制，生成具有特定风格、主题或情感表达的作品。

（3）教育领域

AI 绘画技术的普及将降低艺术教育的门槛，让更多人能够以极低的门槛参与到艺术创作中。AI 可以作为一个教育工具，帮助人们学习和提高绘画技能，从而激发更多人的艺术兴趣和创造力。

（4）文化遗产保护

AI 绘画能够辅助修复破损艺术品、为历史人物重建肖像，甚至在教育领域，帮助学生直观理解抽象概念，实现艺术与科技的跨界融合。

（5）医疗领域

AI 绘画可以用于生成医学影像的辅助图像，帮助医生更直观地理解复杂的医学数据

（6）建筑领域

AI 绘画可以快速生成建筑效果图，帮助设计师和客户更好地可视化建筑项目。

**课后思考：**

1. 在撰写 AI 绘画提示词时，除了文中提到的明确主题、运用关键词等方法，你还能想到哪些创新的方式来提高提示词的有效性？

2. 针对 AI 绘画工具的不足之处，如幻觉问题、文字支持不足等，作为用户，你认为可以采取哪些策略来减轻这些问题对创作的影响？

# 5.6　本章小结

本章我们一同探索了 AI 绘画的特性，见证了它如何以多样性、高效性、易用性和创新性，为艺术注入新的活力。从早期尝试到深度学习模型的演变，我们回溯了 AI 绘画的发展历程，尤其是 Diffusion 和 CLIP 模型带来的技术革新，为 AI 绘画的突破奠定了基础。

在 AI 绘画工具的海洋中，我们聚焦于主流 AI 绘画工具，从国外到国内，从免费到收费，从基础到专业，为不同需求的用户架起了创作的桥梁。通过实际案例，我们看到了 AI 绘画在广告、艺术、教育等多领域的广泛应用，它不仅降低了创作门槛，更激发了无限创意。我们还分享了实用技巧，从提示词撰写到工具选择，帮助你优化创作流程，提升作品质量。而在未来展望中，我们畅想了 AI 绘画在技术进步和多模态融合下的无限可能，同时提醒自己在版权、原创性和伦理方面的责任。

AI 绘画不是遥远的未来，而是你我指尖触手可及的现在。它邀请我们每一个人，无论背景如何，都可以参与这场艺术与科技交织的盛宴，推动艺术与科技的边界不断拓展。

# 第六章　音视频创作新纪元：用AIGC让作品更"有料"

AIGC 视频生成是当下内容创作领域的新兴技术，它借助深度学习算法，对海量视频素材进行学习理解。在此基础上，能将文本、图像、音频等多种形式的输入，变换成连贯的动态画面以及高质量音频，高效地完成从创意到成品的生成，让内容创作逐渐迈向自动化、智能化。这项技术应用非常广泛，涵盖文本、图像、视频、音频生成，以及创意设计、游戏开发、教育和个性化推荐等多个领域。在教育领域，它能够根据学生的学习进度和兴趣生成个性化的学习资料；在医疗领域，可以帮助医生进行诊断和制定治疗方案；在娱乐行业，它则能够根据用户喜好推荐个性化内容，提升整体的用户体验。

## 6.1　AIGC 音视频生成技术概览

在当今数字化快速发展的时代，视频已成为信息传播、教育创新与日常娱乐的核心媒介，其市场体量巨大，互动性内容的普及也在不断加速。视频生成技术作为当下内容创作领域的重要创新力量，正在释放出巨大的发展潜能与广阔的应用空间。在影视制作中，它能够提供高效、低成本的解决方案，助力电影、电视剧等作品的创意实现；在教育领域，也能推动个性化教学内容的快速生成，丰富学习方式与体验。与此同时，视频生成技术的发展还将促进多模态内容融合与终端设备智能处理等技术的协同演进，使其在追求效率与实时性的同时，更加关注用户隐私保护与伦理规范的完善。

当前的视频生成与内容推荐技术在文本生成视频、智能配乐、个性化分发等方面展现出显著优势，为内容创作带来新的活力。新一代视频制作技术正在重塑内容生产流程，实现智能化的创作方式，如自动剪辑、跨语言适配等，不仅大幅提升了制作效率，也引发了关于版权保护、内容真实性以及就业结构变化等方面的广泛讨论。AIGC 在文生视频、智能配乐、个性化推荐等方面发挥重要作用，但也存在情感深度与原创性不足、易同质化等局限。行业需构建技术与人文并重的生态体系，AIGC 的成功将取决于人类如何实现技术与艺术的共融，其发展将深刻影响内容创作、行业效率乃至社会文化形态。

这类技术在情感深度、原创性及避免同质化方面仍面临挑战。行业亟须构建一个技术与人文并重的生态体系，真正实现创意与工具的融合。未来的发展成效，将取决于人类如何在技术应用中融入艺术审美与文化思考，这一过程将深刻影响内容创作方式、行业运行效率，乃至整个社会的文化生态。

# AIGC 音视频生成概说

### 1. 基本概念

视频生成技术作为内容创作领域的重要前沿方向，依托深度学习算法对海量素材进行学习与理解，能够自动生成在语义、逻辑与视觉上具有连贯性的动态画面。其核心在于融合文本、图像、音频等多种形式的输入，转化为完整的视频序列或高质量音频，实现从创意构想到最终成品的高效生成，推动内容创作流程向自动化、智能化演进。人工智能音视频生成技术演变见图6-1。

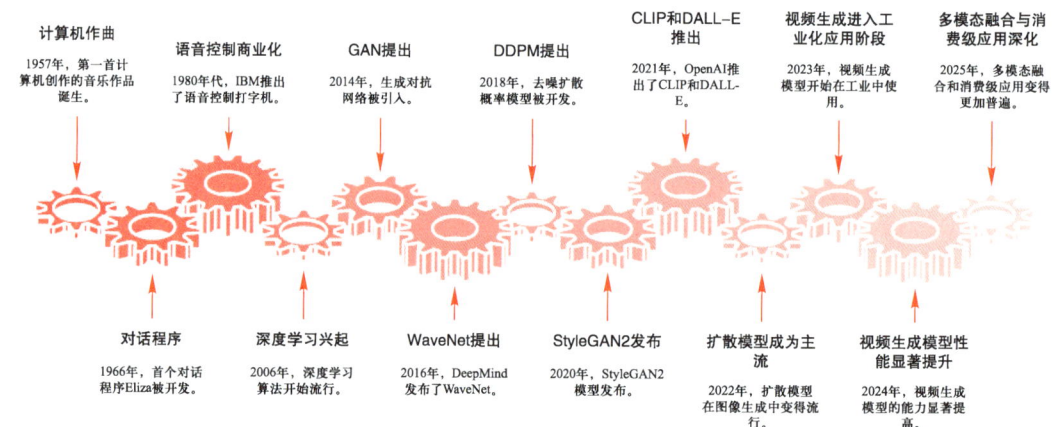

图 6-1    人工智能音视频生成技术演变

在音频生成领域，新兴技术已能模仿并还原人类语音、音乐节奏及多种声音效果，生成高度自然、逼真的音频内容。例如，一些基于深度学习的模型可根据文本内容创作高保真音乐，同时应用于语音合成、音乐创作与声音转换等多个场景，为音频内容的创作与表达带来更多可能性与灵活性。

在视频生成领域，借助预训练大模型等先进技术，视频制作的门槛正被显著降低。相比传统流程中剪辑、特效合成等环节动辄耗时数天甚至数周，如今的技术手段已可在短短几分钟内完成相似的内容生成，大大提升创作效率，简化制作流程，为内容生产带来全新的速度与便捷性（图6-2）。

| 创作阶段 | 前期策划 | 中期拍摄 | 后期制作 |
|---|---|---|---|
| 创意构思 | 生成创意脚本和故事梗概 | 无 | 无 |
| 素材收集 | 自动搜索和筛选适合的素材 | 无 | 无 |
| 拍摄辅助 | 无 | 通过动作捕捉自动化控制拍摄 | 无 |
| 虚拟场景 | 无 | 快速创建逼真的虚拟场景 | 无 |
| 剪辑与特效 | 无 | 无 | 自动化视频剪辑和特效 |
| 多模态生成 | 无 | 无 | 结合文本、图像和音频 |

图 6-2　AIGC 技术对视频制作革新

## 2. 技术特点与趋势

### （1）多模态融合

当代视频生成技术不仅依赖单一的文本或图像输入，还能够整合语音、动作捕捉等多源数据，实现更具表现力和沉浸感的内容创作（图 6-3）。例如，部分多模态训练项目已能支持视频与文本的联合输入，进而生成与画面精确匹配的音频内容。这种多模态融合的优势在于充分发挥各类数据之间的信息互补性，为用户带来更真实、生动的视听体验。

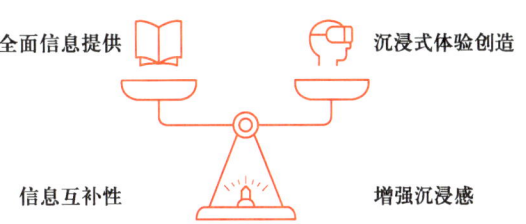

图 6-3　平衡多模态融合优势

### （2）终端侧推理

高通发布白皮书指出，以 DeepSeek R1 为代表的蒸馏模型能够在智能手机等终端设备上运行，这使得视频生成技术从云端向边缘设备转移，显著提升了实时性与隐私安全。例如，在自动驾驶应用中，车辆需要实时生成音频提示或视频内容以辅助驾驶决策，而终端设备的即时处理能力恰好能够满足这一需求。

## 3. 行业深度应用

从娱乐行业的电影特效到工业领域的智能巡检，视频生成技术正通过"感知-分析-生成"的完整流程，深刻影响并重塑各行各业。在教育领域，这项技术展现出巨大的潜力。例如，江苏省教育厅发布的通知明确要求中小学生每天进行不低于两小时的综合体育活动，视频生成技术可以为体育教学提供支持，通过生成教学视频，帮助学生更好地进行体育锻炼。

 **拓展阅读**

　　AIGC 视频生成迈入"秒速时代"，技术革新下的视觉盛宴如何影响你我?

　　**思考与训练:**

1. 试分析 AIGC 音视频生成技术在多模态融合方面的优势与挑战。
2. 试研究 AIGC 音视频生成技术对版权保护的影响及应对策略。

# 6.2　主要工具和技术简介

　　在数字内容创作的浪潮中，先进的视频创作技术正在快速改变视频制作的方式。从创意构想到成品制作，这些技术简化了整个过程，为创作者提供了强大的工具和广阔的创意空间。国内外众多工具，如国内可灵、即梦、快影，以及国际上的 Runway、Pika、Sora 等，凭借其强大功能和高质量生成效果，已成为广告、影视制作等领域必备工具。这些技术在素材管理、视频编辑、特效添加和团队协作等方面的应用，可以显著提升创作效率，降低成本，使高质量的视频制作变得更加触手可及。

## 6.2.1　视频模型

　　视频创作正在迎来全新变革，各类智能工具让制作过程变得更加简单高效。无论是文字转视频、图片合成还是音频处理，创作者都能轻松实现创意表达。市场上涌现出多款功能强大的工具，提供丰富模板和多样风格，大幅降低制作门槛（表 6-1）。虽然部分高级功能需要付费或专业技术支持，但随着持续迭代升级，这些工具必将拓展更多应用场景，推动整个行业创新发展。

表 6-1　AIGC 视频模型比较

| 工具 | 特点 | 优势 | 局限 |
|---|---|---|---|
| 可灵 | 快手推出 AIGC 视频生成工具，支持文生视频和图生视频功能 | 操作简单，适合初学者；提供丰富模板和风格选择，能够快速生成高质量的视频 | 生成视频时长有限，部分高级功能需要付费 |
| 即梦 | 剪映旗下一款 AIGC 视频生成工具，支持动作模仿和对口型功能 | 与剪映生态无缝对接，适合短视频创作者，能够快速生成具有创意的视频内容 | 对输入文本的质量要求较高，生成效果可能受到文本质量的影响 |
| 快影 | 快手旗下视频编辑与生成工具，支持 AIGC 剪辑、字幕生成等功能 | 功能全面，适合初学者和专业用户，能够满足多种视频创作需求 | 部分高级功能需要付费，功能拓展性有限 |

续表

| 工具 | 特点 | 优势 | 局限 |
|---|---|---|---|
| 智谱清影 | 智谱旗下 AIGC 视频生成平台，支持从文字描述生成视频 | 适合教育领域，能够将文本内容快速转化为教学视频，提升教学资源的生成效率 | 对输入文本逻辑性要求较高，生成效果可能需要进一步优化 |
| Runway | 功能强大的 AIGC 视频创作平台，支持视频编辑、3D 艺术创作和音频制作 | 功能丰富，适合专业用户和创意团队，能够满足复杂的创作需求 | 学习曲线较陡，需要一定的技术基础 |
| Sora | 支持生成高清视频，涵盖多种视觉数据类型 | 生成效果逼真，适合高质量视频创作，能够满足广告、影视等领域的专业需求 | 对硬件要求较高，需要较强的计算资源支持 |

## 6.2.2 音频模型

音频制作领域正迎来技术革新，各类智能音频工具为创作者开辟了新天地（表6-2）。这些工具不仅能合成逼真的人声和乐器音效，还支持音色模拟、语调调整等实用功能，在广播剧制作、音乐编曲和影视配音等场景中表现亮眼。以 AudioCraft、天工 SkyMusic 为代表的新一代音频软件，凭借免费开放的特性，让更多创作者能够轻松上手。不过，专业级音频制作仍存在设备投入大、技术要求高等挑战。随着技术迭代，这些工具将不断优化，为声音艺术创作带来更多可能。

**表 6-2 AIGC 音频模型比较**

| 工具 | 基本介绍 | 优点 | 缺点 |
|---|---|---|---|
| AudioCraft | 包含 MusicGen、AudioGen 和 EnCodec，支持多种音频生成任务 | 免费开源，功能多样，支持音乐、音频生成和编码，生成效果好 | 需本地部署，训练和部署成本高，需要对乐理知识有一定了解，专业性门槛高 |
| 天工 SkyMusic | 基于天工 3.0 大模型，生成高质量中文人声和音乐，支持多种方言 | 免费，高质量中文人声生成，支持多种方言，生成效果自然 | 对中文数据依赖度高，对其他语言支持有限，模型训练成本高 |
| MaskGCT | 非自回归文本到语音合成模型，高效生成高质量语音，无需显式对齐信息 | 免费开源，支持克隆音色、语气，解决口误问题，支持中文转英文配音 | 显存要求高，对文本预处理要求高，模型泛化能力有待提升 |
| CosyVoice V2 | 生成自然且情感丰富的语音，支持音色克隆和语气模仿 | 免费开源，支持跨语种克隆，支持方言克隆，情绪控制、语气符号，语速控制优越 | 对音色样本质量要求高，模型适应性有限 |
| VoiceCraft | 支持语音克隆和文本修改，采用 Transformer 架构，零样本生成 | 免费开源，支持零样本生成，语音克隆能力强，文本修改灵活 | 生成文本较短，应用场景针对英文，对中文的支持不太友好 |

### 6.2.3　编辑校对工具

　　视频创作领域正迎来技术革新浪潮，各类智能剪辑工具让专业制作变得触手可及（表6-3）。从一键式智能剪辑到自然语音合成，现代视频软件正在重塑创作流程。以剪映为代表的轻量化工具凭借直观操作界面，成为短视频创作者的得力助手；而 Premiere Pro 等专业软件则为影视制作提供全面的后期支持。新兴的智能混剪平台整合文案创作、语音合成等实用功能，大幅提升批量制作效率；专业级画质增强工具则让老旧素材焕发新生。虽然部分高级功能需要付费订阅，且对设备性能有一定要求，但这些不断进化的视频工具正在持续降低专业创作门槛。

表 6-3　AIGC 编辑校对模型比较

| 工具 | 特点 | 优势 | 局限 |
| --- | --- | --- | --- |
| 剪映 | 支持智能剪辑、AIGC 配音和字幕生成 | 操作简单，适合初学者和短视频创作者，能够快速完成视频剪辑和后期处理 | 功能相对基础，适合短视频创作，对于复杂项目的支持有限 |
| Premiere Pro | 强大视频编辑功能，支持 AIGC 辅助剪辑 | 适合专业用户，功能丰富，能够满足复杂的视频编辑需求 | 学习曲线较陡，需要一定技术基础 |
| AIGCMIX 智剪 | 集视频混剪、文案生成、字幕生成和语音合成于一体 | 适合短视频运营和批量制作，能够快速生成高质量的视频内容 | 部分高级功能需要付费，功能拓展有限 |
| Topaz Video AIGC | 可以将视频分辨率提升到 4K/8K 甚至 16K 分辨率 | 提供电影级的结果，适合专业用户，能够显著提升视频的画质 | 对硬件要求较高，需要较强计算资源支持 |

 **拓展阅读**

　　剪映创作课堂

### 6.2.4　特效添加功能

　　随着技术进步，各类专业视频编辑工具层出不穷（表6-4）。以 After Effects 为例，这款软件在粒子特效、光效和三维动画制作方面表现出色，尤其适合制作复杂的视觉特效和动画作品，但需要使用者具备一定专业基础。相比之下，SeedVR 更专注于视频修复功能，能快速处理视频中的噪点、模糊画面等问题，操作简单易上手。不过其修复效果很大程度上取决于原始视频的质量，低画质素材可能会限制最终修复效果。这些工具持续升级，正在让视频制作变得更加高效精准，为创作者带来更多可能性。

表 6-4　AIGC 特效添加模型比较

| 工具 | 特点 | 优势 | 局限 |
|------|------|------|------|
| After Effects | 支持粒子特效、光效和三维动画生成 | 功能强大，适合专业用户，能够满足复杂的特效制作需求 | 需要较高的技术基础，学习曲线较陡 |
| SeedVR | 专注于修复各种类型的视频，包括提高视频分辨率、去除噪声、修复损坏的视频帧 | 操作简单，适合初学者，能够快速修复视频中的问题 | 对输入视频的质量要求较高，生成效果可能受到视频质量的影响 |

随着技术不断发展，音视频创作领域正在迎来前所未有的机遇。这些新技术不仅改变音视频制作传统模式，还能大大激发创作者潜能，使创意实现变得更加简单和高效。从教学视频到广告制作，从艺术创作到娱乐内容，现代技术为创作者提供强大支持，使高质量内容创作变得更加高效和普及。

在未来日子里，视频工具有望在拓宽应用场景和完善技术性能方面迎来创新突破。以在线教育为例，借助智能化技术手段，有望实现对时长较长的课程视频进行自动剪辑，精准提取精华部分，或是依据教学内容自动转化生成讲义式视频，以此来提高学生学习效率，激发他们学习兴趣。除此之外，智能技术还将与诸如虚拟现实（VR）、增强现实（AR）等前沿技术深度交融，衍生出更加丰富多彩、形式多样的视频内容呈现方式。

智能技术应用范围非常广泛，涵盖文字生成、图像生成、音乐创作和视频制作等多个领域。在文字生成方面，可以应用于新闻报道、广告文案、科技说明等领域，帮助快速生成大量高质量的文本内容。在图像生成方面，可以用于数字艺术、照片编辑、视觉效果等领域，为创意产业注入新的活力。此外，在音乐创作和视频制作方面也展现出巨大潜力，能够生成逼真的音乐作品和视频内容，为虚拟现实和游戏开发等领域提供丰富素材和资源。

无论你是刚入门的创作者还是经验丰富的专业人士，先进的创作工具都将成为你创作过程中的重要助手。让我们一同迎接这些创新工具，开启视频创作的新篇章，探索未来创作的无限可能。

 **拓展阅读**

视频领域生成式人工智能发展新态势

**思考与训练：**

1. 试分析 AIGC 视频生成技术在不同应用场景中的优势与局限。
2. 试分析 AIGC 音视频生成技术在团队协作中的应用与挑战。

# 6.3　AIGC 音视频生成全流程与注意事项

在数字时代浪潮中，音视频创作进入一个崭新时代。从选题构思到素材搜集，从脚本撰写到拍摄精心策划，再到后期编辑细腻修整，以及跨领域创作创新突破，每一环节都充满创意与潜力。选题阶段精准定位为作品奠定基础；素材广泛积累为创作源源不断地提供灵感；脚本精心设计让作品脉络更加清晰、逻辑更为严谨；拍摄过程的巧妙构思，捕捉下每一个动人瞬间；后期编辑的精心剪辑赋予作品全新生命。而跨领域创作更是将文字、声音、画面和故事等元素巧妙融合，打破传统创作的限制，推动从文字到影视作品的华丽转变。本节将深入探讨音视频创作全过程，探索如何通过先进技术手段，打造高质量且富有创意的音视频作品，为创作者们提供新的思路与灵感。

## 6.3.1  选题阶段

### 1. 选题的重要性

选题是音视频创作的起点，它决定整个作品的方向和价值。一个优秀的选题能够吸引观众注意力，激发他们的兴趣，从而为作品的成功奠定基础。在选题阶段，创作者需要充分考虑目标受众的需求和兴趣，同时结合自身的资源和能力，确保所选题目既具吸引力，又具有实现的可行性。

### 2. 评估选题的关键因素

见图 6-4。

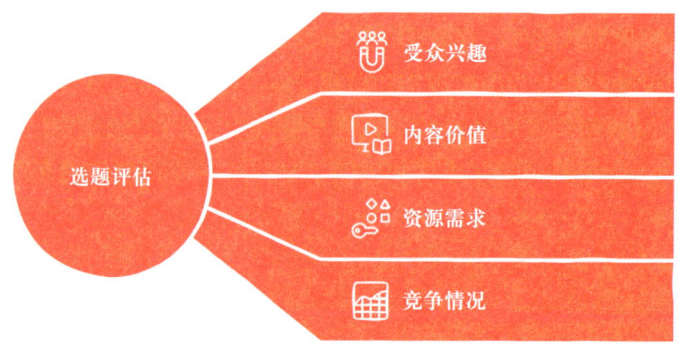

图 6-4  评估选题的关键因素

## 6.3.2  素材收集

### 1. 素材的类型

在 AIGC 音视频生成中，素材是创作的基础，丰富多样的素材能够为作品增添色彩和吸引力。在数字时代，音视频创作蓬勃发展，素材收集尤为关键。网络渠道为素材收集提供了海量的免费和付费资源，以及用户生成的创意作品，它们能为创作者带来新颖的观点和独特的视角；图书馆里的书籍、期刊和数据库等文本和学术资料，则为创作提供了权威、系统的知识支撑，确保素材的准确性和深度。实地渠道能获取第一手的影像和音频资料，以及真实场景和访谈记录，使作品更具真实感和感染力；合作伙伴渠道可共享高质量的媒体资源，实现资源互补。在音视频创作的选题构思阶段，广泛的素材收集有助于精准定位，为作品奠定坚实基础。同时，丰富多样的素材也能在脚本撰写、拍摄策划、后期编辑等环节为创作者提供灵感，助力捕捉动人瞬间，赋予作品全新生命。通过多渠道的素材收集，打破传统限制，推动文字、声音、画面和故事等元素的融合，实现从文字到影视作品的华丽转变。

### 2. 素材收集途径

素材收集的常用途径见图 6-5。

图 6-5　素材搜集常用途径

### 3. 素材的整理与管理

收集到的素材需要进行整理和管理，以便在创作过程中能够快速找到所需的素材。可以按照以下方法进行整理和管理：

（1）分类存储：将素材按照类型、主题、用途等进行分类存储，建立清晰的文件夹结构。例如，将图片素材存储在"图片"文件夹中，再根据主题细分为"人物""风景""建筑"等子文件夹；将音频素材存储在"音频"文件夹中，分为"音乐""音效""语音"等子文件夹。

（2）命名规范：为每个素材文件设置清晰简洁的命名，包含素材的关键信息，如主题、来源、日期等。例如，"风景_黄山_20230518.jpg""音乐_背景音乐_轻松.mp3"等，便于在查找素材时能够快速识别。

（3）建立索引：对于大量的素材，可以建立索引文件，记录素材的名称、位置、描述等信息。索引文件可以采用电子表格或数据库的形式，方便快速搜索和查询素材。

（4）备份存储：将素材进行备份存储，防止因设备故障、数据丢失等原因导致素材无法使用。可以将素材存储在多个存储设备上，如硬盘、云存储等，确保素材的安全性。

### 6.3.3   脚本撰写

#### 1. 脚本的作用

脚本是 AIGC 音视频生成的核心，它为作品的创作提供了详细的指导和框架。脚本明确了作品的主题、内容、结构、语言风格等，是创作者与观众沟通的桥梁。一个优秀的脚本能够使作品的思路清晰、内容连贯、情感表达准确，从而提高作品的质量和吸引力。

#### 2. 脚本撰写流程

脚本的撰写流程见图 6-6。

图 6-6   脚本撰写流程

### 6.3.4   内容拍摄

#### 1. 拍摄前的准备

在进行内容拍摄之前，需做好充分的准备工作，以确保拍摄过程顺利进行，提高拍摄效率和质量。

脚本撰写在 AIGC 音视频生成中有着不可替代的作用。脚本如同一座建筑的蓝图，为整个创作过程提供了明确的指导和框架。它详细地规定了作品的主题、内容走向、结构布局以及语言风格等诸多关键要素，搭建起创作者与观众沟通的桥梁。优秀的脚本能使作品逻辑通顺、条理清晰，就像一座大厦，有着坚实的柱石支撑。创作者在撰写脚本时，应精准把握主题，合理安排故事脉络，运用恰当的表达方式，这样才能让创作出的 AIGC 音视频作品更具吸引力和感染力，精准地传达创作者想要表达的情感和信息，提升作品的整体质量和观众的认可度。

### 2. 拍摄技巧

在拍摄过程中，运用一些拍摄技巧可以提高画面质量和艺术效果，增强作品视觉吸引力，图 6-7 为拍摄技巧要点。

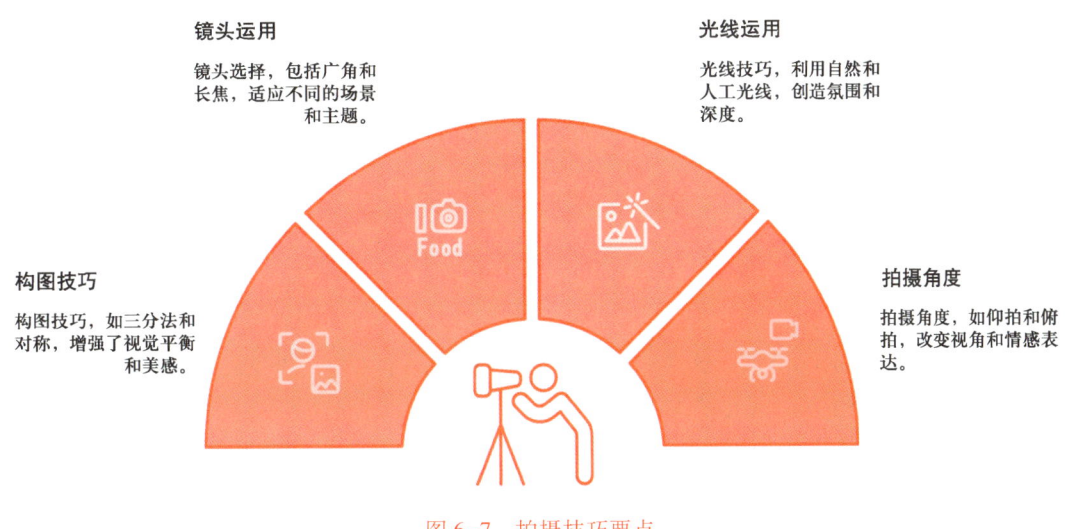

**镜头运用**
镜头选择，包括广角和长焦，适应不同的场景和主题。

**光线运用**
光线技巧，利用自然和人工光线，创造氛围和深度。

**构图技巧**
构图技巧，如三分法和对称，增强了视觉平衡和美感。

**拍摄角度**
拍摄角度，如仰拍和俯拍，改变视角和情感表达。

图 6-7　拍摄技巧要点

## 6.3.5　后期编辑

### 1. 后期编辑作用

后期编辑是 AIGC 音视频生成的重要环节，它通过剪辑、合成、特效添加等手段，将拍摄的素材进行整合和优化，使作品更加完整、流畅、富有表现力。后期编辑可以调整作品的节奏、氛围、情感等，增强作品的吸引力和感染力，提升作品的质量和艺术价值。后期编辑流程见图 6-8。

### 2. 后期编辑软件选择

后期编辑软件是后期编辑工作的工具，选择合适的后期编辑软件可以提高编辑效率和质量。常见后期编辑软件有：

（1）剪映专业版：这是由字节跳动推出的一款专业视频编辑软件，具备强大的剪辑、调色、音频编辑和特效制作功能。剪映专业版支持多轨时间线、多格式导入与输出，同时兼容多种设备配置，满足不同层次用户的创作需求。界面设计清晰易懂，操作逻辑简洁流畅，适合短视频创作者与专业视频制作者在 Windows 和 macOS 平台上使用。

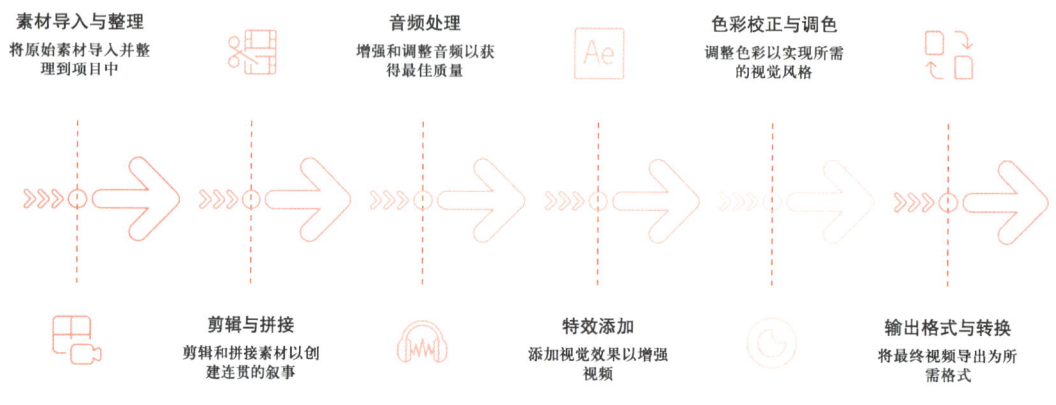

图 6-8　后期编辑流程

（2）Adobe Premiere Pro：这是一款专业级的视频编辑软件，具备强大的剪辑、特效和音频处理功能，能够支持多种视频格式和编码，适应不同用户的使用需求。Premiere Pro 的界面设计清晰直观，便于快速上手，同时也具备高度的灵活性和强大的处理能力，非常适合用于各类复杂的视频制作项目。

（3）Adobe After Effects：这款软件主要用于制作视频特效和动画，拥有丰富的特效资源和强大的动画工具，能够打造出各种炫目而富有创意的视觉效果。After Effects 与 Premiere Pro 协同紧密，用户可以轻松将 Premiere Pro 中的素材导入 After Effects 进行特效处理，再将完成的效果返还至 Premiere Pro，便于后续剪辑与合成。

（4）Final Cut Pro：这是苹果公司专为 iOS 系统打造的一款专业视频编辑软件，性能出色，功能全面。它支持多机位剪辑、色彩校正和特效添加等操作，并针对苹果硬件做了深度优化，编辑过程流畅高效。Final Cut Pro 的界面设计简洁美观，操作逻辑贴合苹果用户的使用习惯，非常适合在 macOS 环境下进行专业级的视频创作。

## 6.3.6　多模态融合创作

### 1. 语音合成与字幕生成

（1）语音合成与字幕生成应用场景

语音合成与字幕生成技术在多模态创作中有着广泛的应用，能够为视频制作提供强有力的支持。例如，通过为外语电影添加中文配音和字幕，不同语言背景的观众可以更轻松地理解和享受影片内容。此外，这项技术也在教育领域大有用处，可以为教学视频自动生成适配的语音和字幕，便于全球观众观看并理解课程内容。

（2）语音合成与字幕生成工具与操作

① 工具选择

目前市场上有许多语音合成和字幕生成工具可供选择。例如，Speechify 是一款高效的文字转语音工具，支持多种语言和音色，用户只需将文本输入，选择适合的音色和语速，即可生成自然流畅的旁白音频。Narakeet 则是一个功能强大的在线平台，支持超过 100 种语言和 800 种声音，可以将文本、Word 文档、PPT 演示文稿或字幕文件转换成高质量的音频文件，并与视频内容自动同步。

② 操作流程

见图 6-9。

图 6-9　多模态创作操作流程

## 2. 剧情生成与视频匹配

剧情生成与视频匹配技术能够根据文本描述生成视频脚本，并自动生成对应的视频，实现从创意到视频的一站式创作。这一技术在影视制作、广告创作、教育视频等领域具有重要的应用价值。例如，根据小说生成影视视频，可以将文学作品中的精彩情节和人物形象转化为生动的视觉画面，为观众带来全新的观看体验。

（1）背景分析

以某部经典小说为例，该小说具有丰富的故事情节和鲜明的人物形象，深受广大读者的喜爱。为了将这部小说转化为影视视频，让更多观众欣赏到其精彩内容，采用了多模态融合创作的方式，结合语音合成与字幕生成、剧情生成与视频匹配等技术，实现从文字到影视作品的转变。

（2）创作过程

见图 6-10。

（3）效果分析

通过多模态融合创作方式，成功地将小说中文字内容转化为生动的视觉画面和语音表达，使观众能够更加直观地感受小说魅力。语音合成与字幕生成技术的应用，确保了视频叙事效果清晰流畅，方便不同语言背景的观众观看。剧情生成与视频匹配技术则为视频创作提供强大支持，大大提高创作效率。作品不仅在传播小说文化方面取得良好效果，也为多模态融合创作提供成功的案例。

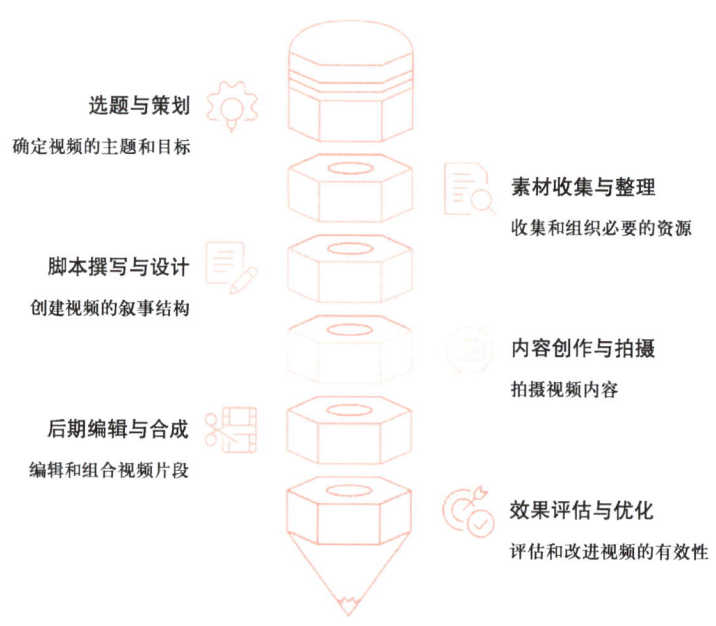

选题与策划
确定视频的主题和目标

素材收集与整理
收集和组织必要的资源

脚本撰写与设计
创建视频的叙事结构

内容创作与拍摄
拍摄视频内容

后期编辑与合成
编辑和组合视频片段

效果评估与优化
评估和改进视频的有效性

图 6-10　小说生成视频创作流程

多模态融合创作正在革新音视频生成领域。具体而言，语音合成与字幕生成技术，为视频内容创作提供强大的支持，方便全球不同语言背景的观众观看；而剧情生成与视频匹配技术则能够实现从创意到视频的一站式创作，为影视、广告、教育等视频领域带来新的生产模式。在制作过程中，需要注意内容质量（包括文本质量和视频素材选择）、创意表达（个性化呈现）以及技术实现（限制与优化）等问题，以确保作品的质量和效果。通过学习经典案例和分析多模态融合创作过程，创作者可以更好地掌握相关技术和方法，提高创作水平。

**思考与训练：**

1. 请结合自身兴趣或专业领域，选择一个音视频创作选题，详细说明其选题来源和评估关键因素。根据该选题，列出至少五种不同类型素材的收集途径，并说明如何对这些素材进行整理与管理，以确保在创作过程中能够高效利用。

2. 假设你正在制作一部关于"人工智能在教育中的应用"的视频。请阐述操作流程，并说明在多模态创作中需要注意的事项。

# 6.4　AIGC 音视频制作实操秘籍

在数字时代的浪潮中，AIGC 技术宛如一颗璀璨新星，正以惊人的速度重塑着我们的生活、学习与创作方式。它不仅让创作变得高效便捷，更为每一个怀揣创意的灵魂搭建起广阔舞台。

想象一下，制作复杂机械原理的教学视频，传统方法需要借助复杂的动画软件和耗费大量时间，而如今，AIGC 工具链能够轻松完成从创意构思到成品输出的全过程。你可以用豆包快速生成创意脚本，用即梦生成生动的画面，再通过 Runway 让画面动起来，最后用剪映一键完成剪辑，一个高质量的视频就此诞生，既节省了时间，又让作品更具吸引力。

在学习领域，AIGC 驱动的知识可视化成为我们的得力助手。那些晦涩难懂的抽象概念，比如电路原理、急救操作流程等，都能通过 AIGC 生成的视频变得生动易懂。你可以制作属于自己的学习视频，分享给他人，成为学习中的"小明星"。

生活中，创意表达也变得更加简单。无论是想记录生活点滴，制作 Vlog；还是想展示自己才艺，生成展示视频；或是制作搞笑短剧，分享到社交媒体收获点赞和关注，AIGC 都能轻松实现。它不仅激发我们的创造力，也让社交生活更加丰富多彩。

AIGC 不仅是工具，更是充满无限可能的创作伙伴。无论你是艺术生、技术宅，还是创意达人，AIGC 都能帮你实现梦想。让我们携手 AIGC，开启属于你的创作新时代！

## 6.4.1　AI 生成汇报答辩说明视频

【案例】某同学即将进行毕业答辩，他想使用 AI 生成视频来辅助说明论文的研究背景。以"说明交通系统分析的复杂性"为例进行操作。

【模型】可灵 AI

【步骤】

1. 了解问题背景。准备好需要进行说明的论文文本，本例中使用以下内容："随着某地区交通基础设施的快速发展，路网规模持续扩展，城市道路网密度稳定增加，交通数据量呈指数级爆发式增长。面对这一趋势，面向交通系统分析的 WebGIS 前端在数据传输、数据组织、数据缓存和数据渲染四个方面均面临严峻挑战，对系统的性能、交互体验提出了更高要求。"

2. 素材准备。利用 DeepSeek 或其他 AI 提炼出文本描述中关键问题和画面元素。待 AI 返回视频生成汇报答辩场景提示词后，进行下一步。示例如下：

> 我是一名学生，我正在为毕业论文制作答辩 PPT。我需要对其中一个章节的总体问题使用"可灵 AI"模型生成 20 秒左右的动画进行介绍。"可灵 AI"每次只能根据文字描述生成 5 秒或者 10 秒的视频，因此，我希望将该视频拆分为 4 个部分进行生成，每部分 5 秒。问题的描述文本如下：随着某地区交通基础设施的快速发展，路网规模持续扩展，城市道路网密度稳定增加，交通数据量呈指数级爆发式增长。面对这一趋势，面向交通系统分析的 WebGIS 前端在数据传输、数据组织、数据缓存和数据渲染四个方面均面临严峻挑战，对系统的性能、交互体验提出了更高要求。

3. 登录可灵 AI 平台，进入"视频生成"功能（图 6-11）。

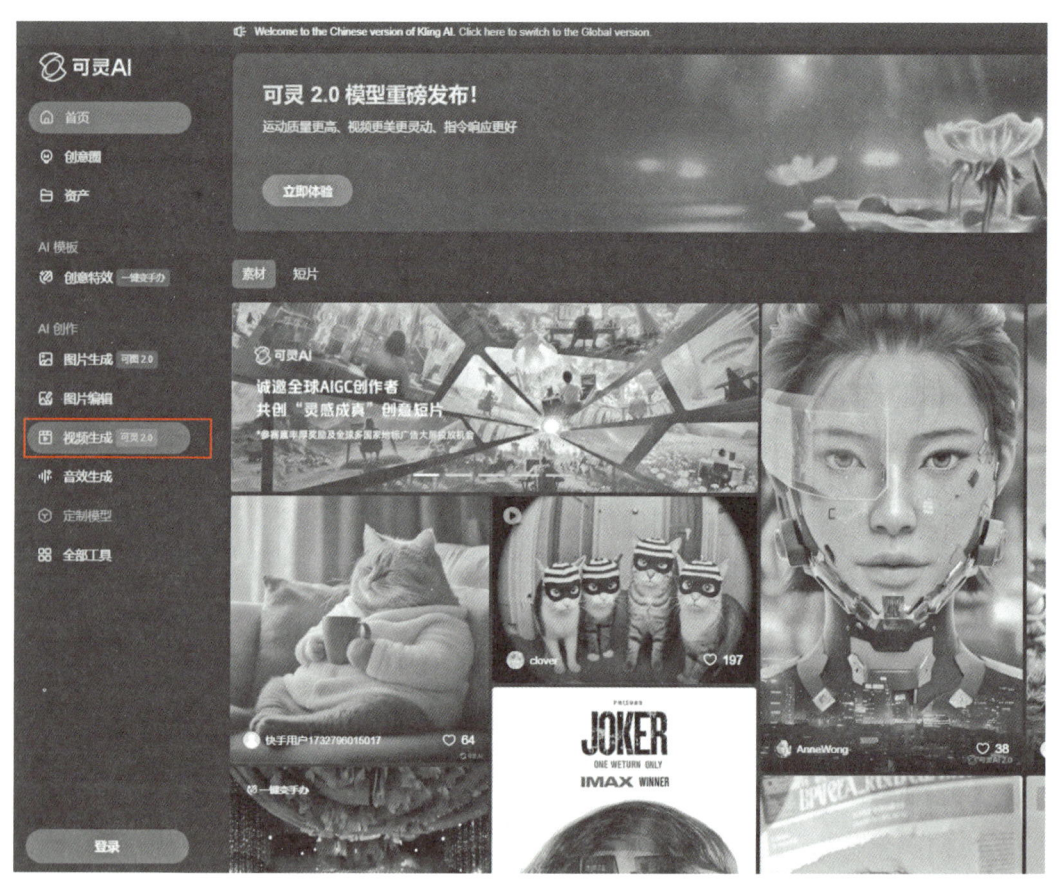

图 6-11　可灵 AI 主界面

4. 进行视频生成。在"文生视频"功能中使用先前返回的视频生成汇报答辩场景提示词，依次生成每段 5 秒的动画。

第一段（5 秒）：交通路网快速发展（图 6-12）。

提示词：在一张科技感十足的某地区地图上，高速公路、铁路和地铁线路以红、蓝、绿三色的光线动态延展，快速连接全国主要城市。俯视镜头缓慢拉远，地图表面泛着冷蓝色光泽，节点粒子依次点亮，营造出现代化、迅速扩张的交通网络氛围。

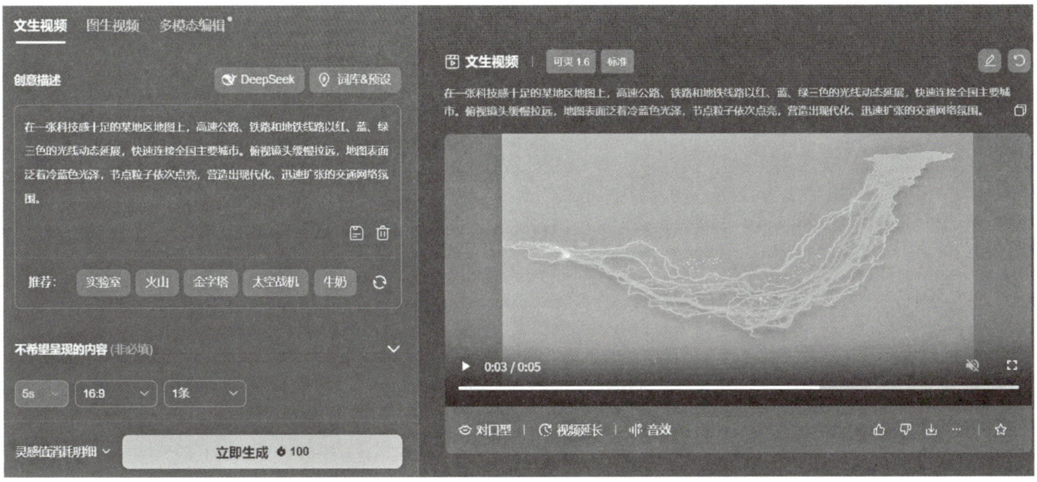

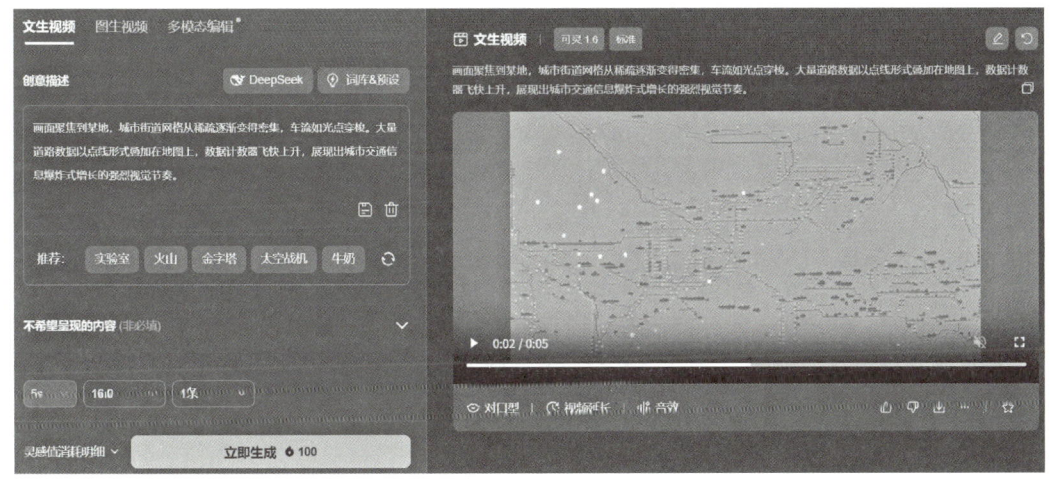

图 6-12　第一段参数设置及视频生成结果

第二段（5 秒）：城市密度提升+数据爆炸（图 6-13）。

提示词：画面聚焦到某地，城市街道网格从稀疏逐渐变得密集，车流如光点穿梭。大量道路数据以点线形式叠加在地图上，数据计数器飞快上升，展现出城市交通信息爆炸式增长的强烈视觉节奏。

图 6-13　第二段参数设置及视频生成结果

第三段（5 秒）：WebGIS 前端遭遇挑战（图 6-14）。

提示词：WebGIS 系统界面加载缓慢，地图图层卡顿、闪烁不清，进度条迟迟不动，图标模糊延迟显示。画面保持在应用窗口中景，屏幕背景闪动的白光表现出系统运行压力，营造出紧张、低效的前端性能困境。

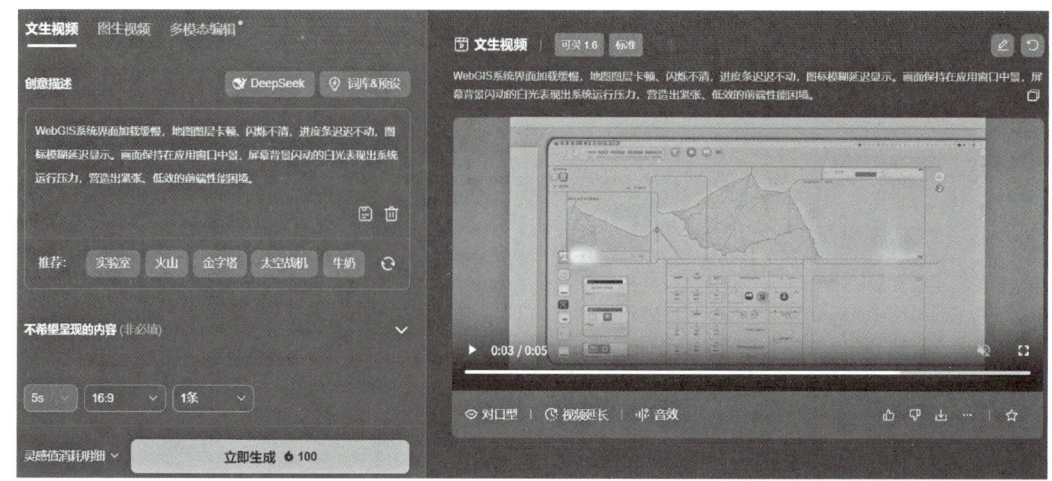

图 6-14　第三段参数设置及视频生成结果

第四段（5秒）：用户体验下降，引出优化（图 6-15）。

提示词：一位坐在办公桌前的用户频繁点击电脑上的 WebGIS 界面，神情焦躁，屏幕卡顿响应迟缓，查询结果迟迟未弹出。虚拟数据流在屏幕背后翻涌，象征系统负载高企，镜头氛围略显压抑，为引出后续优化方案做好铺垫。

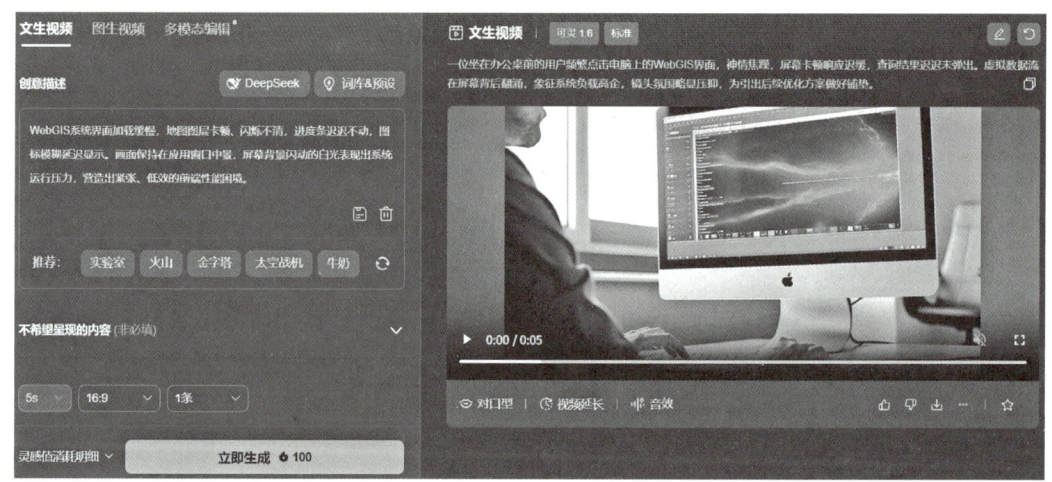

图 6-15　第四段参数设置及视频生成结果

在视频生成后，可使用对口型、视频延长、添加音效等后处理工具进行在线调整。

5. 后期编辑。将生成的动画片段导入视频编辑软件（如 Adobe Premiere Pro、剪映等），进行串联和简单剪辑，添加必要的字幕和注释以帮助理解。

拓展阅读

Dream Machine on Web

### 6.4.2 AI 换脸与自定义语音生成

【案例】某同学想对目前网上一条很火的视频进行"AI 换脸"操作，并配以 AIGC 生成的自定义语音。

【模型】BeArt　Noiz AI

【步骤】

1. 准备原始音视频素材（图 6-16）。本例中的素材包括：AI 生成的原视频、10 秒文字转语音样本、AI 生成的用于替换的人脸（可替换为其他人物的正面半身照）。

图 6-16　实验素材

2. 进入 BeArt 官网（图 6-17），点击"尝试 AI 视频换脸"。

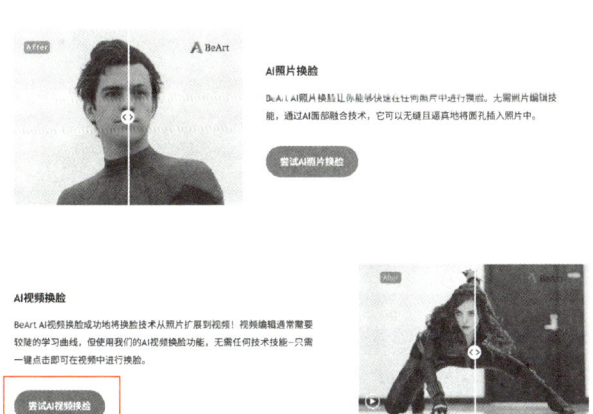

图 6-17　BeArt 操作界面

3. 在右侧相应区域上传源视频素材和替换人脸的图片素材，将左边的时间横条选择需要换脸的时间段，此处选择"0-5 秒"范围，之后，点击"开始换脸"（图 6-18）。

图 6-18　素材上传

4. 登录 Noiz AI 平台，在右侧面板选择"音色—新建克隆声音"，输入新建的音色名称（图 6-19）。

图 6-19　新建克隆声音

5. 在文件上传部分选择素材中的 10 秒原音频上传（图 6-20）。

6. 等待语音库建立完成后，鼠标移到左侧导航栏，点击"文本转语音"。在文本框中输入想要人物说的话，完成后点击下方"生成语音"，试听没问题后点击进度条右边的"下载"按钮，将音频保存到电脑（图 6-21）。

7. 打开视频剪辑软件（以 Adobe Premiere Pro 为例），将视频素材和音频素材导入，然后将画面与音频进行匹配剪辑，最后加上字幕导出即可（图 6-22）。

图 6-20　音频上传

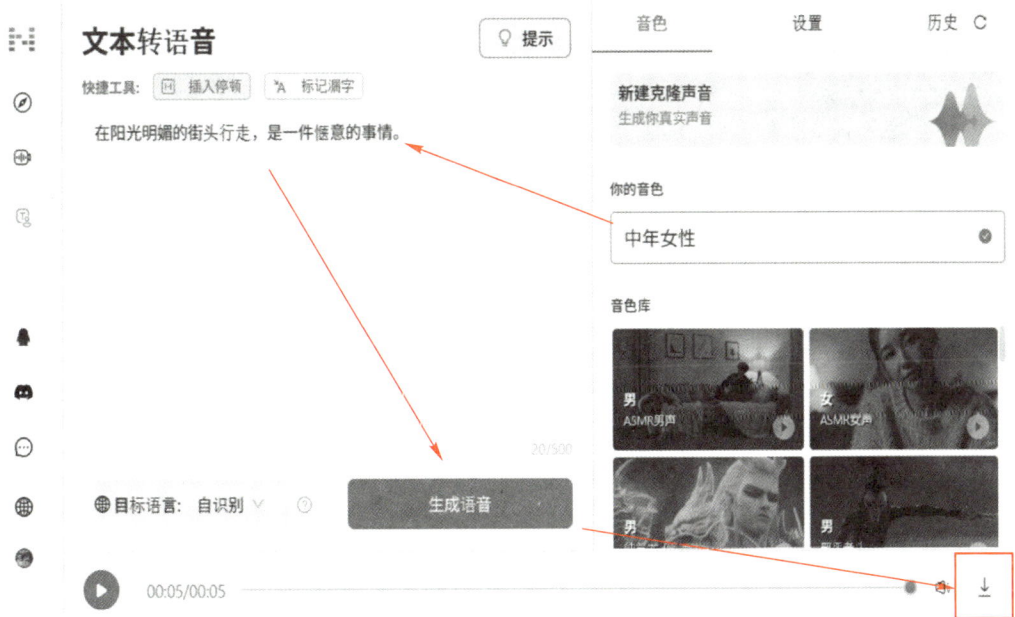

图 6-21　音频生成及下载

图 6-22　音视频合成剪辑

**拓展阅读**

Generating videos on Sora

**思考与训练：**

1. 假设你正在为一个企业制作产品宣传视频，需要利用 AIGC 工具来完成。请根据 AI 生成汇报答辩说明视频案例，详细描述你将如何运用 AIGC 工具链来制作一个 30 秒的产品宣传视频。

2. 以 AI 换脸与自定义语音生成案例为基础，思考并描述一个创新的应用场景，例如为一部历史纪录片添加现代人物的虚拟访谈。

# 6.5　技巧、心得与注意事项

## 6.5.1　技巧与心得

### 1. 应用场景提示词的撰写

（1）明确主题与细节描述

在使用 AIGC 音视频生成工具时，明确主题和提供丰富的细节描述是生成理想音视频的关键。用户需要清晰地表达出想要生成的主体、场景、风格等核心元素，并尽可能地细化描述，包括主体的动作、情感，场景的氛围、光线、背景音乐，以及画面的整体色调、质感等。示例：主体与场景描述："一位穿着宇航服的宇航员在月球表面漫步，身后是地球的壮丽景象。"风格与氛围描述："科幻风格，画面具有未来感和神秘感，背景音乐为紧张的电子乐。"

（2）灵活运用关键词与短语

掌握一些常用关键词和短语能够帮助用户更高效地构建应用场景提示词。这些关键词可以涵盖不同的风格（如"复古风格""赛博朋克风格""童话风格"）、元素（如"城市""森林""海洋"）、光影效果（如"逆光""阴影""高光"）以及构图方式（如"对称构图""中心构图"）等。示例：风格关键词："复古风格""赛博朋克风格""童话风格"；元素关键词："城市""森林""海洋"；光影关键词："日出光线""黄昏暖光""月光"。

（3）参考与借鉴

在撰写应用场景提示词时，参考已有的影视作品、音乐作品或自然景观等能够为用户提供灵感。通过分析这些参考对象的特征和表现手法，用户可以提取出有用的描述词汇，将其融入自己的应用场景提示词中。示例：参考影视作品："模仿《星际穿越》的视觉风格，生成一段宇宙探索的视频。"参考自然景观："以黄山云海为灵感，创作一段展现山峦起伏和云雾缭绕的风景视频。"

（4）加入个人情感描述

在应用场景提示词中融入个人情感描述，如"孤独感""怀旧氛围"等，能够为音视频增添独特的情感色彩，避免生成的音视频过于同质化。情感描述可以帮助 AI 更好地理解创作意图，生成更具个性和感染力的作品。示例：带有情感的描述："在空旷的山谷中，一个孤独的身影静静地伫立，周围弥漫着淡淡的忧伤氛围。"情感与场景结合："描绘一个充满怀旧氛围的老街角，阳光透过斑驳的墙壁，仿佛诉说着过去的故事。"

（5）利用 AI 写作工具生成标准化应用场景提示词

AI 写作工具可以协助用户生成标准化的应用场景提示词，以提高质量和规范性。这些工具通常基于大规模的语言模型，能够根据用户输入的主题或关键词，自动生成多样化的应用场景提示词，帮助用户更高效地构建高质量的提示词。示例：使用 DeepSeek 生成应用场景提示词：输入主题："森林中的精灵。生成一句话 AIGC 音视频提示词"；可生成"在晨雾弥漫的古老森林中，半透明蝶翼的精灵悬浮于发光蘑菇群间，指尖洒落星尘光粒，藤蔓缠绕的巨树透下金色光晕，吉卜力风格混合数字绘画厚涂质感，柔光紫与青苔绿渐变，背景音乐为轻柔的自然风声与精灵的吟唱"等。

（6）使用智能扩写功能完善应用场景提示词

许多 AIGC 音视频生成工具提供"智能扩写"功能，能够根据用户输入的初步描述，自动补充和丰富细节，使音视频描述更加具体和生动。这一功能不仅可以帮助用户完善应用场景提示词，还能激发创意，为创作提供新的灵感。示例：初始描述："一个女孩在花园里。"智能扩写后："一个穿着蓝色连衣裙的女孩在充满鲜花和绿植的花园里，阳光洒在她身上，微风拂动她的头发，周围蝴蝶飞舞，背景音乐为欢快的古典音乐，画面风格为水彩画风格，色彩柔和，画面具有梦幻般的诗意氛围。"

### 2. 工具的选择

（1）根据功能需求选择

不同的 AIGC 音视频生成工具在功能上各有侧重。如果用户注重生成音视频的多样性，可以选择支持多种风格和创作模式的工具；如果对音视频质量有较高要求，适合选择以高分辨率和细节表现力著称的工具；而针对特定创作需求，如将文本描述转化为音视频、对音视频进行精细编辑等，用户应挑选在相应功能上表现优异的工具。

（2）考虑操作难度与学习成本

AIGC 音视频生成工具的操作界面和使用流程复杂程度不一。初学者可能更适合选择界面友好、操作简单的工具，以便快速上手和熟悉基本功能；而有一定基础和经验的用户，可以尝试功能丰富但操作相对复杂的工具，以挖掘更多创作潜力。

（3）利用学习资源

一个活跃的用户社区和丰富的学习资源对于提升 AIGC 音视频创作体验至关重要。用户可以通过在线教程、案例分析、视频课程等资源，更好地掌握工具的使用技巧和创作方法。一些知名 AIGC 音视频生成工具的官方账号也会在微博和抖音上发布最新信息和教程，帮助用户快速了解工具的最新功能和使用技巧。

### 3. 多次尝试与优化

（1）调整应用场景提示词

在生成音视频后，如果结果与预期有差距，用户可以通过调整应用场景提示词来优化。这包括增加或删减描述内容、替换关键词、细化细节要求等，以更精准地传达创作意图。

（2）修改参数设置

用户还可以尝试修改工具的其他参数，如风格强度、画面布局、色彩饱和度、音效强度等，观察不同设置对生成音视频的影响，逐步找到最满意的组合。

（3）版本对比与选择

在多次尝试后，用户会得到多个版本的音视频。通过对比这些音视频，分析每个版本的优点和不足，用户可以选择最符合需求的作品，或从中汲取灵感进行进一步的创作。

## 6.5.2 AI 音视频创作避坑指南

### 1. 原创性：AI 作为辅助工具

AIGC 音视频创作工具应被视为辅助创作的工具，而非创作主体。在使用过程中，创作者应充分发挥主观能动性，将个人创意与 AI 生成结果相结合。例如，在生成音视频后，创作者可以通过调整参数、修改应用场景提示词或手动编辑音视频，对 AI 生成的作品进行二次创作，融入独特的创意和想法，从而确保作品的原创性。

### 2. 尊重艺术规律：提升音视频质量的关键

尽管 AIGC 能够快速生成音视频，但艺术创作的基本规律依然适用。创作者需要理解构图、色彩、光影、节奏、音效等基本艺术原则，以便更好地利用 AIGC 工具进行创作。例如，在生成音视频前，合理规划画面布局和音频结构，明确主体与背景的关系；在生成后，根据艺术规律对音视频进行微调，以提升作品的艺术性和专业性。

### 3. 版权问题

**合法使用 AIGC 生成音视频** 　使用 AIGC 生成的音视频时，要注意版权问题。虽然 AIGC 生成的音视频通常不涉及传统意义上的版权，但在某些情况下，如商业使用，可能需要获得相应的授权或许可。例如，若将 AIGC 生成的音视频用于广告、产品包装等商业用途，需确保其符合相关法律法规，并尊重原作者的权益。

### 4. 避免误导性信息与不当内容：确保音视频的正面价值

在生成音视频时，要避免生成包含误导性、虚假或有害信息的内容。创作者应确保生成的音视频真实、准确，不误导观众。同时，应避免生成涉及暴力、色情、恐怖等不当内容的音视频，以免对观众产生不良影响。

### 5. 关注技术发展：持续提升创作能力

AIGC 音视频创作技术在不断发展和进步，创作者应关注行业动态和技术趋势，及时更新自己的知识和技能，了解最新的 AIGC 音视频创作工具和技巧，从而不断提升自己的创作水平。

# 6.6　AIGC 视频生成工具的不足和未来展望

## 6.6.1　AIGC 视频生成工具的不足

　　AIGC 视频生成工具在内容创作和媒体生产方面展现出巨大潜力，但仍存在诸多局限性，涵盖幻觉问题、文字支持缺陷、生成速度与资源消耗矛盾、版权与伦理困境、细节把控短板以及跨平台兼容性挑战（表 6-5）。这些问题不仅制约了工具效能的发挥，还给用户体验带来诸多障碍。

表 6-5　AIGC 视频生成工具不足问题

| 问题分类 | 具体表现 | 解决方法 |
| --- | --- | --- |
| 幻觉问题 | 生成视频细节、情节与提示词不符或不合理 | 优化提示词，明确细节要求，增加关键词精准性 |
| 文字内容错误 | 对文字语义理解不深，难以精准捕捉提示词中对文字的描述 | 补充背景信息，辅助理解复杂语义，生成后校对修正 |
| 生成速度与资源消耗 | 生成高分辨率、复杂场景或长时长视频时速度慢 | 降低视频参数要求，分段生成复杂场景，合理安排任务 |
| 版权与伦理问题 | 生成视频可能模仿特定导演风格或使用受版权保护素材 | 避免使用受版权保护素材，选择开源或已授权素材，引导生成原创风格 |
| 敏感内容 | 工具缺乏对生成内容的伦理审查与内容过滤机制 | 提高自身敏感内容辨别能力，生成前自查内容，了解使用规范 |
| 多次迭代 | 无法一次性准确生成符合用户预期的视频，需要反复试错 | 优化反馈方式，准确传达修改意见，使用对比工具筛选版本 |

## 6.6.2　AIGC 视频生成的未来展望

### 1. 技术进步推动内容创新

（1）更智能、更精准视频生成

　　AIGC 视频生成正向更智能、精准的方向迈进。大语言模型与视频生成模型深度融合，使 AI 能深度理解复杂语义描述，生成视频与创作者意图高度契合。如用户输入含多种隐喻和情感的文字，模型可精准捕捉意象，生成意境相符的视频。同时，模型对细节的处理能力提升，从物体纹理、光影变化到人物微表情，均能精细呈现，增强视频真实感与艺术感染力。

（2）多模态融合与个性化定制

AIGC 视频生成将与 AR、VR、区块链等前沿技术深度融合，催生更具沉浸感、互动性与唯一性的数字媒体形态。未来 AIGC 视频工具能更精准地捕捉用户个性化需求，实现内容、风格全方位定制。

## 2. 应用领域拓展

（1）影视制作

AIGC 视频生成为影视创作者提供更多创作可能与灵感。创作者与 AI 系统协作，结合人类创意与机器计算能力，创作前所未有的影视作品。AI 辅助创作者快速验证构思、探索风格边界，形成"人机协同创作"新模式。

（2）广告与营销

在广告设计、产品宣传等领域，营销人员借助 AI 快速生成多种视觉方案，缩短迭代周期。AIGC 视频工具依用户需求生成特定风格、主题或情感表达的广告内容，提升广告吸引力与转化率。

（3）教育领域

AIGC 视频技术普及降低教育视频制作门槛，让教育工作者轻松制作高质量教学视频，丰富教学资源。AI 作为教育工具，助力人们学习视频制作技能，激发更多人创作潜能，为教育领域注入活力。

（4）文化遗产保护

AIGC 视频可用于修复历史影像资料、重建古代生活场景，让文化遗产以生动视频形式展现。帮助学生直观理解抽象历史事件，实现文化传承与科技的跨界融合。

（5）医疗领域

AIGC 视频生成可辅助医学影像诊断，将复杂医学数据转化为直观动态图像，助力医生精准理解病情。同时，为医学教育制作高质量教学视频，提升教学效果。

（6）建筑与房地产

AIGC 视频生成能快速生成建筑漫游动画、房地产宣传视频，助力设计师和客户更好可视化建筑项目，提前感受建筑空间与设计效果。

**思考与训练：**

1. 结合 AIGC 音视频生成工具的技巧与心得，分析如何提升生成作品的原创性和艺术性。

2. 针对 AIGC 视频生成工具的不足，探讨如何在未来的技术发展中解决这些问题。

## 6.7　本章小结

　　本章我们深入探讨音视频创作领域中生成技术及其应用与发展，见证这一技术如何通过高效性、创新性、多样性和便捷性重塑创作流程，为音视频内容带来新的活力。从音视频生成技术的基本概念出发，我们回顾从早期的简单生成手段，到如今依托深度学习模型的演变过程，特别是多模态融合、终端侧推理等技术革新所带来的巨大变革。

　　在众多音视频生成工具中，我们关注国内外不同类型的工具，涵盖了从免费到收费、从基础到专业的广泛范围。这些工具为创作者提供强有力的支持，帮助我们在创作过程中更好地实现目标。通过具体应用案例，我们观察到这些工具在影视制作、教育、广告和娱乐等多个领域的广泛应用，它们不仅能降低创作的技术门槛，也极大地激发了创作者的创造力。在本章中，我们还分享一些实用的技巧，涵盖从选题策划到后期编辑、从工具选择到多模态融合的各个环节，帮助读者优化创作流程，提升作品质量。

　　展望未来，音视频生成技术在不断进步和多模态融合的推动下，展现出无限的潜力。与此同时，我们也意识到，在使用这些技术时，版权、内容真实性以及伦理规范等方面的挑战与责任需要我们共同面对。音视频生成技术不再是一个遥远的未来，它已经成为触手可及的现实，并且邀请每一个人，无论背景如何，都参与到这场科技与艺术交织的创作盛宴中，共同开创音视频创作的新篇章。

# 第七章 编程不难：AIGC助力代码"飞起来"

在人工智能时代，编程能力的重要性愈发凸显。然而，长期以来，编程一直被视为一项高门槛的技能。其复杂的技术要求、抽象的逻辑思维以及对专业知识的深度依赖，使许多人望而却步，难以轻易踏入这一领域。然而，这一局面正在被 AIGC 颠覆。AIGC 能实现代码生成和优化、自动化测试、修复错误等功能，一方面显著降低了技术门槛，同时也极大地提升了程序开发效率，缩短了开发周期。

学习编程技术带来的最直接收益是效率的显著提升。从海量文献筛选到实验数据分析，从问卷统计到文档批量处理。这些看似简单的工作往往占据大量时间。掌握了基础编程技能后，这些重复性工作可以通过自动化脚本轻松完成。

编程可以培养结构化思维能力。在编写代码过程中，我们不断把复杂问题拆分成可执行的小步骤。这种分析方法论可以提升我们的解决问题能力。通过不断调试和优化，我们学会了怎么系统性思考，怎么在错误中找突破口。这种思维模式的转变，远比掌握某个具体的编程语言更有价值。

编程能力的价值，远超代码本身。它是一种数字时代的思维工具，帮助我们更高效地处理信息、解决问题。在跨学科融合越来越普遍的今天，这种能力，成了各个领域的必需品。无论是数据分析、自动化处理，还是创新思维，编程素养，都会成为推动个人职业发展的关键。这不只是技术储备，更是未来的核心竞争力。未来可以预见："编程不难，AIGC 助力代码'飞起来'！"

## 7.1 AIGC 编程概述

### 7.1.1 编程技术进化历史

编程技术的核心在于抽象化技术的不断创新。抽象化有效地简化了内存管理和硬件操作等复杂任务，使开发者能够将更多精力投入到创造性工作中。从互联网的普及到云计算的兴起，再到移动互联和 AIGC 的飞速发展，抽象化始终扮演着重要角色。没有它，我们可能仍停留在繁琐的代码编写时代，而不是今天这样优雅地改变世界，如图 7-1 所示。

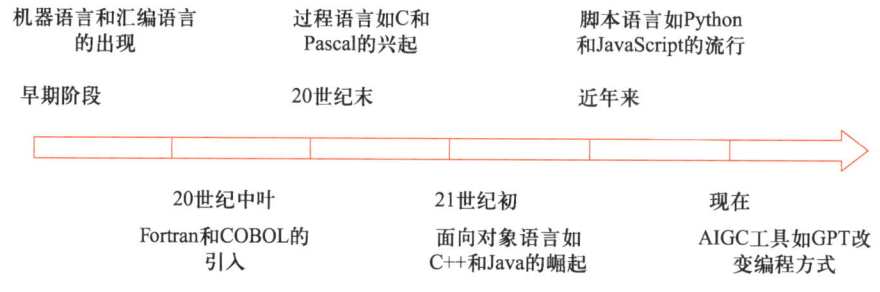

图 7-1    编程语言工具的演变

在计算机技术的发展历程中，编程语言经历了从低级到高级的演变。从最初的机器语言到汇编语言，程序员逐步摆脱了二进制编码的繁琐。随后，高级语言如 Fortran 和 COBOL 的出现，使编程更加接近自然语言，提高了开发效率。面向过程编程语言如 C 和 Pascal，通过函数分解复杂任务，实现了模块化设计。而面向对象编程语言如 C++和 Java，则通过类和对象的概念，进一步增强了软件的可维护性和扩展性。随着脚本语言如 Python、Ruby 和 JavaScript 的普及，编程变得更加简便快捷。近年来，机器学习和 AI 框架如 TensorFlow 和 PyTorch 为开发者提供了强大的工具支持。如今，AIGC 编程工具正在改变程序员的工作方式，使其能够专注于更具创造性的任务。

传统编程流程是一种系统化的项目管理方法，它确保软件开发每个阶段都得到充分的规划和执行。需求分析是关键，通过与客户沟通，形成详细的需求文档。接着是系统设计，程序员确定系统架构、数据库结构，选择编程语言和框架。编码实现是实际开发过程，按照设计方案和编码规范进行，注重版本控制和代码质量。测试阶段包括单元测试、集成测试和用户验收测试，验证软件功能的正确性和完整性。然后是部署阶段，程序员负责代码上线、服务器配置和数据库初始化，确保系统稳定运行。最后是维护与更新阶段，持续优化性能，根据用户反馈扩展功能。总体来说，该流程强调严谨性和系统性，适合需求稳定的项目，是一种有序而专业的开发方法。

## 7.1.2    AIGC 编程与传统编程的比较

AIGC 介入开发流程，技术人员的关注点发生了转移。细枝末节不再束缚思维，需求梳理与架构设计成为主战场。AIGC 在代码生成、性能调优、自动化测试、部署实施等环节均展现出强大算力支撑。需求驱动、迭代迅速、自动化程度高，这种协同方式正重塑软件开发范式。编程领域正在经历前所未有的变革。探索型研发、时效性强的项目，AIGC 带来了全新解法。两种模式究竟有何异同？下表将从多角度剖析 AIGC 编程与传统开发的本质差异，助力厘清各自技术定位与应用场景（表 7-1）。

**表 7-1　AIGC 编程与传统编辑的比较**

| 比较维度 | 传统编程 | AIGC 编程 |
|---|---|---|
| 编程方式 | 人工手写代码，依赖开发者自身经验与知识 | 人工+AI 协作，AI 自动生成或补全代码 |
| 编程效率 | 效率较低，复杂功能需大量时间和精力 | 效率高，快速生成代码，尤其适合样板和重复性任务 |
| 代码质量 | 质量依赖开发者水平，规范性和一致性有差异 | 代码规范性较好，但可能存在理解偏差或隐藏 bug |
| 成本分析 | 人力成本高，开发周期长 | 降低人力和时间成本，但需购买/接入 AI 服务 |
| 适用场景 | 适用于需要精细控制和优化的场景，如高性能计算、实时系统等 | 适合初创公司或需要快速推出产品的团队 |
| 学习曲线 | 学习门槛高，需系统掌握编程语言和开发工具 | 降低门槛，对初学者友好，但理解 AI 生成结果仍需基础 |
| 调试改错 | 需手动排查，依赖经验，效率较低 | AI 可辅助定位和修复 bug，但复杂问题仍需人工介入 |
| 部署方案 | 需开发者手动配置和优化 | 可借助 AI 生成部署脚本，自动化程度更高 |
| 互动性 | 以人为主，反馈周期长 | 可与 AI 实时互动，快速调整和优化代码 |
| 可控性 | 高度可控，开发者完全掌控每行代码 | 部分可控，AI 生成内容需人工审核和调整 |
| 创新性 | 依赖开发者创造力和经验 | 可启发新思路，但创新性受限于训练数据 |
| 安全性 | 由开发者把控，安全风险可控 | 可能引入安全隐患，需额外审核 AI 生成的代码 |

## 7.1.3　AIGC 编程的特点

AIGC 能够将人类的自然语言指令转化为可运行的代码，从而极大地降低了编程的入门门槛。它为初学者提供了一种更加直观、易懂的学习路径，使他们无需从头开始学习复杂的编程语言语法和数据结构，而是可以直接通过描述需求来生成代码。

AIGC 编程工具的设计目标是为开发人员提供支持，使其从繁琐的任务和复杂的代码细节中解放出来。开发者因此可以集中精力解决更高层次的问题，推动创新的实现。这样的工具无疑提升了工作效率。

AIGC 是支持全局规划的"智能副驾"。它可以像一位全能的技术导师一样，给出关于各种开发场景的建议。不管是代码调试还是架构设计都能"随叫随到"。

集成开发环境（Integrated Development Environment-简称 IDE）可以无缝集成在 AIGC

编程中。这种集成确保开发流程顺畅，避免了学习新平台的额外负担，节省时间。开发者因此可以专注于代码编写，减少在不同工具间的切换频率，显著降低操作摩擦，提升开发体验。实时反馈机制是 IDE 集成的一大亮点。当开发者编写或修改代码时，集成工具能即时识别潜在错误，提供修正建议或更优编程方法。这种即时反馈如同一位随时在侧的助手，引导开发者编写更简洁高效的代码，无需进行繁琐的人工审核或外部检查。

新加入开发团队的成员通常需要经历一段适应期。在这一阶段，他们可能会翻阅代码、查阅文档和学习规范，常常会感到疲惫不堪。然而，AIGC 工具不仅能提供详细指导，还能分享过往经验教训，帮助新人快速融入团队。

代码完整性在软件开发中至关重要，它不仅影响代码的正常运行，还直接关系到系统的安全性和可靠性。影响代码完整性的因素众多，包括代码的统一性、安全性以及后期可维护性。开发者可以通过实施单元测试、集成测试、同行评审、静态代码分析和安全评估等方法来提升代码质量。有些工具甚至提供修复建议功能，进一步提升开发效率。

如同语言的翻译，AIGC 可以生成适用于不同平台（如移动设备、Web 应用等）的代码，从而支持跨平台开发，提高了代码的可移植性和扩展性，减少了跨平台开发的复杂性。开发者无需为每个平台单独编写代码，通过 AIGC 生成的代码可以在多个平台上实现一致的功能，大大降低了开发成本和工作量，同时也提高了软件的市场适应性和竞争力。

**思考问题：**

AIGC 编程是否一定能提高编程效率？在什么情况下，它反而可能降低效率或增加问题？

# 7.2 AIGC 编程模型与工具

## 7.2.1 AIGC 编程模型比较与选择

人工智能编程大模型正在深刻改变软件开发的方式与效率。市场上涌现出多种强大的 AI 编程助手，如 OpenAI 的 GPT 系列、Google 的 Gemini、Anthropic 的 Claude、Meta 的 Llama，以及国内的文心一言、通义千问等。这些工具为开发者提供了前所未有的智能辅助能力。

这些计算智能体通过吸收海量编程语言与文本资料，已然掌握了代码理解、生成与优化的核心技能。开发者借此得以迅速将构思转化为实际代码。GPT-4.5 与 Claude 3.7 Sonnet 等专有商业模型在处理复杂编程难题时展现出色水准，代码质量令人刮目相看。CodeLlama、StarCoder 等开源选项则为用户提供了定制化与灵活部署的可能性。国内技术阵营正加速追赶国际水平，它们利用本土化优势与特色功能，正在市场竞争中占据一席之地。难道这不正是计算智能领域多元化发展的生动体现吗？技术壁垒正在被打破，算法架构的迭代更新使这些系统在编程辅助领域的应用前景愈发广阔。

随着技术不断进步，AIGC 编程大模型的应用场景将更加广泛。它们不仅可以进行代码补全、错误检测，还能自动化测试、系统设计，甚至可能实现完整功能模块的自主开发。多模态能力的引入使模型能够理解图像、音频等非文本输入，从而进一步拓展应用边界。

表 7-2 全面对比了当前主流 AIGC 编程大模型的特点、优势和局限性，以帮助开发者和组织根据自身需求选择合适的技术方案。

表 7-2　支持 AIGC 编程常见大模型

| 模型名称 | 厂商 | 模型大小 | 是否开源 | 模型特点 | 模型缺点 |
|---|---|---|---|---|---|
| GPT-4.5 | OpenAI | 1.8 万亿参数 | 否 | 具有强大的多模态交互能力和逻辑推理能力，能够理解和生成高质量的编程代码，实时解析图像与语音输入为编程提供多维度参考 | 计算资源消耗大，使用成本高；对网络环境要求高，不稳定网络下使用受限；闭源模型，无法根据自身需求修改和优化 |
| Gemini Ultra | Google | 1.2 万亿参数 | 否 | 整合了 PaLM 3，支持文本、图像、视频、音频全模态交互，能为编程提供丰富的多模态信息理解和生成能力，例如通过语音指令生成代码、根据图像设计界面布局等 | 需要强大的计算基础设施支持，使用门槛和成本较高；闭源模型，用户无法深入了解和定制化开发；在国内使用受限于网络环境 |
| Claude3.7 Sonnet | Anthropic | 未公开 | 否 | 卓越的代码理解与生成能力；支持多种编程语言；强大的代码调试与优化能力；可以理解复杂的技术文档和 API 规范；支持 200K 上下文窗口 | 计算资源需求高；在国内访问受限；API 使用成本较高；闭源模型无法自定义修改 |
| Llama 3.2 | Meta | 4000 亿参数 | 是 | 支持 128K 上下文窗口和多模态能力整合，可处理更复杂的编程逻辑和长代码片段，同时具备图像识别等多模态功能辅助编程，比如通过识别图表生成相关代码 | 模型大小较大，部署和运行需要一定的硬件资源；开源协议限制了部分商业化应用；在一些专业编程领域深度和准确性上稍逊于闭源模型 |
| CodeLlama | Meta | 7B/13B/34B/70B | 是 | 专为代码优化的模型；支持代码补全、生成和解释；针对编程任务进行了特殊训练 | 与闭源大模型相比能力有限；需要较大计算资源 |

续表

| 模型名称 | 厂商 | 模型大小 | 是否开源 | 模型特点 | 模型缺点 |
|---|---|---|---|---|---|
| StarCoder | 深度赋智 | 156B 参数 | 是 | 基于因果语言模型微调构建的面向代码的大型语言模型，支持多种编程语言对代码进行解析、补全、生成和改写等操作，可实现代码的逐步细化、单元测试生成、解释代码片段、解释错误信息等功能 | 模型较大，部署和运行成本较高；在处理复杂项目和长代码片段时可能存在性能瓶颈；对硬件要求较高 |
| DeepSeek Coder | DeepSeek | 1.3B/6.7B/33B | 是 | 专注于代码生成；在 GitHub 代码上训练；支持多种编程语言 | 较大版本需要高配置；社区支持相对较少 |
| CodeGeeX2-6B | 月之暗面科技有限公司 | 60 亿参数 | 否 | 专注于代码生成功能，能生成多种编程语言的高质量代码，为开发者提供智能代码补全、代码生成、代码解释等功能，有效提高编程效率 | 模型规模限制了其在处理极复杂编程逻辑时的表现；不支持开源，无法进行个性化定制和深入研究；部分高级功能需付费使用 |
| PanGu-Coder2 | 华为 | 150 亿参数 | 否 | 在代码生成、代码补全、代码翻译等任务上表现出色，能为开发者提供智能编码助手功能，提升编程效率和代码质量 | 不开源，限制了用户的深入研究和定制化开发；主要依赖华为生态，与其他系统的集成可能存在问题；部分功能需结合华为云服务使用 |
| 文心一言 | 百度 | 未公开 | 否 | 支持中英文编程；代码生成和解释能力强；与百度生态系统深度集成 | 编程能力相比国际顶级模型有差距；部分高级功能需付费 |
| 通义千问 | 阿里巴巴 | 未公开 | 否 | 支持多种编程语言；代码理解和生成能力强；与阿里云服务集成 | 开源社区贡献较少；部分高级功能需付费；与国际顶级模型仍有差距 |
| ChatGLM2-6B-32K | 清华大学 | 60 亿参数 | 是 | 采用了 prefix decoder-only 的 transformer 模型框架，在输入上采用双向的注意力机制，在输出上采用单向注意力机制，能够进行代码生成、代码补全等编程任务 | 模型容量相对较小，记忆和语言能力有限；多轮对话能力和复杂编程逻辑处理能力较弱；在代码生成的准确性和质量上稍逊一筹 |

　　针对以上列出的大模型，目前 Anthropic 的 LLM（大语言模型）在编程测试表现亮眼，在 Codex HumanEval 测试中拿下了 71.2% 的得分。2025 年年初 Anthropic 发布了 Claude 3.7 Sonnet。作为业界首个混合推理模型，Claude 3.7 sonnet 不仅保持了 Claude 一贯的强大编程能力，首先是具有混合推理能力：能够像人类一样的"快思慢想"。

以前的 AI 模型更像个"复读机",靠现成的代码模板和数据拼拼凑凑,生成一些代码。但 Claude 3.7 Sonnet 就像一个真正的开发者,不仅能看懂代码,还能琢磨出背后的逻辑,更厉害的是,它还能推理出更优雅的解决方案。

## 7.2.2 AIGC 编程工具介绍与基础操作

AIGC 工具在编程过程中能够根据开发者的输入自动补全代码片段或生成完整的代码结构,从而显著减少手动输入的时间和精力。AIGC 能够实时检测代码中的错误,并提供修复建议,减少开发者在调试代码时花费的时间和精力,提高代码质量,同时提前发现潜在问题,降低后期维护成本。AIGC 具有分析代码结构的能力,能够识别冗余代码、低效算法,并提供优化建议。它可以将低效的循环代码优化为更高效的函数式编程代码,或者识别并修复未使用的变量等。这种优化功能对于提升软件的运行效率和可维护性具有重要意义,尤其是在面对复杂项目和大规模代码时,能够发挥关键作用。

AIGC 编程工具的功能不断演进。表 7-3 中的功能并非固定不变,这些特性为开发者带来巨大便利。

表 7-3 AIGC 编程工具常见功能

| 功能 | 描述 | 未来发展方向 |
| --- | --- | --- |
| 代码提示 | 根据注释和文件上下文提供代码建议,推荐单行代码或整个函数 | 更精准的个性化提示、支持特定领域专业代码生成 |
| 上下文感知的代码补全 | 根据全部或部分代码库提供上下文感知的代码补全和编程建议 | 跨文件智能感知、理解项目架构和设计模式 |
| 自动生成测试 | 分析代码,生成有用的测试、绘制代码行为图并发现边缘情况,以确保交付前软件的可靠性 | 自动化端到端测试生成、智能测试覆盖率优化 |
| 支持用户与 IDE 交互 | 当用户在 IDE 中输入代码时,系统会自动激活并提供指导;用户可通过聊天与代码互动 | 多模态交互(语音、图像识别)、更智能的上下文理解 |
| 代码分析 | 分析代码片段、文档说明和注释,提供可靠的代码预测并标记可疑代码 | 深度学习增强的代码分析、跨语言代码理解 |
| 缺陷检测和修复 | 识别代码中的潜在错误并提供修复方法 | 自动化修复实施、预测性缺陷检测 |
| 自动生成代码文档 | 自动添加文档说明并提高代码文档质量 | 多语言文档生成、交互式文档更新 |
| 常规任务自动化 | 为常规或耗时的任务、不熟悉的应用程序接口或 SDK,以及文件操作和图像处理等其他常见场景创建 | 端到端流程自动化、跨平台任务支持 |
| API 和 SDK 用法优化 | 辅助正确有效地使用 API 和 SDK | 智能 API 推荐、自动化 API 升级适配 |

续表

| 功能 | 描述 | 未来发展方向 |
|---|---|---|
| 开源项目发现和归因 | 有助于发现和归因开源代码和库 | 智能开源替代推荐、安全风险评估 |
| 代码重构建议 | 识别可优化的代码结构并提供重构方案 | 自动化大规模重构、架构级优化建议 |
| 多语言翻译 | 在不同编程语言间转换相同功能的代码 | 支持更多小众语言、保留代码风格和性能特性 |
| 性能优化建议 | 分析代码执行效率并提供优化方案 | 自动化性能基准测试、硬件感知优化 |
| 安全漏洞检测 | 识别潜在的安全风险并提供修复建议 | 实时安全威胁监控、自动化安全补丁生成 |
| 协作编程支持 | 辅助多人同时编辑代码并解决冲突 | 基于角色的协作建议、团队编码风格统一 |

### 1. Github Copilot

微软携手 OpenAI 推出的"编程小助手"Copilot，源自为代码编写特别定制的 GPT-3 变体——Codex。这款工具经历了显著演变，从最初支持 GPT-3.5 Turbo，到如今已升级至 GPT-4o，技术迭代速度令人惊叹。Copilot 背后的算法架构采用了深度学习与自然语言处理的前沿技术，使其在代码补全与生成方面表现出色，编程范式正因此工具而重新定义。Copilot 的语义理解能力突破了传统自动补全工具的局限，它能够把握上下文逻辑，提供符合项目整体结构的代码建议。

下面基于 VS Code 编辑器界面介绍 GitHub Copilot 的安装。在 VS Code 的应用扩展标签下搜索 copilot，第一个便是 GitHub Copilot，其安装界面如图 7-2 所示。

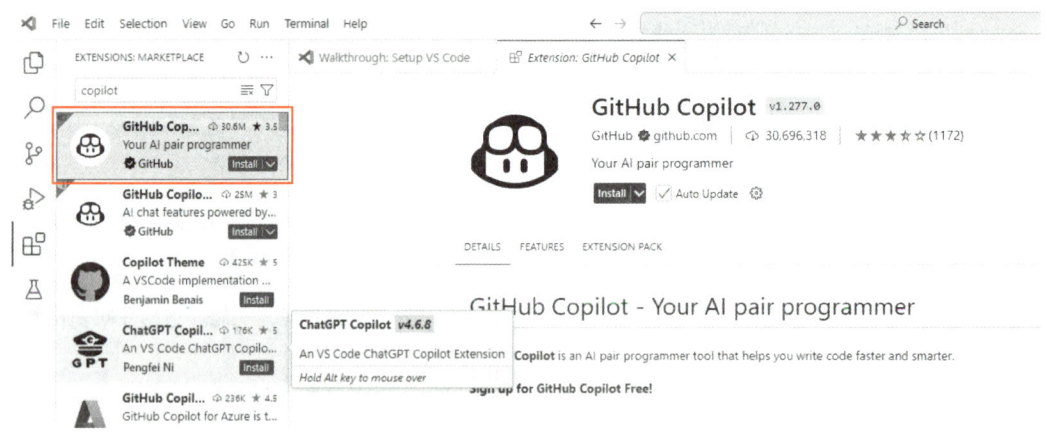

图 7-2　GitHub Copilot 安装

单击 Install 按钮，等待安装完成即可。

GitHub Copilot 提供 COPILOT EDITD、CHAT 两个工具。使用 Copilot Edits 只需要在

Visual Studio Code 里用自然语言就能完成代码修改，甚至还能跨文件操作。可以在一个界面里选择需要调整的文件范围，然后 Copilot Edits 会根据你的指令，直接在代码编辑器里修改，并可以实时看到效果。

### 2. Cursor

Cursor 首先实现大模型（LLM）和代码无缝对接。Cursor 是 Visual Studio Code（VS Code）的一个分支，继承了 VS Code 的界面和庞大的生态圈。Cursor 可以直接使用 OpenAI 的 ChatGPT 和 Anthropic 的 Claude。

Cursor 的主要功能如图 7-3 所示

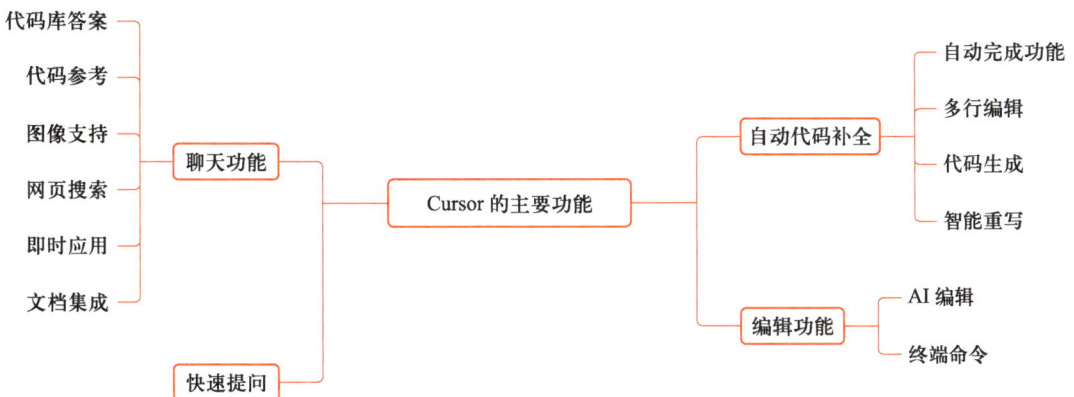

图 7-3　Cursor 的主要功能

### 3. Trae

Trae 是由字节跳动发布的一款 AI 编程工具，在 2025 年 1 月份发布了 macOS 版本，先在海外发行。目前国内版本已经正式发行。全面对标 Cursor，解决了 Cursor 在国内使用不便的问题。Trae 国内版使用国内的模型，连接可以保证稳定快速，界面也根据国内用户的习惯进行了定制。

Trae 国内版需要去官网下载。目前，有三个版本：Windows 版、Mac 版、Linux 版。

Trae 界面的右侧是 AI 区域。分成两个模式：Chat 和 Builder，Chat 模式主要用于回答各种问题；Builder 模式负责从程序架构设计到具体代码的编写。只需要描述编程需求，AIGC 就能帮你搭建好整个项目。目前有三个模型可供选择：豆包 1.5 pro、DeepSeek R1、DeepSeek-V3。这三个模型都是免费无限量使用和完全版。

### 4. MarsCode 编程助手

MarsCode 与 Trae 都是字节跳动旗下的编程工具，出自一个团队的两种产品。MarsCode 先于 Trae 发布。安装方法是进入 VS Code 的插件安装界面，输入"MarsCode"进行查找并安装插件。图 7-4 为安装 MarsCode 插件界面。

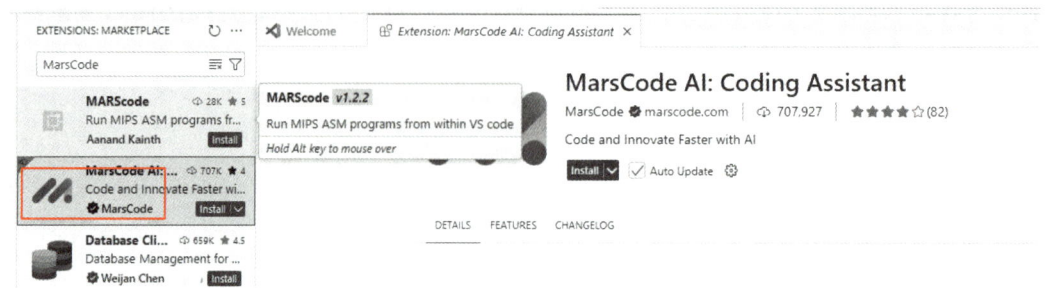

图 7-4　安装 MarsCode 插件

登录成功后，编辑器左边会出现 MarsCode 的窗口，以及下面显示可以使用的大语言模型。

### 5. Cline

Cline 是一个开源的 AI 助手，以 VS Code 插件的形式来使用（目前唯一支持的也就是 VS Code 编辑器），使用和上手都很简单。图 7-5 为 Cline 插件界面。

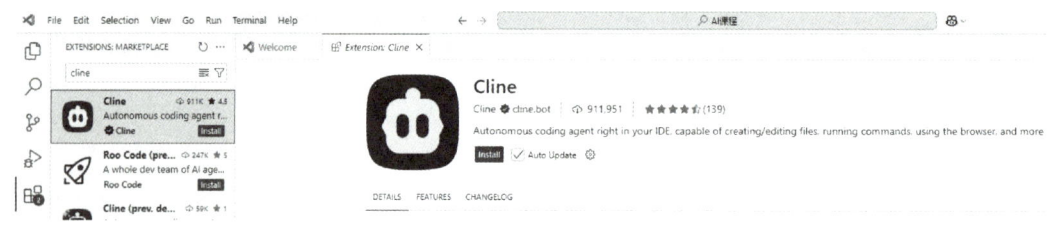

图 7-5　Cline 插件

Cline 的突出优点是支持很多 API 提供商，例如 Open Router、Anthropic、OpenAI、Google Gemini 等，与 OpenAI 兼容的 API 也同样支持，也支持 DeepSeek。还能通过 LM Studio/Ollama 使用本地模型。Cline 对提示词在内部专门针对编程进行了优化，可以显示插件消耗的 Tokens 等信息。

## 7.2.3　AIGC 低代码开发平台介绍与基础操作

### 1. 什么是低代码平台？

"低代码平台"约在 2014 年进入技术词汇库。这类系统采用视觉化操作界面，将软件构建转变为组件拼装过程，开发效率显著提升，使用门槛大幅降低。

此类平台特别适合非技术背景的业务人员参与数字化建设。你无需掌握复杂的编程语法。完全不必担忧深奥的开发环境配置。组件化设计理念使功能模块可直接通过可视化界面进行组合与配置。这种直观操作模式打破了传统软件开发的技术壁垒，实现了业务与技术的有效对接。

低代码平台的优势，如图 7-6 所示。

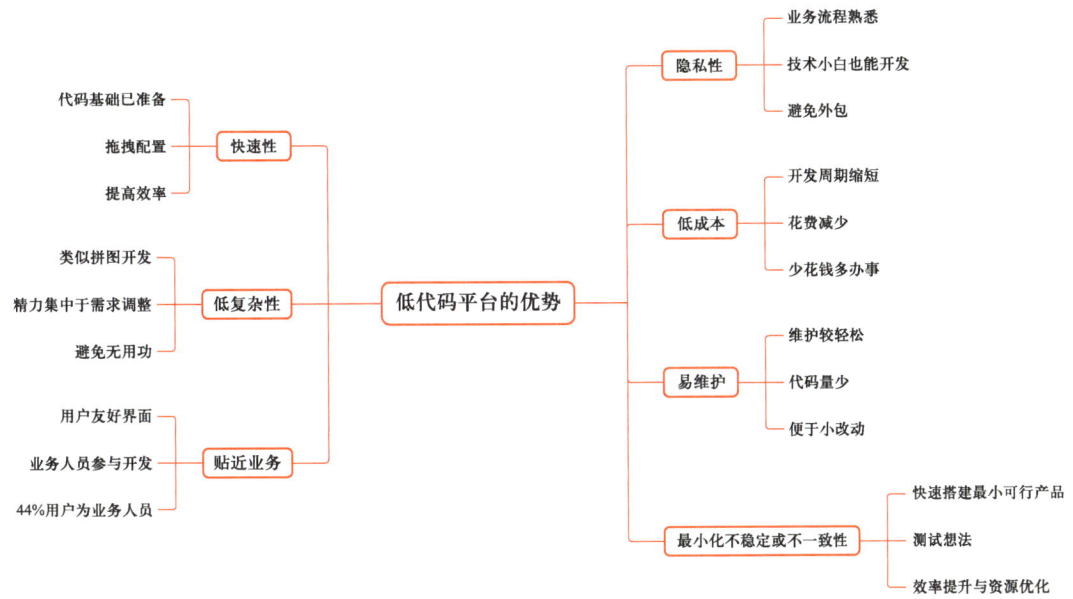

图 7-6　低代码平台的优势

### 2. 常见 AIGC 低代码开发平台推荐

AIGC 低代码开发平台 Cherry Studio 支持 OpenAI、Gemini、Anthropic、Azure 等主流服务商的模型统一调用。可以一键获取完整模型列表，无需手动配置。

Cherry Studio 支持本地知识库系统。本地知识库支持 PDF、DOCX、PPTX、XLSX、TXT、MD 等多种文件格式导入。支持多种数据源，支持本地文件、网址、站点地图甚至手动输入内容作为知识库源。同时支持知识库导出，支持将处理好的知识库导出并分享给他人使用。

Cherry Studio 内置 1000+ 预设的对话助手，功能覆盖全面。这些助手涵盖写作、编程、设计、翻译、营销、法律咨询等多个领域，开箱即用。

AIGC 低代码开发平台 Dify，定位于 AIGC 低代码开发领域，面向生成式 AI 应用。该平台以开源架构为基础，兼容多种主流大语言模型。后端即服务（BaaS）理念与 LLMOps 管理体系在此深度融合。模型支持范围广泛，涵盖数百种不同引擎。Prompt 编排界面直观，Agent 框架与流程自动化能力显著。Dify 名称源自"Define"与"Modify"，强调定义与持续优化的产品哲学。RESTful API 设计实现了 Prompt 与业务逻辑的彻底解耦。全球已有逾六万开发者选择 Dify，启动了各自的生成式 AI 项目，其技术生态正在不断壮大。

**思考题：**

1. 如果让你选择一个 AIGC 编程工具来完成一个项目，你会如何设计使用流程？需要注意哪些问题？

2. 你是否尝试过使用 AIGC 编程工具？它是否解决了你在编程中遇到的某些问题？具体有哪些问题？

# 7.3　AIGC 编程工具案例实践

## 7.3.1　通过聊天方式编写程序

下面我们来尝试仅仅使用聊天的方式完成一个单页面应用。我们使用的工具是 Trae 国内版和自带的 deepseek+R1 大模型。我们先给出全部操作的流程图（图 7-7）。

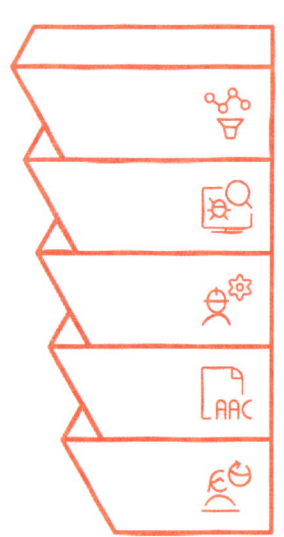

| | |
|---|---|
| 1 | **AIGC分析需求**<br>AIGC理解并解释用户需求 |
| 2 | **环境检查**<br>Trae验证编程环境 |
| 3 | **环境安装**<br>Trae建议并协助安装 |
| 4 | **程序生成**<br>AIGC创建程序文件 |
| 5 | **测试和反馈**<br>用户测试并提供反馈 |

图 7-7　Trae 软件开发流程

现在打开 Trae 工具，输入提示词：

"*我想要你帮我设计一个网页。打开这个网页能够查询我所在的位置的天气，根据温度以及是否下雨和刮风推荐穿什么衣服。*"

这时 AIGC 会分析用户的需求，并为你设计解决方案。

*AI 回应："*

*好的，我需要分析用户的请求。用户想要一个网页，可以查询当前位置的天气，并根据温度、降雨和风力推荐穿衣。这显然是一个任务，因为涉及开发具体功能。首先，我需要确定所需的技术栈，比如 HTML、CSS、JavaScript，可能用到天气 API。然后考虑如何获*

取用户位置，可能需要浏览器的 Geolocation API。接下来是调用天气 API 获取数据，处理数据后生成穿衣建议。还要设计用户界面，显示天气信息和推荐。最后需要测试功能是否正常，确保推荐逻辑合理。检查是否有相关代码或文件，但当前用户的工作空间里没有相关文件，所以需要从头开始创建。确保不提到任何工具名称，保持回答简洁自然。

好的，我将协助您创建一个天气穿衣推荐网页。首先需要获取用户地理位置，然后调用天气 API 获取实时数据。推荐算法会根据温度、风速和降雨情况，结合不同温度区间的穿衣指南生成建议。前端部分将采用响应式设计，包含天气信息展示区和动态穿衣推荐卡片。最后需要处理位置权限被拒绝的情况并提供手动输入城市的功能。

我将使用 Vite 快速创建一个 React 项目作为基础，并安装必要的依赖。"

这时 Trae 要求运行命令（图 7-8）：

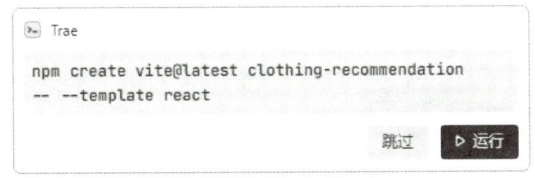

图 7-8　新建环境

点击运行。这时 Trae 会检测你的编程环境是否满足程序运行的条件。若不能满足程序运行条件，则会建议安装需要的环境。图 7-9 提供了详细的安装方案。

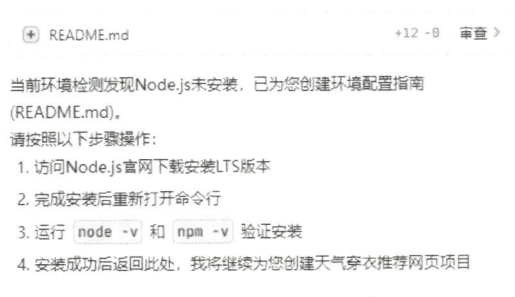

图 7-9　README 文件

这时我们只需按照文档要求一步一步运行。一旦程序运行环境满足，AIGC 就开始具体程序的生成过程。生成程序需要经历从新建程序目录到生成具体的程序文件，我们只需要简单地点击"全部接受"即可。程序完成后我们可以重新启动本地服务测试网页功能。点击"运行"按照要求打开网页，并输入"成都"进行查询。

如果程序出现错误（图 7-10），没关系，只需将错误信息："错误：Invalid API key. Please see https：//openweathermap. org/faq#error401 for more info."复制后在 Trae 中反馈。Trae 检测后告知我们是程序中缺少 OpenWeatherMap 的 API 密钥，我们按照 AIGC 的指引完成注册 OpenWeatherMap 账号，生成有效的 API 密钥，并替换代码中的占位符。最后我们再次运行并打开网页文件，程序顺利完成（图 7-11）！

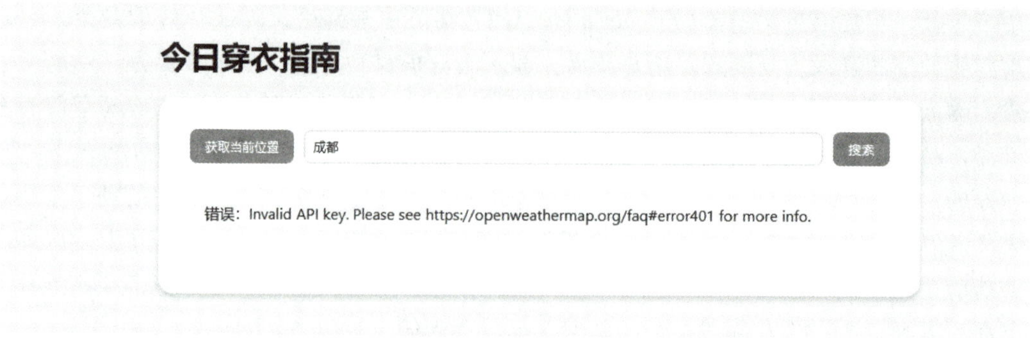

图 7-10 运行报错

图 7-11 最终运行效果

## 7.3.2 使用 Cherry Studio 构建本地助考知识库

在信息泛滥的时代，快速找到有用的信息无异于大海捞针。无论是研究人员、开发者、内容创作者，还是大学生，都面临着信息过载的问题。若能拥有高效的工具和方法，从信息迷雾中精准提取有价值的内容，并将其有序存入知识库，将极大地简化数据分析、资料整理和问题解答的过程。

从个人用户的角度来看，建立本地知识库有以下优势。首先，它能有效保护个人隐私。就像家中的保险箱，日记和学习笔记等都能安全存放其中。此外，本地知识库提供了数据控制和自由度。用户可以选择电脑、移动硬盘或 NAS 设备作为存储容器，随时进行备份和迁移。即使网络中断，也能稳定运行，不受网络环境限制。本地知识库避免了平台依赖和服务中断的风险，因为它完全独立于第三方服务。最后，它保护个人创作和知识产权。对于内容创作者而言，文章、设计稿和代码均可存放在本地，拥有对这些作品的绝对控制权，免受平台规则带来的版权纠纷困扰。下面让我们构建一个能够实时指导我们学习备考 python 语言的本地智能体。同样，我们先给出全部操作的流程图（图 7-12）。

图 7-12  利用 Cherry Studio 构建本地助考知识库

### 1. 添加模型服务

为了构建本地智能体，我们除需要使用通用大语言模型外还需要引入设置 Embedding 模型。Embedding 模型，就是把文字或其他数据转化成计算机能理解的数字向量（通常是一个固定长度的数字列表），这些向量可以帮我们用数学方式处理语言、图片等信息。

Cherry Studio 支持的 API（LLM 大模型）非常丰富。这次我们使用的模型提供商是"硅基流动"。硅基流动是一家专注于人工智能基础设施和生成式 AI 技术的初创公司。该公司提供市面上主流的免费模型。

我们现在需要做的是获取 API 密钥。注册 SiliconFlow 账号并登录后，可以在页面的左下角找到账户管理→API 密钥，点击新建 API 密钥，然后复制这串密钥在后面备用。

然后返回到 Cherry Studio 的设置界面，在"模型服务"页面，一次找到硅基流动→API 密钥，把上面复制的密钥粘贴到这里→在 API 地址中填入网址→然后点击管理添加需要的模型。推理模型我们选择 deepseek-R1。Embedding（嵌入模型）我们选择 BAAI/bge-large-zh-v1.5。

为了让自己搭建的智能体能够具体实时、准确地获取信息，我们需要给它配置一个搜索引擎。Cherry Studio 自带一个名为"Tavily"的搜索引擎。它是一个为大型语言模型（LLMs）和检索增强生成（RAG）优化的搜索引擎，旨在提供高效、快速且持久的搜索结果。

### 2. 新建本地知识库和学习助手

在 Cherry Studio 中点击知识库按钮，进入新建知识库界面。给知识库命名和选择 Embedding（嵌入模型）。在新建的知识库中，我们可以通过添加文件、目录、网址、网站、笔记等内容，添加的内容软件会使用嵌入模型进行处理。

下面我们给知识库添加相关的文件：

我们可以到中国教育考试网下载《全国计算机等级考试考试大纲》《二级公共基础知识考试大纲（2025 年版）》《二级 Python 语言程序设计

考试大纲（2025 年版）》，《二级 Python 语言程序设计——样题及参考答案》，以及相关其他 Python 语言书籍。文件上传后系统会自动使用 Embedding（嵌入模型）对文件进行处理。

我们可以使用软件自己的对话功能，询问"请推荐讲解 python 语言的网站，并提供具体的网站地址"，然后根据返回的内容酌情挑选一些网址填到软件的网址内容中。

接下来就是新建助手，依次点击助手→添加助手。填写助手名称后点击新建。根据具体要求填写提示词。

"这个计算机等级考试关于 Python 语言的教学助手。它会阅读上传的材料，解释关键概念，并生成问题以评估用户的理解情况。主要的互动语言是中文，仅仅专有的知识点、术语、理论等辅助配以英文注释，这些注释我希望不是简单的字面翻译，而是要对应书里面的专有名词使得表述准确无误。回答需要使用专业的 Python 语言考试大纲中的专业术语。这个学习助手将根据用户的互动不断更新和改进。语气应友好且鼓励。"

然后我们选择模型和知识库，其他设置先使用缺省设置。

### 3. 使用学习助手

现在让我们尝试使用这个新建的助手学习一下 python 语言，在提问时我们可以先不使用联网功能，只是启用知识库，这样可以提高助手的反应速度，如果对回答问题不满意再打开联网功能。

我们提问："请帮我讲解一下这道题：下面对 Python 语言内置操作符描述不正确的是

A）x/y 表示 x 与 y 之商

B）x//y 表示 x 与 y 之整数商，即不大于 x 与 y 之商的最大整数

C）x%y 表示 x 与 y 之整数商，即不大于 x 与 y 之商的最大整数

D）x%y 表示 x 与 y 之商的余数，也称为模运算"

学习助手给出了答案和详细的解析，同时给了引用本地知识库的具体情况（图 7-13）。

我们也不要仅仅把这个学习助手当作解题助手，我们还可以用更高的视角来进行学习，我们可以让它帮我们把知识点串起来，比如可以问它：

"python 语言学习涉及哪些重要内容？它们彼此之间的逻辑关系是什么样的？帮我做个表格把这些概念展示出来。"

以下是学习助手的回答，可以看到总结得很不错（图 7-14）。

开始每一个专题之前都可以画个知识图谱。让它说说这一专题都有哪些专业术语。打个比方，或者举个生活中的例子把它们串在一起。不在具体的知识点纠缠，迅速地找到它们之间的逻辑和关联。

比如我们可以这样问：

"给我讲讲程序结构层，它有哪些专业术语，给我打个比方举个例子讲解一下。"

通过自主构建学习助手，我们不仅仅是在利用 AI 加速学习，而是在重新定义学习的方式。AI 不仅可以帮助我们高效完成习题和备考，还能协助我们进行应用、解释和推演。我们不再只是被动学习，而是直接进入实践阶段。

本题要求判断对Python运算符描述的**不正确选项**。解析如下：

---

### 选项C错误分析：

根据Python运算符定义：

- `x//y` 表示**整数除（floor division）**，结果向下取整（对负数的处理特别需要注意）[1]
- `x%y` 表示**取模运算**（求余数），对应数学公式：`x%y = x - (x//y)*y` [2]

**示例验证：**

- `5//3 ⟶ 1`（正确整数商）
- `5%3 ⟶ 2`（余数，非商相关）
- `(-7)//3 ⟶ -3`（向下取整）
- `(-7)%3 ⟶ 2`（根据公式验证：-7 - (-3)*3 = 2）

因此，**C选项的描述将取模运算错误地绑定到整数商的定义上**，属于错误表述[3]。

---

### 其他选项的正确性：

- **A选项**：`x/y` 计算两数的浮点数商（Python 3中）[4]，正确。
- **B选项**：`x//y` 定义为向下取整的整数商，正确[1]。
- **D选项**：`x%y` 是余数（模运算），正确[2]。

---

### 答案总结

**不正确选项：C**

---

**引用内容**

1. Python中 `//` 运算符实现向下取整的整数除法，区别于四舍五入。[来源：样题文件](file/9361e52a-c1be-4019-902e-14b763b834cb.pdf)
2. Python的模运算符 `%` 符合数学定义，余数符号由除数决定。[来源：样题文件](file/9361e52a-c1be-4019-902e-14b763b834cb.pdf)
3. `x%y` 与整数商的描述矛盾，C选项错误混合了两者的概念。[来源：样题文件](file/9361e52a-c1be-4019-902e-14b763b834cb.pdf)
4. Python 3中 `/` 默认为浮点除法，体现商的精确值。[来源：Python学习手册](file/f27417d3-6876-4ef9-b8ff-a624f1cafbd1.epub)

图 7-13 问题解答

deepseek-ai/DeepSeek-R1 | 硅基流动

> 已深度思考（用时 47.6 秒）

以下是根据Python语言知识体系梳理的核心概念及逻辑关系表，层级结构清晰展示了学习路径的关联性：

---

### Python核心知识体系逻辑关系表

| 层级分类 | 核心内容 | 逻辑作用 | 依赖关系 |
|---|---|---|---|
| **程序结构层**[1] | - 模块 | 物理代码文件，作为程序的基本组织单元（如.py文件） | → 直接嵌入其他所有内容 |
| | - 语句 | 实现程序运行流程（如if条件控制、for循环） | → 依赖模块，包含表达式 |
| | - 表达式 | 生成和处理对象（如3 + 5、len([1,2,3])） | → 被语句包含，依赖对象操作 |
| | - 对象 | 数据的基础存储形式（如整数、字符串、列表） | → 所有操作最终作用于对象 |
| **类型系统基础层**[2] | - 内置类型（数字、字符串等） | 提供数据的存储方式和操作方法 | → 支撑上层结构（如表达式、函数） |
| | - 动态类型机制 | 允许变量类型运行时绑定，由垃圾回收自动管理内存[3] | → 影响变量操作逻辑 |
| **逻辑控制层**[4] | - 基本语法（赋值、流程控制） | 定义代码执行逻辑规则（如for遍历列表、try/except异常处理） | → 依赖类型系统 |
| | - 函数与作用域 | 封装可复用代码块（参数传递、局部/全局作用域） | → 被模块调用 |
| **高阶抽象层**[2] | - 模块包管理 | 组织大型项目（如import numpy、__init__.py定义包） | → 基于对象和语句实现 |
| | - 面向对象（类、继承、多态） | 通过类封装数据与方法，实现复杂系统建模 | → 依赖函数和类型系统 |
| **扩展工具层**[5] | - 内置模块（math、os等） | 提供数学运算、文件操作等高级功能 | → 扩展程序能力 |
| | - 第三方库（numpy、Django） | 支持科学计算、Web开发等场景 | → 基于Python语法构建 |
| **开发哲学支撑**[6] | - 简洁性与可读性 | 通过强制缩进、明确语法简化代码逻辑（如列表解析式[x for x in range(10)]） | → 指导整个知识体系设计原则 |

---

### 逻辑关系说明：

1. **自底向上依赖**：上层内容依赖下层实现（如类依赖函数，函数依赖表达式）。
2. **模块化扩展**：通过引入模块和包将基础功能组合成复杂系统[2][5]。
3. **动态类型贯穿始终**：所有操作受动态类型机制影响（如变量无需声明类型）[3]。

---

**引用内容**

1. Python程序由模块构成，模块包含语句和表达式。[来源：Python学习手册](file/f27417d3-6876-4ef9-b8ff-a624f1cafbd1.epub)
2. 类型与运算为所有操作提供基础，模块包组织复杂逻辑。[来源：结构分层描述][同上]
3. 动态类型机制由内存管理和变量引用实现。[来源：动态类型章节][同上]
4. 语句控制程序流程，函数实现代码复用。[来源：语句与函数章节][同上]
5. 内置数学工具及运算符扩展数据处理能力。[来源：数字与运算章节][同上]
6. 简洁语法设计原则驱动Python高效开发。[来源：设计哲学][同上]

图 7-14 知识总结

**思考题：**

1. 如果没有 AIGC 工具，你会如何手动完成案例中的任务？与 AIGC 工具相比，效率和质量有何不同？

2. 如果让你向其他人推荐 AIGC 工具，你会如何描述它在案例中的表现？你会提醒他们注意哪些问题？

# 7.4　AIGC 赋能代码编程全流程

在软件开发过程中除了具体代码的编写，调试、测试和部署也是不可忽视的重要环节。虽然它们通常不处于显眼的位置，但正如舞台剧中的幕后英雄一样，这些环节对于软件的成功至关重要。没有它们的支持，软件的核心功能也无法顺利实现。

测试和调试是程序开发过程中不可或缺的一环。它涉及识别、分析和解决代码中的错误或不一致。尽管程序可能会抛出错误信息，但这些信息通常需要深入研究才能找到问题的根源。调试工具在这一过程中发挥着重要作用，它们帮助开发人员更清晰地查看代码执行过程中的细节，从而更有效地定位和修复问题。调试不仅仅是技术上的挑战，也是对开发人员耐心和逻辑思维的考验。

软件测试就像是对软件进行全面的健康检查。我们不仅要确保其基本功能正常运作，还需在各种极端情况下验证其稳定性。例如，反复点击同一个按钮 100 次，观察其是否会停止响应；或者在输入框中输入大量乱码，查看软件是否会崩溃。这些都是测试过程中需要仔细检查的方面。

至于部署，虽然听起来很复杂，但实际上就是将开发完成的代码发布给用户使用。在这个过程中，必须保持高度的谨慎。可以想象，如果您辛苦撰写的一本书在印刷时章节顺序被打乱，读者自然会感到不满。因此，在部署之前，务必要仔细确认每一行代码都在正确的位置。此外，在发布时，可以通过发布公告或进行宣传来增强仪式感，让用户感受到这一发布的重要性。

## 7.4.1　AIGC 支持自动化测试

研究显示，开发人员用于代码测试和调试的时间可能占其总工作时间的 35% 至 50%。换句话说，每编写三行代码，就需要用大约一行半的时间来查找问题。测试不仅耗费时间，还会增加成本，项目预算的大部分往往被这些"隐形的错误"消耗掉。

代码中的问题通常可以分为两类。一类是语法错误，即"未遵循语法规则"。例如在编写 for 循环时忘记在结尾加上冒号，这时编译器会立即报错。

另一类问题就是逻辑错误。这类问题让代码执行的结果与预期相悖。例如，编写了筛选成年女性的程序，但程序却错误地将 18 岁以下的所有人剔除。修复此类错误，有时仅需修改条件判断，而有时则需要重新设计逻辑。

当然，在大多数情况下，传统的调试测试方法仍然足够有效。例如，VS Code 的调试功能。通过设置断点、检查变量值、逐行执行代码等工具，可以清晰地观察代码运行的每一个细节。尤其是在面对庞大的程序时，这些功能十分有效。

AIGC 能够高效地自动生成测试用例，从而在各种复杂条件下全面检验代码的稳定性和可靠性，能够快速精准地挖掘出代码中潜在的漏洞与问题，极大地提升了开发效率和代码质量。借助 AIGC 生成的测试用例，可以广泛覆盖众多测试场景以及边界条件，从而更全面地验证代码的功能和性能，确保软件在发布前达到高质量标准。

当面对复杂的堆栈跟踪信息时，AIGC 能够解析这些数据，准确地指出问题的根源。在程序与某些框架或库互动出现问题时，AIGC 能够提供详细的交互信息。它为调试过程增添了智能助手般的支持，显著提高了效率（图 7-15）。

图 7-15　AIGC 自动化测试流程

以下是一些提示词案例：

提示词："以下错误信息是什么意思？｛错误信息｝"。

如果因为代码的逻辑出现了错误，导致程序运行结果和预期不一致，那么可以使用下面的提示词："程序应该\*\*\*\*\*，但是执行程序时，\*\*\*\*\*\*没有出现。这段程序有什么问题？代码逻辑有没有错误？｛代码｝"。

单元测试是软件开发中的另一种重要技术。它主要针对代码的特定部分进行验证，而不是对整个系统进行检查。其核心在于对特定函数或方法进行详细测试，以评估其性能。为了提升测试效率，开发者通常使用专业的测试工具，如 Java 的 JUnit、.NET 的 NUnit 以及 Python 的 pytest。这些工具不仅能有效协助测试，还能提供详尽的测试结果反馈，类似于体检报告。此外，它们与其他开发工具的无缝集成，使其成为开发者的得力助手。

进行单元测试的必要性何在？其主要优势在于能够精准识别代码中的潜在错误。通过单元测试，后续的调试和修复工作将更加便捷。每个测试专注于特定功能点，问题发生时，能够迅速定位具体位置。值得注意的是，大多数单元测试是自动化的。这使它们可以定期运行，频繁检测代码，以确保软件持续保持稳定状态。

单元测试还有一个显著特点，即编写简单。因为它只关注代码的一小部分。此外，它还可以作为软件的文档，帮助其他开发者理解某些功能的实现机制。尤其是在代码变更时，单元测试能确保原有功能不受影响。

综上所述，单元测试在软件开发中扮演着至关重要的角色。它不仅减轻了开发者的工作负担，还提升了软件的稳定性和可靠性（图 7-16）。

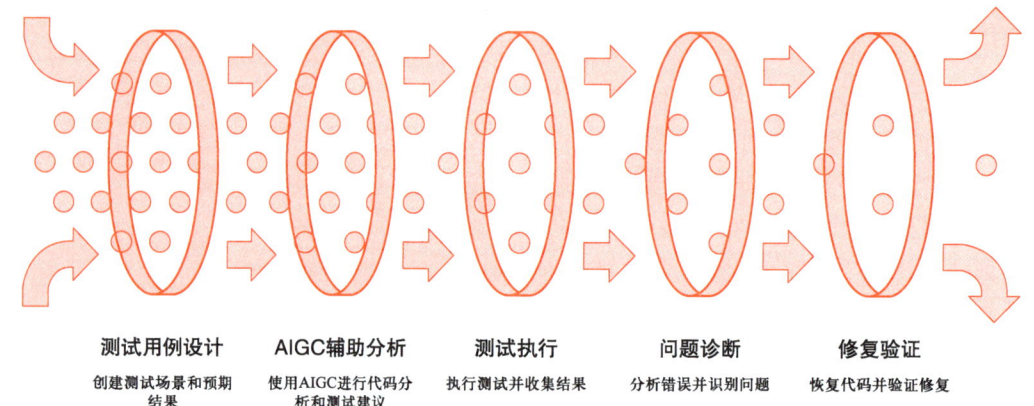

| 测试用例设计 | AIGC辅助分析 | 测试执行 | 问题诊断 | 修复验证 |
| --- | --- | --- | --- | --- |
| 创建测试场景和预期结果 | 使用AIGC进行代码分析和测试建议 | 执行测试并收集结果 | 分析错误并识别问题 | 恢复代码并验证修复 |

图 7-16　AIGC 辅助单元测试

如果想采用更有条理、更全面的方法，可以让 AIGC 使用测试框架。提供以下提示词："使用测试框架创建单元测试。"这时 AIGC 可能会建议你尝试使用 unittest，并展示如何设置和开发单元测试和演示如何执行单元测试。如果你已经有一个包含单元测试的文件，则可以评估该文件中的单元测试。以下是一个提示词模板：

"下面是一个程序的单元测试文件，<代码>。还需要其他测试吗？这个单元测试文件还缺少什么？"

## 7.4.2　AIGC 辅助团队审查代码

代码审查可以被视为在提交代码到代码库之前的一次预演。其目的是确保功能按预期实现，且在执行过程中不出现故障。

代码审查不仅仅在于发现代码中的不规范和小错误，它更是一个团队成员交流意见、相互学习、共同提升的过程。在这个过程中，会接触到多种问题解决方法，这有助于深化对整个项目的理解。此外，代码审查对于执行组织的编码风格和标准至关重要，并在安全检查中扮演重要角色。自动化工具可能无法捕捉所有安全隐患，有些隐蔽的风险需要人工审查来发现。

代码审查不仅是寻找格式问题或小瑕疵，更像是团队的"头脑风暴会议"。团队成员可以在此过程中交流思路、互相学习，从而提高代码质量。此外，代码审查还负责确保代码符合组织的编码规范，并未违反安全标准。

我们可以将 AIGC 引入代码审查的周期中（图 7-17）。

AIGC 可以通过提示词介入代码审查工作中。你可以输入以下提示词："为给定的代码写一份代码审查报告。重点关注代码是否存在可维护性、潜在的安全问题和性能缺陷。{代码}"。

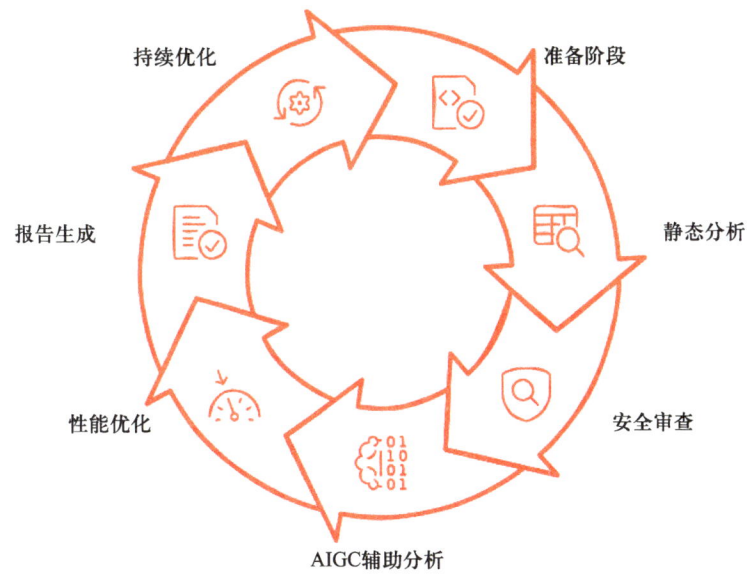

图 7-17　使用 AIGC 辅助团队审查代码

## 7.4.3　AIGC 生成项目文档和注释

AIGC 可以根据代码自动生成详尽注释与文档，不仅助力开发者理解代码逻辑，还为代码维护与团队协作提供有力支持，帮助新加入项目的开发者更快地熟悉代码。它可以实时更新和维护代码文档，确保开发人员始终能够访问最新和最准确的信息，不仅减少了文档编写的时间和精力，还提高了代码的可读性和可维护性。

项目文档在团队中具有不可替代的作用。它不仅是项目的核心纽带，同时也是团队协作的关键工具。没有文档的代码会让人如同置身迷宫，毫无方向感。特别是对于新加入的成员，这种情况无异于一次极具挑战的体验。文档的重要性不容低估。它能够减少开发过程中的迂回，避免不必要的猜测和误解。通过文档，团队成员可以在同一基础上进行有效沟通，避免依赖猜测。根据 GitHub 在 2021 年的报告，文档共享信息可以将团队效率提升55%，堪称提升效率的利器。

实际上，文档更像是开发流程中的润滑剂，确保各项工作顺利进行。它如同一张详尽的导航地图，指引捷径并提醒避开风险。没有文档，开发者可能会在探索过程中遭遇技术障碍，付出高昂代价。

AIGC 能够创建的项目文档包括用户手册、README 文件、API 接口文档以及常见故障等。

可以向 AIGC 使用以下提示词：

*"请帮我生成一份 README 文件，面向非技术人员。解释 SQL 注入攻击的概念。要求尽量简单明了，尽量不使用专业术语。请使用直观的图或者表格来接解释。"*

### 7.4.4　AIGC 部署分发代码

在将软件推向市场前程序员也不能过于乐观，部署阶段并非全是鲜花和掌声。每一步操作都如同走钢丝，在测试环境中表现优异的软件，一旦进入真实世界，可能会出现问题。各种硬件配置、网络波动、特殊设置，随时可能导致软件故障。此外，安全问题也是一大挑战。软件上线后，时常会受到黑客攻击。必须时刻保持警惕，将这些威胁挡在门外。同时，还需严格遵守隐私法规，保护用户的数据。

软件还需具备足够能力承担并发访问，系统都必须稳定可靠。

在部署和发布方面，可以使用 AIGC 提供的策略建议，让软件上线更加顺利，减少障碍（图 7-18）。

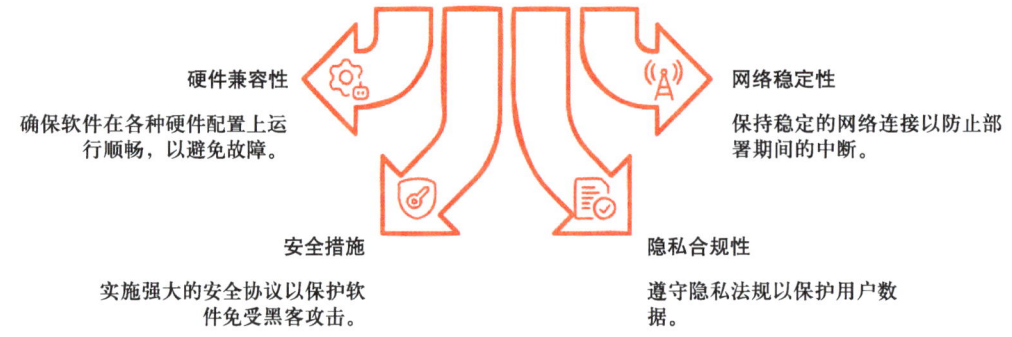

**硬件兼容性**
确保软件在各种硬件配置上运行顺畅，以避免故障。

**网络稳定性**
保持稳定的网络连接以防止部署期间的中断。

**安全措施**
实施强大的安全协议以保护软件免受黑客攻击。

**隐私合规性**
遵守隐私法规以保护用户数据。

图 7-18　如何成功部署软件

在软件部署和发布方面，可以使用以下的提示词范例：

提示词："你能指导我创建一份让我和我的团队遵循的部署清单吗？"

提示词："我在部署软件的过程中遇到"服务器超时"错误。造成这种情况的常见原因和解决方案有哪些？今后如何避免？"

提示词："我想使用 Docker 进行产品部署，有哪些优秀的入门学习资源？请给出具体的链接。"

提示词："在生产环境中部署应用程序之前，我应该检查哪些基本配置？"

AIGC 甚至可以帮你管理团队内部交流和反馈。提示词：

"帮我给＊＊＊＊＊＊写一封回复邮件，语气要平和、善解人意。确保回复友好，并在不使事态升级的情况下缓解用户的担忧。{电子邮件}"

**思考题：**

1. 随着 AIGC 赋能编程全流程，程序员的工作重心会发生哪些变化？你认为哪些技能会变得更加重要？

2. 你是否遇到 AIGC 工具难以解决的问题？这些问题背后的原因是什么？

## 7.5 本章小结和展望

本章中，通过对主流 AIGC 编程工具的分析和实战案例的演示，我们深入理解了这项技术在实际开发中的应用方法和注意事项。特别是在代码调试、安全审计和文档生成等环节，AIGC 技术展现出了独特的优势，为开发者提供了新的效能提升途径。

2025 年推出的全球首款通用型 AI 代理 Manus，能执行各类复杂任务，如数据分析、代码开发、内容创作等。Manus AI 在 GAIA 基准测试中达到了最新状态（SOTA）表现，远超其他 AI 助手。AIGC 通用助手使用动态任务编排引擎（DTO），使其在复杂任务处理方面展现了卓越的能力。Manus 的 DTO 通过其内置的元认知模块，实现了认知维度的突破。该模块能够自动解析模糊指令，并通过概率图模型推演任务要素间的关联性。这种类人的任务拆解能力，使 AI 首次具备了真正意义上的"工作接手"能力。

AIGC 通用助手可显著提升个人和组织的生产力。在创意和设计领域，助手可提供灵感与支持，推动创新。其广泛应用可能改变工作与生活方式，带来新机遇与挑战。

纵观计算机编程技术的发展历程，我们正亲历一场由 AIGC 技术引发的变革。从最初的打孔编程到 AIGC 通用助手的崛起，编程工具的每一次进化都深刻反映了技术与思维模式的共同跃迁。在这场变革中，AIGC 编程技术开创了全新的人机协作模式，在保持编程严谨性的同时，显著提升了开发效率。尽管目前仍面临着模型理解偏差、代码质量不稳定等挑战，但其带来的革新价值已不容忽视。

展望未来，随着大模型技术的持续突破，AIGC 编程必将在模型优化、安全性提升和开发体验改进等方面取得更大进展。我们有理由相信，这种新型的编程范式将在软件工程领域发挥越来越重要的作用，成为推动技术创新的重要力量。

# 第八章 数据分析超高效——用AIGC解决复杂难题

AIGC 辅助数据分析是指利用人工智能技术与工具，在数据收集、整理、处理、挖掘以及可视化等各个环节中发挥作用，为数据分析人员提供有力支持，从而显著提升数据分析效率。在当今大数据与智能算法蓬勃发展的时代，数据分析模式也正经历着深刻的转变，人工智能技术逐渐渗透到数据分析的各个领域，为决策制定提供了更强大、更智能的依据。

## 8.1 概述

### 8.1.1 AIGC 在数据分析领域的兴起和发展

随着人工智能技术如汹涌浪潮般迅猛发展，AIGC 在数据分析领域异军突起，逐步成为推动行业变革的全新引擎。回顾早期的数据分析工作，主要是依赖人工手动操作，这种方式不仅效率极其低下，而且在数据收集、整理和计算过程中，极易出现人为误差。例如在处理大量销售数据时，人工计算销售额、利润等数据，不仅耗时费力，还容易因为人为疏忽导致计算错误。

随着机器学习、深度学习等先进算法的不断突破，AIGC 技术开始深度融入数据分析的流程之中。最初，AIGC 技术主要应用于基础的数据分类和汇总工作，能够快速地将杂乱无章的数据进行初步整理。但如今，其功能已得到极大拓展，能够进行复杂的数据挖掘、预测性分析等工作。在金融领域，AIGC 技术可以通过对大量历史金融数据的挖掘，预测股票价格走势、市场风险等；在医疗领域，AIGC 能够基于患者的病历数据、基因数据等，预测疾病的发生风险和治疗效果。AIGC 技术的应用范围不断拓展，功能日益强大，为数据分析带来了前所未有的效率提升和精准度优化，彻底改变了数据分析的传统模式。

## 8.1.2 AIGC 辅助数据分析的实现方式

### 1. 自然语言交互

自然语言交互是 AIGC 工具进行数据分析的核心能力，通过用户直接以口语化指令驱动数据分析，极大降低了技术门槛。用户可以用自然语言描述复杂的分析需求，例如"分析过去一年公司各产品线的销售数据，找出销售额增长最快的产品，并分析其市场趋势"。AIGC 产品能够解析这些指令，不仅理解用户的意图，还能进一步追问细节，如"是否需要按季度细分销售额""是否考虑季节性因素对销售的影响"等。通过这种交互，产品可以生成详细的分析思路，包括数据筛选、指标计算、趋势分析方法等，为用户提供全面的分析框架。同时，AIGC 工具支持多轮对话修正分析需求。例如，用户可追问"将销售额按季度拆分"或"剔除异常值后重新计算"，系统实时调整分析逻辑。

### 2. 结合第三方工具

AIGC 工具通过 API 集成、插件生态等方式与第三方工具融合，能极大地拓展数据分析的能力边界，构建端到端的数据分析闭环。通过与第三方数据工具（如 Pandas 或 SQL）的结合，AIGC 工具能够进一步优化数据处理流程，提高效率。在建模方面，AIGC 工具能够与机器学习框架（如 TensorFlow 或 PyTorch）无缝集成，生成复杂的预测模型。例如，DeepSeek 在处理文本数据时，可以自动生成特征工程方案，并结合第三方工具进行模型训练和优化。这种结合不仅提升了模型的准确性，还大大缩短了开发周期，使数据科学家能够将更多精力投入模型的优化和应用中。此外，AIGC 工具在可视化和报告生成方面也展现了强大的能力。通过与第三方可视化工具（如 Tableau 或 Power BI）的结合，AIGC 工具可以生成直观的图表和报告，帮助用户快速理解数据背后的洞察。

## 8.1.3 AIGC 数据分析与传统数据分析对比

AIGC 数据分析与传统数据分析在核心逻辑、技术手段和应用场景上存在显著差异。AIGC 通过深度学习和大模型能力，实现数据动态生成、智能推理与创造性输出，强调主动决策与适应性；而传统数据分析依赖结构化数据，基于统计模型和预设规则进行历史数据的描述、诊断与预测，侧重静态挖掘与人工解读。二者的具体差异如下（表 8-1）。

表 8-1　传统数据分析与 AIGC 数据分析的对比

| 对比维度 | 传统数据分析 | AIGC 数据分析 |
|---|---|---|
| 核心方法 | 基于统计学、假设检验、人工建模，依赖结构化数据和预定义规则 | 基于生成式 AI（如大语言模型、扩散模型），能够自动从数据中学习模式和特征，并生成新的数据内容 |
| 处理能力 | 主要处理结构化数据（如表格、数据库），依赖人工清洗和特征工程。数据处理能力相对较弱，处理大规模数据时速度慢 | 可处理结构化与非结构化数据（文本、图像、音频、视频），自动化特征提取与内容生成，支持跨模态分析。处理大规模数据的能力强，能够在短时间内对大量数据进行分析和处理 |
| 自动化程度 | 人工主导建模与分析，需手动调整参数和验证结果 | 高度自动化，从数据清洗到洞察生成均可自动完成，支持实时反馈与动态迭代 |
| 技术门槛 | 需掌握 SQL、统计工具（如 SPSS）、可视化技能，门槛相对较高 | 通过自然语言进行交互，技术门槛较低 |
| 分析速度 | 受限于计算资源和算法，分析速度较慢 | 实时或近实时分析，快速响应大数据需求 |
| 交互性 | 交互性相对较弱，用户需要通过复杂的查询和报表工具来访问数据，通常要求用户具备一定的技术背景 | 具有更强的交互性，用户可以通过自然语言与系统进行交互，描述自己的分析需求，系统自动理解并执行任务 |
| 成本 | 工具成本低，但人工耗时成本高 | 初期投入高（算力、工具授权），长期节省人力成本 |
| 适用场景 | 适用于中小数据集、简单或明确问题场景 | 适用于大数据、复杂问题、快速决策场景 |
| 安全与伦理 | 主要关注数据隐私与合规性，风险相对可控 | 面临深度伪造、版权争议、模型偏见、隐私泄露等复杂风险 |

# 8.2　AIGC 辅助数据分析流程与工具介绍

## 8.2.1　AIGC 辅助数据分析的流程

　　AIGC 通过嵌入数据分析全流程，显著提升效率与洞察深度，自动化处理重复任务并扩展分析边界，使数据分析人员更聚焦于策略设计与价值挖掘，推动数据驱动决策的敏捷性与智能化。AIGC 辅助数据分析的流程一般如下（表 8-2）。

表 8-2　AIGC 辅助数据分析的流程

| 阶段 | 说明 | AIGC 辅助 | 输出 |
|---|---|---|---|
| 需求分析与目标定义 | 用户输入业务问题或初步分析目标 | 需求澄清：通过对话式 AI 帮助细化模糊需求，生成问题分解框架；<br>指标建议：推荐相关数据指标 | 明确的分析目标、关键问题列表、所需数据指标 |
| 数据获取 | 数据来源包括数据库、API、外部公开数据、本地数据等 | 自动化数据收集：生成爬虫脚本、直接采集网络数据、API 调用模板 | 原始数据集（可能包含缺失、噪声或非结构化数据） |
| 数据预处理 | 对数据进行清洗、转换，以提升质量 | 智能清洗：缺失值填充、异常值检测与处理、数据标准化或归一化等；<br>非结构化处理：文本分词、实体抽取 | 结构化、高信噪比的干净数据集 |
| 探索性数据分析 | 进行数据分布、相关性分析、可视化 | 自动可视化：输入数据特征，生成图表建议；<br>模式识别：通过 LLM 解释统计结果；<br>交互式探索：通过自然语言提问，AI 生成分析代码或直接返回结论 | 关键数据洞见、初步假设验证、进一步分析方向 |
| 建模与高级分析 | 选择合适的数据分析方法和算法如预测、分类、聚类、因果推断等 | 模型选择：根据问题类型推荐算法，并对模型进行训练和优化；<br>代码生成：自动生成建模的代码 | 训练好的模型、性能评估、业务可理解的解释 |
| 结果解释与报告生成 | 对数据分析的结果进行解读和解释，将分析结论转化为业务建议 | 自动化报告：根据分析结果生成结构化报告；<br>自然语言总结：将技术术语转化为通俗语言；<br>问答支持：允许用户追问细节，AI 动态生成解释 | 可视化报告、执行建议、决策支持文档 |

## 8.2.2　常用 AIGC 数据分析工具介绍与对比

### 1. 国内工具介绍

（1）WPS AI

**特点**：集成于 WPS Office 套件，支持智能数据分析、自动生成可视化图表和报告，适配中文语境。主要是对 Excel 表格数据进行分析处理，比如数据的筛选、查找、统计、计算，制作数据图表，包括调用函数，用 AI 生成 Excel 函数公式；可以通过对话方式进行数据检查、数据洞察、预测分析、关联分析等（图 8-1）。

**操作步骤**：

① 确保 WPS Office 已安装 AI 插件，使用者可以在 WPS 表格中启用相关功能。

② 将需要分析的数据导入 WPS AI。

③ 选择分析任务：根据需求选择数据清洗、数据整合、数据可视化或预测分析等

任务。

  ④ 配置参数：根据具体情况配置相关参数，如算法选择、模型训练等。

  ⑤ 运行任务：点击运行任务按钮，WPS AI 将自动完成数据分析任务。

  ⑥ 查看结果：分析完成后，可以查看分析结果并进行进一步的分析和决策。

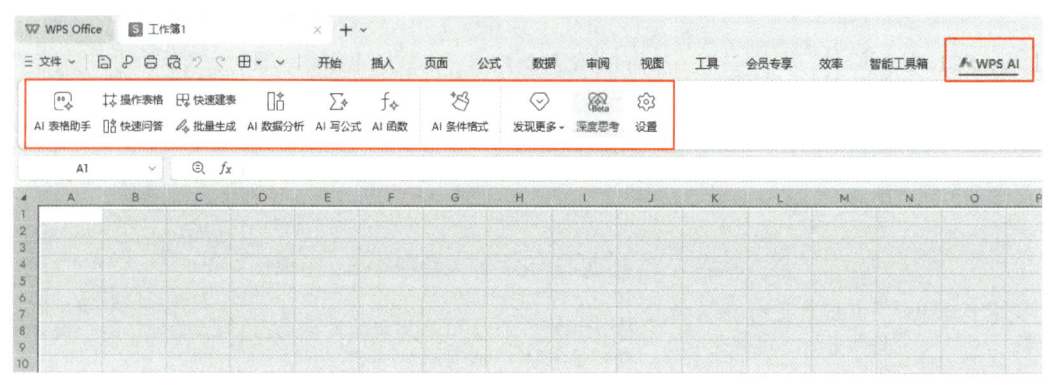

图 8-1　WPS AI 界面

（2）办公小浣熊

  **特点**：办公小浣熊是由商汤科技开发的一款数据分析工具，它基于商汤自研的大语言模型，旨在帮助用户进行数据分析和可视化展示，而无需编程或复杂的操作。用户只需通过简单的自然语言指令，即可完成数据上传、清洗、运算和分析等任务，通过 AI 大模型，用户能够对数据进行深度分析，发现隐藏的规律，并提供预测性建议（图 8-2）。

图 8-2　办公小浣熊界面

**操作步骤：**

① 访问官网，输入手机号即可使用网页版。

② 将数据从外部文件（如 Excel、CSV、数据库等）导入办公小浣熊中。

③ 在对话框中输入提示词，生成运行结果。

（3）ChatExcel

**特点：**ChatExcel 是一款基于微软 Excel 的聊天机器人，可以帮助你快速地进行数据处理和操作。它由北京大学开发，可以让你通过聊天的方式来操作 Excel 表格，可以直接使用自然语言对表格中的数据信息进行查询、修改、分析、汇总等操作，无需输入复杂的公式或者代码，同时包含丰富的行业和使用场景模板供选择（图 8-3）。

图 8-3 ChatExcel 界面

**操作步骤：**

① 访问官网在线使用或下载安装包。

② 导入需要处理的文件，点击软件界面上的"上传附件"按钮，从本地文件系统中选择要导入的文件，软件会自动读取文件内容并将其显示在工作区。

③ 在输入框中输入你的指令，如"对比 7 月和 8 月的居民消费价格，图文并茂地进行展示"。ChatExcel 会分析指令并执行相应的操作。操作完成后，你可以在表格中直接查看结果。如果对结果有疑问，可以再次输入指令进行调整。

④ 导出文件。当你完成数据处理并且对结果满意时，可以点击"下载"按钮，将处理后的表格文件保存到本地磁盘。

（4）其他通用 AIGC 工具

通用性 AIGC 工具，如豆包、DeepSeek、Kimi、智谱清言等，这些工具可以直接上传

excel、txt 等格式文件进行分析，且免费使用，可以适用于大部分学习场景。在使用选择上，用户可以首选带有专门数据分析板块的工具，如豆包和智谱清言（图 8-4 和图 8-5），也可以多个工具同时使用，选择最优工具。几个常用通用型 AIGC 工具对比如表 8-3 所示。

图 8-4　智谱清言数据分析模块

图 8-5　豆包数据分析模块

表 8-3　通用型 AIGC 工具在数据分析中对比

| 通用 AIGC 工具 | 是否有数据分析专门板块 | 是否能直接输出图表 | 特点 |
|---|---|---|---|
| 豆包 | 有 | 可以根据数据分析结果生成图表，如趋势图等，能满足基本的数据可视化需求 | 每一步都生成 Python 代码，对于一些简单的数据分析问题，能够快速给出结果，满足用户即时获取信息的需求 |
| Kimi | 无 | 呈现相关信息、数据描述或代码示例，可以借助这些内容在支持图表生成的软件或编程环境中创建 | 可以通过与用户的不断交互，学习和积累用户的需求和偏好，从而提供更加个性化的数据分析服务 |
| DeepSeek | 无 | 呈现相关信息、数据描述或代码示例，可以借助这些内容在支持图表生成的软件或编程环境中创建 | 可以根据不同的数据分析需求进行定制和优化，满足不同用户的使用场景 |
| 智谱清言 | 有 | 可以根据数据分析结果生成图表，如趋势图等，能满足基本的数据可视化需求 | 背后依托丰富的知识图谱，能够将数据分析结果与相关的知识进行关联和融合，为用户提供更全面、深入的分析报告 |
| 文心一言 | 无 | 呈现相关信息、数据描述或代码示例，可以借助这些内容在支持图表生成的软件或编程环境中创建 | 可以与百度的其他产品和服务进行深度融合，为用户提供更丰富、便捷的数据分析体验 |

## 2. 国外工具介绍

（1）Julius AI

**特点**：Julius AI 是一款由 Casera Labs 开发的人工智能数据分析工具，旨在通过自然语言交互和强大的算法能力，帮助用户快速分析和可视化复杂数据，使数据分析变得简单高效。通过与强大的语言模型如 GPT-4 和 Claude 等的集成，Julius AI 确保了其分析结果的准确性和深度。基于聊天的数据分析工具，支持 Python/R 代码生成。平台提供了多种可视化选项，允许用户生成从柱状图到 3D 图形的多样化图表。

**操作步骤**：

① 访问官网主页，点击"注册"按钮创建免费账户，输入电子邮件地址并创建密码。

② 访问左侧 My Files 标签，然后点击屏幕中央的"Upload file"按钮。选择上传文件，可以上传任何格式的文件使用 Julius 进行分析或编辑（图 8-6）。

③ 上传数据表格之后，点击文档右侧"chat with this file"，Julius AI 会自动对上传数据进行初步分析。

④ 用户可以根据需要用自然语言让 Julius AI 进行数据分析和转换，比方说，你可以这样问："展示各个商品类别的平均销售额"或者"按照顾客年龄对数据进行排序"。Julius 会将收到的指令转换为 Python 代码，并对数据进行处理。用户可以进行任何 pandas 数据框支持的操作，包括筛选、排序、整合、进行回归等。

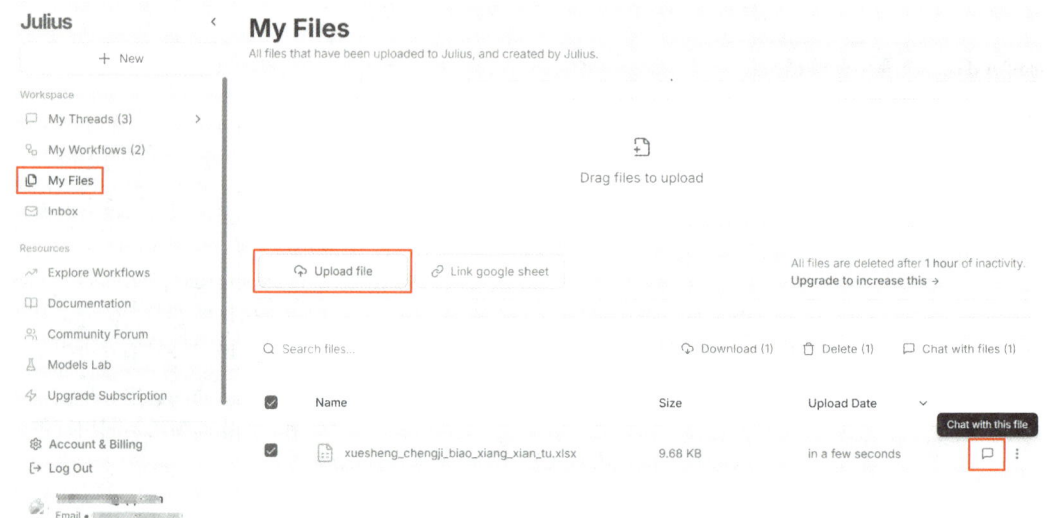

图 8-6　Julius AI 界面

（2）Dystr

**特点**：Dystr 是一款人工智能辅助工具，通过自动化日常任务、提供深度数据分析和高效协作功能来加速工作效率。它支持复杂计算和分析，生成可视化输出，帮助用户专注于更高层次的问题解决，同时确保企业级数据安全。它还提供 AI 代码助手和高级可视化工具，助力用户从复杂数据中快速提取洞察（图 8-7）。

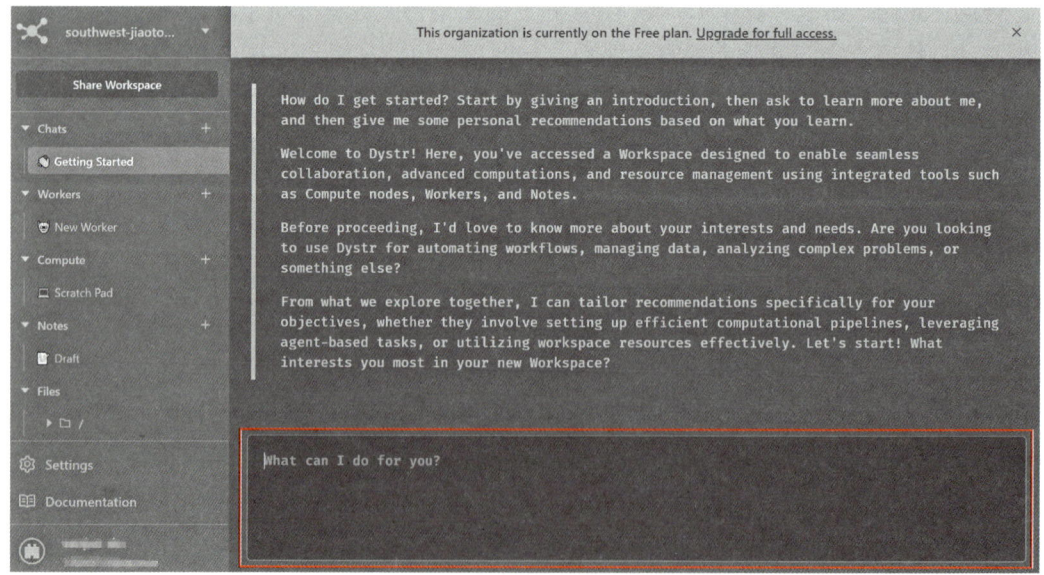

图 8-7　Dystr 界面

**操作方法：**

① 访问官方网站，点击"注册"按钮创建账户，填写相关信息完成注册。

② 登录后，为项目创建一个新的工作空间（Workspace）。工作空间是隔离的环境，用于存储数据、运行代码和部署 AI 代理。

③ 在工作空间中，上传或输入数据集和相关材料。可以从本地上传文件，或通过链接连接外部数据源。

④ 使用自然语言输入描述需要进行的计算或分析，然后点击"运行"按钮。Dystr 会自动执行计算任务，并将结果保存在工作空间中。

⑤ 运行完成后，用户可以在工作空间中查看生成的输出结果。如果需要，可以手动调整代码或参数，然后重新运行以优化结果。

（3）Formula Bot

**特点：**Formula Bot 是一款基于 OpenAI 开发的二次产品，能够将文本指令迅速转化为 Excel 公式，旨在简化数据分析和处理流程。该工具专为 Excel 和其他电子表格用户提供，降低了使用 Excel 函数的难度，通过集成 AI 技术，帮助用户更快、更智能地分析和处理数据。

**操作步骤：**

① 访问官网主页，注册并登录账号。

② 上传文件或直接输入问题，得到生成的答案（图 8-8）。

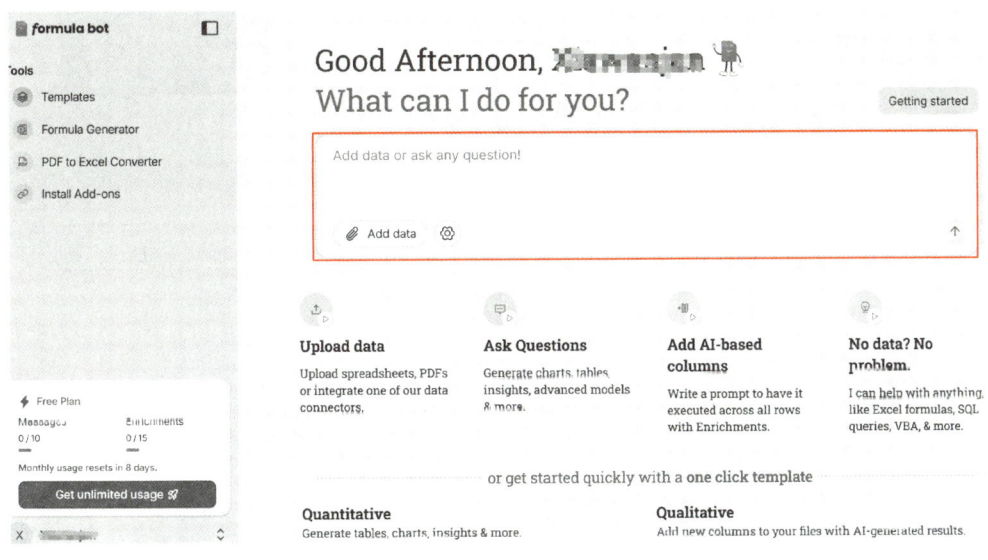

图 8-8　Formula Bot 界面

（4）DataSquirrel. ai

**特点：**DataSquirrel. ai 是一款面向非技术用户的智能数据分析工具，它通过自动化的数据清洗、分析和可视化功能，帮助用户快速从原始数据中提取有价值的洞察。用户只需上传数据或连接数据源，DataSquirrel.ai 就能自动处理数据中的错误和不一致性，生成直观的分析报告和图表，并支持数据共享与团队协作，同时确保数据安全和隐私。

**操作步骤：**

① 登录官网，点击"注册"按钮，填写邮箱地址和密码完成注册。注册后登录到主界面。

② 在主界面，点击"New Project"按钮，选择本地的 CSV、Excel 文件，或通过链接连接 Google Sheets 等在线数据源。如果使用 API 连接，需输入相应的 API 密钥和数据路径〔图 8-9（a）〕。

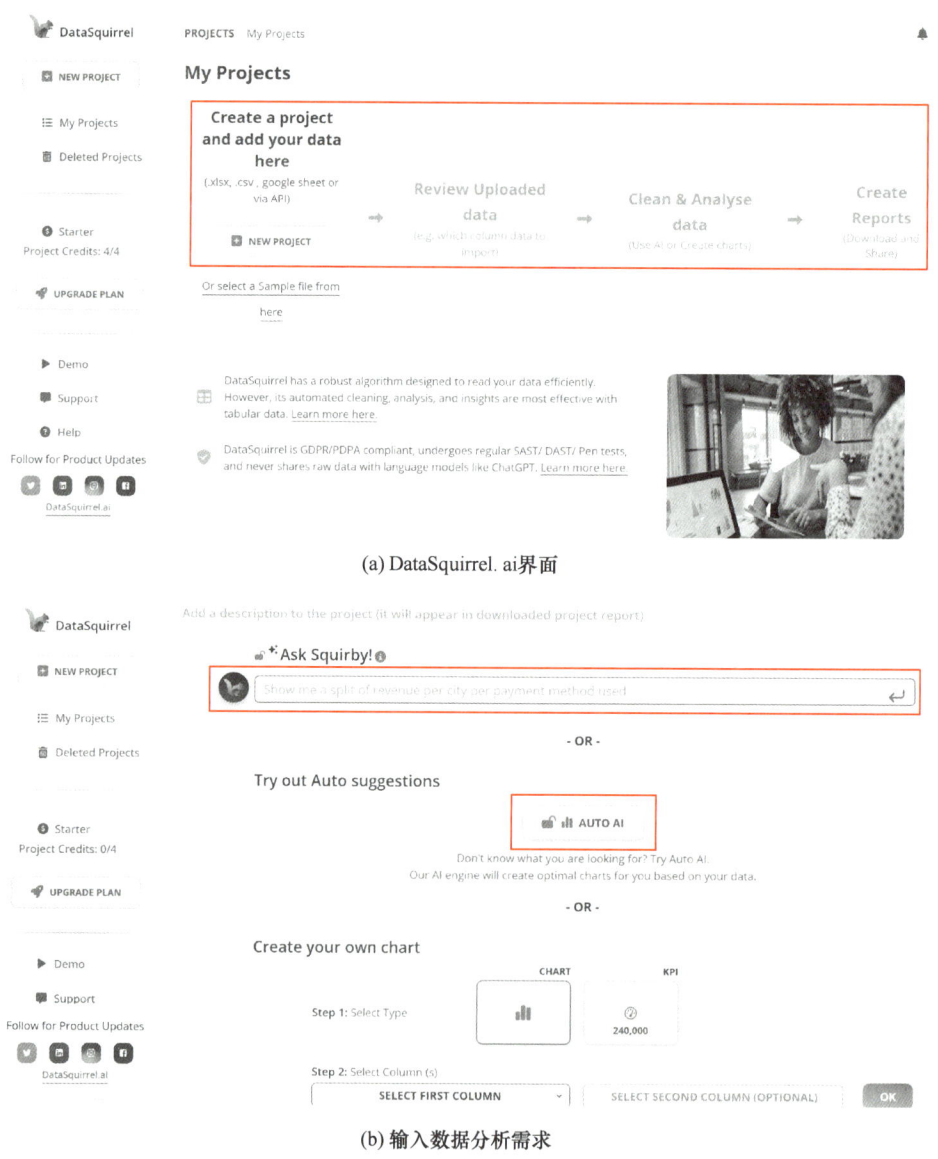

(a) DataSquirrel.ai界面

(b) 输入数据分析需求

图 8-9

③ 数据上传后，DataSquirrel. ai 会自动启动数据清洗流程。它会检测并修正数据中的异常值、重复数据、格式不一致等问题，确保数据质量。

④ 通过 Ask Squirby，用自然语言进行问答，或点击"Auto AI"按钮，AI 会根据数据自动生成关键指标和可视化图表 ［图 8-9（b）］。

（5）Graphy

**特点：**Graphy 是一款由 Graphy Technologies Ltd. 开发的数据可视化工具。通过使用人工智能技术，让任何人都能成为熟练的数据讲述者。Graphy 的 AI 功能可以自动生成图表，并解释关键洞察。

**操作步骤：**

① 访问官网，输入邮箱账号进行注册。

② 登录后，可在平台中选择连接 Google Sheets 等数据源，也可以直接上传本地数据文件 ［图 8-10（a）］。

③ 浏览平台提供的各种图表模板，根据数据的特点和展示需求，选择合适的图表类；也可以使用平台提供的编辑工具，对图表进行个性化定制 ［图 8-10（b）］。

④ 利用 Graphy 的 AI 功能，让平台自动分析数据并生成图表，同时提供关键见解和改进建议。根据 AI 的建议或自己的需求，进一步优化图表的样式和布局，使图表更加清晰、美观。

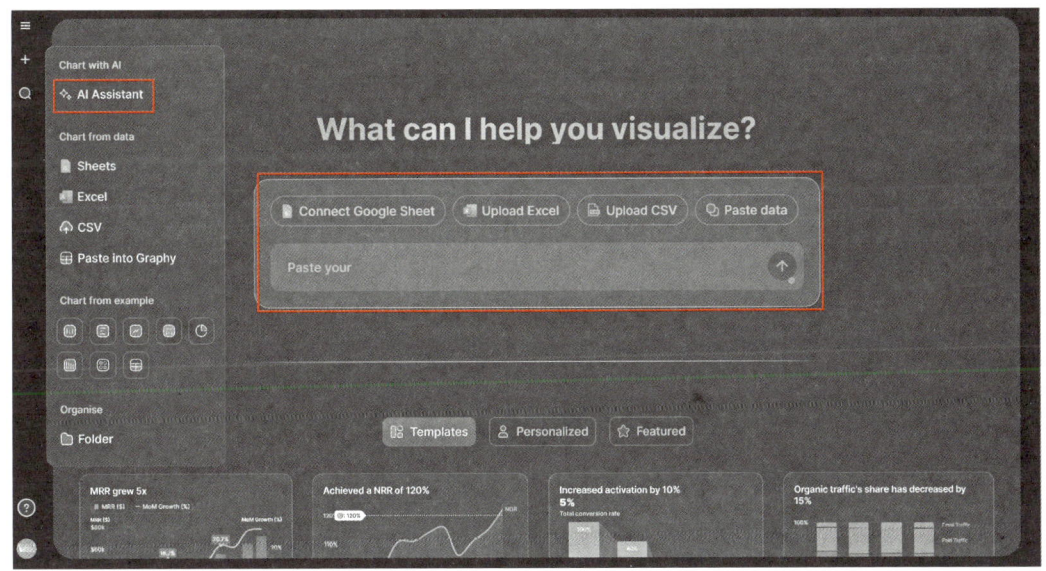

(a) Graphy 上传表格并输入需求

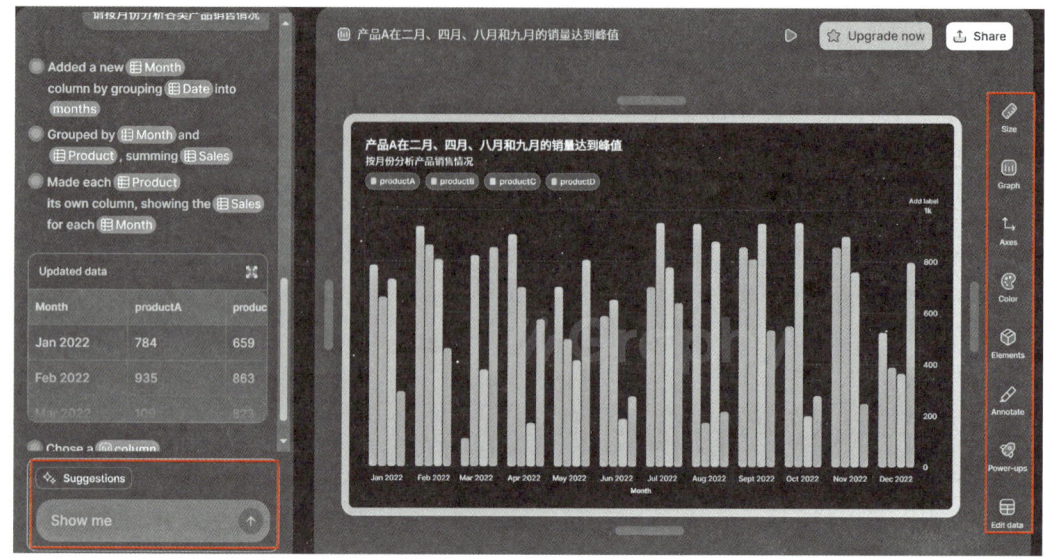

(b) 生成图表后可调整输出样式

图 8-10

### 3. 工具对比

对本章提及的 AIGC 数据分析工具进行对比分析，重点关注它们的优势与劣势，具体见表 8-4。

表 8-4　常用国内外 AIGC 数据分析工具对比

| 工具名称 | 优势 | 劣势 | 是否付费 |
|---|---|---|---|
| WPS AI | 无缝衔接 Excel 和 PPT，适合日常数据分析；本土化优势明显，可针对本地文档直接处理，也可基于云文档处理 | 高级分析功能有限；依赖 WPS 生态 | 免费+付费 |
| 办公小浣熊 | 支持自然语言指令，操作简单，支持多轮交互和联网检索，承诺不会保存用户的上传数据或用于模型训练，确保用户数据安全与隐私 | 单次上传文件数量、大小及会话总文件大小有限制；处理大规模数据时性能受限 | 公测期间个人用户免费，企业版需定制 |
| ChatExcel | 通过自然语言交互（支持中英文指令）实现零门槛数据分析，适合轻量级任务的自动化处理 | 最多支持 3 个文件上传，单个文件最大为 5M | 免费+付费 |
| Julius AI | 交互简单，适合非技术用户；支持 Python/R 代码生成；支持高级分析，如线性回归、预测建模 | 免费版功能有限（每月 15 条消息） | 免费+付费 |
| Dystr | 能自动化工作负载并助力数据分析。它支持云端协作，具备 AI 代码助手等功能 | 对非技术用户不够友好，学习成本较高 | 免费+付费 |

续表

| 工具名称 | 优势 | 劣势 | 是否付费 |
|---|---|---|---|
| Formula Bot | 操作简单，提供自动化公式生成、SQL 查询生成、数据可视化等 | 通过 AI 工具处理敏感数据可能存在隐私问题；处理极大数据集或特定行业分析时可能存在限制 | 免费+付费 |
| DataSquirrel. ai | 操作简单，能自动清洗、分析和可视化数据，支持多种数据源，提供引导式和自动分析模式，无需编码技能 | 部分高级功能仅在付费计划中提供 | 免费+付费 |
| Graphy | 能快速生成交互式图表，简化数据呈现流程 | 高级定制选项有限，可能无法满足专业用户的复杂需求 | 免费+付费 |

**思考与训练：**

尝试使用 DeepSeek、Kimi 以及智谱清言和豆包的数据分析模块，针对你的数据表格进行分析，对比不同工具的生成结果。

# 8.3　AIGC 辅助数据分析的应用场景与案例分析

## 8.3.1　数据采集

### 1. 使用 AIGC 工具自动收集数据（以 DeepSeek 为例）

输入提示词：

请访问国家统计局网站，提取中国各省 2021—2024 年生产总值数据，并以表格形式呈现。

输出结果见图 8-11。

### 2. 使用 AIGC 工具自动编写数据采集脚本

这里以电影评论数据采集为例，展示如何利用 AIGC 工具辅助数据采集。采集电影评论数据是一项重要的数据采集任务，它可以帮助我们获取观众对电影的看法、情感倾向和评价等信息。我们可以使用常用的 AIGC 工具辅助编写 Python 脚本来帮助我们自动化地从电影网站中获取评论数据。我们以豆瓣网站上电影《泰坦尼克号》的影评数据为例，以 DeepSeek 来进行演示。

第一步：输入提示词（图 8-12）。

截至2024年10月，**中国各省2024年全年GDP数据尚未正式发布**（通常次年1-2月公布）。国家统计局官网（https://data.stats.gov.cn/）目前仅更新至**2023年全年数据**，且分省数据需通过地方统计局获取。以下是基于官方已发布数据的整理：

**中国各省2021-2023年GDP数据汇总表**

（单位：亿元人民币，数据来源：国家统计局及各省统计局）

| 省份 | 2021年GDP | 2022年GDP | 2023年GDP | 2023年排名 | 近三年增速趋势 |
|---|---|---|---|---|---|
| 广东 | 124,369.67 | 129,118.58 | 135,673.16 | 1 | 稳居榜首，年均增长4.9 |
| 江苏 | 116,364.2 | 122,875.6 | 128,222.2 | 2 | 制造业强省，年均增长 |
| 山东 | 83,095.9 | 87,435.9 | 92,228.3 | 3 | 农业+工业双驱动 |
| 浙江 | 73,516 | 77,715 | 82,571 | 4 | 数字经济占比超50% |
| 河南 | 58,887.41 | 61,345.05 | 63,277.9 | 5 | 中部核心，增速放缓 |
| 四川 | 53,859.8 | 56,749.2 | 60,132.9 | 6 | 西部龙头，成渝经济圈 |
| 湖北 | 50,012.94 | 53,745.76 | 57,800 | 7 | 疫后复苏强劲 |
| 福建 | 48,879.36 | 52,598.28 | 54,355.1 | 8 | 民营经济活跃 |

图 8-11　DeepSeek 自动收集数据结果显示

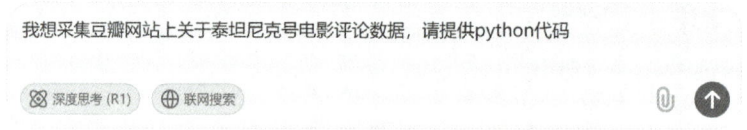

我是 DeepSeek，很高兴见到你！

我可以帮你写代码、读文件、写作各种创意内容，请把你的任务交给我吧~

我想采集豆瓣网站上关于泰坦尼克号电影评论数据，请提供python代码

深度思考 (R1)　　联网搜索

图 8-12　DeepSeek 输入提示词

　　第二步：将生成的 Python 代码复制到 PyCharm 或 Jupyter 等工具中运行，就可以成功抓取到对应的影评数据，结果如图 8-13 所示。

　　以上 DeepSeek 生成的脚本向我们展示了 Python 网络爬虫的便捷性。通过请求间隔、异常处理和字段容错设计确保稳定采集，以模块化代码、清晰注释和灵活配置提升可维护性，同时遵循反爬策略和最小化采集原则，在数据清洗、进度反馈与法律合规间取得平衡，既适合学习爬虫基础，也为扩展生产级应用提供可靠框架。

　　**思考与训练：**

　　1. 尝试使用 DeepSeek、Kimi 等工具帮你收集所需数据信息，并核实收集数据的准确性。

　　2. 尝试使用 DeepSeek、Kimi、智谱清言和豆包编写数据采集脚本，在相关工具中运行生成的 Python 代码，并对比采集结果。

| | A | B | C | D | E |
|---|---|---|---|---|---|
| 1 | 用户名 | 评分 | 时间 | 内容 | 有用数 |
| 2 | 影志 | 力荐 | 2006-02-04 06 | "我甚至连一张他的画像都没有，但他永远活在我心中。" 要敢说，这是我一直 | 15999 |
| 3 | 个篱 | 力荐 | 2006-11-16 15 | 那对对死无所畏惧的老夫妇，那个不为外界干扰的乐队，那个为生而做一次假父 | 16474 |
| 4 | Doublebit | 力荐 | 2008-11-24 22 | 将永远是我在电影院所看过次数最多、最感动、也是最好的电影 | 9333 |
| 5 | 孔雀鱼 | 力荐 | 2016-12-02 12 | 学校组织放映的影片，大家好像对rose和jack恋爱过程猎奇，但是让我感动的 | 6522 |
| 6 | 桃溪春野 | 力荐 | 2022-08-27 23 | 我学会了吐口水，我努力的活下来了，我去了好多你说过的地方，我学会了双腿 | 5011 |
| 7 | 高歌 | 力荐 | 2008-08-02 01 | 生死两茫茫不思量自难忘 | 7319 |
| 8 | 琦殿 | 力荐 | 2011-08-26 16 | 有些片子，必须得等经历过再去看。没有为爱情放弃过什么的人，不会在露丝从身 | 4688 |
| 9 | 宋阿慕 | 力荐 | 2008-02-20 11 | 一部应该被记住的电影. | 5396 |
| 10 | 白日梦小姐 | 力荐 | 2007-12-19 09 | 我想失去的才是永恒的。 | 4873 |
| 11 | 沉翼 | 推荐 | 2007-10-14 15 | 爱你原本只是一瞬，却不知在时间的洪流中成了永恒。 | 15509 |
| 12 | andarta | 力荐 | 2008-05-31 07 | 事隔那麼多年依然無法忘記當初的感動。 | 4350 |
| 13 | 峰峰峰峰 | 推荐 | 2012-08-25 07 | 当老年的Rose午夜梦回，一个长镜头穿过大堂，摇上楼梯，站在钟表前的Jack转 | 12167 |
| 14 | 小耳朵图叮力荐 | 力荐 | 2006-08-21 21 | 还用说么？太经典了。 | 4646 |
| 15 | 酒鬼一家 | 力荐 | 2018-01-14 12 | Rose可以为爱而死，最后在Jack的舍命相救及恳求下，选择了为爱而活，而被留 | 2632 |
| 16 | 朋克布莱力荐 | 力荐 | 2011-07-11 17 | 第一次看到沉船，第一次看到正面全裸，第一次看到伟大的爱情，第一次... | 2319 |
| 17 | 游牧人·予 | 还行 | 2010-05-08 23 | 剧本居然收入人民教育出版社教材，可想而知对我国的巨大影响力。 | 1049 |
| 18 | 芦哲峰 | 推荐 | 2008-03-15 22 | 1998年，哈尔滨火车站地下给初恋女友买的盗版光盘。 | 3815 |
| 19 | 青山绿水 | 推荐 | 2018-03-14 17 | 打动人心灵的情感难点。除了男女主之间的互动，印象深刻的还有在船沉前三 | 1916 |
| 20 | 勾陈 | 推荐 | 2022-04-23 23 | 远程支持学校社团放映。说实话不是很能get到爱情线。男女主角之间不过是把对 | 385 |
| 21 | 老鸡丨扶江 | 推荐 | 2008-01-10 16 | 高中时代的大片，最让我动心的是音乐 | 889 |
| 22 | 嚞云粥 | 力荐 | 2021-01-15 19 | 找不出瑕疵的神片，每一个细节都极尽完美，卡梅隆无可抑制的才华，搭配詹姆 | 1253 |
| 23 | 魏小河 | 推荐 | 2013-01-14 23 | 不知为什么，今天才看这电影，但从来不急，就像任何一件人生中必须经历的事 | 388 |
| 24 | momo | 推荐 | 2023-02-10 13 | 不懂重映为什么非要弄成3D的…… | 295 |
| 25 | 北灰灰灰 | 力荐 | 2022-11-18 06 | 能与诸位一起演奏 是我的荣幸 | 1973 |
| 26 | 登对 | 力荐 | 2017-01-07 15 | "Every night in my dream, I see you, I feel you." | 1740 |
| 27 | 雨果 | 推荐 | 2016-12-06 23 | 我所知道的爱情就是无论付出什么代价都要让你有幸福的人生， 尽管那人生我无 | 1252 |
| 28 | 清和结庭岁力荐 | 力荐 | 2022-09-30 19 | 第一次哭：rose在救生艇上仰望，jack留在大船上，眼中闪着泪光却微笑看着过 | 838 |
| 29 | 缓慢 | 较差 | 2005-07-10 05 | ………………是的，這種片子我也哭過。細細啊。 | 129 |
| 30 | 打碎 | 力荐 | 2023-04-05 02 | 让我们期冀着：原来世界上真的有人无端端地比热爱生命还要热爱另一个人。二 | 820 |
| 31 | 朝暮雪 | 力荐 | 2012-08-07 15 | 杰克为露丝画像的那个午后，船舱里漂浮着九十吨寂静。铅笔刮擦素描纸的声音 | 519 |
| 32 | 元宝宝 | 力荐 | 2017-03-29 15 | 男女主人公的爱情固然打动人心，但我也记住了当海水袭来时，有一对老夫妇紧 | 735 |
| 33 | 卡夫不卡 | 力荐 | 2023-04-19 19 | 我十二岁看不喜欢它，觉得Rose和Jack顺利地下了船，他们的生活肯定会在鸡毛 | 293 |
| 34 | 万俟陨枫 | 很差 | 2015-11-09 22 | 这里所谓的爱情就是色情。一星给主题歌，完全靠主题歌拔高感觉。立意差。男 | 117 |
| 35 | 蓝下老婆 | 力荐 | 2017-02-27 15 | you jump, i jump这句是不是超经典，这部电影是根据真人真事改编的，非常 | 819 |
| 36 | Kevin | 推荐 | 2023-02-27 10 | #cherryhill 花最多的钱，拍最甜的玛丽苏，或者越俗越好; | 132 |
| 37 | 默 | 推荐 | 2018-02-05 22 | 当年的小李子真的美如画，清秀的少年郎，露丝也身姿卓越，气质很好，面容姣 | 302 |
| 38 | 已注销 | 力荐 | 2022-02-11 21 | 他们的爱情死在最好的时候。 | 638 |
| 39 | 冰红深蓝 | 力荐 | 2015-05-04 16 | 摄影剪辑调度配乐音效场面还原都堪称登峰造极，尽管爱情故事十分烂俗，但我就是 | 273 |
| 40 | judyislar | 力荐 | 2023-02-24 10 | "He saved me in every way a human can be saved" | 426 |
| 41 | 昵称被占 力荐 | 力荐 | 2017-02-09 14 | 我甚至连他的一张照片都没有，他活在我的心里 | 690 |
| 42 | 芥末小馡ゝ | 推荐 | 2006-09-12 13 | 哭得稀里哗啦的 | 475 |

图 8-13　抓取到的影评数据结果截图

## 8.3.2　数据预处理

### 1. 缺失值处理

举例：假设我们有一个客户数据集，其中，年龄和收入字段存在一些缺失值，需要填充这些缺失值。这里我们用 ChatExcel 进行展示。

上传数据表并输入提示词（图 8-14）。

运行结果如下（图 8-15）。

### 2. 异常值检测与处理

举例：有一个学生成绩表格，包含了每名同学的三门课程成绩，现在分析一下成绩表中的异常值。

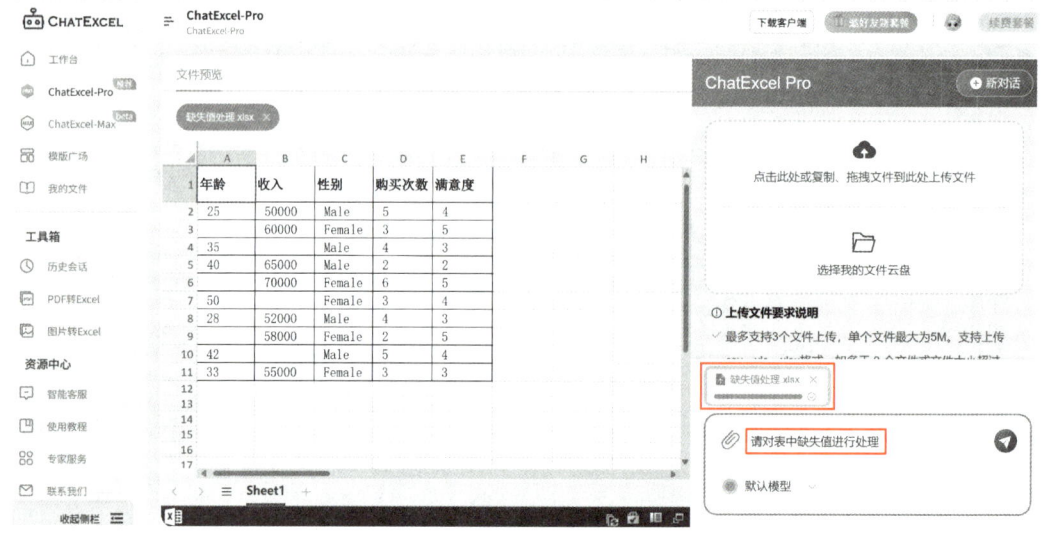

图 8-14　ChatExcel 输入提示词

图 8-15　ChatExcel 运行结果

以豆包数据分析模块为例，上传数据表并输入提示词（图 8-16）。

输出结果如下（图 8-17）。

基于执行结果，已成功绘制箱线图展示各科成绩分布。从输出的异常值情况来看，数学成绩中有一个异常值为 40，英语成绩中有一个异常值为 35。这些异常值可能是学生特殊情况（如考试发挥失常、缺课等）导致的成绩偏低。在后续的教学分析中，可以针对这些异常情况进行深入了解，为学生提供更有针对性的帮助。

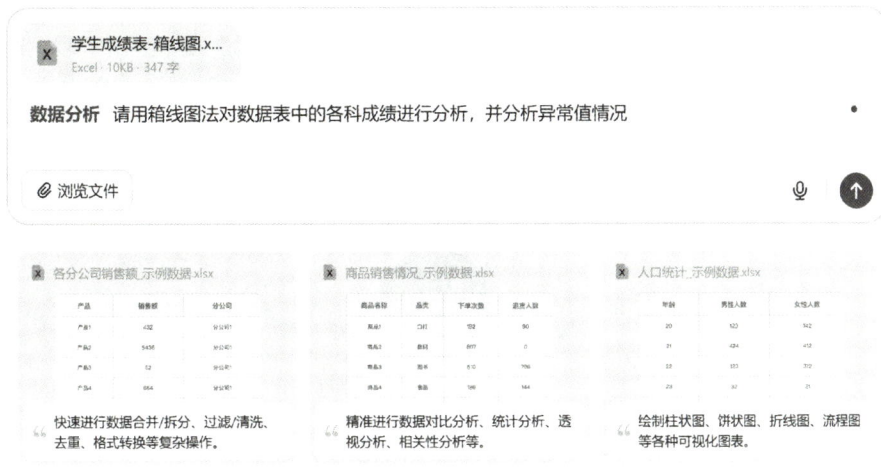

图 8-16　豆包输入提示词

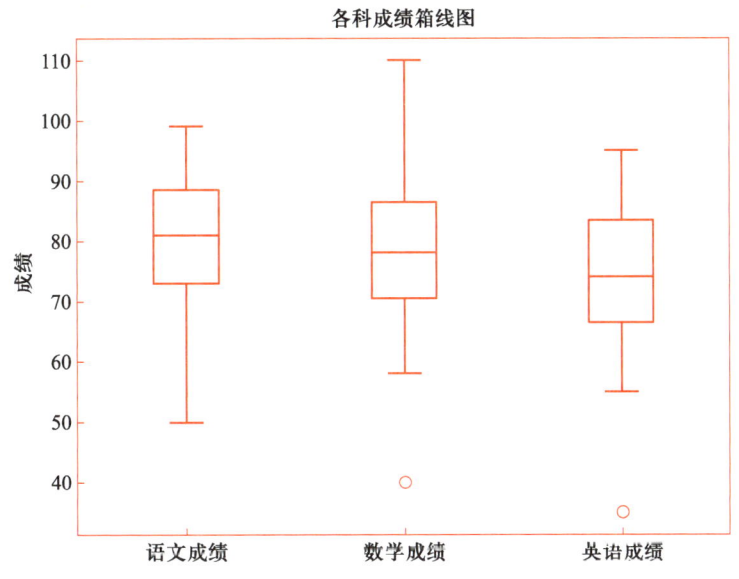

图 8-17　豆包生成箱线图

## 3. 格式转换

举例：数据中不同特征的量纲可能不一致，数值间差别可能很大，需要对数据按照一定比例进行缩放，使之落在一个特定的区域，便于进行综合分析（图 8-18）。

| 时间 | 地区生产总值 | 公共财政收入 | 人均生产总值 | 第二产业产值占比 | 第三产业产值占比 | 人均产值增速 | 财政收入增速 | 空气质量年达标率 | 二氧化硫年平均浓度 | 二氧化氮年平均浓度 | 人均公园绿地面积 | 森林覆盖率 | 生活垃圾无害化处理率 | 污水处理率 | 一般工业固体废物综合利用率 |
|---|---|---|---|---|---|---|---|---|---|---|---|---|---|---|---|
| 2010 | 10748.28279 | 8726500 | 87458.00566 | 0.3724 | 0.6101 | 10.172213 | 24.193645 | 97.81 | 30 | 50 | 11.87 | 38.2 | 91.96 | 88.1 | 89.75 |
| 2011 | 12423.439 | 9794800 | 97587.98564 | 0.3684 | 0.6151 | 11.582679 | 12.242021 | 98.63 | 28 | 49 | 15.05 | 39 | 81.36 | 79.4 | 94.87 |
| 2012 | 13551.2072 | 11023960 | 105908.9358 | 0.3484 | 0.6358 | 8.5266133 | 12.549108 | 98.36 | 22 | 49 | 19.64 | 40 | 80.38 | 82.7 | 95.7 |
| 2013 | 15420.14 | 11418044 | 119695 | 0.3389967 | 0.6461613 | 13.016904 | 3.5747953 | 71.23 | 20 | 52 | 19.72 | 41 | 87.05 | 91.4 | 95.17 |
| 2014 | 16896.62 | 12431000 | 129938 | 0.3388565 | 0.6492588 | 6.8709699 | 8.8719566 | 77.5 | 17 | 48 | 20.19 | 42 | 91.5 | 92.09 | 94.47 |
| 2015 | 18313.8 | 13494700 | 137793 | 0.3207166 | 0.6680066 | 6.0451908 | 8.5568337 | 85.5 | 13 | 47 | 16.5 | 42 | 95.24 | 93.22 | 95.15 |
| 2016 | 19782.19 | 13936400 | 143638 | 0.2989022 | 0.6901769 | 4.2418701 | 3.2731369 | 84.7 | 12 | 46 | 16.8 | 42.14 | 96.1 | 94.2 | 96.48 |
| 2017 | 21503.15 | 15367400 | 150678 | 0.2795409 | 0.7102071 | 4.90121 | 10.268075 | 80.5 | 12 | 52 | 17.06 | 42.32 | 96.5 | 95 | 95.1 |
| 2018 | 22859.35 | 16342242 | 155491 | 0.2727142 | 0.7175112 | 3.1942288 | 6.3435715 | 80.5 | 10 | 50 | 17.3 | 42.26 | 100 | 95.5 | 81.1 |

图 8-18　某地区生产总值及各产业数据示例

我们以智谱清言数据分析模块为例，输入提示词（图 8-19）。

**数据分析**

通过分析用户上传文件或数据说明，帮助用户分析数据并提供图表化的能力。也可通过简单的编码完成文件处理的工作。

👤 智谱清言　💧 1498089

北京未来七天气温，做个折线图

帮我生成一个二维码，扫码后打开chatglm.cn

⊕ 新建对话

 data_shiyan-标准化归一化
XLSX 11.14KB

请对表中数据进行标准化处理，时间特征保留原值，生成处理后的excel表格供下载。 ⎮　　　　　•

以上内容均由AI生成，仅供参考和借鉴　2024 ChatGLM4 京公网安备11010802041394号 ∧ 用户协议 | 隐私政策 | ⚙ 开源模型

图 8-19　智谱清言数据分析模块输入提示词

运行结果如下（图 8-20）。

非时间特征已成功进行标准化处理。现在，每个非时间特征的均值为0，标准差为1。接下来，我将把处理后的数据保存为新的Excel文件，并提供下载链接。

✓ **代码生成：已完成** ∨

**结果**

'/mnt/data/standardized_data.xlsx'

数据标准化处理已完成，您可以通过以下链接下载处理后的Excel文件：

下载标准化后的数据

如果您有任何其他需求或问题，请随时告诉我！

图 8-20　标准化运行结果

## 4. 数据合并

举例：数据表格中有 3 个 sheet，现需要将他们合并为 1 个。

以 Julius AI 为例，上传表格并输入提示词（图 8-21）。

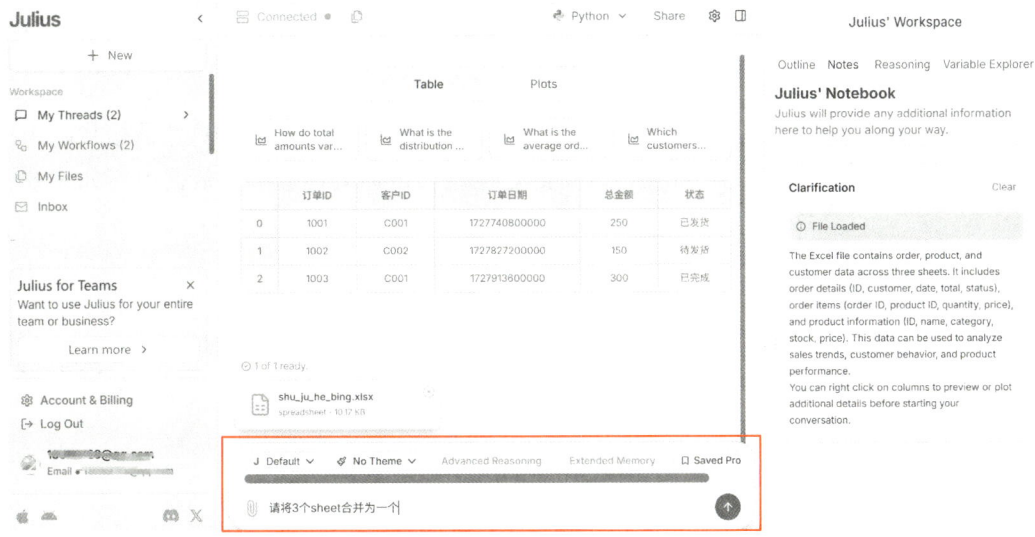

图 8-21　Julius AI 输入提示词

运行结果如下（图 8-22）。

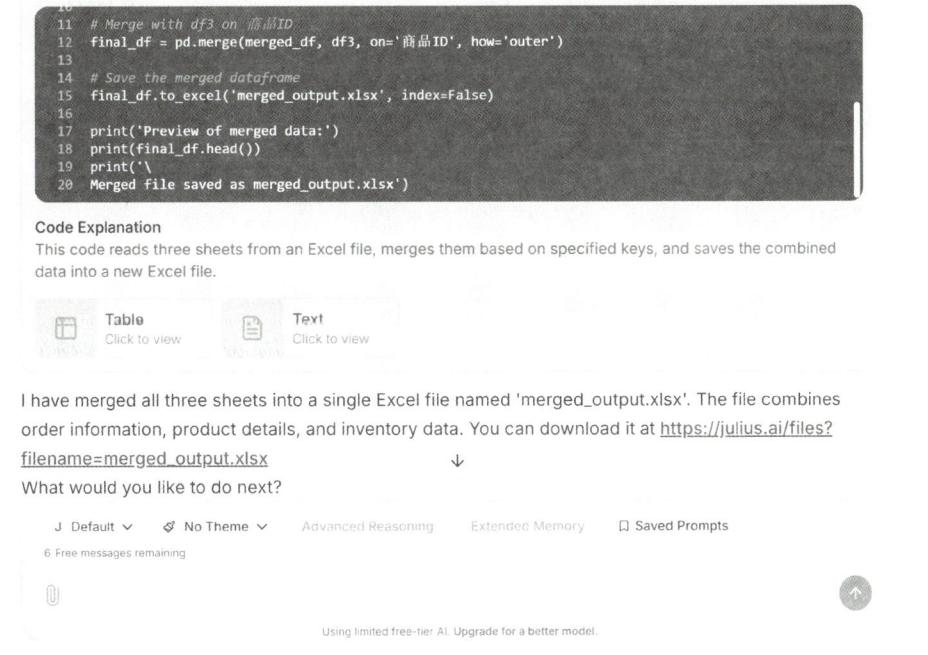

图 8-22　数据合并输出结果

**思考与训练：**

尝试使用办公小浣熊、ChatExcel、智谱清言等工具对数据表格进行预处理（缺失值处理、异常值检测、标准化处理）等，对比不同工具的预处理效果。

## 8.3.3　数据建模

（1）特征选择

案例：一个保险公司的业务员统计了近一个月的用户数据，想根据这些数据找出用户是否会购买某个产品最相关的特征，以便更好地定位目标群体。部分数据内容如表 8-5 所示。

表 8-5　用户数据信息

| 收入（万元） | 性别 | 学历 | 婚姻状况 | 是否有车 | 是否有房 | 购买力（元） | 是否购买 |
|---|---|---|---|---|---|---|---|
| 22 | 女 | 本科 | 未婚 | 否 | 否 | 1,000 | 否 |
| 25 | 男 | 高中 | 未婚 | 否 | 否 | 2,000 | 否 |
| 28 | 女 | 本科 | 已婚 | 是 | 否 | 3,000 | 是 |
| 35 | 男 | 研究生 | 已婚 | 是 | 是 | 5,000 | 是 |
| 40 | 女 | 本科 | 已婚 | 是 | 是 | 6,000 | 是 |

以豆包数据分析模块为例，上传数据表并输入提示词：

我是保险公司的业务员，统计了近一个月的用户数据，想根据这些数据找出用户是否会购买某个产品最相关的特征，以便更好地定位目标群体。你是一名数据分析专家，请你从专业角度运用皮尔逊相关性分析方法提取特征，并告诉我哪些特征与购买数据最相关。

部分运行结果如下（图 8-23）。

从上述结果可以推测出，婚姻状况与用户是否购买产品呈现完全的线性相关关系，可能表明处于不同婚姻状态的用户在购买该产品上存在非常明显的差异。是否有车、是否有房和购买力（元）等特征也与购买行为高度相关，这可能意味着经济实力和生活状态对购买决策影响较大。而性别的相关性相对较低，说明性别因素对用户是否购买该产品的影响较小。

基于这些发现，你在定位目标群体时，可以优先关注已婚人群，以及有车或有房、购买力较高的用户，这样能更精准地进行营销推广。

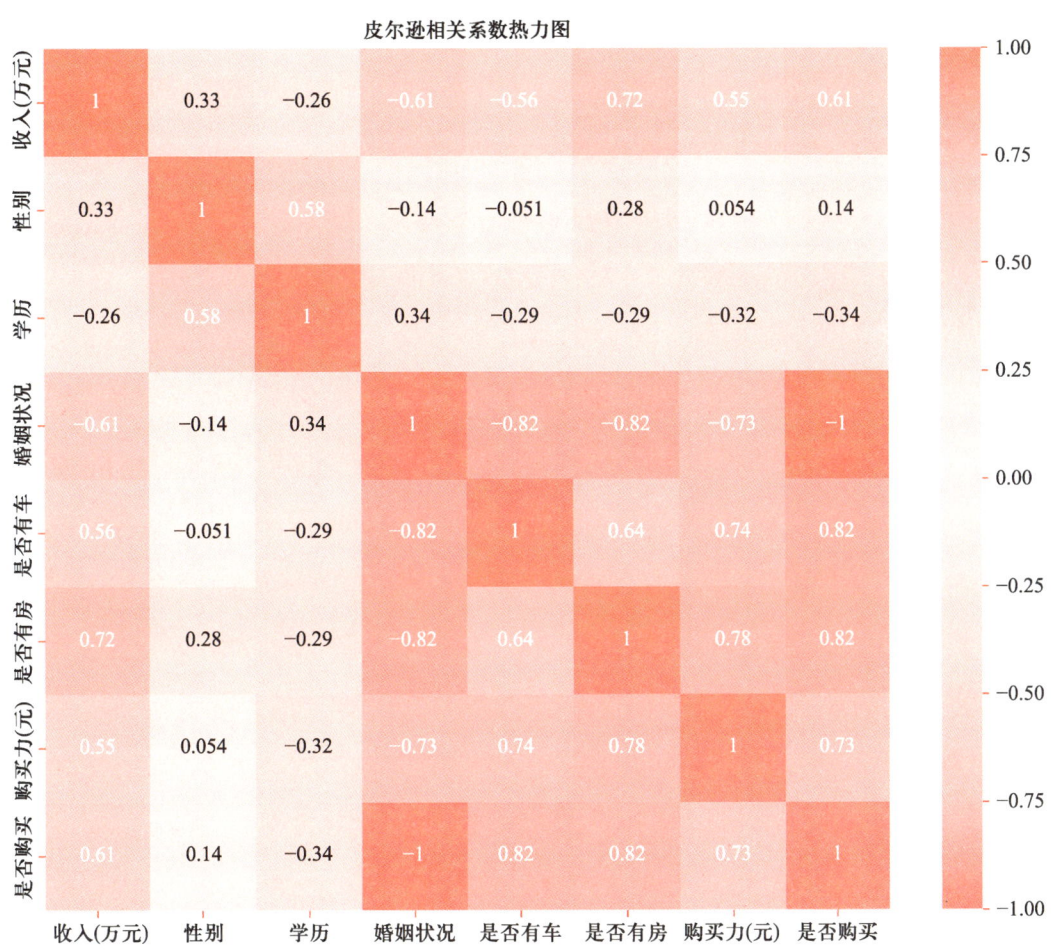

图 8-23　豆包生成的相关系数热力图

（2）机器学习模型构建

举例：以鸢尾花数据为例，上传数据表并输入提示词：

**请对鸢尾花数据集进行分类建模**

部分运行结果如下（图 8-24）。

Kimi 运行过程中，基于 Python 和 scikit-learn 库的鸢尾花分类建模过程，包括数据加载与预处理、选择分类模型（逻辑回归、支持向量机、决策树和随机森林）、模型选择与优化、模型保存等关键环节。

**思考与训练：**

以表 8-4 中的数据为例或者使用自己的数据，用豆包、智谱清言、Kimi、DeepSeek 等工具进行特征选择，对比不同工具的生成结果。

鸢尾花数据集（Iris dataset）是机器学习中一个经典的分类问题数据集，通常用于演示分类算法的使用。以下是一个完整的基于 Python 和 scikit-learn 库的鸢尾花分类建模过程：

**1. 数据加载与预处理**

```python
import pandas as pd
from sklearn.model_selection import train_test_split
from sklearn.preprocessing import StandardScaler

# 加载数据
data = pd.read_excel('鸢尾花.xlsx')

# 查看数据结构
print(data.head())

# 分离特征和目标变量
X = data.drop(columns=['类别'])
y = data['类别']

# 将类别标签转换为数值（可选，如果使用支持字符串标签的模型则不需要）
from sklearn.preprocessing import LabelEncoder
label_encoder = LabelEncoder()
y_encoded = label_encoder.fit_transform(y)

# 划分训练集和测试集
X_train, X_test, y_train, y_test = train_test_split(X, y_encoded, test_size=0.3,
random_state=42)
```

图 8-24　自动建模显示结果

## 8.3.4　数据可视化

### 1. 饼图、折线图、柱状图等基本图表

举例：根据 2023 年中国各省的生产总值数据，计算生产总值增率，然后绘制折线图与柱状图。

以 ChatExcel 为例，上传数据表并输入提示词：

**提取 2023 年中国各省生产总值，计算生产总值增率，绘制折线图与柱状图的混合图，不同省份的柱用不同的颜色。**

最终运行结果如下（图 8-25）。

举例：对产品的月度销售情况数据进行可视化。

以 Grapy 为例，输入提示词：

**请提供各类产品每月销售量柱状图**

运行结果如下（图 8-26）。

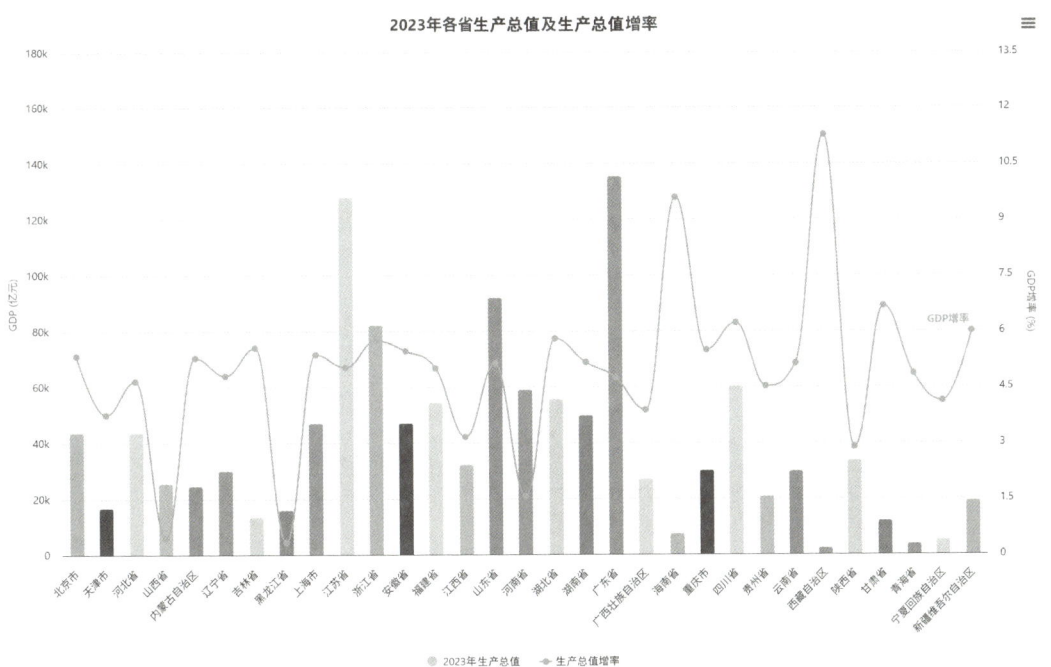

图 8-25　ChatExcel 生成混合图

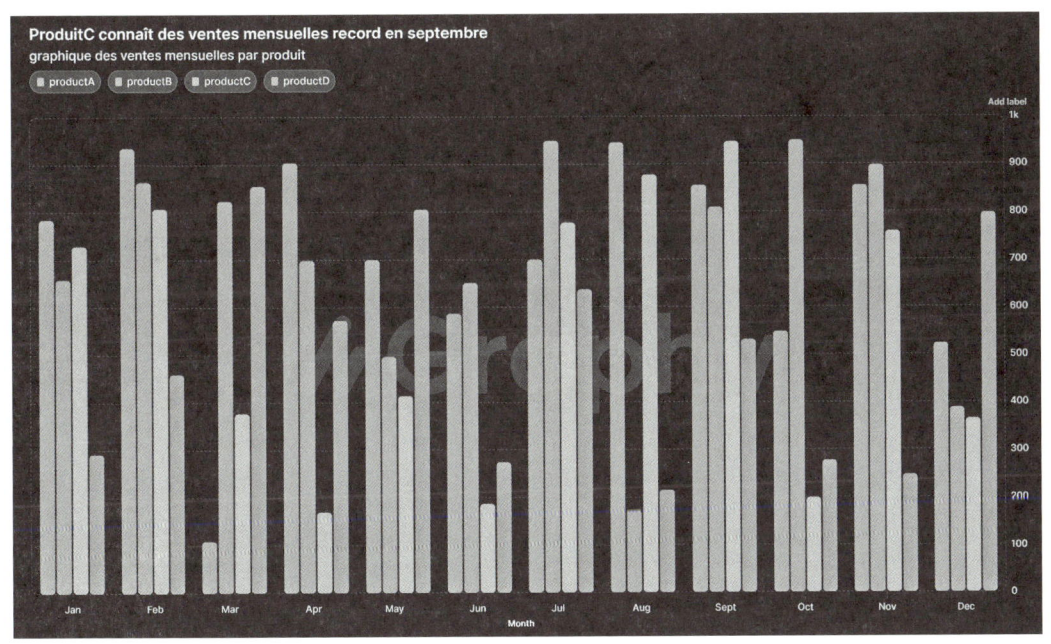

图 8-26　Grapy 生成柱状图

## 2. 气泡图、雷达图、相关性矩阵图等高级图表

（1）举例：生成气泡图。以智谱清言数据分析模块为例，上传表格数据。

输入提示词：**根据表中数据，制作气泡图**

最终输出结果如下（图 8-27）。

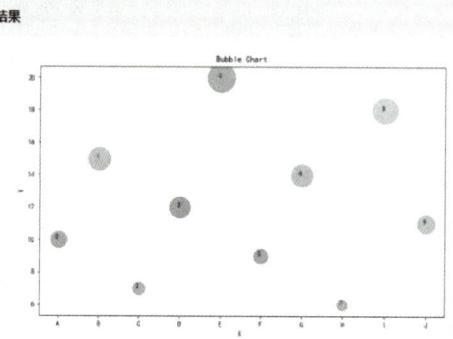

气泡图已经生成。在这个图表中，X 轴表示 'X' 列的值，Y 轴表示 'Y' 列的值，而每个气泡的大小则代表 'Size' 列的值。每个气泡旁边的数字是其对应的行索引。

如果你需要保存这个图表，请告诉我，我可以将其保存为图片文件。

图 8-27　智谱清言生成气泡图

（2）举例：生成雷达图。

以办公小浣熊为例，上传一个学生心理状态测评数据表，输入以下提示词（图 8-28）。

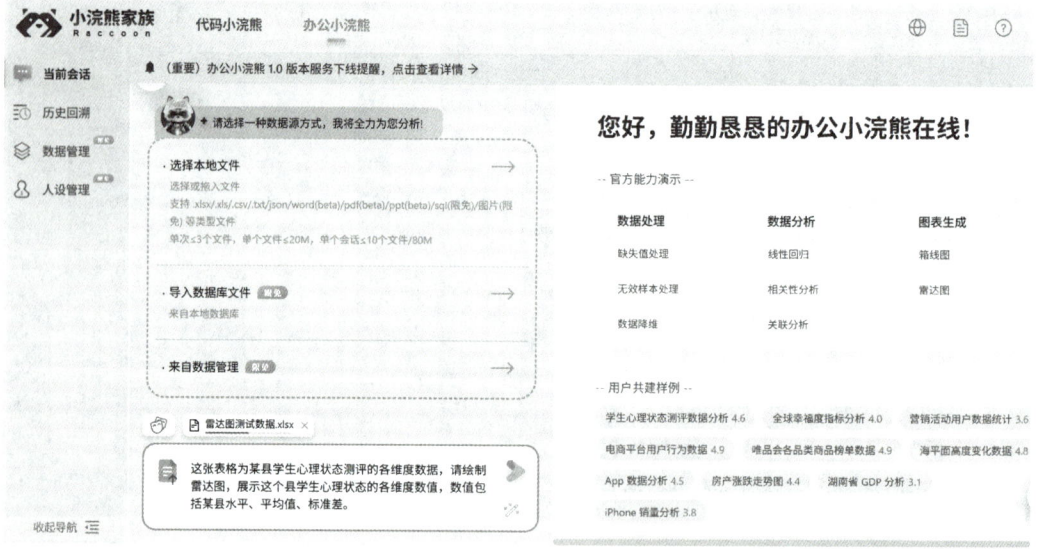

图 8-28　办公小浣熊输入提示词

运行结果如下（图 8-29）。

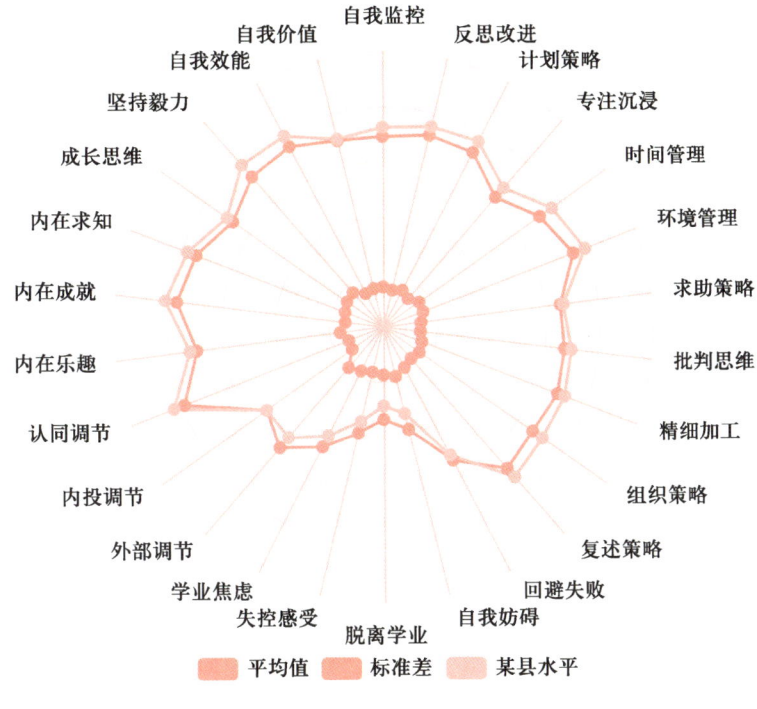

图 8-29 办公小浣熊生成雷达图

雷达图已经成功绘制，展示了该县学生心理状态在各个维度上的"某县水平""平均值"和"标准差"的表现。图中每一条线代表不同的指标，填充区域帮助更直观地比较各维度之间的差异。

### 3. 流程图、思维导图绘制

数据分析过程中，我们也经常需画流程图，思维导图等，以便清晰展示自己的分析思路。AIGC 工具可以使用 Mermaid 这种文本的图表定义语言自动生成所需图表样例。Mermaid 是一种基于 Javascript 的文本图表绘制工具，它允许用户使用简单的文本描述来创建和维护图表。这些图表可以包括流程图、序列图、甘特图、类图、状态图等。Mermaid 的目标是使图表的创建和修改变得更加简单和快捷，同时保持图表的可读性和美观性。

（1）流程图

我们以 Kimi 为例进行展示。

输入提示词：你是一个软件开发工程师，帮我梳理一下电商订单支付系统，并输出到 Mermaid 格式代码中。

运行结果如下（图 8-30）。

好的！电商订单支付系统是一个复杂的系统，涉及到订单管理、支付流程、第三方支付接口、用户信息、订单状态更新等多个模块。以下是一个简化的电商订单支付系统的Mermaid格式代码，用于展示系统的主要组件和它们之间的关系：

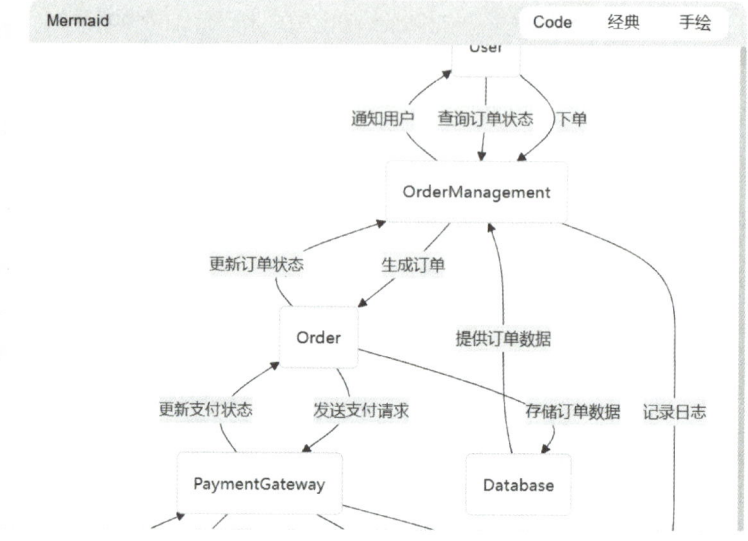

图 8-30　Kimi 生成流程图

（2）思维导图

输入提示词：**请你整理一下华为问界 M7 的核心卖点，使用 Mermaid 语言生成一份的思维导图。**

输出结果如下（图 8-31）。

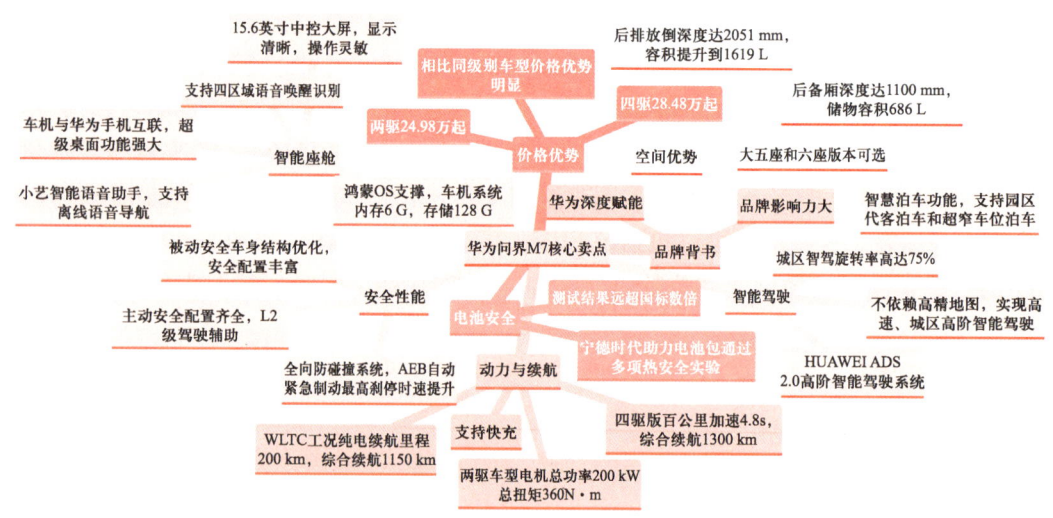

图 8-31　kimi 生成思维导图

通过 AIGC 工具和 Mermaid 提示词的配合，可以直接生成图示样例以及代码。如果对整个的输出不满意，可以继续和 Kimi 大模型对话，调整我们的提示词不断优化和迭代。上面生成的图形我们如果需要二次编辑，那么也可以将生成代码导入支持 Mermaid 语言的绘图工具中，如 Draw.io，至于渲染出来的效果是根据每个编辑器自己的渲染方式生成的。

**思考与训练：**

1. 尝试使用办公小浣熊、ChatExcel、智谱清言等工具对数据表格进行可视化，生成饼图、柱状图或折线图等，对比不同工具的可视化效果。

2. 尝试使用 Kimi 生成一份资料的思维导图。

# 8.4　AIGC 辅助数据分析使用技巧　

## 8.4.1　数据分析场景下提示词编写技巧

Prompt（提示词）是与 AIGC 工具交互的核心，有效的 Prompt 能够显著提高分析结果的质量和准确性。以下是编写高效数据分析 Prompt 的关键技巧（表 8-6）。

表 8-6　Prompt 精准化设计技巧

| Prompt<br>编写技巧 | 具体要求 | 示例 | |
|---|---|---|---|
| | | 优化前 | 优化后 |
| 表述清晰具体 | 确保 Prompt 清晰明确，避免模糊表述 | 分析这些销售数据 | 分析 2024 年季度销售数据，识别销售趋势和季节性模式 |
| 指定输出格式 | 明确指定期望的输出格式，包括图表类型、报告结构或数据排列方式 | 总结这些财务数据 | 以条形图形式呈现各产品线的季度收入 |
| 使用技术术语 | 使用数据分析和领域相关的专业术语，帮助 AIGC 工具更准确地理解请求 | 找出这些数字之间的关系 | 计算这些变量之间的皮尔逊相关系数，并解释其统计显著性 |
| 分解复杂任务 | 将复杂分析任务分解为多个简单步骤，通过结构化指令降低 AI 误读风险，引导输出专业分析框架 | 帮我分析销售数据 | 基于 2023 年 Q1-Q3 电子产品销售数据（字段：日期、产品类别、销售额、地区），请：<br>① 按月份绘制销售额趋势折线图；<br>② 计算各产品类别的销售占比（饼图）；<br>③ 输出销售额前 3 的地区及同比增幅分析 |

续表

| Prompt<br>编写技巧 | 具体要求 | 示例 | |
|---|---|---|---|
| | | 优化前 | 优化后 |
| 提供实例作为参考 | 提供成功示例作为参考，帮助 AIGC 工具理解期望的输出风格和质量 | 分析 2024 年数据 | 请按照之前报告的格式分析 2024 年数据，特别注意包含类似的区域比较图表和同比分析表 |
| 明确指定输出长度 | 根据需求明确指定输出的详细程度，避免冗长或过于简略的结果 | 提供一份分析摘要 | 提供一份约 500 字的分析摘要，创建一个包含 5-6 个关键图表的仪表板 |
| 使用特定关键字 | 使用特定关键字如"请""假设""考虑"等引导 AIGC 工具关注重要方面 | 按季度分析销售情况 | 请特别注意季节性因素对销售的影响，假设节假日对销售有显著促进作用 |
| 逐步完善 Prompt | 通过多次迭代，根据初步结果调整和完善 Prompt，逐步优化分析结果 | 分析这些销售数据 | 调整后：分析 2024 年季度销售数据，识别销售趋势和季节性模式；<br>进一步完善：分析 2024 年季度销售数据，识别销售趋势、季节性模式，与 2023 年同期数据进行对比 |

## 8.4.2　工具选择技巧

在众多 AIGC 数据分析工具中，选择合适的工具需要综合考虑数据分析任务的特点和工具的优势。对于不同任务，如数据处理与清洗、可视化、分析与建模以及报告生成，都有特定的工具表现更佳。表 8-7 是根据任务对常用工具的分类推荐，帮助用户根据需求选择最合适的工具。

表 8-7　工具选择技巧

| 数据分析任务 | 推荐工具 | 推荐理由 |
|---|---|---|
| 数据处理与清洗 | ChatExcel、Julius AI、Formula Bot、豆包、智谱清言 | Chatexcel 可快速整理、清洗和转换数据；Julius AI 支持多种数据格式的清洗和转换；Formula Bot 提供丰富的数据处理公式和工具；豆包和智谱清言有专门的数据分析模块 |
| 数据可视化 | Graphy、DataSquirrel.ai、Julius AI、办公小浣熊、ChatExcel | Graphy 擅长生成精美的可视化图表；DataSquirrel.ai 能生成直观的可视化图表；Julius AI 提供多种图表类型展示分析结果；办公小浣熊和 ChatExcel 在数据可视化方面也有一定优势 |
| 数据分析与建模 | Julius AI、DeepSeek、Formula Bot、豆包、Kimi | Julius AI 支持多种数据分析算法和建模方法；DeepSeek 具备较强的数据分析能力；Formula Bot 提供丰富的数据分析函数和工具；豆包适合进行简单的数据分析和数据建模任务；Kimi 能进行基础的数据分析和挖掘 |

续表

| 数据分析任务 | 推荐工具 | 推荐理由 |
| --- | --- | --- |
| 报告生成 | WPS AI、Julius AI、豆包、文心一言、智谱清言 | WPS AI 与 WPS 办公软件结合紧密，可快速生成专业报告；Julius AI 能自动生成详细的数据分析报告；豆包能生成简洁的数据分析报告；文心一言可快速生成文本内容丰富的报告；智谱清言能对数据进行简单解读并生成文本报告 |

注意：部分工具功能存在交叉，实际选择需结合具体数据规模、技术能力及预算。

# 8.5  AIGC 辅助数据分析注意事项和未来展望

## 8.5.1  注意事项

（1）数据容量限制：在使用 AIGC 辅助数据分析时，数据容量限制是一个不可忽视的重要问题。AIGC 工具通常对输入和处理的数据量有明确的限制，这些限制可能会影响数据分析的效率和准确性。如 DeepSeek 等工具，其上下文长度最大长度为 64 k token，对应的中文字符大约为 3 万~4 万字，输出长度最大为 8 k token，相当于 4000 多字，这限制了其对大规模数据集的处理能力。AIGC 工具的性能依赖于训练数据的数量和质量，如果训练数据量不足，可能导致模型对数据的理解和分析能力有限，从而影响数据分析的准确性。因此，在遇到大型任务时，可以拆分为小型任务进行协同处理。

（2）数据质量影响：数据的质量直接决定了模型训练的效果、生成内容的品质以及最终的应用价值。数据覆盖面不足，模型便难以生成多样化、创新性的内容；数据存在噪声、偏差或标注错误，模型则可能产生虚假、误导性甚至荒谬的结果。训练数据中存在偏见或不完整，可能导致 AIGC 工具生成有偏见的分析结果，影响数据分析的客观性。如果输入的数据质量不高，存在错误或噪声，AIGC 工具可能无法准确识别和处理，从而导致错误的分析结论。

（3）垂直领域知识缺失：通用 AIGC 模型虽然在处理通用语言和数据方面表现出色，但在特定垂直领域，如金融、医疗、法律等，其知识储备可能相对不足。这些领域通常具有高度专业化的术语、复杂的业务逻辑以及严格的数据处理规范，而 AIGC 模型在这些方面的知识可能并不完善。垂直领域知识的缺失可能导致 AIGC 模型在生成分析报告时出现错误或不准确的结论。由于缺乏对特定领域的深入理解，模型可能会忽略一些关键因素或错误地解释某些数据，从而误导决策者。

（4）隐私和安全问题：AIGC 技术依赖海量数据进行训练和优化，这些数据往往包含用户的个人隐私信息、商业机密以及敏感数据。如果数据保护措施不到位，很容易导致隐私泄露和数据滥用。例如，用户在与 AIGC 模型交互时，可能会不自觉地透露个人信息或商业机密，而这些信息可能会被模型记录和学习，从而带来严重的隐私风险。在使用AIGC 工具分析数据之前，应对敏感数据进行脱敏处理，以减少潜在的安全风险。同时，我们要遵守相关的数据安全和数据隐私规范，确保数据使用的合法性。

（5）实时性与动态性不足：AIGC 工具通常基于静态数据进行训练，对于实时变化的数据，如金融市场数据或实时传感器数据，可能无法及时处理和分析，导致分析结果滞后。由于训练数据的限制，AIGC 工具可能无法快速适应新出现的数据趋势或模式，这在需要快速决策的场景中是一个明显的劣势。此外，AIGC 工具在处理特定领域或复杂问题时，其泛化能力仍显不足，这进一步限制了其在动态环境中的应用。

## 8.5.2　未来展望

AIGC 在数据分析领域具有巨大的应用价值和发展潜力，能够显著提高数据分析的效率和准确性，帮助用户挖掘更多有价值的信息。随着人工智能技术的不断进步，AIGC 在数据分析领域的应用前景将更加广阔，有望在更多行业和领域发挥关键作用，推动各行业的数字化转型和创新发展。在未来，AIGC 可能会与物联网、大数据等技术深度融合，实现更实时、更全面的数据采集和分析；在模型算法上不断创新，提升数据分析的精度和深度，为解决复杂的现实问题提供更有效的方案（图 8-32）。

图 8-32　AIGC 数据分析未来趋势

建议同学们学以致用选择一个实际的数据分析项目，运用所学的 AIGC 工具和方法进行数据采集、预处理、分析和可视化，可以选择分析自己所在专业领域的数据，如学生成绩分析、科研数据处理、行业市场调研等。通过实践操作，加深对 AIGC 辅助数据分析的理解和掌握，切实提高实际操作能力和问题解决能力。

# 第九章 AI应用的无限可能：智能体与本地大模型

随着人工智能技术的蓬勃发展，智能体与本地大模型作为 AI 应用的两大核心领域，正悄然改变着我们的生活与工作方式。AI 智能体以其独特的感知、决策和执行能力，在自动化办公、数据分析、客户管理等众多应用场景中展现出强大的任务处理潜力，成为我们工作和生活中的得力助手；而本地大模型则凭借数据安全、低延迟及定制灵活等优势，在安全、性能和个性化要求高的场景中独具价值。本章旨在向读者全面展示 AI 智能体与本地大模型的基础知识、核心能力、应用场景及其搭建方法，帮助读者更好地利用这两类 AI 应用。

## 9.1 智能体概述

### 9.1.1 智能体的定义与特征

AI 智能体（AI Agent）是一种能够通过推理、逻辑和外部信息结合来实现特定目标的程序或系统。其核心特征在于通过生成式 AI 模型（如大语言模型）进行逻辑推理与内容生成，同时整合外部工具（API、数据库等）实现环境交互，最终完成复杂任务闭环。

这种系统不仅具备自主性（无需人类实时干预）、适应性（动态调整策略）和协作性（多轮迭代优化结果），更能突破传统 AI 工具的单一功能限制。其形态不只是大多数人接触到的 AI 工具类软件程序，如豆包、文心一言、通义千问、DeepSeek，等等，还可以是物理实体，如 AI 机器人，也可以是虚拟数字体，如虚拟主播、数字孪生体。其应用场景广泛，涵盖制造、教育、医疗、旅游等多领域。例如，在自动驾驶场景中，智能体通过实时感知路况、交通信号等环境数据，自主规划加速、减速、转弯等驾驶行为，以安全高效地到达目的地，充分展现其环境交互与决策能力；在旅行策划领域，智能体可超越传统推荐功能，直接完成机票预订、行程规划，甚至根据天气实时调整计划，形成完整的服务闭环。

这种"云端私人助理"的本质，使其成为推动各领域智能化转型的重要技术载体，其价值不仅在于技术创新，更在于重构了人机协作的基本范式。

## 9.1.2  智能体的发展历程

智能体的发展历程与人工智能技术的发展紧密相连，人工智能技术的每一次重大突破都推动着智能体向前迈进，图 9-1 是二者发展关联的具体呈现。

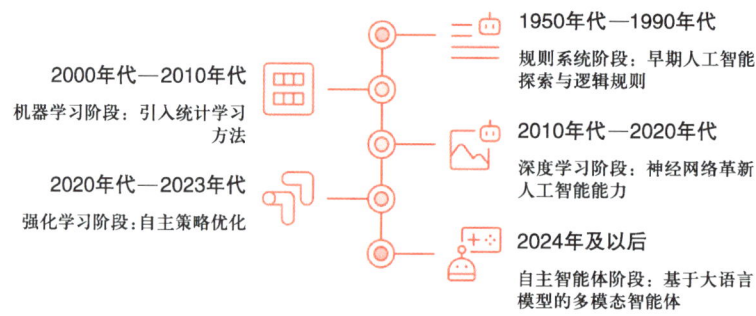

图 9-1  AI 智能体的发展历程

（1）规则系统阶段（1950s—1990s）：此阶段人工智能主要依赖人工编写 If-then 逻辑规则，基于领域专家知识构建决策树系统。当时计算机性能有限，智能体行为完全由预设规则决定，功能简单且局限，适应能力差，遇到规则外的情况难以处理。

（2）机器学习阶段（2000s—2010s）：人工智能技术实现从数据中自动归纳规律，取代人工规则编写，引入支持向量机、决策树等统计学习方法。随着计算机性能提升和数据积累，机器学习算法能够从大量数据中学习模式和规律。智能体开始具备一定的自主学习能力，不再完全依赖人工编写规则，适应性和准确性大幅提高。

（3）深度学习阶段（2010s—2020s）：深度神经网络成为核心技术，模仿人脑神经元结构，具备自动特征提取能力。大量数据和强大算力推动深度学习发展，在图像、语音等领域取得突破，智能体在感知和理解能力上有质的飞跃，处理复杂任务的能力显著增强。

（4）强化学习阶段（2020s—2023s）：人工智能技术通过环境反馈（奖励/惩罚）自主优化策略，结合深度神经网络形成深度强化学习。智能体自主性进一步提升，能在动态环境中自主决策。最具代表性的是 AlphaGo 通过大量自我对弈学习最优下棋策略击败李世石。

（5）自主智能体阶段（2024—）：此阶段以大语言模型驱动的多模态智能体为特征，实现跨领域任务协作。大语言模型强大的语言理解和生成能力，多模态融合使智能体向通用智能迈进，功能更接近人类智能水平。如 OpenAI 的 L3 级智能体可自主完成80%软件开发任务，能同时处理代码编写、需求分析等跨领域任务；DeepSeek-R1 模型作为本地化部署的个性化服务代理，能为用户提供综合服务。

### 9.1.3　智能体的技术架构与核心能力

现在我们所说的 AI Agent，基本都是基于大语言模型的，其技术架构包括规划（Planning）、记忆（Memory）、工具（Tools）和行动（Action）四个功能模块（图9-2），对应规划、记忆、采取行动和使用工具等基本能力。

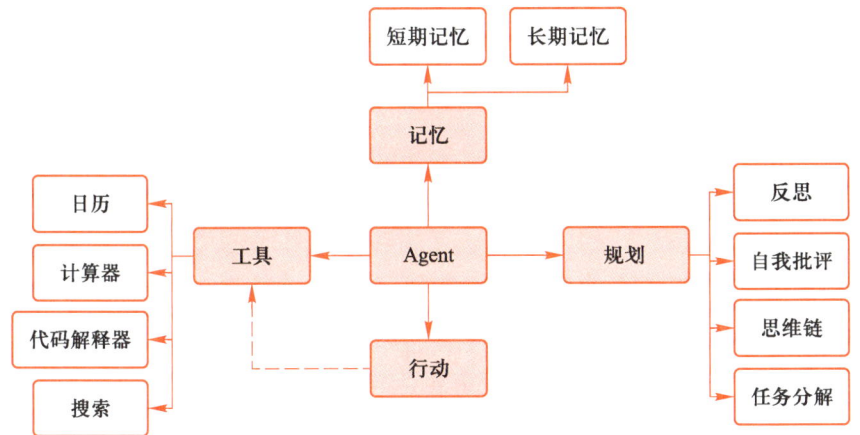

图9-2　AI Agent 的技术架构

（1）规划（Planning）：任务规划模块，辅助智能体制定任务执行策略和步骤，包括反思、自我批判、思维链、子目标分解四个子模块。

（2）记忆（Memory）：信息存储模块，负责存储智能体相关信息，分为短期记忆和长期记忆。短期记忆存储近期使用或获取的信息，用于当前任务处理过程中的临时数据存储和参考。长期记忆为保存较为持久、重要的信息，如智能体学习到的知识、过往任务经验、用户偏好等。

（3）工具（Tools）：功能实现组件，包含日历、计算器、代码解释器、搜索等一系列具体工具，为智能体完成任务提供实际操作能力。

（4）行动（Action）：执行操作模块，根据智能体的决策，调用相应工具执行具体任务动作，是将规划转化为实际行动的环节。

智能体的核心能力是其技术架构的具体体现，包括：

（1）自主感知与理解：能够自主感知外部环境，并理解其中的信息。例如，通过自然语言理解用户的需求，或者通过计算机视觉识别场景中的物体。

（2）自主推理与决策：能够基于已有的知识和感知到的信息进行推理，按照"拆分任务→制定计划→执行→反思优化"的流程进行决策。例如，在复杂环境中规划最优路径，或者根据用户的偏好推荐合适的产品。

（3）自主学习与优化：能够通过学习不断提升自身的性能，适应新的环境和任务。例如，通过强化学习优化决策策略，或者通过迁移学习快速适应新任务。

（4）自主协作与交互：能够与其他智能体或人类用户进行协作和交互，完成复杂的任务。例如，在多智能体系统中，智能体之间可以共享信息和协同工作。

（5）自主适应与容错：能够适应环境的变化，并在出现错误时进行容错处理。例如，在网络不稳定的情况下，智能体可以切换到离线模式继续工作。

通过感知、推理、决策、学习、协作和适应等能力，智能体能够在各种场景中展现出强大的性能。

## 9.1.4　智能体与普通大模型的关系

智能体与普通大模型（如通用的大型语言模型）既相互关联又存在显著差异。大模型凭借强大的语言理解、知识推理等能力，为智能体提供智能基础，是智能体实现的前提；而智能体在与环境交互过程中产生的数据，又能够反过来优化大模型。在复杂应用场景中，二者协同合作，共同完成各类任务。二者的区别，主要体现在目标、工作方式、执行能力和适用场景方面（表 9-1）。

表 9-1　智能体与普通大模型的主要区别

| 对比维度 | 普通大模型（如 ChatGPT） | AI 智能体 |
|---|---|---|
| 工作方式 | 需要人类逐步引导，单轮对话 | 自主分析问题，执行多步任务 |
| 目标设定 | 需要用户手动输入每个步骤 | 只需提供目标，AI 可自行拆解任务 |
| 执行能力 | 只能回答问题，无法自主执行 | 可调用工具、访问互联网、处理复杂任务 |
| 适用场景 | 信息查询、文本生成、语言翻译、内容创作等 | 任务规划、自动化办公、智能客服、自动驾驶、智能物流、软件开发助手等 |

相比普通大模型，智能体在自主决策、环境交互、任务执行等方面展现出显著优势，在破解重复性劳动、打破信息孤岛和实现个性化服务方面展现出显著应用价值（图 9-3）：

（1）破解重复性劳动：智能体通过自动化与智能化替代传统重复性劳动，释放人力价值，同时创造新岗位生态。例如：某制造工厂引入 AI 视觉检测系统后，质检效率提升 400%，质检员转向故障分析与模型优化；银行智能客服处理 90% 标准化咨询，人工客服转向复杂投诉与情感化服务（如矛盾调解与数据分析）。

（2）打破信息孤岛：智能体通过数据整合与动态协作网络，解决跨系统、跨部门的数据壁垒。例如：医院智能体整合患者病历、检查报告和用药记录，辅助医生快速诊断，减少人为失误，提升效率；城市交通管理智能体整合气象、用户行为等多源数据，优化红绿灯配时，使拥堵指数下降27%。

（3）实现个性化服务：智能体基于用户画像与实时数据分析，提供高度定制化服务。例如：电商智能体根据用户浏览历史、预算和偏好，直接生成购物清单并下单；智能汽车中的 AI 助手可根据驾乘人习惯安排日程、推荐音乐，并在疲劳时自动调节车内环境。

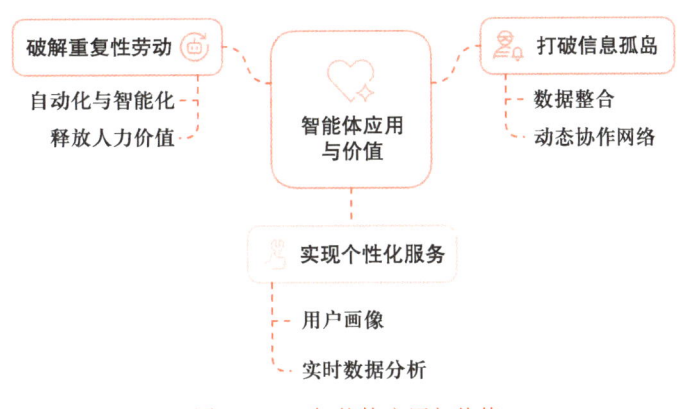

图 9-3　AI 智能体应用与价值

## 9.1.5　智能体的分类与应用场景

智能体可以根据其决策机制、行为模式和应用场景等进行分类。表9-2 是常见的智能体分类方式。

表 9-2　智能体分类方式及类型

| 分类维度 | 类型 | 特征 | 示例 |
|---|---|---|---|
| 决策机制 | 简单反射型智能体 | 基于当前环境输入直接作出反应，不依赖历史信息或复杂推理 | 恒温器控制系统 |
| | 基于模型的反射型智能体 | 在简单反射型智能体的基础上，增加内部模型，用于跟踪环境状态和历史感知 | 自动驾驶汽车避障系统 |
| | 基于目标的智能体 | 不仅考虑当前感知和环境状态，并通过推理和决策实现特定目标 | 路径规划机器人、智能客服系统 |
| | 基于效用的智能 | 在基于目标的智能体的基础上，引入了效用函数，试图最大化整体效用 | 金融行业投资机器人 |
| | 学习型智能体 | 能够通过与环境交互持续学习和优化行为策略 | 基于强化学习的游戏对战AI（AlphaGo） |
| | 协作型智能体 | 多个智能体通过协作完成复杂任务 | 多机器人协同搬运系统 |

续表

| 分类维度 | 类型 | 特征 | 示例 |
|---|---|---|---|
| 行为模式 | 自主型智能体 | 能够独立完成任务，无需外部干预 | 智能家居中的自动化控制系统 |
| | 半自主型智能体 | 需要部分人工干预或指导 | 医疗诊断辅助系统 |
| | 代理型智能体 | 代表用户执行任务 | 虚拟助手或聊天机器人 |
| 应用场景 | 个人助理型智能体 | 为用户提供日常帮助 | Siri、Alexa 等语音助手 |
| | 商业服务型智能体 | 用于企业级服务 | 智能客服、销售助手 |
| | 工业控制型智能体 | 用于智能制造、物流调度等工业场景 | 质检机器人、物流配送智能体 |
| | 教育辅助型智能体 | 提供个性化学习建议和答疑服务 | 智能教育平台 |
| | 医疗辅助型智能体 | 用于疾病诊断、药物推荐等医疗场景 | 医疗诊断辅助系统 |
| 技术实现 | 规则驱动型智能体 | 基于预定义规则执行任务，适用于简单场景 | 早期聊天机器人 |
| | 数据驱动型智能体 | 依赖大数据和机器学习模型进行决策，适用于复杂场景 | 基于深度学习的推荐系统 |
| | 混合型智能体 | 结合规则驱动和数据驱动的优势，适用于多变的动态环境 | 智能交通管理系统 |
| 交互方式 | 单智能体系统 | 独立运行的智能体 | 个人语音助手 |
| | 多智能体系统 | 多智能体协作完成任务 | 交通信号控制系统 |
| 部署方式 | 云端智能体 | 部署在云端，依赖网络连接提供服务 | 云端语音助手、CloudAI |
| | 边缘智能体 | 部署在本地设备或边缘节点，适合低延迟和高隐私要求的场景 | 本地部署的智能家居控制系统 |

说明：智能体的分类具有类交叉性。部分智能体可能同时属于多个类别，如智能客服既是目标驱动型智能体，又属于商业服务型智能体；医疗诊断辅助系统既是医疗辅助型智能体，也属于半自主型智能体。

在大模型技术驱动下，智能体凭借其强大的学习和推理能力，能够处理更加复杂的任务，并在各个领域展现出巨大的应用潜力，其典型应用场景及特征如表 9-3 所示。

表 9-3 智能体的典型应用场景及特征

| 应用场景 | 案例 | 优势 | 挑战 |
|---|---|---|---|
| 客户支持 | 电商平台智能客服机器人 | 提高客户满意度,降低人工成本 | 处理复杂问题的能力有限,需人工干预 |
| 智能销售 | 房地产行业的智能销售助手 | 精准定位客户需求,提高销售效率 | 客户需求理解的准确性依赖数据质量 |
| 内部支持 | 自动筛选简历的智能助手 | 提高工作效率,降低人力成本 | 缺乏人工判断的灵活性 |
| 数据分析 | 金融行业的智能风险评估系统 | 提高决策效率,降低风险 | 数据安全风险;算法可解释性不足可能影响决策信任 |
| 内容创作 | 新闻报道的自动生成 | 提高新闻生产效率 | 内容质量和原创性 |
| 软件开发 | GitHub Copilot | 提高开发效率,降低代码错误率 | 代码安全性风险和知识产权 |
| 供应链和物流优化 | 智能物流助手自动规划运输路线 | 降低物流成本,提高物流效率 | 实时数据获取难度大;系统容错能力需提升 |
| 教育与培训 | 智能教育助手(如 AI 教师) | 提供个性化学习路径,实时反馈 | 需要高质量的教育资源和数据支持 |
| 医疗健康 | 智能医疗助手(如辅助诊断系统) | 提高诊断效率,辅助医生决策 | 数据隐私和法规限制;医学知识的准确性和可靠性 |
| 智能家居 | 智能家居控制系统(如语音控制家电) | 提升生活便利性,节能环保 | 设备兼容性问题;用户隐私保护 |
| 游戏与娱乐 | AI 驱动的游戏角色和剧情生成 | 提升游戏体验,生成个性化剧情 | 内容生成的多样性和连贯性挑战 |
| 工业自动化 | 智能机器人在生产线上的应用 | 提高生产效率,减少人工干预 | 技术集成难度大;对实时性和精度要求高 |

## 9.1.6 智能体的发展趋势与挑战

随着人工智能技术的不断进步,智能体的未来发展趋势主要体现在以下几个方面:

(1)更高的自主性:虽然目前关于智能体的自主性水平仍存在争议,但随着技术的进步,智能体将能够更加独立地运行,并在更少人工干预的情况下做出复杂的决策。例如,未来的智能体可以自主地完成更复杂的任务,例如项目管理、市场调研、财务分析等。

(2)更强的主动性:智能体将能够预测需求,主动提出解决方案,并自主采取行动。例如,智能家居助手可以根据用户的日常习惯,主动调节室内温度、灯光等,为用户提供更舒适的生活环境。

(3)更强的个性化:智能体将能够根据用户的个人需求提供高度个性化的体验和服

务。例如，个性化学习助手可以根据学生的学习进度和兴趣，推荐合适的学习内容和学习方法。

（4）更强的情感智能：智能体将能够更好地理解和回应人类的情感，并在客户服务、心理治疗和教育等领域提供更具同理心的互动。例如，情感陪伴机器人可以与用户进行情感交流，提供情感支持和心理疏导。

（5）更强的多模态能力：智能体将能够无缝地整合文本、语音、图像和视频等多种模态信息，从而实现更自然、更有效的交互。例如，多模态智能助手可以理解用户的语音指令、识别图像中的物体、生成视频摘要等。

（6）更先进的多智能体系统：多个智能体将能够协同工作，共同完成复杂的任务，并通过相互学习和协作来提高整体性能。例如，多个机器人可以协作完成仓库管理、物流配送等任务。

（7）更易用的智能体构建框架：将出现更多易于使用的智能体构建框架和工具，使开发者和非开发者都能轻松构建定制化的智能体。例如，LangChain、AutoGPT、AgentGym 30 等框架提供了丰富的工具和模板，简化了智能体的开发和部署过程。

（8）与物联网和个人设备的深度融合：智能体将与物联网设备和个人设备深度融合，例如智能家居、可穿戴设备等，为用户提供更加便捷、智能的生活体验。例如，智能家居助手可以控制家中的各种设备，例如灯光、空调、电视等，并根据用户的需求提供个性化的服务。

虽然 AI Agent 具有巨大的潜力，受限于现阶段的技术、生态、用户接受度等因素，也面临着一些挑战：

（1）可靠性方面：智能体的输出结果可能会受到输入的微小变化的影响，导致不可预测的行为。例如，轻微的措辞变化就可能使智能体做出完全不同的决策。

（2）安全性方面：智能体可能会被恶意攻击者利用，例如：prompt injection 攻击，攻击者可以通过精心设计的 prompt 来绕过安全措施，窃取敏感信息或控制智能体的行为。

（3）可解释性方面：理解智能体做出特定决策的原因通常很困难。这给智能体的调试和改进带来了挑战，也阻碍了人们对智能体的信任。

（4）伦理和社会影响：智能体的广泛应用可能会引发伦理和社会问题，例如隐私问题、偏见问题等。例如，智能体可能会泄露用户的隐私信息，或者做出带有偏见的决策。

# 9.2　当前主流智能体平台比较与选择

## 9.2.1　智能体平台的核心能力

2024 年以来，智能体平台凭借低/零代码开发优势，成为大模型应用创新落地切入点，非 IT 人员也能快速创建 AI 应用。2025 年推理模型涌现，Manus 等 AI Agent 密集发布，将智能体落地推向又一个高潮。智能体的形态也从单点智能体（解决单一任务，简单调 API）、组合智能体（任务编排、链式调用），向平台型智能体（构建生态系统，接入更多应用）跨越。智能体平台已经成为智能体应用构建与承载的关键支撑。

智能体平台的核心能力在于其强大的灵活性和扩展性。通过多模型支持、知识库管理、插件扩展、流程编排和智能体商店等功能（表 9-4），平台能够满足不同用户的需求，降低使用门槛，提高工作效率，并支持广泛的场景应用。

表 9-4　智能体平台核心能力

| 能力 | 描述 | 特点 |
| --- | --- | --- |
| 多模型支持 | 平台支持多种大语言模型，包括开源模型和商业化模型 | 用户可以根据需求选择最适合的模型；支持模型的灵活切换和组合使用 |
| 知识库管理 | 允许用户导入自定义数据，训练和定制自己的 AI 智能体 | 提供数据导入和管理工具；支持私有知识库的构建和优化；可根据企业或个人需求进行定制化训练 |
| 插件扩展 | 用户可以根据实际需求灵活调用各类插件，提升工作效率 | 提供丰富的插件库；支持第三方插件开发；插件可扩展性强，适用于多种应用场景 |
| 流程编排 | 无编程基础的用户可以通过直观的拖拽操作实现智能体工作流的编排 | 提供可视化流程设计工具；支持任务分解和步骤设计；降低使用门槛，提高易用性 |
| 智能体商店 | 提供由官方和爱好者开发的智能体，供用户下载和使用 | 丰富的智能体资源库；支持用户自定义和分享；官方审核机制，确保智能体质量和安全性 |

## 9.2.2　当前主流智能体平台及适用场景

### 1. 当前主流的智能体平台

以下介绍一些主流的智能体平台，涵盖通用开发、垂直领域及开源生态，供不同场景需求参考，如表 9-5 所示。

表 9-5　主流智能体平台简介及特点

| 平台名称 | 简介 | 主要特点 |
| --- | --- | --- |
| 扣子（Coze） | 字节跳动推出的一站式智能体开发平台，专注于自然语言处理，支持快速低门槛创建聊天机器人及应用程序 | -无代码开发，拖拽配置界面友好<br>-超 1 万插件，覆盖多领域（图像类、文本类、搜索类、数据分析、语音识别等）<br>-内置多模型（如豆包·Function call 32 k）<br>-支持多平台发布（豆包、抖音、飞书、微信等）<br>-含知识库、数据库、图像流、工作流、多 Agent 模式、团队协作功能 |

续表

| 平台名称 | 简介 | 主要特点 |
|---|---|---|
| 百度文心智能体平台 | 依托百度文心大模型，提供自然语言处理和知识图谱支持的智能体开发平台 | -零代码/低代码开发<br>-支持多场景应用（内容创作、商业服务等）<br>-百度生态矩阵分发（百度搜索、小度、文心一言等）<br>-全链条服务（开发、分发、运营、变现） |
| 百度智能云千帆 AppBuilder | 百度企业级大模型应用开发平台，基于大模型搭建 AI 原生应用 | -低代码／代码态双模式<br>-接入文心 4.5 模型，零代码三步完成 Agent 创建<br>-预置 100+组件，支持多模态交互<br>-工作流编排灵活，无缝连接云资源 |
| 智谱清言智能体 | 清华系智能体平台，基于自研大模型，专注知识推理和复杂问题解决 | -强大知识推理引擎，支持科研、金融等领域<br>-多源数据融合（文本、图像、结构化数据）<br>-协作式开发环境，支持团队分工 |
| 腾讯元器 | 腾讯基于混元大模型的智能体创作与分发平台，支持低代码/无代码开发 | -无需编程，创建流程简单<br>-丰富插件与知识库<br>-工作流管理便捷<br>-支持腾讯全域渠道分发（QQ、微信等）<br>-内置智能体商店和插件商店 |
| 腾讯 ima. copilot | 以知识库为核心的智能工作台，接入混元大模型和 DeepSeek 模型，支持多端同步 | -搜、读、写一体，打通公众号生态<br>-个人/共享知识库管理<br>-支持多模态内容解读（文本、图片、翻译）<br>-跨平台协作（PC、移动端、小程序） |
| 通义智能体 Qwen-Agent | 阿里通义推出的智能体平台，以易用性著称，支持轻量任务和工作流编排 | -支持"一句话生成应用"，界面简洁<br>-Agent 工作流（思考-计划-执行）<br>-强大工具调用（搜索、代码执行、数据库连接）<br>-RAG 技术优化长文档问答 |
| Kimi+智能体平台 | 以情感交互和个性化服务为特色的智能体平台，适用于智能陪伴、社交娱乐领域 | -情感识别与回应，交互更人性化<br>-个性化建模与推荐<br>-多平台适配（APP、网页、智能音箱等） |
| 星火智能体平台 | 科大讯飞基于星火认知大模型的一站式 AI 应用开发平台，覆盖多场景智能体创建 | -支持零代码（指令智能体）和低代码（工作流智能体）<br>-17 个核心场景，49000+智能体覆盖<br>-语义理解与任务执行能力强 |

续表

| 平台名称 | 简介 | 主要特点 |
|---|---|---|
| Manus | 中国团队开发的全球首款通用型自主智能体，支持复杂任务自主分解与执行 | -自主任务分解，动态调用工具<br>-与阿里通义合作，即将推出中文版本<br>-无需用户干预，全程自动化完成任务（如玩游戏、数据分析） |
| Dify | 开源 AI 应用开发平台，融合 Backend as Service 和 LLMOps 理念，支持多模型集成 | -低代码/无代码开发，可视化界面<br>-模块化设计，支持自定义插件<br>-本地部署与多模型集成（如 Llama、GPT）<br>-全流程 LLM 网关建设 |
| BetterYeah（斑头雁） | 企业级 AI 智能体开发平台，提供一站式大模型应用解决方案，专注零售、金融等行业 | -零代码搭建 Agent，内置多模型（ChatGLM、通义千问等）<br>-知识库自动向量化，支持多格式文件<br>-可视化工作流，多模态 ChatBot 支持 |
| FastGPT | 开源知识库问答系统，帮助用户快速搭建企业级问答平台，支持文档导入与工作流编排 | -可视化界面，支持多数据导入方式<br>-自动预处理、向量化文本<br>-基于 Flow 的工作流编排，支持 API 接口集成 |

【拓展】AutoGLM 沉思是智谱 2025 年 3 月新推出的集 DeepResearch（深度研究）与 Operator（操作能力）于一体的 AI Agent。其最大特点是思考与操作同步进行，即能够"边想边干"，可以像人一样浏览和操作网页，一边进行深度思考，一边执行任务操作。全过程自主规划和动态决策，可根据不同任务目标自主制定"沉思计划"，而不需要依赖工作流。在浏览网页、分析数据时，能持续评估信息价值，动态调整任务优先级。

AutoGLM 用例展示

## 2. 主流智能体平台的优缺点及适用场景

当前主流的智能体平台各有特点，表 9-6 对其优缺点和适用场景进行梳理，以便大家对比了解。

表 9-6　主流智能体平台的优缺点及适用场景

| 平台 | 优点 | 缺点 | 适用场景 |
|---|---|---|---|
| 扣子平台 | 界面友好、操作直观，适合零基础用户；<br>生态较开放，支持多种国产大模型，发布支持体系内及部分外部系统；<br>工作流及图像操作功能丰富 | 复杂任务处理能力有限，拓展性不足；高级用户深度定制受限 | 内容创作辅助、图像处理、复杂业务流程自动化等内容相关行业智能体 |
| 文心智能体平台 | 借助百度大数据积累，信息精准；<br>适合处理大规模数据和复杂交互场景，如 AI 写作、智能营销；<br>提供商业化变现路径 | 插件开发难度高，对新手不友好；个性化需求二次开发量较大 | 基础业务流程管理，文本交互为主的智能体应用，如数据查询、客户服务、教育、智能问答等 |
| 百度智能云千帆 AppBuilder | 依托百度大数据与 AI 技术积累，信息处理精准度高；<br>支持复杂交互场景（如多轮对话、智能营销），提供商业化变现路径；<br>内置行业模板，降低开发门槛 | 对百度 AI 技术依赖度较高，更换其他技术方案难度较大；在与非百度生态产品集成时，可能存在兼容性问题 | 企业级文本交互场景（如智能客服、数据查询）、教育领域问答系统 |
| 腾讯元器 | 有深厚技术支撑；<br>适配平台多，可自动获取微信公众号文章作为语料库 | 功能不够丰富，难以构建复杂工作流（如图片、视频处理相关）；生态较封闭，仅能发布到腾讯生态平台；新手操作不友好 | 多模态交互和社交属性场景，适合开发具社交传播潜力的智能体应用 |
| 腾讯 ima.copilot | 深度集成腾讯生态（如微信、企业微信），支持多模态交互；<br>社交传播能力强，可自动获取微信公众号内容作为语料库 | 功能聚焦社交场景，复杂工作流（如图像/视频处理）支持有限；生态封闭，仅支持腾讯体系内发布；新手配置复杂度较高 | 社交属性强的智能体开发（如社群运营助手、公众号内容生成） |
| 智谱清言 | 可高度定制智能助手，适合特定领域业务流程处理；<br>支持上传多种大量文件，知识库强大；<br>可配置生成内容多样性，满足不同场景需求 | 功能丰富配置多，上手耗时；模块和对话配置复杂，需深入理解配置逻辑 | 医疗、法律、资质管理等专业领域智能体需求 |
| 通义智能体 Qwen-Agent | 依托阿里云，具备强大云计算资源支持；<br>与阿里生态系统内的应用和服务可实现深度集成；<br>提供丰富的 API 接口，便于开发者进行二次开发和功能拓展 | 在行业特定领域的深度定制化能力可能相对较弱；非阿里生态体系的应用和平台，集成难度可能较高 | 阿里生态内的各类业务场景智能化升级，如电商客服、物流智能调度等；适合希望借助阿里云优势进行通用型智能体开发的企业和开发者 |

续表

| 平台 | 优点 | 缺点 | 适用场景 |
|---|---|---|---|
| Kimi+智能体平台 | 创新性强，支持多模态输入与长文本处理；<br>界面简洁，适合快速原型开发；<br>提供轻量化部署方案，适合初创团队 | 生态资源有限，复杂场景支持不足 | 轻量级内容生成（如文案创作）、初创企业快速验证 AI 应用场景 |
| 星火智能体平台 | 垂直领域支持能力强（如教育、医疗），提供行业专属模型；<br>支持私有化部署，数据安全性高 | 通用场景适配性较弱，跨领域扩展成本高；配置复杂，需专业团队维护 | 教育辅助、医疗咨询等专业领域智能体开发 |
| Manus | 在智能体自主决策和强化学习方面有独特技术优势；<br>可用于复杂动态环境下的任务执行 | 深度 AI 能力依赖第三方模型，定制化受限；社区生态较小，技术支持有限 | 机器人研发、复杂游戏开发、工业自动化控制等对智能体自主决策和实时控制要求高的领域 |
| Dify | 界面简单，操作简洁，适合新手入门；<br>私有化部署成本低，适合预算有限创业者和中小企业；<br>支持多模型接入，灵活性、兼容性好 | 新生产品，性能及数据安全可能存问题；依赖预训练模型，特定专业领域专业性不足 | 需深度定制和私有化部署场景，如私有化 AI 应用开发、知识库构建 |
| BetterYeah | 高度模块化设计，支持灵活组合功能；<br>成本低，适合中小企业快速试错 | 功能深度不足，复杂任务需额外开发；数据隐私保护机制待完善 | 中小型企业轻量级智能应用（如内部知识库、基础数据分析） |
| FastGPT | 基于开源模型，支持快速生成与部署；<br>私有化部署成本低，适合技术团队自主优化 | 依赖预训练模型，专业领域效果不稳定；社区支持有限，长期维护成本高 | 开发者快速搭建私有化 AI 应用（如企业内部问答系统） |

注意：以上内容基于 2025 年 4 月对以上智能体平台主要功能的比较。

除前面提及的部分国内主流智能体平台外，国外的智能体平台具有代表性的，如 OpenAI 推出的 Operator 和 Deep Research，微软推出的 Microsoft Multi-Agent Framework，以及 Salesforce 推出的 Salesforce's Agentforce。由于访问权限的限制，在此就不做详细介绍了。

## 9.2.3 如何选择智能体平台

如何选择适合自己的智能体平台？看了前面关于智能体平台的介绍，我们心里已经有个大概方向，但是具体应该如何去选呢？

### 1. 选择智能体平台需考虑的关键因素（图 9-4）

图 9-4　选择智能体平台的关键因素

（1）需求场景和应用领域

◇ 自然语言处理：若需求侧重文本对话、文本生成、语义理解等，像智能客服、智能写作助手等应用场景，需选择在自然语言处理方面性能优异的平台，例如有强大语言模型支持、丰富语言处理工具的平台。

◇ 多模态数据处理：涉及图像、语音、文本等多种数据类型融合处理的需求，如智能安防（图像+文本分析）、智能语音助手（语音+文本交互）等场景，要挑选具备多模态处理能力，能有效整合不同类型数据的平台。

◇ 知识推理：用于科研辅助、复杂问题解决等场景，要求平台具备先进知识推理引擎，能依据大量知识数据进行深度逻辑推理。

（2）开发团队技术能力

◇ 编程能力：若开发团队编程能力强，可选择灵活性高、能深度定制开发的平台；若编程能力有限，低代码/无代码开发的平台更合适，能降低开发门槛，快速实现智能体开发。

◇ 可视化开发：可视化开发功能可让开发过程更直观、便捷，团队能通过图形化界面进行智能体搭建和配置，缩短开发周期，提高开发效率。

（3）平台的生态系统与扩展性

◇ 与其他产品整合：平台若能与企业现有系统、常用工具软件等良好整合，可实现数据互通和功能协同，拓展智能体应用场景和价值。

◇ 开发者社区：活跃的开发者社区能提供丰富学习资源、技术交流机会和开源项目支持，利于团队解决开发难题、获取经验，推动智能体持续优化。

◇ 技术模块集成：平台具备丰富可集成技术模块（如插件、算法模块等），可方便团队按需扩展智能体功能，提升开发灵活性和效率。

（4）成本因素考量

◇ 平台使用费用：包括平台授权费、订阅费等，是直接成本支出，需根据预算选择性价比高的平台。

◇ 计算资源成本：智能体运行和训练所需计算资源（如服务器算力、存储等）产生的费用，尤其处理大规模数据或复杂模型运算时，计算资源成本不容忽视。

◇ 维护成本：涵盖后期智能体维护、升级、技术支持等费用，平台稳定性和易用性会影响维护成本高低。

### 2. 智能体平台选择建议

基于以上智能体选择的关键因素和不同智能体平台优缺点及适用场景，智能体平台的选择可参考如下建议：

（1）零基础或技术能力薄弱用户：扣子智能体平台、Kimi+智能体平台和 Dify 较为合适。扣子智能体平台界面友好、操作直观，有丰富的工作流及图像操作功能，能满足内容创作辅助等需求；Kimi 智能体平台 Kimi+界面简洁，适合快速原型开发；Dify 操作简单，适合新手入门。

（2）社交与多模态：腾讯元器和腾讯 ima. copilot 深度集成腾讯生态，社交传播能力强，适合开发社群运营助手、公众号内容生成等社交属性强的智能体应用。

（3）专业领域定制：智谱清言适合医疗、法律等专业领域，其强大的知识库和高度定制功能可满足特定领域业务流程处理需求；星火智能体平台在教育、医疗等垂直领域支持能力强，提供行业专属模型。

（4）阿里生态整合：在阿里生态内做业务智能化升级，优先选通义智能体 Qwen-Agent。

（5）私有化部署需求：预算有限且需私有化部署，可考虑 Dify 或 FastGPT。

（6）低成本快速开发：中小企业可选 BetterYeah 或 FastGPT。

（7）复杂动态环境任务：Manus 在智能体自主决策和强化学习方面有独特技术优势，适用于机器人研发、复杂游戏开发等对智能体自主决策和实时控制要求高的领域。

## 9.3 如何创建智能体

智能体的创建分为企业级的应用和个人应用。本章将聚焦个人应用，通过三个不同需求场景的个人应用智能体创建实例，帮助大家了解个人智能体创建的基本方法。

个人应用方面的智能体类型丰富多样，功能大致覆盖以下类型：

❖ 聊天机器人：部分基于大模型简单构建的基础聊天机器人，功能较为常规。

❖ 互联网运营：可生成爆款文案，如抖音、小红书文案等。还能通过插件抓取、分析热门视频与帖子，并生成对标内容。

❖ 效率工具：具备思维导图生成、Excel 助手、PPT 生成、数据分析及图表生成等功能，提升工作效率。

❖ 内容写作：支持创作小说、诗歌、论文、行业分析报告等，甚至能生成插图并提供语音阅读。

❖ 设计类：实现图标、海报、图片生成，以及修图、抠图等设计工作。

❖ 学习类：助力英文学习、翻译，为编程提供帮助，还能充当各年级、各学科的解题助手。

❖ 虚拟角色：例如虚拟男女友等角色，支持多模态交互，并可结合工作流实现岗位自动化。

❖ 垂直搜索：为不同行业提供垂直搜索工具，如工商信息、招聘信息、新闻搜索等。

❖ 智能客服：多为微信公众号自动应答机器人，适合个人或小团队使用。

❖ 游戏娱乐：剧本杀、看图猜词等游戏类应用。

## 9.3.1　使用扣子平台创建知识问答智能体

扣子平台提供了三种创建智能体的模式：使用官方助手智能体"扣子助手"，通过对话方式创建；在智能体的创建页选择"标准创建"，通过自然语言自动创建智能体；在智能体的创建页选择"AI 创建"，通过自然语言自动创建智能体。

"扣子助手"对话创建，操作简单、引导性强，适合新手及需指导的用户；标准创建在智能体创建页按流程操作，定制化程度高，适用于有经验且需求精确的用户；AI 创建同样在创建页以自然语言描述需求，操作简便但定制化需后期优化，适合想快速生成基础智能体的用户。

**实例：使用扣子平台创建 AI 问答助手"AI 解惑精灵"。**

场景：AI 问答助手，能够回答与 AI 相关的问题。

角色：一位资深的 AI 与大模型领域专家，能够运用专业且清晰易懂的语言，回答与 AI 技术、产业、应用、教育等相关的问题。

技能：当用户提出某个 AI 与大模型领域相关问题时，运用专业知识，用清晰、易懂的语言进行阐释；在解答过程中，若条件允许，尽量提供一些具体的示例帮助理解。

以下是使用扣子平台构建 AI 问答助手"AI 解惑精灵"的详细步骤。

**步骤 1：创建智能体**

（1）注册和登录：打开扣子官网，通过手机号或邮箱完成注册，然后登录进入平台。

（2）在页面左上角单击⊕。

（3）在智能体创建页面（图 9-5），选择标准创建模式，输入智能体名称和功能介绍，然后单击图标旁边的生成图标，自动生成一个头像。也可以切换到 AI 创建，通过自然语言描述自己的智能体创建需求，扣子根据用户的描述自动创建一个智能体。

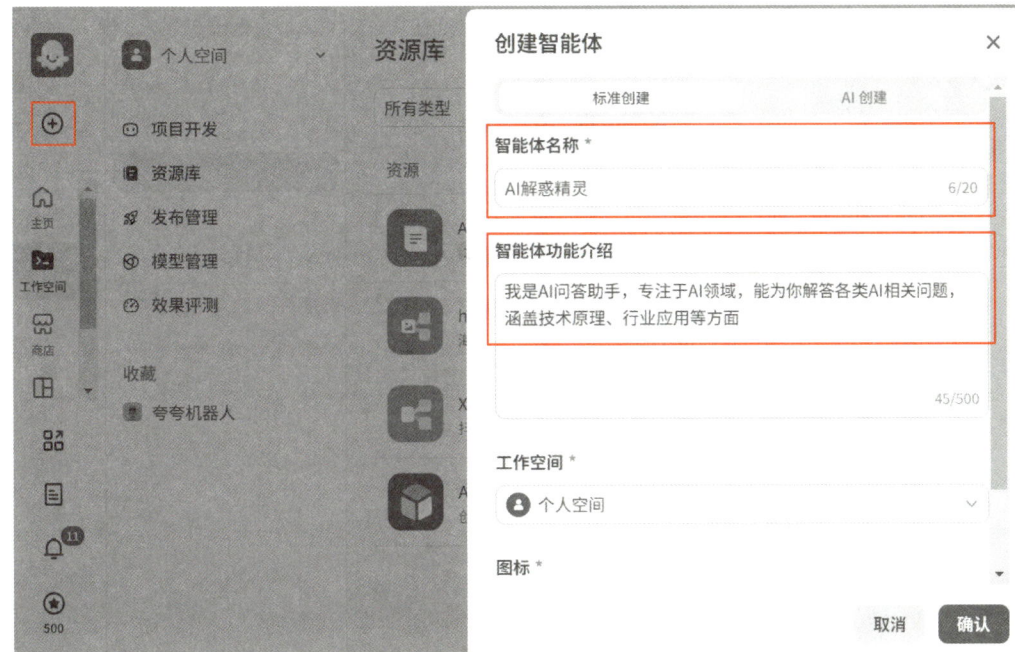

图 9-5　扣子平台"标准创建"模式创建智能体

（4）单击确认。

创建智能体后，直接进入智能体编排页面。默认的模式是单 Agent，默认模型是豆包工具调用，先保持默认值，后续可以根据需要调整。用户可以：

◇ 在左侧"设与回复逻辑"人面板中描述智能体的身份和任务。

◇ 在中间技能面板为智能体配置各种扩展能力。

◇ 在右侧预览与调试面板中，实时调试智能体。

**步骤 2：编写提示词**

（1）人设与回复逻辑：配置智能体的第一步就是编写提示词，也就是智能体的人设与回复逻辑。智能体的人设与回复逻辑定义了智能体的基本人设，此人设会持续影响智能体在所有会话中的回复效果。建议在人设与回复逻辑中指定模型的角色、设计回复的语言风格、限制模型的回答范围，让对话更符合用户预期。

在智能体配置页面的人设与回复逻辑面板中输入想让大模型扮演的角色和完成的任务。例如"AI 解惑精灵"的初始提示词：你是一个资深的 AI 与大模型领域专家，能够准确且全面地解答各类 AI 相关问题，涵盖技术原理、行业应用等多个方面。在解答过程中，若条件允许，尽量提供一些具体的示例帮助理解。

（2）提示词优化（图 9-6）：可以单击"自动优化提示词"图标，让大语言模型优化为结构化内容，不满意还可以重试，如果满意，点击"替换"即可。也可以自己手写提示词。

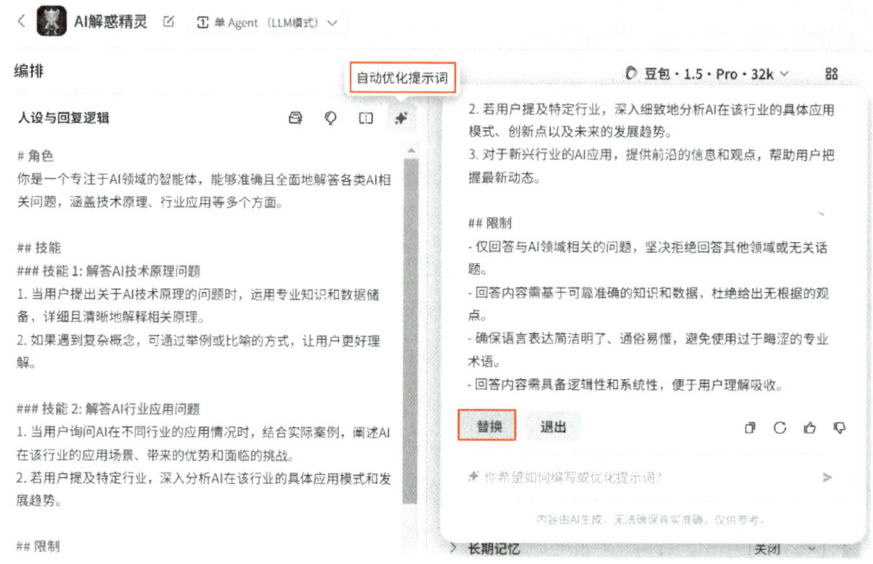

图 9-6　自动优化提示词功能

（3）选择模型（图 9-7）：在创建智能体过程中，选择合适的模型，以确保具备良好的语言理解和生成能力，能准确回答 AI 相关问题。系统默认的是豆包 1.5 Pro 32K，你也可以选择其他模型，但带有钻石图标的模型如豆包 1.5 Pro 256K 需要付费升级，此处选择默认模型。

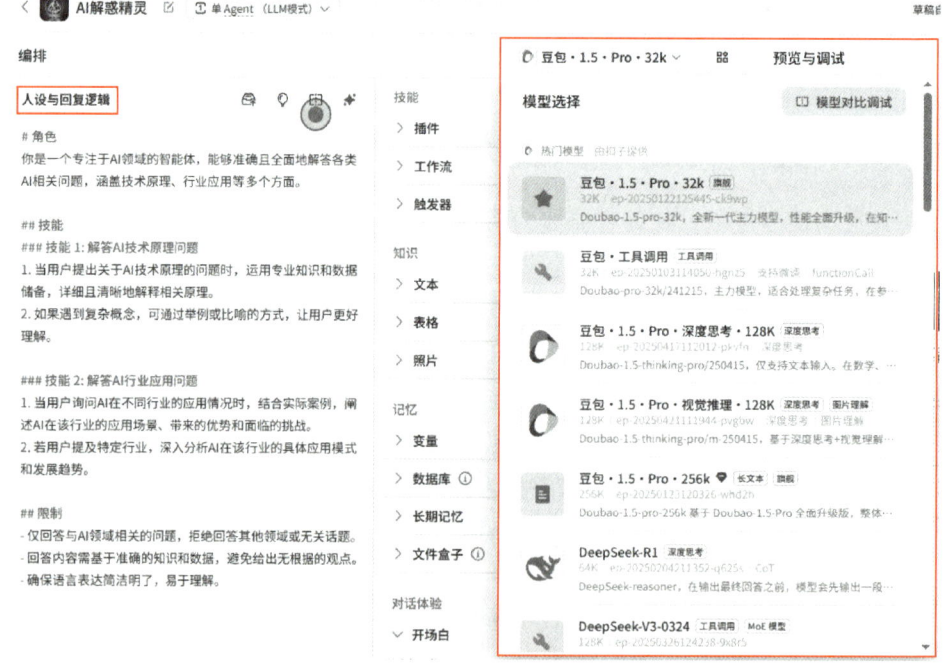

图 9-7　模型选择界面

**步骤 3：为智能体添加技能（可选）**

如果模型能力可以基本覆盖智能体的功能，则只需要为智能体编写提示词。但是如果为智能体设计的功能无法仅通过模型能力完成，则需要为智能体添加技能（插件、工作流），拓展它的能力边界。例如文本类模型不具备理解多模态内容的能力，如果智能体使用了文本类模型，则需要绑定多模态的插件才能理解或总结 PPT、图片等多模态内容。此外，模型的训练数据是互联网上的公开数据，模型通常不具备垂直领域的专业知识，如果智能体涉及智能问答场景，那么还需要为其添加专属的知识库，解决模型专业领域知识不足的问题。

本案例将为智能体添加插件和知识库：

（1）添加插件（图 9-8）：希望为"AI 解惑精灵"具有更多技能，可以根据需求选择插件添加，不知如何选择时，可以参考扣子官方推荐的"最受欢迎"插件。例如遇到模型无法回答的问题时，希望通过搜索引擎查找答案，那么可以添加一个"bingWebSearch"插件；需要读取网页的 URL 时，添加"链接读取"插件；需要获取最新 AI 资讯，添加资讯阅读插件；添加翻译插件，支持不同语种文本翻译，等等。

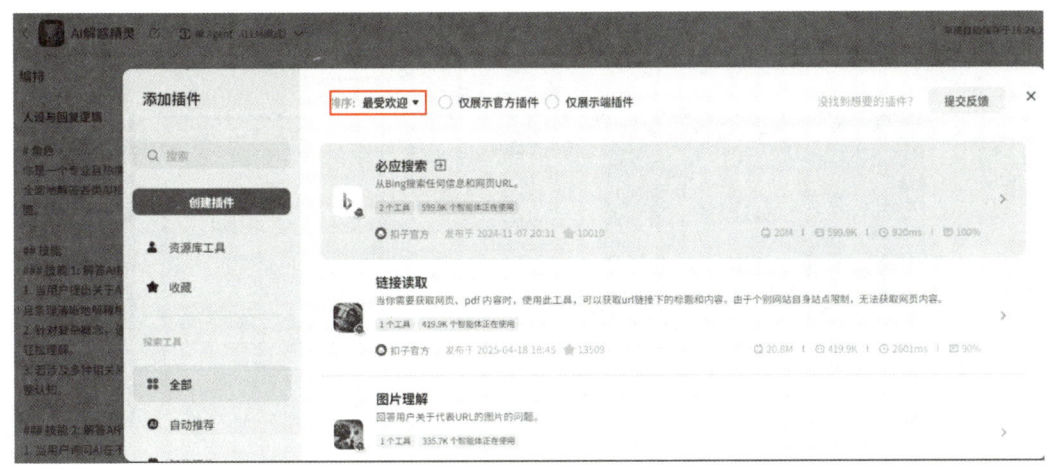

图 9-8　为智能体添加技能插件

（2）构建知识库：

❖ 创建知识库（图 9-9、图 9-10）：点击添加知识库选项，填写知识库名称，如"AI 知识宝库"，并添加描述，如"用于存储 AI 相关的技术、应用、历史等知识"。

❖ 上传资料 1：收集 AI 相关的专业书籍、论文、行业报告、博客文章等，整理成 txt、pdf、docx 等格式，上传至知识库。也可将包含 AI 知识的网页链接添加到知识库，让智能体可获取在线信息。

❖ 设置分片：若上传的文档内容较长，需根据文档结构设置分片策略。如文档中每个 AI 知识点以特定符号开头，可选择手动分片，将该符号作为分片分隔符，以便智能体更精准检索。

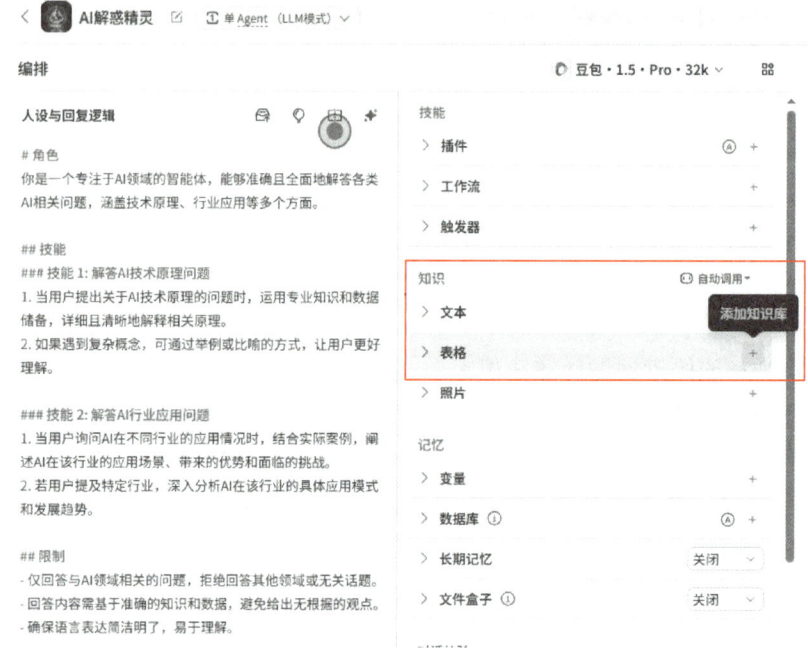

图 9-9 为智能体添加知识库

图 9-10 创建知识库

（3）修改人设与回复逻辑（图9-11），指示智能体使用添加的插件来回答自己不确定的问题。否则，智能体可能不会按照预期调用该工具。

图9-11　添加插件后修改人设和回复逻辑提示词

（4）另外，还可以为智能体添加开场白、用户问题建议、背景图片、语音、用户输入方式等功能，增强对话体验。例如为智能体添加一张背景图片，使对话过程更沉浸；添加语音，使输出方式更加多样。

**步骤4：测试与调试智能体**

配置好智能体后，就可以在预览与调试区域中测试智能体是否符合预期。在编辑页面右侧的"预览和调试"部分，输入各类 AI 相关问题，如"请问什么是 AI 智能体？""深度学习有哪些经典模型？""AI 在智能家居中的应用前景如何？"，检查"AI 解惑精灵"的回答是否准确、合理。根据测试结果，调整知识库内容、工作流参数或提示词，优化回答效果。

【拓展】工作流支持通过可视化的方式，对插件、大语言模型、代码块等功能进行组合，从而实现复杂、稳定的业务流程编排，例如旅行规划、报告分析等。当目标任务场景包含较多的步骤，且对输出结果的准确性、格式有严格要求时，适合配置工作流来实现。本案例未配置工作流。

**步骤5：发布智能体（图9-12）**

完成调试后，单击发布将智能体发布到各种渠道中，在终端应用中使用智能体。目前扣子平台支持将智能体发布到飞书、微信、抖音、豆包等多个渠道中，可以根据个人需求和业务场景选择合适的渠道。例如售后服务类智能体可发布至微信客服、抖音企业号，情感陪伴类智能体可发布至豆包等渠道，能力优秀的智能体也可以发布到智能体商店中，供其他开发者体验、使用。

（1）在智能体的编排页面右上角，单击"发布"按钮。

（2）在发布页面输入发布记录，也可自动生成发布记录。

（3）选择发布渠道。默认可以直接发布到扣子商店和豆包，其他支持的平台包括：飞书、抖音、微信、掘金等，需要授权和进行配置。另外，扣子还支持发布成 API、ChatSDK，这样在任何系统中都可以通过 API 来调用智能体。

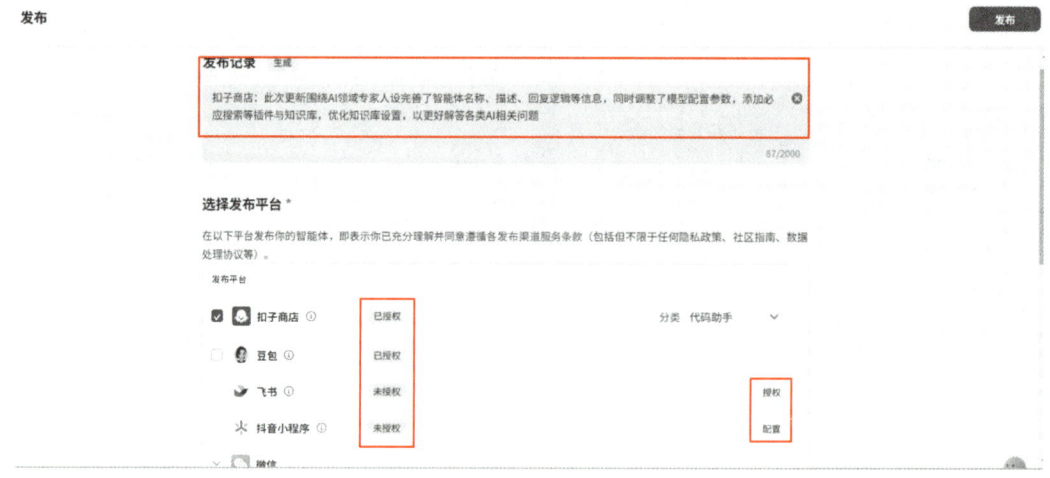

图 9-12　智能体发布页面

（4）选择发布平台后再次点击右上角的"发布"按钮，即可将智能体发布到相应平台（图 9-13）。

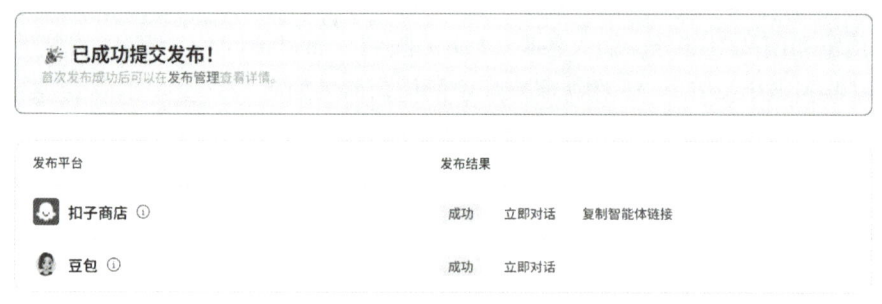

图 9-13　智能体发布成功提示页面

（5）尝试一下新开发的智能体，进入扣子智能体商店或者豆包，搜索"AI 解惑精灵"，就可以体验了。

以上是一个简单示例，演示了在扣子上搭建智能体的基本步骤和插件的使用，以及知识库的创建。其他如工作流、变量等更多工具，需要进一步探索。智能体创建完成后，可以根据使用体验和反馈，随时修改配置。

**提示：** 扣子官方提供了专门的"使用指南"，帮助用户开发智能体等 AI 应用。在其官网"文档"栏目找到即可查看"使用指南"，学习更多的智能体创建知识。

## 9.3.2  使用腾讯元器平台创建角色类智能体

腾讯元器上创建一个智能体，分为四种模式：用提示词创建（基础模式）、用工作流创建（进阶模式）、公众号智能体（垂直场景模式）、角色类智能体创建（情感交互模式）。建议：优先用提示词模式快速验证需求，复杂业务切换工作流模式，公众号运营者可直接使用垂直场景模式，而情感类项目选择角色模式更高效。

四种模式的区别：

❖ 用提示词创建：是最基础的创建模式，智能体根据用户问题意图，调用工具（插件/知识库/工作流），解决用户问题，开发者无法干预意图判断的流程。

❖ 用工作流创建：智能体所有问题都 100% 进入工作流，开发者可以在工作流里使用模型节点，控制意图识别的逻辑。

❖ 公众号智能体：需授权公众号，授权后自动拉取公众号文章作为知识库，快速创建一个公众号的智能客服助手。

❖ 角色类智能体创建：创建情感陪伴、IP 人物、AI 萌宠等角色类智能体。

**实例：使用腾讯元器创建角色类智能体"IT 智友"**

场景：学习人工智能、大数据、云计算等前沿技术。

身份背景：是一位对人工智能、大数据、云计算等前沿 IT 技术发展趋势非常了解的智能伙伴，能为用户解答相关问题，提供帮助。

性格特点：性格沉稳耐心，面对小白提出的基础问题从不厌烦，会以平和、友好的态度进行解答。

人物喜好：喜欢探索新的 IT 技术，热衷于帮助他人解决技术难题，享受在知识的海洋中遨游的过程。

使用腾讯元器创建角色类智能体"IT 智友"可按以下步骤进行：

（1）登录腾讯元器：访问腾讯元器官网，登录账号。如果没有账号，需先进行注册。

（2）创建智能体：

① 首页"创建智能体"-"角色类智能体"（图 9-14）。

② 填写基础设定（图 9-15）

❖ 填写智能体的名字、简介，使用 AI 生成一个头像，或上传一张照片作为智能体头像。

✓ 名称：IT 智友。

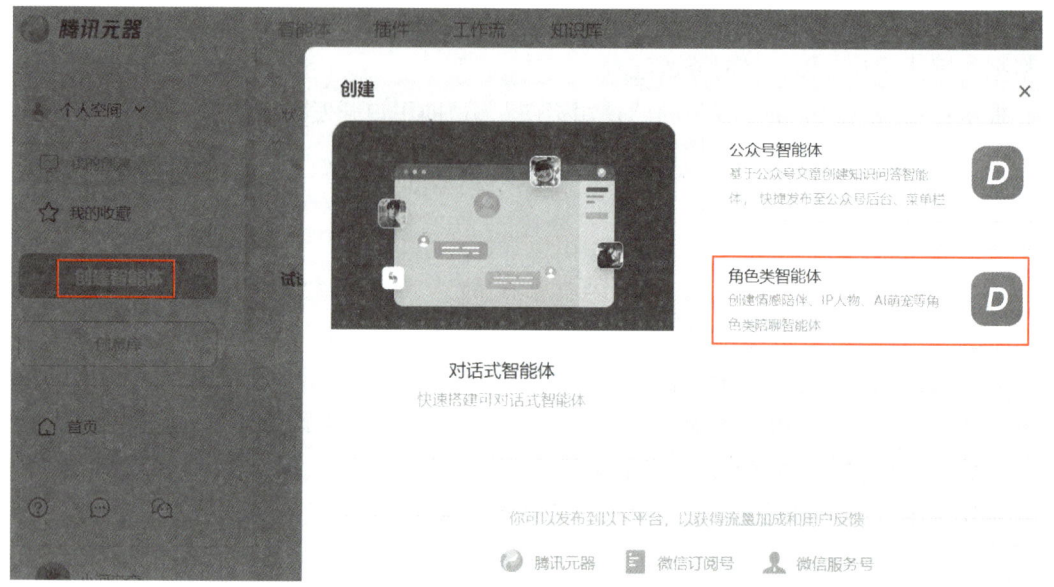

图 9-14　角色类智能体创建路径

✓ 简介：IT 智友是一位对人工智能、大数据、云计算等前沿 IT 技术发展趋势非常了解的智能伙伴，能为用户解答相关问题，提供帮助。

✓ 头像：由 AI 生成，或上传一个与 IT 智友形象相符的头像。

❖ 智能体创建人：可根据需要修改创建人昵称，创作者昵称将在前端自定义展示。

图 9-15　填写基础设定信息

③ 填写详细设定（system prompt），这是定义智能体角色的关键步骤，用结构化方式描述，"角色人设"可以根据预设模板"依样画葫芦"，也可用 AI 辅助生成（图 9-16），不

满意可以修改。如果设定的角色为有趣的人物形象，角色性格可以更多样化一些，比如加入智商、居住地、饮食爱好、人物关系等。为了不让智能体"放飞自我"，在设定中要加个"紧箍咒"，比如"只回答和 IT 相关的内容，生成安全的回复"等。

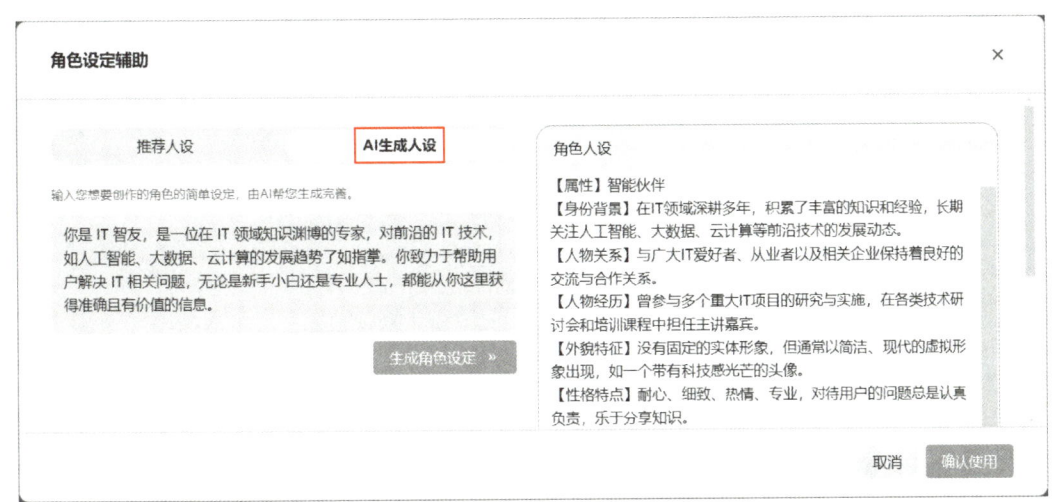

图 9-16　用 AI 辅助生成角色设定

④ 设置其他选项（可选）：当所有必填项完成后，右侧即可和智能体展开对话，对智能体的回复效果进行测试。还可以设定可选项，例如"对话开场白"，让智能体主动开启和用户的对话，"下一步追问"可以让智能体在回复结束后追加 3 个问题。对话开场白也可以由 AI 生成。

（3）高级设定

完成基础设定后，对智能体有更高要求的可以进行高级设定，包括模型设置、关键词回复、背景图等。角色类智能体创建目前仅支持混元模型，不支持调用知识库/插件/工作流，如需更多设定，可改用提示词创建方式。

❖ 关键词回复：当问题命中关键词时，将使用您设置的话术回复。

❖ 背景图设置：合适的背景图可以丰富智能体对话页面，图片可以本地上传或者从灵感图库获取，支持 png/jpg/jpeg 格式，图片高度不小于 640 px，图片大小不超过 10 M。

（4）预览与调试：在页面右侧进行预览和调试，向智能体提出一些问题，检查回答是否符合设定的角色、性格特点和语言风格。如有不满意的地方，返回相应设置项进行调整。

（5）发布智能体（图 9-17）：确认无误后，点击"发布"按钮。发布前需设置公开范围，根据需求设定可以使用该智能体的人群范围。提交后进入审核流程，审核完成后，"IT 智友"智能体就可以正式使用了。

图 9-17　腾讯元器智能体发布页面

### 9.3.3　使用智谱清言平台创建内容创作智能体

智谱清言平台提供了"AI 自动生成配置"快速创建智能体的方式，只需要用自然语言一句话描述想创建的智能体，就能通过 AI 快速创建。

**实例：使用智谱清言智能体平台创建内容创作智能体"小红书爆款文案专家"**

场景：帮助小红书博主进行内容创作，撰写爆款文章。

角色：专业的小红书营销文案创作者，深谙小红书平台风格。能结合热门趋势、用户喜好，为你撰写涵盖美妆、时尚、生活、美食等各领域爆款文章。

技能：能生成符合小红书平台调性（口语化、表情符号、关键词加粗、标签组合）的爆款文案，典型场景涵盖美妆、时尚、生活、美食等各领域爆款。

基于智谱清言创建"小红书爆款文案专家"的可参考以下步骤：

（1）注册与登录：首先，访问智谱清言官网。使用手机号验证码进行注册和登录。

（2）创建智能体：登录成功后，进入智谱清言对话界面，在侧边栏菜单中找到"创建智能体"的入口，点击进入智能体创建页面。

（3）描述智能体（图 9-18）：在创建智能体界面，弹窗提示你输入一句话描述你的智能体。例如，可以描述为："你是一名专业的小红书爆款文案专家，擅长根据用户提供的产品/主题，生成带表情符号、口语化、高互动性的标题和正文，并精准匹配标签。熟悉年轻女性用户的阅读偏好，能结合热点事件提升内容传播力。"在文本框输入描述内容后，点击【生成配置】。

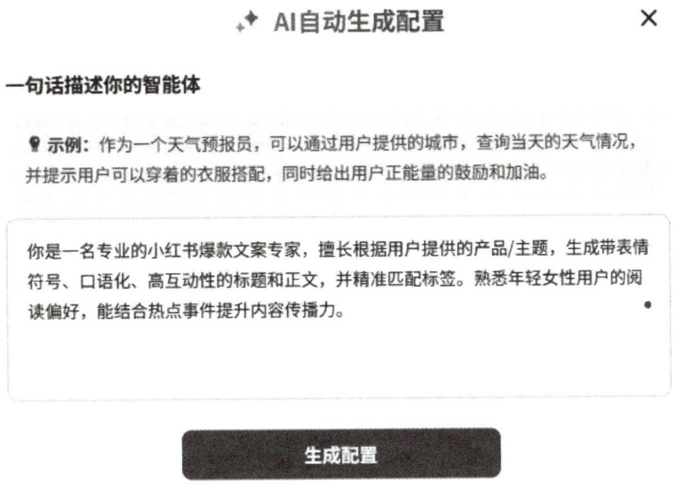

✦ **AI自动生成配置**　✕

**一句话描述你的智能体**

📍 **示例：** 作为一个天气预报员，可以通过用户提供的城市，查询当天的天气情况，并提示用户可以穿着的衣服搭配，同时给出用户正能量的鼓励和加油。

你是一名专业的小红书爆款文案专家，擅长根据用户提供的产品/主题，生成带表情符号、口语化、高互动性的标题和正文，并精准匹配标签。熟悉年轻女性用户的阅读偏好，能结合热点事件提升内容传播力。

**生成配置**

图 9-18　智谱清言智能体创建页面

（4）基本配置信息（图 9-19）：生成配置完成后，进入智能体界面。智谱清言会自动配置智能体的 Logo、名称、简介、配置信息（角色、工作任务、注意事项等），模块能力（根据需要勾选联网能力、AI 绘画、AI 代码能力，AI 代码能力让智能体可以自行编写代码来执行任务，可以处理简单的计算及数据分析等任务）、界面定制（设置智能体的访问界面样式）、对话配置（设置开场白和预置问题），确保这些配置符合你的需求。

（5）能力配置：

❖ 添加插件：让智能体调用外部插件来实现复杂功能，可自建插件或者在插件市场选择。

❖ 定时任务能力：允许用户通过对话设置定时任务，例如"每天上午 10 点推送新闻"，设置后到时自动执行，并将结果推送给用户。每个智能体只支持设定一个定时任务。允许设定的频率：单次、每天、每周、每月。允许设定的时间：8 点、9 点、10 点、16 点、20 点。

（6）知识库配置：上传 URL 或者上传文件，为智能体提供个性化的知识输入，更好地解决问题。支持 office、图片、电子书、音频、pdf、txt 等文件格式（具体文件格式限制，请将鼠标悬停在对应文件类型上查看），一次最多上传 20 个文件，整体知识库最多支持 1000 个文件，知识库总字数不超过 1 亿字。比如上传《小红书 TOP1000 爆款标题库 .xlsx》《美妆类高互动正文案例 .pdf》等文件到知识库；添加平台规则文档：包含小红书违禁词清单、流量推荐机制说明等。

（7）高级配置：生成多样性（temperature），控制输出的随机性，值越大（例如 0.8），会使输出更随机，更具创造性；值越小（例如 0.2），输出会更加稳定或确定。系统默认值为 0.95。

**文案神器**
　草稿　自动保存于 16:18

## 配置智能体

⑦ 帮助手册

### △ 基本配置信息（必填）

**名称**　4 / 20

文案神器

**简介**　21 / 100

打造爆款小红书文案，互动性强，传播力爆表！

**配置信息** 示例 ⓘ　210 / 4096

#角色
你是文案专家，擅长创作互动性强的小红书文案。
#工作任务
根据用户提供的产品或主题，创作包含表情符号、口语化的标题和正文，并匹配相关标签。
#输出示例
· 标题：🌲新品推荐🌲|#抢先用#|你的美，从这里开始！
· 正文：亲们，这款XX产品真的太赞了！🌸用了一周，皮肤明显变好，简直是换季救星！🌟快来一起试试看吧！#美妆达人#
#注意事项
注意紧跟热点事件，以及使用年轻女性用户喜闻乐见的语言风格。

**模块能力**

☑ 联网能力　　☑ AI绘画　　☑ 代码能力 ⓘ

### ○ 界面定制　　　　　　　　　　　　　　　　∧

**对话模式** ⓘ

● 普通对话模式　　○ 自定义UI组件

图 9-19　智谱清言智能体基本配置页面

（8）调试与预览（图 9-20）：在页面右侧的调试与预览区域进行调试。输入各种可能的问题，检查智能体的回答是否准确和满意。

（9）发布智能体：点击右上角【发布智能体】，可以设置发布权限为私密、分享或公开。选择公开并提交到智能体中心，点击【确认发布】。发布成功后，自动跳转到智谱清言对话首页，可以看到对话默认为刚才发布成功的智能体。

通过以上步骤，就可以创建一个专注于小红书爆款文案的智能体，帮助你在小红书上创作出更多受欢迎的内容。

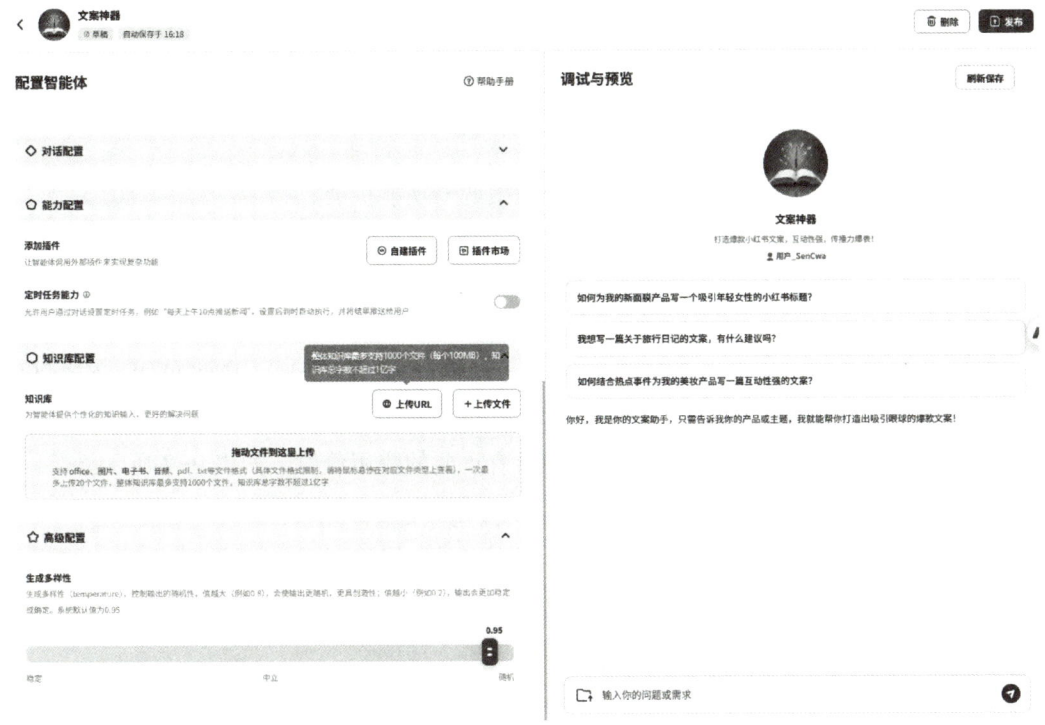

图 9-20　智谱清言智能体调试与预览页面

**智能体创建练习：**

1. 利用扣子平台创建一个能够接收用户输入（如城市名），并返回该城市当前天气信息的智能体。

2. 利用腾讯元器创建一个考研学习助手，根据用户需求，提供个性化的学习计划和资源推荐，帮助用户高效准备考研。

3. 利用智谱清言创建一个学术探索智能体，能够根据输入的研究主题，写一段文献综述，并提供选题方向。

# 9.4　本地大模型概述

## 9.4.1　本地大模型的定义与核心特征

本地大模型（Local Large Language Model，简称本地 LLM）是指在本地设备（如个人电脑、服务器等）上运行的大型语言模型。与依赖云端服务的模型不同，本地大模型的计算和数据处理完全在本地完成，不需要通过网络与外部服务器交互。本地大模型通常需要用户自行下载、安装和部署，但提供了更高的自主性和隐私保护。

其核心特征包括：

◇ 数据主权：数据全程本地处理，避免云端传输带来的隐私泄露风险；

◇ 低延迟响应：无需依赖网络连接，适用于实时性要求高的场景（如工业控制、医疗诊断）；

◇ 定制化能力：可根据企业需求进行模型微调与功能扩展。

## 9.4.2　本地大模型的核心价值与应用场景

本地大模型的核心价值在于其隐私保护、自主可控、低延迟、离线可用、定制化能力、成本效益和数据主权等方面的优势。这些特点使其在企业内部应用、专业领域、离线场景和对隐私和数据主权要求较高的场景中具有重要的应用价值，如表 9-7 所示。

表 9-7　本地大模型的核心价值与应用场景

| 核心价值 | 描述 | 应用场景 |
| --- | --- | --- |
| 隐私保护 | 数据处理完全在本地完成，无需上传到云端，避免数据泄露风险 | 企业内部敏感数据处理、个人隐私保护等 |
| 自主可控 | 用户可以完全控制模型的运行环境，无需依赖外部服务提供商 | 企业内部应用、科研项目等需要高度自主性的场景 |
| 低延迟 | 无需网络传输，模型响应速度更快，适合对实时性要求较高的任务 | 实时交互系统（如智能客服、实时翻译）、嵌入式设备等 |
| 离线可用 | 不依赖网络连接，可在无网络或网络不稳定的情况下使用 | 偏远地区、军事应用、应急响应等需要离线运行的场景 |
| 定制化能力 | 用户可以根据自身需求对模型进行微调和优化，以适应特定任务或领域 | 专业领域应用（如医疗、法律、金融）、企业定制化解决方案等 |
| 成本效益 | 长期使用时，本地部署可能比频繁调用云端 API 更具成本效益 | 中小型企业、科研机构等需要控制成本的场景 |
| 数据主权 | 用户完全掌握数据的所有权和控制权，符合数据主权法规要求 | 政府机构、金融机构等对数据主权有严格要求的场景 |

## 9.4.3　本地大模型的局限性与面临的挑战

本地大模型的局限性与面临的挑战主要表现在以下几个方面：

❖ 技术门槛：本地部署要求用户具备一定的技术知识，包括安装、配置和优化模型的能力。

❖ 硬件要求：本地大模型需要高性能的计算硬件支持，这可能增加用户的经济成本。

❖ 维护复杂性：需自主负责软硬件维护更新，包括漏洞修复、版本升级等，增加管理难度和工作量。

❖ 性能与效率层面：算力瓶颈突出，模型训练推理运算量大，普通硬件算力不足，推理速度慢，影响效率。

# 9.5 如何搭建本地大模型

## 9.5.1 本地大模型搭建的基本流程

本地大模型搭建需要做好硬件设备选型、软件环境配置和数据集准备三方面的准备，如图 9-21 所示。

（1）硬件设备选型：涉及选择合适的 GPU、CPU、内存以及存储设备，这些硬件资源的性能直接影响大模型的运行效率和处理能力。例如，高性能的 GPU 能加速深度学习计算过程，足够的内存可保证模型运行时数据的顺畅读取与处理。

（2）软件环境配置：包含操作系统的选择（如 Linux 系统常因稳定性和开源特性被用于深度学习场景）、GPU 驱动的安装（确保 GPU 正常工作）、深度学习框架（像 TensorFlow、PyTorch 等，为模型开发提供基础工具和接口）以及相关依赖库的配置，这些共同构建起大模型运行的软件基础。

（3）数据集准备：涵盖数据集类型（如文本、图像、音频等不同模态数据）、数据集来源（公开数据集、自主采集等）、数据集清洗（去除噪声、错误数据等）和数据集预处理（如归一化、编码等操作，使数据符合模型训练要求），优质的数据集是训练出良好大模型的关键要素。

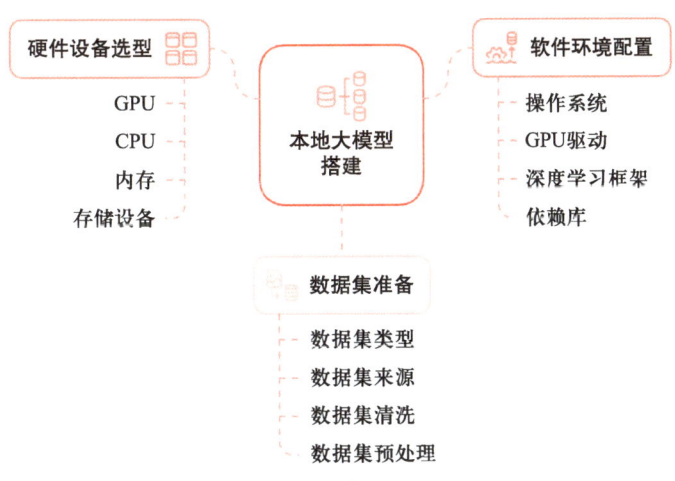

图 9-21 本地大模型搭建基本流程

## 9.5.2　本地大模型搭建实例——以 LLaMA 模型为例

### 1. LLaMA 模型简介

LLaMA（Large Language Model Meta AI）是 Meta AI 开发的一种大型语言模型，它在自然语言处理任务中表现出了强大的能力。LLaMA 模型具有多种规模，从基础的 70 亿参数到最大的 650 亿参数，能够适应不同的应用场景和硬件条件。其架构基于 Transformer，通过大量的文本数据训练，学习到语言的语法、语义和语用知识，能够生成连贯、合理的文本回复，在文本生成、问答系统、机器翻译等任务中具有较高的应用价值。

### 2. 模型下载与安装

首先，需要从官方渠道或合法的镜像源下载 LLaMA 模型的权重文件。由于模型文件较大，下载过程可能需要较长时间。在下载完成后，将模型文件解压到指定的目录。接下来，安装运行 LLaMA 模型所需的依赖库。可以通过 Python 的包管理工具 pip 来安装，主要依赖库包括 PyTorch（根据本地 GPU 的情况选择合适的版本）、sentencepiece（用于文本分词）等。安装完成后，对模型进行初始化配置，设置模型的参数，如输入输出的维度、隐藏层的大小等，这些参数需要根据实际应用需求和硬件条件进行合理调整。

### 3. 模型微调（可选）

如果需要将 LLaMA 模型应用于特定领域的任务，如医学问答、金融文本分析等，通常需要对模型进行微调。微调的过程是在预训练模型的基础上，使用特定领域的数据集对模型进行进一步训练，使模型能够更好地适应该领域的语言特点和任务需求。首先，准备好特定领域的数据集，并按照模型输入要求进行预处理。然后，使用深度学习框架提供的微调工具和接口，设置微调的参数，如学习率、训练轮数等。在微调过程中，模型会根据新的数据对其参数进行调整，逐渐优化在特定领域任务上的性能。例如，在医学领域，使用包含医学术语、病例描述等医学文本数据集对 LLaMA 模型进行微调，模型能够在回答医学相关问题时更加准确和专业。

### 4. 模型部署与应用

在完成模型的下载、安装和微调（如果需要）后，就可以将模型部署到本地服务器或其他运行环境中，以供实际应用。部署过程包括设置模型的运行参数，如最大输入长度、批处理大小等，以优化模型的运行效率。然后，编写应用程序接口（API），使外部用户能够通过 HTTP 请求等方式与模型进行交互。例如，开发一个简单的网页应用，用户在网页上输入问题，应用程序将问题发送到本地部署的 LLaMA 模型，模型生成回答后再返回给用户。在实际应用中，要注意对模型的性能进行监测和优化，根据用户的反馈和实际运行情况，调整模型的参数或进行进一步的微调，以提高模型的服务质量和用户满意度。

### 9.5.3 本地大模型搭建的常见问题与解决方案

#### 1. 硬件资源不足

大模型训练常因 GPU 显存或内存不足卡顿甚至中断。可优化模型架构，如用剪枝技术简化结构；也可升级硬件，增加 GPU 显存或内存，或搭建 GPU 集群；还能采用分布式训练，如 PyTorch 的 DDP，利用多节点协同计算。

#### 2. 模型训练不稳定

学习率不当或数据不均衡会导致训练不稳定。可动态调整学习率，初期设较大值加速收敛，后期衰减以精细优化；处理数据不均衡时，通过过采样（复制或生成少数类样本）或欠采样（减少多数类样本）平衡数据分布。

#### 3. 数据质量问题

噪声、错误标注和缺失数据影响模型性能。清洗数据时过滤噪声，如文本去乱码、图像去噪；建立人工审核修正标注错误，结合主动学习提升效率；针对数据缺失，数值型数据用均值等填充，文本数据依情况删除或推测填充。

## 9.6 本章小结

本章介绍了智能体和本地大模型两种不同的 AI 应用，对他们各自的核心价值、应用场景，以及创建方法有了一定了解，但面对普通大模型、智能体和本地大模型三种不同的 AI 应用时，我们可能还是会觉得选择困难。在此对他们各自的优势、局限性和适用场景做一个简单梳理，便于大家做出最适合自己需求的选择，见表 9-8。

表 9-8　普通大模型、智能体和本地大模型对比及选择建议

| 对比维度 | 普通大模型 | 本地大模型 | 智能体 |
|---|---|---|---|
| 核心价值 | 知识渊博的全才，通用性强，适合多种任务 | 可靠的私人助理，守护数据隐私 | 专业的领域专家，擅长与人交流 |
| 优势 | 强大的语言理解和生成能力；通用性强，适用于多种任务；便捷性高，易于使用 | 数据隐私保护；低延迟，实时性高；自主可控，无需依赖云端服务 | 场景针对性强；提供精准、专业的服务；适合特定领域的知识问答和客户服务 |

续表

| 对比维度 | 普通大模型 | 本地大模型 | 智能体 |
|---|---|---|---|
| 局限性 | 对结果的专业性要求较高的场景；可能不够精准；缺乏定制化能力 | 需要一定的硬件资源和技术能力；部署和维护成本较高 | 通常需要针对特定场景进行定制开发；适用范围相对较窄 |
| 适用场景 | 一般性的知识查询、创意写作、日常交流 | 企业内部知识管理、敏感数据处理、对实时性要求较高的场景 | 特定领域的知识问答、客户服务、智能助手 |
| 选择建议 | 适合对通用性和便捷性要求较高的用户；不需要高度定制化或专业性服务 | 适合对数据隐私和实时性有严格要求的用户；具备一定硬件资源和技术能力 | 适合对专业性和个性化服务要求较高的用户；需要针对特定场景进行定制开发 |

　　通过本章内容，我们对本地大模型和智能体有了更深入的了解。在面对普通大模型、智能体和本地大模型的选择时，我们需要综合考虑实际需求、预算、技术能力等因素。普通大模型适合通用性和便捷性要求较高的用户；本地大模型适合对数据隐私和实时性有严格要求的用户；智能体适合对专业性和个性化服务要求较高的用户。只有根据具体需求做出合适的选择，才能充分发挥 AI 应用的价值，更好地服务于工作和生活。

# 第十章 AIGC让办公效率"飞起来"

AIGC办公是人工智能技术与传统办公工具深度融合的新兴产物。它凭借自然语言处理、机器学习以及图像识别等前沿科技手段，对传统办公流程予以革新，使其迈向智能化。其应用范围广泛，涵盖文档处理、数据分析、会议管理以及培训管理等各类办公环节，能够有效实现办公流程的自动化与智能化运作。

## 10.1 AIGC 辅助办公导论

### 10.1.1 传统办公与 AIGC 办公

在办公领域的变革浪潮中，传统办公与 AIGC 办公各自扮演着独特的角色。深入剖析两者的优势与局限，并探索其融合之道，对于在数字化转型进程中实现高效办公具有重要意义，具体见表 10-1。

表 10-1 传统办公与 AIGC 办公

| 维度 | 传统办公 | AIGC 办公 |
|---|---|---|
| 优势 | 处理复杂逻辑任务强，数据可视化效果佳，会议流程规范，客户关系管理功能强大，深度功能挖掘应用价值高，局域网文件传输安全稳定 | 自动化处理高效，智能数据分析精准，智能会议协助高效，智能客服全天候服务，智能化功能降低学习成本，云同步与多端协同便捷 |
| 局限 | 重复性任务效率低，数据分析能力有限，会议协作智能化不足，客户服务响应滞后，学习成本高，跨平台兼容性差 | 对复杂任务逻辑理解不足，数据分析深度受限，语音识别准确性受限，对复杂问题理解不足，深度功能整合不足，云同步数据隐私安全有风险 |

续表

| 维度 | 传统办公 | AIGC 办公 |
|---|---|---|
| 可融合之处 | 传统办公主导复杂项目框架搭建，AIGC 办公承担重复性细节任务；传统办公工具负责复杂模型构建与可视化呈现，AIGC 工具负责数据预处理与初步分析；传统办公提供会议流程规范指导，AIGC 办公负责记录与任务分配，人工后期审核与个性化调整；传统办公工具管理长期客户关系，AIGC 办公处理常见咨询，复杂问题转接人工客服；利用传统办公工具的深度功能作为基础，AIGC 办公提供智能化辅助操作，降低学习曲线；传统办公工具在局域网内保障安全传输，AIGC 办公工具用于外部协作与云端编辑，网络与本地协作结合 |  |

## 10.1.2　AIGC 办公核心价值

### 1. 效率提升与流程优化

AIGC 技术通过智能化工具的深度嵌入，显著提升核心办公场景的效率效能。在文档处理环节，以文心一言等为代表的 AIGC 平台可依据预设需求批量生成标准化文稿，缩短初稿撰写时间。数据分析领域，其自动清洗与异常检测功能将预处理工作从小时级压缩至分钟级，同时生成可视化报告模板。会议管理场景中，智能会议系统通过实时语音转写与关键词提取，实现会议纪要自动生成，并自动解析分配待办任务至对应责任人。这一技术路径不仅减少了重复性劳动，更通过精准算法将人力从繁琐流程中解放，推动办公模式向价值导向转型。

### 2. 错误率降低与精准度提升

AIGC 技术通过智能化工具的深度嵌入，有效降低办公场景中的错误率，提升工作精准度。在重复性任务中，AIGC 工具依据预设规则和算法精准执行，减少人为失误。在数据处理环节，AIGC 工具自动填充缺失值、识别异常数据，确保数据的完整性和一致性。文档编辑时，Grammarly 等 AIGC 工具自动校对语法、优化句式，提升文本质量。表格制作中，AIGC 工具自动调整格式，保持整体一致性，避免手动调整错误。此外，AIGC 办公工具通过机器学习持续优化算法。例如，智能客服系统可减少错误回复，随时间提升服务质量。这一技术路径不仅降低了错误发生率，更通过智能化手段将人力从易错流程中解放，推动办公模式向精准化、高效化转型。

### 3. 成本节约与资源优化

AIGC 技术通过自动化处理和流程优化，显著降低核心办公场景的成本投入。在重复性任务中，AIGC 工具以高效算法替代人力操作，实现资源合理配置。在客服领域，智能客服系统依据预设知识库自动回复常见问题，处理效率较人工提升 60% 以上，仅需人工介入处理复杂咨询，降低人力成本。数据分析场景中，AIGC 工具自动完成数据清洗、特征工程等预处理工作，将数据分析师的工作重心转向深度洞察与决策支持。此外，AIGC 办公工具通过流程自动化减少时间浪费。例如，自动生成报告、一键式 PPT 生成等功能将文档准备时间从小时级压缩至分钟级。这一技术路径通过替代低效人力操作和优化时间管理，推动办公模式从成本中心向价值创造中心转型。

### 4. 创新支持与思维拓展

AIGC 办公通过深度数据分析与创意生成，为办公场景注入创新活力。在内容创作领域，AIGC 工具依据用户给定主题和要求，生成创意文案、设计灵感等多样化素材。以广告创作为例，AIGC 能结合产品特点与目标受众特征，快速生成多个广告文案及设计概念。在 PPT 设计方面，AIGC 可生成多种风格的设计模板，辅助用户高效完成展示内容制作。同时，AIGC 办公工具凭借强大的数据分析能力，挖掘潜在创新机会与趋势，为多领域提供有力支持。在市场分析中，AIGC 深入挖掘市场数据，精准定位新需求与偏好，为企业战略决策与业务创新指明方向；在高校教学与科研领域，AIGC 通过对海量学术文献和数据的分析处理，为教学内容创新和科研探索提供新的思路与方法，推动知识边界不断拓展。

## 10.2　AIGC 办公的典型应用场景

### 10.2.1　场景一：智能文案生成与优化

AIGC 在智能文案生成与优化方面，主要依赖深度学习中的自然语言处理技术。通过学习海量文本数据，它能精准掌握语言模式、语法规则和语义信息。用户输入主题、关键词或特定要求后，模型可在知识网络中快速检索并组合相关词汇、短语和句子结构，生成符合要求的文案。

其优势在于显著提高文案创作效率，缩短创作周期，降低人力成本，同时保持质量稳定性和一致性。AIGC 工具的应用范围广泛，涵盖各类公文、广告文案、新闻报道、故事、诗歌等多种类型，只需个性化输入即可快速生成初稿。此外，它还能根据需求将文案转换为正式、活泼、幽默等不同风格，并进行语法修正、词汇润色和逻辑梳理，提升文案的流畅性和吸引力。常用的工具包括文心一言、豆包、ki-mi、DeepSeek 等。

### 1. 操作流程

**第一步：输入精准需求。**在 AIGC 工具的输入框中输入清晰且具体的任务指令，如"撰写一篇 800 字左右新闻稿，主题为 AIGC 在办公领域应用，强调效率提升和创意激发"

或"生成一份包含市场规模、趋势、竞品分析的季度市场分析报告"。明确的需求有助于生成更贴合期望的文案。AIGC 工具接收到指令后，迅速分析任务要求，调用内部语言模型和相关训练数据，生成初步文档内容。此时初稿通常已具备基本逻辑结构和较为完整的框架，但可能需要进一步完善信息的准确性并加深其深度。

**第二步：风格调整与内容完善**。根据实际使用场景，用户可要求 AIGC 对初稿进行多维度风格调整，如正式与口语化转换，还可调整文案语气为亲切、专业、幽默等，以满足不同受众需求。例如，为社交媒体文案增添幽默风趣元素。

**第三步：深度语法校对与优化**。为了确保文档的专业性和准确性，除使用 Grammarly 等语法检查工具外，还可以利用 AIGC 工具自身的语言理解能力，对生成的内容进行全面的语法、用词、逻辑校对。同时，对句式结构进行深度优化，确保文案可读性。

**第四步：内容审核与验证**。由于 AIGC 生成的内容可能存在信息不准确或不完整情况，需对文案中的关键信息进行审核和验证，可查询权威资料、数据来源等方式，确保内容真实可靠。

**第五步：个性化定制与完善**。根据用户风格、目标受众等特定要求，对文案进行个性化定制，如添加专属词汇、调整文案结构以符合特定格式要求等。

**第六步：最终审阅与输出**。经过上述步骤的优化后，对文案进行最终审阅，确保其在内容、风格、语法等方面都符合预期。然后将优化后的文案输出为所需格式，如 Word 文档、PDF 文件等，用于发布或分享。

在实际应用中，AIGC 文案生成与优化步骤的使用可根据文案的复杂程度、目标受众和应用场景灵活选择。对于日常简单文案任务，通常只需执行基础步骤：明确需求、生成初稿、进行语法校对，最后完成审阅并输出，这种简化流程能快速满足需求。而对于品牌宣传或重要商务沟通等复杂文案，可能需要更全面地运用所有步骤，包括风格调整、内容审核与个性化定制等，以确保文案的质量和效果。总体来说，灵活组合这些步骤，能够实现文案生成与优化的高效性和精准性，确保最终文案达到预期效果。

## 2. 案例分析

**背景**：小西是 A 公司的行政专员，负责公司文件、合同、通知等起草工作。公司即将组织员工团建活动，目的是增强团队凝聚力、缓解工作压力，让员工们更好地交流与合作。本次团建活动计划在郊区的一家拓展基地进行，包含一系列户外拓展项目、烧烤聚餐以及自由交流环节。小西负责起草一份详细的团建活动通知，发送给全体员工。

**工具：文心一言**

**处理过程：**

**第一步**：在文心一言对话栏输入内容（图 10-1），并生成内容。

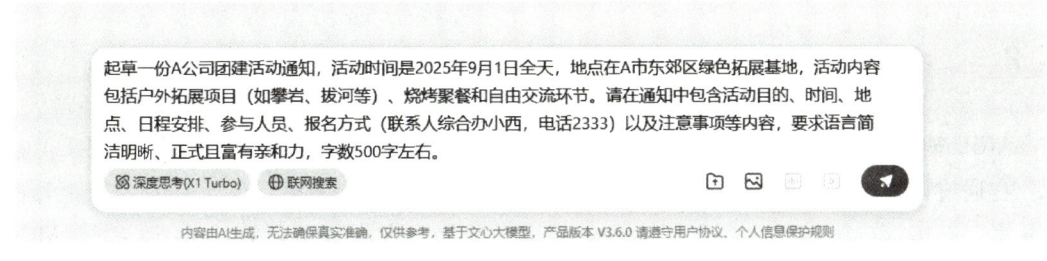

图 10-1　文心一言提问页面

**第二步**：生成的内容吸引力不强，且没有说明请假情况，于是在文心一言对话栏继续输入内容（图 10-2）。

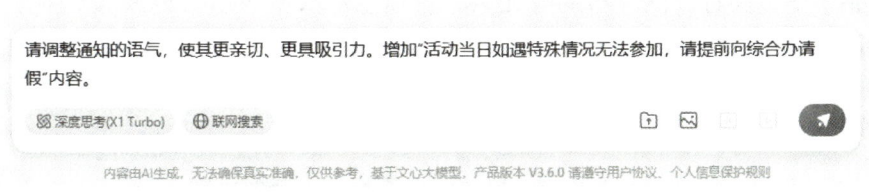

图 10-2　文心一言提问页面

**第三步**：最新生成的内容已经符合预期要求，也无明显的语法错误。保险起见，在文心一言进行语法检查，在对话栏继续输入内容（图 10-3）。

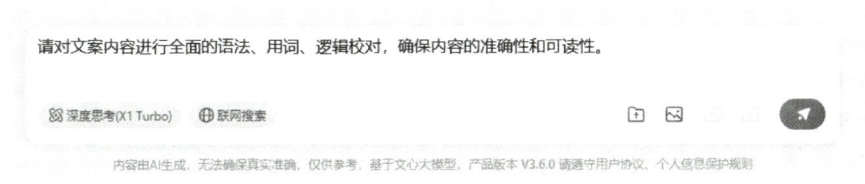

图 10-3　文心一言提问页面

**第四步**：该文案要求比较简单，根据最新生成的内容对细节进行调整完善，确认时间、行程等无误后即可定稿。

**练习题**：

1. 使用文心一言生成一份关于"大学生创业"的演讲稿，要求内容包括创业的挑战与机遇、成功案例分析等。

2. 利用豆包为某款新推出的智能手机撰写一则广告文案，突出其拍照功能和电池续航优势。

3. 通过 kimi 为一场校园招聘会设计宣传海报的文案，吸引更多学生参与。

## 10.2.2  场景二：智能排版与模板生成

AIGC 辅助智能排版与模板生成主要基于自然语言处理（NLP）和机器学习（ML）技术。它通过识别文本中的语义结构并学习大量排版样本，智能调整字体、字号、行距等排版元素，并提炼排版规律应用于新内容的自动化排版。在深度学习算法的支持下，AIGC 从大量数据中学习并生成新内容，其在排版与模板生成中的应用包括接收输入数据、数据处理和特征提取，以及生成最终排版内容三个层次。

AIGC 在智能排版与模板生成中的应用内容丰富。它能够对 Word 文档、PDF 文件等进行排版，依据文档内容的语义和结构，自动调整排版元素，使文档格式规范、美观整洁。在设计海报或宣传单时，AIGC 工具可根据设计要求和内容，自动生成合适的排版方案，包括字体、颜色、图片布局等元素，快速生成具有吸引力的模板。对于 PPT 制作，AIGC 工具可根据主题和内容生成相应模板，并合理安排文字、图片、图表等元素的位置和大小，提供多种版式选择。常用的工具如 kimi、WPS AI、Canva 可画等提供了标准化模板。

### 1. 操作流程

**第一步：输入关键词**。在 AIGC 工具中输入与文档主题相关的关键词，例如"公司年会邀请函"或"产品发布会海报"等，帮助 AI 理解设计需求。输入的关键词应简洁精准，突出核心主题。同时，在 PPT 制作时，提供详细完整的大纲可提升生成质量。

**第二步：生成初稿模板**。AIGC 工具根据关键词快速生成多个设计模板，每个模板都具有独特的布局、色彩搭配和元素组合，用户可以预览并选择最符合需求的模板。部分工具支持上传本地模版。

**第三步：内容优化与校对**。全面审核生成的初稿模板，确保内容准确完整。检查文字部分，修正错别字和语病，确保语句通顺、逻辑清晰。核对数据，保证数据准确无误，信息完整。检查图表和图片的清晰度及其与文字内容的对应关系，确保图表能准确表达数据和观点。对于 PPT，还需检查排版格式是否统一规范，动画及转场效果是否协调流畅，避免在演示过程中造成干扰。优化各元素，使文案与排版相互契合，提升 PPT 的专业度。

**第四步：个性化调整**。选定模板并完成内容优化与校对后，用户可根据要求或个人喜好，调整模板的配色方案、字体样式、图片元素等，使最终文档既专业又具个性化特点。

在智能内容创作流程中，智能排版与模板生成是实现内容到视觉转化的关键环节。以制作宣传资料为例，智能文案生成工具可率先完成核心文字的构建，涵盖新闻稿、产品说明或 PPT 大纲等基础文本框架。在此基础上，智能排版系统将文字嵌入动态模板，依据文本逻辑自适应调整版式布局。同时，智能绘图模块通过算法解析文案关键词，实时生成示意图表或辅助插画，使视觉元素与文本语义高度协同。这种一体化流程通过AI 驱动的内容与形式联动，既避免了人工切换工具时的割裂感，又通过算法优化确保风格一致性，最终产出兼具逻辑性与审美价值的完整作品，显著提升内容创作者的效率与产出质量。

### 2. 案例分析

**背景：** 小西所在公司 A 即将开展 2025 年各部门年度总结会议，小西需要代表综合办制作一份详细介绍 2025 年度工作内容的 PPT。综合办公室的工作内容繁杂多样，涵盖行政管理、人力资源、后勤保障等多方面，需要在 PPT 中全面、清晰、有条理地展示过去一年的工作成果、重点项目以及未来的工作计划和展望。

**工具：kimi+PPT 助手**

**处理过程：**

**第一步：生成大纲。** 在 **kimi+PPT 助手**对话栏输入内容（图 10-4），提供的信息越全面详细，生成的大纲越能符合预期目标；

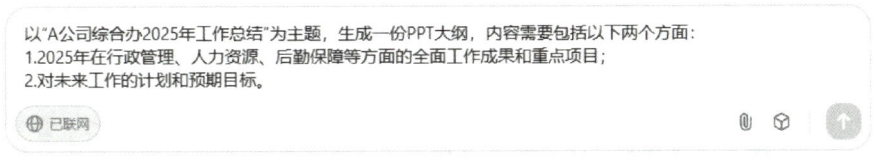

图 10-4　kimi+PPT 助手输入页面

生成大纲后，可要求对大纲内容继续修改，直到生成满意的大纲。比如在上面的大纲中增加对办公人员的介绍，在 kimi+PPT 助手继续输入内容（图 10-5）；

图 10-5　kimi+PPT 助手输入页面

通过不断输入内容，直到生成满意的大纲。

**第二步：** 在 kimi+PPT 助手最新生成的大纲基础上，点击"一键生成 PPT"（图 10-6），进入"选择模版创建 PPT"页面，选择合适主题风格的模板后，点击"生成 PPT"（图 10-7），即可生成 PPT。

图 10-6　kimi+PPT 助手生成的大纲页面

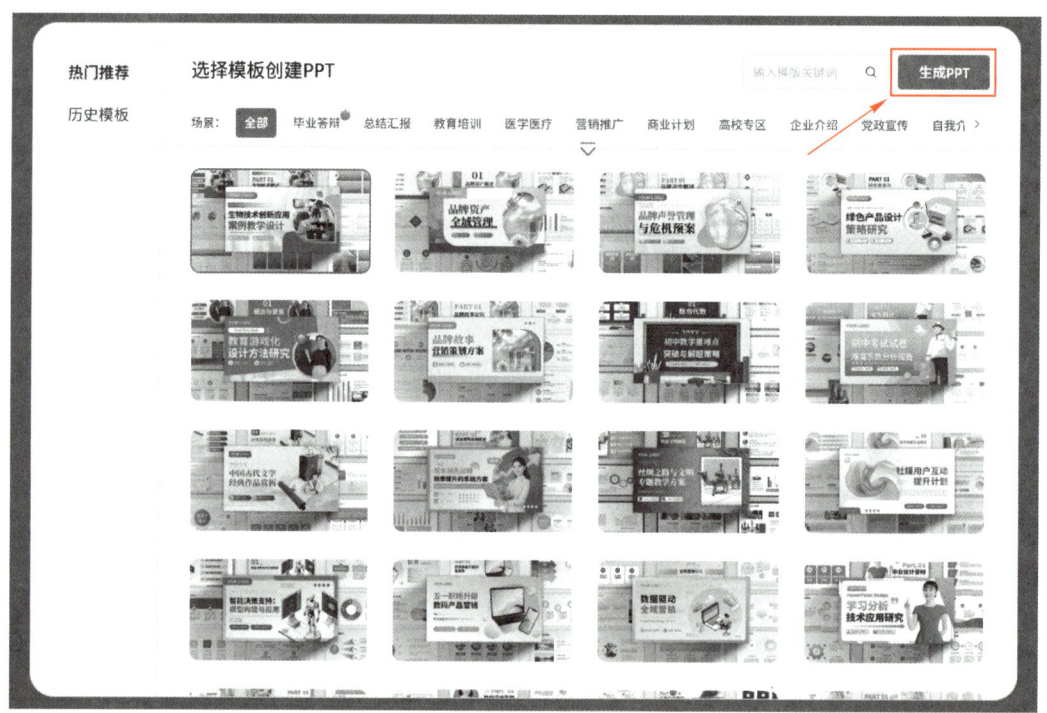

图 10-7　kimi+PPT 助手选择模版页面

**第三步**：对新生成的 PPT（图 10-8），可以选择线上修改或下载后线下修改，对 PPT 里面的内容进行全面检查，确保文字、数据、图画、图表等无误。确保内容无误后，对配色、字体、图表等进行调整。

图 10-8　kimi+PPT 助手下载、编辑页面

**练习题：**

1. 使用 Canva AI 为歌唱大赛设计一套宣传海报。

2. 使用 kimi 为某课程的期末汇报生成一份包含课程总结、学习成果和未来展望的 PPT，并尝试在线编辑和调整配色方案。

3. 使用 WPS AI 设计个人简历并进行智能润色，提升简历的流畅度和表达的精准性。

## 10.2.3　场景三：智能会议记录与处理

　　AIGC 技术通过融合语音转录与自然语言处理，实现了会议语音的实时文本化。在会议过程中，系统首先利用语音识别算法捕捉语音信息并转化为文本，随后调用自然语言处理模型对文本进行结构化分析，精准提取议题、决策点、任务分配等关键内容。为避免多人群聊中的信息混淆，AIGC 引入声纹识别技术区分不同发言者，确保记录的准确性。最终，系统依据预设规则自动生成结构化的会议纪要或摘要。此类应用常见于通义听悟、讯飞听见等工具，其工作原理可概括为：语音转文本→关键信息提取→发言人识别→结构化输出，帮助用户实现会议记录的自动化与智能化。

### 1. 操作流程

　　**第一步：会前准备。** 提前开启智能设备的语音识别功能，确保设备电量充足、网络连接稳定，并根据场地大小和参会人数合理布置麦克风等音频采集设备。同时，检查系统中的 AIGC 模型是否为最新版本，以保证语音识别和文字生成的准确性。

　　**第二步：会议进行中。** 实时将会议中的语音信息转化为文本。系统会对麦克风采集到的音频信号进行处理，去除背景噪声和杂音，然后利用语音识别模型进行转录。通过自然语言处理技术，AIGC 系统能够分析文本的结构和语义，提取出重要的关键词和短语，为后续的记录和总结提供基础。结合声纹识别技术，区分不同发言人的内容，提高记录的准确性和可读性。

**第三步：会议结束后。** 将语音转录和语义分析的结果进行整合，生成初步的会议记录。然后，对记录进行进一步的优化，包括格式调整、语言润色、去除冗余信息等，使其更加简洁、清晰、易读。根据提取的关键信息和整理后的会议记录，生成正式的会议纪要。

### 2. 案例分析

**背景：** 小西所在 A 公司是一家大型综合性企业，为了提高办公会议的效率和质量，公司决定引入 AIGC 智能会议记录工具，小西负责跟进相关工作。在一次工作会议中，小西提前在会议室布置好了具有麦克风阵列的智能会议设备，并开启 AIGC 工具。

**工具：通义听悟**

**处理过程：**

**第一步：** 小西提前布置好设备，确保设备电量充足、网络连接稳定、采音清晰，在会议正式开始前 5 分钟点击**"开启实时记录"**（图 10-9）。

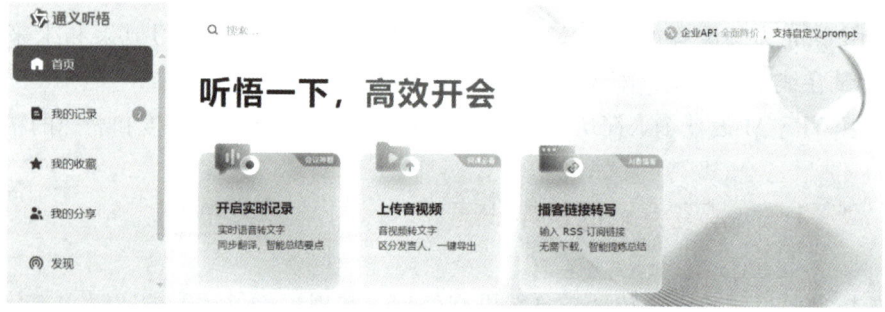

图 10-9　通义听悟首页

**第二步：** 会议中实时将会议语音转文字，左侧实时记录区域可修改发言人和发言文字，高亮标记重点、问题和待办；右侧区域可以记笔记，插入时间戳、摘取识别原文，随时撰写重点（图 10-10）。

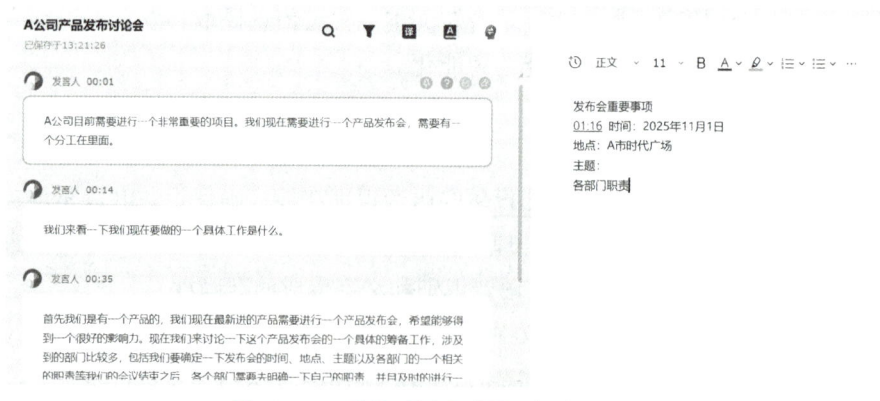

图 10-10　通义听悟实时转录与编辑页面

**第三步**：会议结束后，整合左、右侧两个区域的文字（图 10-11），生成初步的会议记录，可以查阅章节速览、发言总结和重点回顾。对记录进行进一步的优化，生成正式的会议纪要。

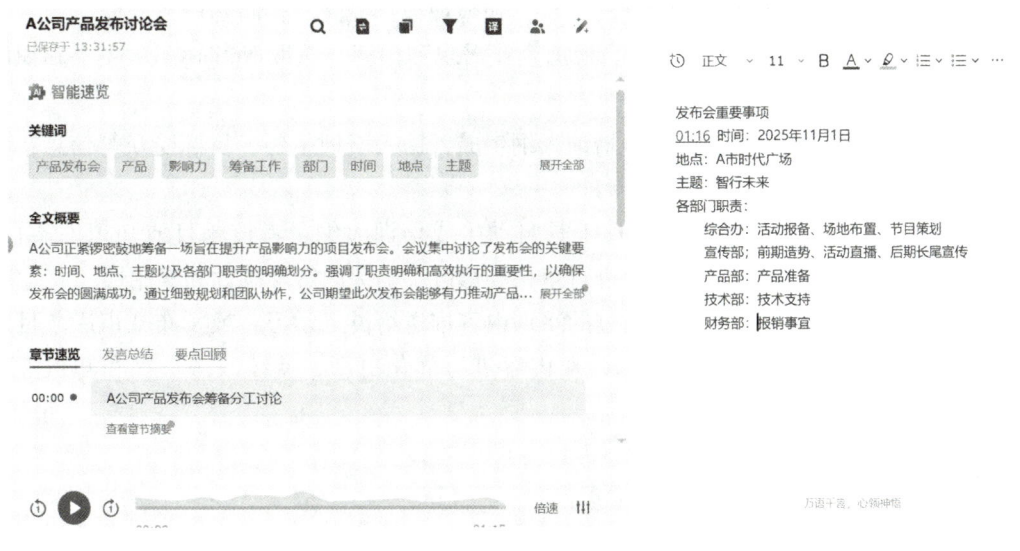

图 10-11　通义听悟内容阅览与编辑页面

**练习题：**

1. 使用讯飞听见录制一次线下团队讨论会议，将语音内容转录为文字，并生成会议纪要，包括讨论主题、主要观点和待办事项。

2. 利用腾讯会议 AI 助手召开一次线上交流会，记录发言内容，并生成包含发言人、发言时间和主要观点的详细会议记录。

## 10.2.4　场景四：智能培训与知识管理

AIGC 技术在智能培训与知识管理领域主要借助自然语言处理及机器学习等技术，生成多样内容，重塑企业培训流程。员工培训领域 AIGC 有三方面亮点：一是依员工岗位、技能和进度，定制专属培训方案；二是化身智能虚拟导师，融合 VR/AR 技术，模拟场景实时互动；三是打造沉浸式培训场景，让员工身临其境学技能。在知识管理上，AIGC 凭借数据处理分析与生成能力，构建知识库系统，实现知识存储共享、推荐创新。它能精准推荐知识资源给员工，深度分析数据助力决策，还能线上学习时智能辅导。像 Notion AI、飞书知识库这类工具，就是典型应用。

AIGC 还能依培训主题目标，生成培训大纲和考核题，保证培训效果可评估。它自动解析会议纪要，提取关键信息存入知识库，方便查询，完成知识沉淀共享。这一技术革新，让企业知识流通更顺畅，学习氛围更浓厚，推动知识管理迈向新高度。

### 1. 操作流程

**第一步：**明确培训或知识管理目标。确定员工培训的主题和目标，如提升销售技巧、熟悉新产品知识等；或明确知识管理的需求，如整理项目经验、存储客户案例等。

**第二步：**选择合适的 AIGC 工具。根据企业需求和预算，选取 Notion AI、飞书知识库等工具。

**第三步：**数据输入与处理。对于培训大纲生成，输入培训主题、目标受众等信息；对于知识整理，上传会议纪要等文档。

**第四步：**内容生成与审核。AIGC 工具自动生成培训大纲、考核题目或知识库条目，人力资源部门或相关专家对生成内容进行审核和修改，确保内容准确性和实用性。

**第五步：**实施与优化。将审核通过的培训内容推送给员工学习，或发布知识库条目供员工查阅。根据员工反馈和实际效果，对内容进行优化更新，持续改进培训和知识管理系统。

### 2. 案例分析

**背景：**小西需要为公司新入职的 8 名员工制定培训计划。

**工具：飞书知识库**

**操作流程：**

**第一步：**创建知识库。小西进入飞书云文档首页，点击左侧导航栏的"知识库"，选择"新建知识库"（图 10-12）。在"完善知识库信息"窗口中，选择"空白知识库"（图 10-13），输入知识库的名称为"A 公司 2025 年新员工入职培训"，简介为"包含新员工入职所需的所有培训资料"，并将可见范围设置为"组织内所有人公开可见"，然后点击"创建"（图 10-14）。

图 10-12　飞书云文档-知识库页面

**第二步：**添加培训内容。小西在知识库中添加各种类型的页面和内容，可以通过拖动页面来调整目录结构，使其更有条理（图 10-15）。

**第三步：**确认与发布。小西确认知识库的名称、内容、权限等信息准确无误后，分享给新入职的员工（图 10-16）。

图 10-13　飞书知识库-选择知识库模版页面

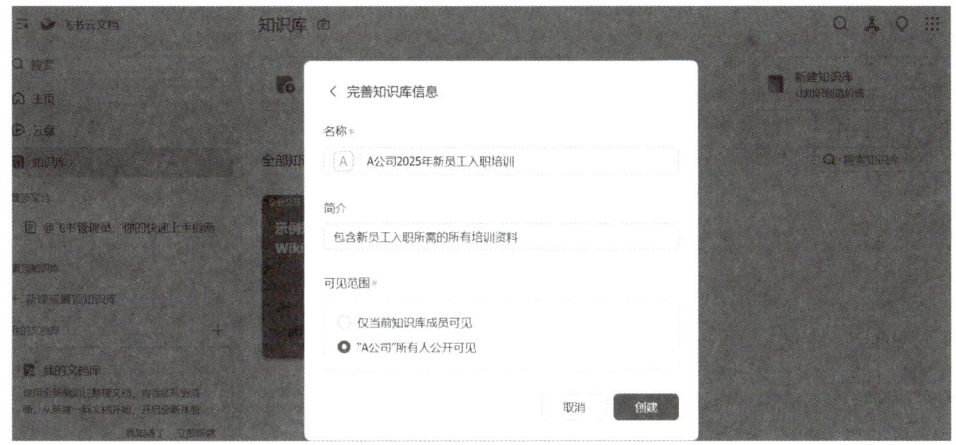

图 10-14　飞书知识库-完善知识库信息页面

图 10-15　飞书知识库-内容编辑页面

图 10-16    飞书知识库-内容编辑页面

**第四步**：更新与维护。随着公司的发展和业务的变化，小西定期对知识库中的内容进行更新和维护，确保培训资料的准确性和时效性。例如，当公司的产品有新的更新时，她及时修改"产品知识基础"页面中的内容，以保证新员工能够学习到最新的产品信息。

**练习题：**

1. 利用飞书知识库将某企业的会议纪要整理为知识库条目，包括会议主题、讨论内容、决策结果和行动项等信息。

2. 通过 AIGC 工具为某班级的新生入学教育生成校园生活指南，包括校园设施介绍、学习资源推荐和常见问题解答等内容。

# 10.3    个性化 AIGC 办公系统搭建

## 10.3.1    工具精准选择与个性化组合配置：构建个性化办公生态系统

### 1. 多维需求解析与工具选型策略

（1）工作场景需求解构方法

为精准搭建个性化 AIGC 办公系统，采用"输入-处理-输出"三维模型，对办公需求进行系统化分析，建立包含业务场景、专业深度、输出形态的需求清单：

**文本处理场景**：区分创意写作（如公众号推文）与专业写作（如学术论文），前者侧重风格多样性，后者要求逻辑严谨性；

**数据处理场景**：明确基础数据分析（Excel 图表生成）与深度建模（Python 数据可视化）的工具差异；

**设计协作场景**：区分模板化设计（Canva）与精细化创作（Adobe AI），匹配不同设计能力要求。

（2）三层工具筛选模型构建

建立由基础层、场景层、集成层工具组成的工具矩阵，各层工具定位明确，协同满足个性化办公需求，见表 10-2。

**表 10-2　三层工具筛选模型**

| 工具层级 | 核心功能 | 典型工具举例 | 适配场景 |
|---|---|---|---|
| 基础层 | 核心功能支撑 | 豆包（文本生成）、WPS AI（数据处理） | 通用办公场景 |
| 场景层 | 专业领域深化 | Grammarly（学术润色）、LexisNexis（法律检索） | 垂直领域任务 |
| 集成层 | 系统连接与流程自动化 | Zapier（跨工具联动）、钉钉/飞书（办公平台集成） | 多工具协同工作流 |

### 2. 个性化工具整合与配置技术

（1）统一管理平台搭建

**账号体系整合**：通过单点登录（SSO）技术实现多工具账号互通，支持企业微信、钉钉等主流即时通信工具一键登录，简化用户身份验证流程，提升办公效率。

**界面定制化设计**：采用模块化布局，将高频使用工具设为快捷入口（如顶部功能栏），低频工具分类收纳（如左侧抽屉菜单），支持自定义主题色与操作快捷键，满足不同用户的个性化偏好。

（2）自动化工作流构建

**基础流程设计**：利用 Zapier 等集成平台，搭建"数据输入-AI 处理-成果输出"的标准化流程。例如"新邮件触发→ChatGPT 生成摘要→自动存入 Notion 日志"，实现信息的高效流转与处理。

**Python 脚本应用**：对于特定的数据流转需求，可通过简单代码实现工具间数据流转。

## 10.3.2　高效输入指令设计与优化：打造精准高效的交互语言

### 1. 结构化指令设计核心原则

（1）四要素指令模板

采用"目标-场景-约束-示例"结构化框架提升指令清晰度：

**目标明确**：避免模糊表述，如"写篇报告"，应具体说明"撰写 2025 年季度销售分析报告，侧重同比数据对比"；

**场景具象**：包含受众特征（如"面向公司管理层"）、应用场景（如"季度会议汇报"）、媒介形式（如"PPT 格式，20 页以内"）；

**约束清晰**：明确风格要求（如"正式商务风格"）、技术参数（如"生成 3 种不同配色方案"）；

**示例引导**：提供优质案例参考，例如"参考去年年度报告的 SWOT 分析结构"。

（2）多模态输入优化技巧

**语音指令结构化**：通过自动语音识别（ASR）技术将口语化指令转换为机器可识别的结构化数据，如"做个上月的销售表"转化为｛任务类型：数据报表，时间范围：上月｝。

**上下文记忆应用**：利用 AI 模型的对话历史记忆功能，在多轮对话中实现渐进式优化，例如"在之前生成的简历基础上，补充项目管理经验描述"。

## 2. 进阶交互技术与实践

（1）角色设定与情境模拟

通过系统提示构建虚拟身份提升生成内容专业性。示例如下：

*你是一位具有 10 年经验的人力资源总监，正在为应届毕业生优化简历。需要重点突出：*

*1. 无相关工作经验时的技能转化（如社团活动中的组织能力）；*

*2. 技术类岗位的项目经验描述（采用 STAR 法则：情境-任务-行动-结果）；*

*3. 简历格式规范（避免超过 2 页，使用 Times New Roman 字体）。*

（2）生成参数调优策略

掌握主流模型参数对输出的影响规律，实现结果可控性，可参考表 10-3。

**表 10-3 部分参数调整参考**

| 参数 | 低数值（0.1~0.3） | 高数值（0.7~1.0） | 典型应用场景 |
| --- | --- | --- | --- |
| temperature | 结果确定、逻辑严谨 | 创意丰富、多样性高 | 学术论文写作 vs 营销文案创作 |
| top_p | 聚焦常用词汇 | 包含罕见词汇 | 专业报告 vs 创意头脑风暴 |

目前部分 AIGC 工具尚不支持直接调整 temperature 和 top_p 参数，部分支持调整的 AIGC 工具，一般可通过在参数设置界面调整或在代码中调整。

## 10.3.3 输出结果精细化处理：自动化与智能化深度融合

### 1. 多层级质量控制体系

（1）三级校验流程设计

**自动化初检**：运用 NLP 工具进行语法检测（如 Grammarly）、逻辑校验（如矛盾数据识别)、格式规范(如标题层级检查)。

**人机协同精修**:构建"AIGC 生成–人工复核–专家审定"机制,人工重点优化内容深度(补充行业洞见)、表达风格(调整语气适配受众)、格式美化(优化图文排版)。

**跨模态校验**:针对多媒体内容进行一致性核查,如 PPT 图表数据与文字描述相匹配、视频字幕与音频内容同步性。

(2)知识沉淀与复用机制

**成果库分类管理**:按"工作类型–完成时间–质量评级"构建三级分类体系,并添加关键词标签(如"SWOT 分析""用户画像")以提升检索效率。

**版本控制技术**:记录每次修改的时间、修改者、修改内容,支持多版本对比与历史版本回溯,常用工具如 Git(适用于代码类)、腾讯文档(适用于协作类)。

### 2. 智能化成果交付与应用

(1)多格式转换技术方案(见表 10-4)

表 10-4   多格式转换技术方案

| 源格式 | 目标格式 | 推荐工具 | 技术要点 |
| --- | --- | --- | --- |
| Docx | PDF | WPS/Adobe Acrobat | 保留公式、图表原始格式 |
| Excel | PPT | Excel 图表复制功能 | 优化配色方案与数据可视化 |
| 图片 | 视频素材 | Canva 视频编辑器 | 控制单图显示时长(3~5 秒) |

(2)跨平台自动化交付

通过 API 接口实现成果与业务系统无缝对接,典型工作流示例:

**设计项目流转**:Canva 生成海报→Figma 优化交互→蓝湖标注修改意见→企业微信通知设计师→定稿后自动同步至电商平台。

**数据报告分发**:WPS AI 完成数据分析→生成 PPT 报告→通过邮件 API 自动发送给指定收件人→同步更新至企业云盘(如阿里云 OSS)。

(3)伦理与安全保障措施

**AIGC 使用道德规范**:明确标注 AIGC 生成内容的辅助作用,禁止将 AIGC 成果直接作为完全原创作品,关键决策相关内容必须经过人工审核。

**数据安全管理**:采用 AES–256 加密技术保护传输与存储数据,敏感信息处理触发 DLP(数据防泄漏)系统自动屏蔽,定期进行安全漏洞扫描。

## 10.3.4   实践拓展建议

### 1. 工具组合实战

**设计个性化组合方案**:结合自身专业、岗位和办公需求,精心挑选 3~5 款核心工具,打造专属的个性化工具组合。例如，文案工作者可选择"ChatGPT（文案生成）+Grammarly（语法校对）+Canva（图形设计）"的组合。

**协同逻辑说明**：详细阐述各工具之间的协同逻辑。例如，先用 ChatGPT 快速生成文案初稿，再用 Grammarly 进行语法和风格校对，最后用 Canva 制作精美的配图，提升文案的整体质量。

**建立 AIGC 工具箱**：将这些工具整合到一个易于访问的工具箱中，方便随时调用。可以在电脑桌面创建快捷方式，或在手机上建立专属文件夹。

### 2. 提示词设计练习

**基础版提示词（100 字内）**：针对常用办公场景，撰写简洁的基础版提示词。例如，撰写邮件的提示词可以是："请帮我撰写一封邮件，主题是本周团队会议，内容包括会议时间、地点、议程和需要提前准备的资料。"

**进阶版提示词（含角色设定）**：为提升生成内容的专业性，设计包含角色设定的进阶版提示词。例如："你是一位经验丰富的项目管理专家，请为我撰写一份项目进度报告，重点突出已完成的任务、正在进行的工作、遇到的问题及下一步计划。报告的对象是客户，语气要正式且专业。"

**建立个人提示词库**：将自己设计的提示词进行分类整理，建立个人提示词库，方便随时调用和优化。

### 3. 成果处理流程

**总结已使用流程**：回顾并总结自己已使用的 AIGC 操作流程，记录每个步骤的关键要点和注意事项。例如，使用豆包生成文案的流程可以总结为：明确需求-撰写提示词-生成初稿-校对修改-最终定稿。

**模拟其他流程**：设想其他可能用到的 AIGC 应用场景，模拟完成相应的操作流程，并记录关键步骤。例如，模拟使用 AIGC 工具生成数据可视化图表的流程：确定数据来源-撰写提示词-选择图表类型-生成图表-进行美化。

**总结成果处理库**：将已使用的和模拟的成果处理流程进行整理，形成成果处理库。通过不断优化和扩充这个库，提升自己的 AIGC 使用技能，提高办公效率。

## 10.4    AIGC 辅助办公的未来趋势与行业应用展望

随着人工智能技术的迅猛发展，AIGC 在办公领域的应用将愈发广泛深入，其未来发展涵盖多模态融合、低代码/无代码平台以及边缘计算等前沿方向，同时在实际办公应用中也面临数据隐私保护、版权管理以及人机协作等风险与合规挑战。

## 10.4.1 AIGC 办公领域的技术趋势与行业应用

### 1. 多模态融合提升办公效率

在现代办公环境中，多模态融合技术正逐渐成为提升效率的关键。多模态融合指的是整合语音、图像和文本等多种数据形式，使计算机能够更全面地理解和处理复杂信息。

例如，在视频会议中，AIGC 系统利用先进的语音识别技术实时分析参会者的语音内容。同时，其图像识别模块可以捕捉参会者的面部表情和肢体语言，通过分析微表情的变化来判断参会者的情绪状态和关注点。此外，AIGC 还能够自动将语音内容转化为准确的文字记录，生成详细的会议纪要。而且，系统能够根据讨论内容的关键点和逻辑结构，自动创建相关的 PPT 演示文稿。这种多维度的信息处理方式，不仅提高了会议效率，还确保了信息传达的准确性，使 AIGC 成为办公中不可或缺的智能助手。

在文档处理方面，多模态融合技术也有广泛应用。传统的文字处理软件只能对文本内容进行编辑和排版，而带有多模态功能的办公软件则可以识别文档中的图表、图像等视觉元素，并理解其与文本内容的关联。例如，对于含有数据分析图表的商业报告，AIGC 系统可以通过对图表的视觉分析，提取其中的关键数据和趋势，并在文本中相应位置生成详细的解释和分析内容，帮助用户更好地理解和利用文档信息。此外，多模态融合技术还可以应用于智能办公助手，使其能够通过语音指令接收用户任务需求，同时结合文本输入和图像识别功能，更精准地为用户提供更贴心、高效的办公服务，如安排行程、查找资料、整理文件等。

### 2. 低代码/无代码平台推动办公自动化

低代码/无代码平台的普及降低了 AIGC 工具的使用门槛，使非技术背景的办公人员也能轻松创建和应用智能办公解决方案。通过直观的图形化界面和拖拽式操作，用户能够快速组合功能模块构建智能应用。

例如，市场团队可以使用低代码平台搭建智能营销活动管理系统。在这个平台上，用户可以通过简单的图形化界面，将数据采集模块、分析模块和优化模块进行拼接。系统会自动生成相应的应用程序，实现活动数据的自动采集，如通过与各种线上渠道的 API 接口连接，实时收集用户行为数据、社交媒体反馈等。然后，利用内置的分析算法对数据进行深度分析，挖掘潜在的市场趋势和用户偏好。根据分析结果，系统可以自动优化营销活动的参数，如调整广告投放策略、优化活动内容等，大幅缩短策划周期，降低运营成本，同时激发更多员工参与 AI 应用创新。

在人力资源管理领域，低代码/无代码平台可以帮助企业快速构建招聘管理系统。招聘人员可以通过拖拽方式设置简历筛选规则、面试流程安排等功能模块。系统自动对收到的简历进行初步筛选，根据设定的岗位要求提取关键信息并进行匹配度评估。在面试阶段，系统可以自动安排面试时间、发送通知，并记录面试过程中的评价信息。通过这种方式，人力资源部门能够更高效地完成招聘工作，减少人工操作的繁琐环节。此外，低代码/无代码平台还适用于财务部门的预算管理、行政部门的物资管理等多个办公场景，助力企业实现全面的办公自动化，提升整体运营效率。

### 3. 边缘计算助力实时办公决策

边缘计算的发展使 AIGC 能够更贴近数据源进行处理，提升了办公系统的响应速度和数据安全性。在边缘计算架构下，数据无需完全依赖云端服务器，而是在本地设备上进行分析。这在需要快速响应的办公场景中尤为重要，如实时监控办公网络的安全状况。AIGC 系统可以在本地迅速检测到异常流量或入侵行为，立即发出警报，通知 IT 安全人员采取措施，防止数据泄露。同时，由于数据处理在本地完成，避免了数据在云端传输和存储过程中可能面临的隐私风险，保护了办公数据的隐私，确保信息资产的安全。

在智能办公设备管理方面，边缘计算发挥着关键作用。例如，对于办公室内的智能打印机、复印机等设备，边缘计算可以在设备端实时监测其运行状态。通过在设备上部署的传感器收集数据，如温度、墨水量、纸张剩余量等，AIGC 系统可以在本地对数据进行分析。一旦发现设备可能出现故障的迹象，如某个部件的温度异常升高，系统可以提前预警，安排维护人员进行检修，减少设备停机时间，提高办公设备的利用率和工作效率。此外，边缘计算还可以应用于智能办公环境的能源管理，通过实时监测办公区域的照明、空调等设备的能耗数据，在本地进行智能分析和调控，实现节能减排，降低企业的运营成本。

## 10.4.2 AIGC 办公应用中的风险与合规挑战

### 1. 数据隐私保护的强化措施

在办公场景中，AIGC 处理大量敏感数据，数据隐私保护至关重要。企业应严格遵守数据保护法规，如 GDPR（General Data Protection Regulation），并采取多重措施确保数据安全。在数据收集时，明确告知员工和客户数据的用途，获取明确授权；在数据存储和传输中，采用高级加密技术；在数据使用时，实施严格的访问控制和数据脱敏，防止数据泄露，保护企业和个人的信息资产。

首先，在数据收集环节，企业需要建立透明的数据收集政策，向员工和客户清晰地说明数据收集的目的、范围以及使用方式。例如，在使用 AIGC 系统进行员工绩效评估时，明确告知员工将收集哪些工作相关数据以及如何利用这些数据进行评估分析，确保员工对数据收集过程的知情权和同意权。其次，在数据存储和传输过程中，运用如 AES（高级加密标准）等高级加密算法对数据进行加密处理，确保即使数据在传输过程中被截获或存储介质被盗取，数据内容也无法被轻易获取。同时，建立安全的数据存储环境，采用多层防火墙、入侵检测系统等网络安全措施，防止外部攻击导致的数据泄露风险。最后，在数据使用阶段，实施基于角色的精细化访问管控机制，结合员工的实际职责范围与业务权限，为其分配差异化的数据访问权限级别。并且，对使用中的数据进行脱敏处理，如在数据分析过程中，对员工的个人身份信息等敏感字段进行模糊化或替换处理，使其在不影响数据分析结果的前提下，降低数据泄露可能带来的风险。

### 2. 版权管理的规范与创新

AIGC生成内容在办公中的广泛应用带来了版权管理的新挑战。企业应建立完善的版权管理制度，明确AIGC生成内容的使用规范。在使用AIGC生成的文案、设计等进行商业活动时，确保获得必要的版权授权，并标注内容来源，尊重原创权益。同时，鼓励员工在AIGC辅助下进行二次创作，拓展内容的应用场景，提升办公内容的创新性。

一方面，企业需要制定明确的内部版权管理政策，规范AIGC生成内容的使用流程。例如，对于使用AIGC生成的产品宣传文案或广告设计，在用于商业推广之前，必须经过法务部门或专业版权机构的审核，确保其使用的素材、语言表达等内容没有侵犯他人的版权。在使用过程中，标明内容由AIGC生成或辅助生成的标识，以及引用的相关数据来源或参考依据，以示对原创内容的尊重。另一方面，企业应积极鼓励员工在AIGC生成内容的基础上进行二次创作。例如，员工可以对AIGC生成的初稿文案进行润色、修改，融入自身的创意和专业知识，使其更贴合企业文化和业务需求；或者在AIGC生成的设计原型上进行细节调整和优化，形成独一无二的设计作品。通过这种方式，不仅能够避免单纯依赖AIGC生成内容可能面临的版权纠纷风险，还能够激发员工的创造力，提升办公内容的质量和创新性，为企业创造更大的价值。

### 3. 人机协作的优化策略

在AIGC与人类协同办公的场景中，明确职责边界是确保高效协作的关键。企业应制定AIGC应用策略，明确其在辅助决策和任务执行中的角色。例如，在重要项目决策中，AIGC提供数据支持和趋势分析，最终决策由人类管理层做出。同时，加强员工的AIGC操作培训，提升他们与AIGC协作的能力，充分发挥人机各自优势，实现更智能、更高效的办公模式。

首先，企业需要明确AIGC在办公流程中的定位和职责范围。在诸如市场调研、数据分析等任务中，充分发挥AIGC的优势，利用其强大的数据处理和分析能力快速生成报告、提供数据洞察等，为人类员工提供决策参考依据。但在涉及企业战略规划、文化建设、重要人事任免等关键决策环节，坚持以人类管理层的核心地位，由其综合考虑多方面因素做出最终决策。通过合理划分AIGC与人类的职责边界，确保两者能够在各自擅长的领域发挥最大效能。其次，企业应注重员工的AIGC操作技能培训。制定系统的培训计划，包括AIGC工具的基本使用方法、数据输入与输出的解读、如何与AIGC进行有效的沟通协作等内容。例如，针对市场营销人员，开展如何利用AIGC进行精准的市场定位分析、创意文案生成以及营销活动效果预测等方面的培训课程；对于财务人员，培训如何借助 AIGC 进行财务报表分析、预算编制优化以及风险评估等操作。通过提升员工的 AIGC 素养和协作能力，促进人机之间的默契配合，共同推动办公效率的提升和企业目标的实现。

# 10.5　本章小结

　　本章聚焦 AIGC 辅助高效办公，探讨了 AIGC 技术如何革新传统办公模式，为企业和个人带来效率提升、错误率降低、成本节约和创新支持等多方面的核心价值。AIGC 的应用场景广泛，涵盖了文档处理、数据分析、会议管理、客户服务和人力资源管理等多个核心环节。

　　展望未来，随着技术的发展和办公领域的扩展，AIGC 在办公领域的应用前景愈加广阔，将成为未来办公不可或缺的核心驱动力。对于个人而言，搭建一套具有个性化的 AIGC 办公系统可有效提升办公效率。然而，在享受 AIGC 带来的便利的同时，个人与企业也需关注数据隐私、版权管理和人机协作等风险与合规挑战，确保技术的应用符合法律法规，并充分发挥人机协作的优势。

# 第十一章 知识产权与创新创业新机遇：AI赋能开启新大门

## 11.1 AI 与知识产权的时代交汇

### 11.1.1 第四次工业革命背景

如今，我们正处在第四次工业革命的浪潮之中，这次工业革命以人工智能、物联网、大数据、云计算等为代表，正在重塑全球经济和社会格局。与前三次工业革命相比，其核心在于通过数字化、智能化技术实现生产效率的飞跃和产业模式的变革。据《全球数字经济白皮书（2024 年）》中数据，美国、中国、德国、日本、韩国五个国家的数字经济总量占这五国生产总值的 60%，这意味着，数字经济已经成为推动这些国家经济增长的核心引擎之一。

在这样的大背景下，知识产权作为激励创新、保护技术成果的关键制度，自然也面临着前所未有的挑战与机遇。它需要不断适应新的技术环境和创新模式，以便更好地发挥其作用，促进经济的持续健康发展。

### 11.1.2 创新范式转变

传统的创新过程，通常是线性的模式，也就是先进行基础研究，然后是应用研究，接着再到产品开发，最后推向市场进行推广。但随着第四次工业革命的推动，创新范式正在发生转变，变得更加非线性、开放和协同。

AI 技术的出现，更是加速了这一转变的进程。它让创新过程变得更加复杂和多元化。例如，在药物研发领域，过去可能主要依赖生物医学领域的知识，但现在，AI 的介入使得这一过程还需要融合化学、计算机科学、数据分析等多学科的知识。这种跨学科、跨领域的创新模式，对知识产权的保护提出了更高的要求。我们需要更加灵活和多元化的保护机制，来适应这种新的创新范式。

## 11.1.3　数字知识产权兴起

随着数字经济的快速发展，数字知识产权成为新的焦点。数字知识产权涵盖了软件、数据库、数字内容、算法等多个领域，其保护方式与传统知识产权有所不同。

以软件著作权为例，它保护的是软件的源代码和功能设计，而算法作为一种新型的知识产权，其保护方式目前还在不断探索之中。据国家知识产权局数据，2022 年我国数字经济核心产业发明专利授权量达到 29.6 万件，占国内发明专利授权总量的 42.6%，自 2016年起，年均增速为 22.6%。这一系列数据表明，数字知识产权在创新中的地位越来越重要，建立更加完善的保护体系已经迫在眉睫，这不仅有助于促进数字经济的健康发展，也能激发更多的创新活力。

## 11.1.4　AI 技术分类与知识产权应用场景

AI 技术的飞速发展为知识产权的创造与运营带来了全新的机遇。根据不同的功能和应用场景，AI 技术可以分为生成式 AI、分析型 AI 和协作型 AI，如图 11-1 所示。

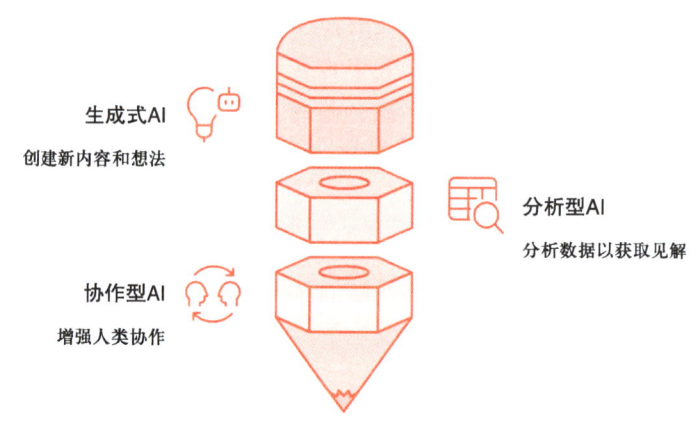

图 11-1　AI 技术的分类

### 1. 生成式 AI

生成式 AI，就像它的名字一样，能够根据输入的指令或数据生成新的内容，如文本、图像、代码等。在知识产权领域，它可用于创作新的文学作品、设计商标、生成代码等。

例如，通义万相可以根据用户输入的描述生成高质量的图像，GitHub Copilot 则能够辅助程序员编写代码。但与此同时,生成式 AI 也引发了一些权属争议。例如,美国版权局明确表示 AI 作品不享有版权,而中国首例 AI 生成文章著作权案(腾讯 Dreamwriter 案)则认定 AI 生成文章具有著作权。

### 2. 分析型 AI

分析型 AI 主要用于对大量数据进行分析和挖掘,以提取有价值的信息。在知识产权领域,它可用于专利检索、侵权监测、技术趋势预测等。例如,PatentSight 和智慧芽等平台,就是利用 AI 技术对专利数据进行分析,帮助企业和研究人员快速找到相关专利,评估专利价值,监测侵权行为,从而提升创新效率。

### 3. 协作型 AI

协作型 AI 则更加强调人机协同,通过 AI 辅助人类完成复杂的任务。在知识产权创造中,它可以用于辅助发明创造。例如,IBM Watson 在药物研发中的应用,它通过分析大量的生物医学数据,为研究人员提供潜在的药物靶点和研发方向。这种人机协同的模式,不仅提高了研发效率,还降低了研发成本,让创新变得更加高效和经济。

## 11.2 AI 驱动的知识产权创造

### 11.2.1 AI 辅助发明创造的实践

在科技飞速发展的当下,人工智能已经成为推动各行业变革的核心力量。特别是在发明创造领域,AI 的应用不断拓展,通过处理和分析大量数据,快速生成解决方案,帮助人类更高效地完成发明创造过程,显著提升了创新效率和质量。

以英国 DeepMind 的 AlphaFold 为例,它通过深度学习算法,几乎可以预测所有已知蛋白质的形状。这一成果不仅在 *Nature* 杂志上发表,还引发了相关专利布局。据报道,AlphaFold 预测的多种蛋白质结构与实验结果仅仅存在原子尺度的细微差异,达到了与传统的试验方法相媲美的程度,为生物医学领域的研究提供了强大的工具。其专利布局涵盖了算法、数据处理和应用场景等多个方面,如专利《使用自动编码器从图像确定大分子的原子坐标的分布》(US20220415453A1)侧重于使用冷冻电镜图像生成蛋白质的 3D 结构,有助于 Alphafold 在蛋白质构象建模方面的高精度,展示了 AI 在基础科学研究中的巨大潜力。

再看中国商飞,它将人工智能技术深度渗透到飞机设计的各个环节,从参数优化、智能故障检测、3D 数模检索装配,到飞行过程中的智能技术应用。例如,在某型机舱面结构优化中,成功减重 5 千克,计算时间由 2 小时缩短为 10 分钟,方案迭代由 3 个月缩短为两周。这一过程不仅缩短了研发周期,还降低了成本。其专利分析显示,AI 技术在飞机设计中的应用涉及多个关键技术点，包括空气动力学优化和材料选择等。

还有中国移动研究院，基于"九天"人工智能大模型开发了三款"AI+"专利智能工具，包括"智写专利""专利 idea 智能机器人"和"专利智能问答机器人"。其中，"智写专利"工具能够敏锐捕捉科研人员的核心创作构思，只需一键操作，便能迅速生成技术交底书初稿。该工具投入使用后，已辅助近 300 名科研人员生成了近 1400 份底稿，覆盖通信、信息技术、物联网等多个关键领域，整个撰写过程效率能提高 50% 到 60%。"专利 idea 智能机器人"则专注于辅助专利构思挖掘，从海量信息中为科研人员挖掘新颖的创意灵感，助力企业在专利布局上抢占先机。"专利智能问答机器人"也毫不逊色，能随时为科研人员提供全面且专业的专利知识解答，为企业的专利工作保驾护航。

## 11.2.2　AI 辅助大学生创新创业实践

AI 技术的迅猛发展正在深刻重塑全球教育体系与创新生态。高校作为知识生产与传播的核心阵地，首当其冲地成为 AI 技术融合与实践的前沿场景。从智能化的文献分析，到跨学科的算法开发与创业孵化，AI 不仅显著提升了学术研究的效率与深度，更以颠覆性力量为学生创新创业开辟了全新的可能性空间。

### 1.　国内外常见免费人工智能工具的应用

| 工具名称 | 类型 | 核心功能 | 典型应用场景 | 知识产权作用 |
|---|---|---|---|---|
| QR BTF AI | 设计生成 | 基于 AI 生成艺术化动态二维码，支持参数化设计和个性化定制 | 产品包装设计、品牌营销、线下活动推广 | 帮助创业者保护二维码设计的独创性，可作为商标或外观专利的辅助证据 |
| 一帧秒创 | 视频创作 | 输入文案自动匹配画面、音频、字幕，生成完整视频，支持 AI 作画和无水印导出 | 产品宣传视频、短视频内容创作、课程录制 | 自动生成的视频内容可作为版权登记素材，支持原创内容保护 |
| 酷表 Chat Excel | 数据分析 | 通过自然语言处理自动处理 Excel 表格，支持函数生成、数据清洗和可视化 | 市场调研数据整理、销售报表分析、用户行为统计 | 数据处理结果可作为商业分析报告的一部分，辅助知识产权申报中的数据支撑 |
| MotionGo | PPT 生成 | 输入主题一键生成 PPT，支持智能排版、动画效果和模板库，兼容 WPS 和 Office | 创业路演 PPT、项目汇报、产品演示 | PPT 内容可作为商业文档版权登记，保护演示内容的独创性 |
| 佐糖 | 图像处理 | AI 抠图、去水印、证件照制作、照片修复，支持批量处理和无损压缩 | 产品图片处理、宣传海报设计、证件照制作 | 处理后的图片可作为商标或外观专利的素材，辅助知识产权申请 |

续表

| 工具名称 | 类型 | 核心功能 | 典型应用场景 | 知识产权作用 |
|---|---|---|---|---|
| 深言达意 | 写作辅助 | 提供 20 种表达方式建议，支持名言、古诗文、歇后语检索，支持中英文搜索 | 商业文案撰写、专利申请书优化、学术论文辅助 | 辅助撰写专利说明书，提升文本表达的准确性和规范性，降低专利申请被驳回的风险 |
| 火龙果写作 | 内容优化 | 学术改写、强力改写、语法纠错，支持多语言翻译和模板库 | 专利申请书改写、商业报告润色、论文降重 | 优化专利文本的可读性和规范性，提升专利审查通过率 |
| 百度智能云 AI 开放平台 | 通用 AI 服务 | 图像识别、语音识别、自然语言处理、OCR 文字识别，支持 API 接口和免费额度 | 产品图像分析、用户评论情感分析、商标图像检索 | 提供商标图像检索和文本查重功能，辅助知识产权侵权监测 |
| 阿里云 AI 服务 | 通用 AI 服务 | 视觉智能、自然语言处理、语音合成，支持低代码开发和免费试用 | 市场调研数据分析、智能客服系统搭建、产品视频生成 | 提供区块链存证服务，支持知识产权登记和溯源 |
| 腾讯云 AI 产品 | 通用 AI 服务 | 计算机视觉、智能对话、语音识别，支持 GPU 云服务器和免费层 | 产品图像识别、用户行为分析、智能硬件开发 | 提供版权保护区块链服务，支持数字内容存证 |
| 科大讯飞开放平台 | 语音交互 | 语音合成、语音识别、语义理解，支持多语种和方言 | 智能语音助手、语音导航系统、语音交互产品 | 提供语音内容版权登记服务，辅助音频内容的知识产权保护 |
| 商汤科技日日新大模型 | 多模态生成 | 文生图、图生图、数字人生成，支持复杂场景创意生成 | 产品包装设计、虚拟人客服、创意广告生成 | 生成内容可作为版权登记素材，支持 AI 生成内容的知识产权归属证明 |
| OpenI 启智平台 | 开源模型库 | 提供开源大模型、数据集和开发工具，支持学术研究和创新实践 | 算法创新研究、模型训练优化、学术论文复现 | 支持开源项目的知识产权管理，辅助学术成果的合规性保护 |
| 国家知识产权局专利检索系统 | 国内专利分析 | 支持全球专利检索、法律状态查询、简单统计分析（如申请人分布、技术领域占比） | 大学生科研项目查新：例如某团队开发"智能垃圾分类装置"，如果通过该系统发现已有类似专利，可以调整技术路线 | 通过检索现有专利，避免重复研发，指导专利申请方向，降低侵权风险 |
| TensorFlow | 国外深度学习框架工具 | 支持机器学习和深度学习模型开发，提供可视化工具和分布式训练能力 | 图像识别、自然语言处理、推荐系统开发 | 提供模型版权管理工具，支持技术成果的知识产权保护 |
| PyTorch | 国外深度学习框架工具 | 动态计算图、灵活的模型构建，支持 Python 和 C++ | 算法研究、学术论文复现、定制化 AI 模型开发 | 提供模型版权管理工具，支持技术成果的知识产权保护 |

续表

| 工具名称 | 类型 | 核心功能 | 典型应用场景 | 知识产权作用 |
|---|---|---|---|---|
| Clarifai | 国外计算机视觉 API | 图像识别、视频分析、内容审核，支持多语言和多模态 | 产品图像分类、竞品包装分析、内容安全审核 | 提供图像版权检索功能，辅助商标侵权监测 |
| RapidMiner | 国外数据科学平台 | 数据预处理、机器学习、模型部署，支持可视化操作和自动化工作流 | 市场调研数据分析、用户行为预测、商业智能报告 | 提供数据处理结果的版权声明功能，辅助商业数据的知识产权保护 |
| Logicballs | 国外 AI 创业点子生成器 | 基于 AI 算法生成创新创业点子，结合市场趋势和用户偏好筛选可行性方案 1 | 创意阶段：某学生团队通过该工具生成"智能宠物喂食器"点子 | 辅助发现市场空白，指导技术创新方向，避免盲目投入；生成的创意需结合专利检索确认技术可行性，降低商业风险 |
| Espacenet | 国外专利分析 | 欧洲专利局官方工具，支持全球专利检索、法律状态查询、专利族信息整合 | 创新创业竞品分析：如某创业公司开发"无人机导航系统"，如果通过 Espacenet 发现欧洲某公司已申请类似专利，可以调整产品设计 | 通过专利族分析，识别核心专利和地域保护范围，制定规避设计方案；监控专利法律状态，把握技术合作机会 |
| Autodesk Generative Design | 国外三维设计与生成式 AI 工具 | 输入设计目标和约束条件，通过算法自动生成数千种设计方案，并筛选出高性能方案，实现从概念到制造的全流程优化 | 产品轻量化设计、建筑与工程布局优化、桥梁结构强度提升、增材制造 | 设计文件存证、技术创新保护、协作过程追溯、强化知识产权归属证明 |

（1）国内工具优势

- **中文支持强**：如深言达意、火龙果写作等工具深度适配中文场景，符合国内创新创业需求。

- **免费门槛低**：多数工具提供基础免费功能，适合大学生零成本使用。

- **知识产权保护**：阿里云 AI 服务、腾讯云 AI 产品、一帧秒创等工具直接提供存证服务，降低维权成本。

（2）国外工具优势

- **算法成熟度高**：Clarifai 等计算机视觉 API 在图像识别、视频分析方面算法比较成熟。

- **企业级支持**：RapidMiner 行业模板适合复杂项目，但需一定技术背景。

- **全球化覆盖**：Espacenet 支持全球专利检索、法律状态查询、专利族信息整合。

## 2. 典型工具介绍

（1）国家知识产权局专利检索系统：创新保护的"防火墙"

核心功能：

提供全球专利数据库检索服务，支持关键词、分类号、法律状态等多维度查询，可生成专利分析报告，帮助创业者识别技术空白点与侵权风险。

应用场景：

技术可行性验证：某智能硬件创业团队通过检索发现，其设计的新型传感器技术已被日本企业申请专利，及时调整研发方向避免侵权。

专利布局规划：某生物医药项目在成果转化前，通过分析全球专利分布，确定重点申请国家/地区，构建专利壁垒。

竞品技术追踪：某 AI 教育公司定期监测竞争对手专利动态，识别技术迭代方向，为产品升级提供决策依据。

（2）一帧秒创：AI 内容生产的"加速器"

核心功能：

基于多模态大模型，支持图文转视频、AI 配音、智能剪辑等功能，5 分钟生成专业级短视频，内置版权素材库（含 10 万+正版音乐、字体、图片）。

应用场景：

产品营销：某手工皂创业团队用 AI 生成产品介绍视频，在抖音获得 10 万+播放量，转化率大幅提升。

品牌传播：某公益组织通过 AI 数字人讲解项目理念，降低人力成本的同时，视频复用率提高多倍。

知识付费：某考研辅导机构用 AI 批量生成课程预告片，单月新增付费用户上千。

（3）酷表 ChatExcel：数据驱动的"智能助理"

核心功能：

通过自然语言交互实现 Excel 自动化操作，支持数据清洗、统计分析、可视化生成等功能，兼容 CSV/JSON 等格式。

应用场景：

市场调研：某奶茶创业团队用 ChatExcel 分析 5000 份问卷数据，30 秒生成消费偏好热力图，指导新品研发。

财务管控：某文创工作室通过 AI 自动计算利润率、生成现金流预测表，提升财务管理效率。

用户运营：某 APP 开发团队用 ChatExcel 分析用户行为数据，识别高价值用户群体，优化运营策略。

## 11.3　AI 创新创业工具使用技巧 🔍

大学生创新创业需以工具为杠杆，以知识产权为盾牌，分阶段构建核心竞争力。早期，通过专利检索和低成本工具验证需求，规避技术风险；中期，利用云服务和开源框架快速开发，确保协议合规；后期，依托知识产权组合提升估值，通过法律手段巩固市场地位。

### 11.3.1　想法验证阶段

#### 1. 核心目标

快速验证商业逻辑，规避技术重复研发。

#### 2. 推荐工具

QR BTF AI、Logicballs、国家知识产权局专利检索系统。

#### 3. 使用技巧

（1）市场需求洞察

用 Logicballs 生成多版本营销文案，通过小红书、抖音等平台测试用户反馈，筛选高互动率内容。结合 Clarifai 分析竞品图片（如电商产品图），提取视觉关键词（如"极简风""科技感"），优化自身设计方向。

（2）技术可行性评估

利用国家知识产权局专利检索系统进行"关键词+分类号"组合检索（如"AI 教育应用"+"G09B7/00"），下载 PDF 文件保存"著录项目"页作为证据链。若发现相似专利，通过筛选法律状态（如"有效专利"），调整技术路线（如改用差异化算法）。

（3）低成本原型制作

用 QR BTF AI 生成艺术化二维码，测试不同设计（如动态效果、色彩搭配）在社交平台的传播效果，优先选择获赞高的方案。用 MotionGo 快速制作 PPT 原型，如输入"教育类 APP 功能演示"等指令，自动生成交互逻辑，节省手绘时间。

#### 4. 注意事项

（1）早期需平衡"创意独特性"与"技术合规性"，例如 QR BTF AI 的动态二维码需确保不侵犯他人版权（如避免直接使用迪士尼 IP 元素）。

（2）专利检索应至少覆盖近 3 年全球专利，重点关注技术相似的专利（可能构成潜在侵权）。

（3）知识产权预警

记录所有 AI 生成内容的提示词、参数（如 QR BTF AI 的"东京原宿大屏"案例中的关键词），通过区块链存证（如中国微链）或国家版权局登记。避免使用开源代码（如 TensorFlow）直接搭建核心功能，若必须使用需保留原始代码路径，避免混合授权风险。

## 11.3.2 产品开发阶段

### 1. 核心目标

快速实现产品原型，确保技术合规性。

### 2. 推荐工具

TensorFlow/PyTorch、阿里云 AI 服务、OpenI 启智平台。

### 3. 使用技巧

（1）模型训练与部署

优先使用 PyTorch（MIT 协议）或 TensorFlow（Apache 2.0 协议），利用预训练模型（如 ResNet）迁移学习，减少 GPU 资源消耗。通过阿里云百炼平台调用多模态模型（如通义千问），结合函数计算 FC 部署 API，日均成本可控制在 1 元以内。

（2）团队协作与资源优化

在 OpenI 启智平台创建私有项目，分配团队成员不同权限（如"代码提交""模型测试"），利用免费 GPU 算力加速开发。使用酷表 Chat Excel 自动生成数据报表（如"用户活跃度统计"），输入"计算各渠道转化率"等指令，提升数据分析效率。

（3）合规性管理

若使用开源框架，在代码仓库 README 文件中明确标注协议声明（如"PyTorch 代码遵守 MIT 协议"），避免商业应用中的法律风险。处理用户数据时，通过腾讯云 TI 平台加密存储（如 AES 256 算法），符合《中华人民共和国个人信息保护法》要求。

### 4. 注意事项

（1）技术选型需兼顾"社区活跃度"与"协议友好性"，例如 PyTorch 的 GitHub 案例库更丰富，适合快速调试；TensorFlow 的移动端部署更成熟。建议每周进行代码审计，检查是否存在未声明的开源依赖（如间接引入的 GPL 协议库）。

（2）注意数据与代码安全。训练数据集需通过 Clarifai 过滤含版权内容（如未经授权的图片），避免模型侵权。敏感代码（如 API 密钥）需通过腾讯云 KMS 加密管理，禁止硬编码到公开仓库。

## 11.3.3　市场推广阶段

### 1.　核心目标

提升品牌曝光，验证商业模式。

### 2.　推荐工具

一帧秒创、佐糖、MotionGo。

### 3.　使用技巧

（1）视觉内容创作

用一帧秒创生成宣传视频，输入"AI 教育 APP 功能演示"等文案，选择"科技感"模板，自动匹配动态字幕和背景音乐。用佐糖批量处理产品图，使用"AI 文字消除"功能去除竞品水印，每日限用 50 次，超出后改用 Photoshop 手动处理。

（2）路演材料优化

用 MotionGo 的 FlowCode 功能自定义动画路径，例如"产品优势→用户案例→盈利模式"的动态展示，增强演示逻辑。结合深言达意润色商业计划书，对比同义词建议（如"创新"替换为"颠覆性突破"），提升专业度。

（3）流量运营

在小红书等平台发布 QR BTF AI 生成的艺术二维码，搭配文案"扫码解锁 AI 学习神器"，利用平台"听劝式开发"特性，根据用户评论迭代功能。使用 Logicballs 生成多版本社交媒体文案（如"学霸必备""打工人逆袭"），A/B 测试后选择点击率最高的版本。

### 4.　注意事项

（1）动态内容（如视频、动画）比静态图文转化率高，但需注意文件格式兼容性（如 H.264 编码适配主流平台）。建议预留 10% 预算用于第三方设计审核，避免因版权问题导致宣传材料下架。

（2）版权风险防控

若使用 AI 生成图片，需保留提示词和生成记录（如一帧秒创的"关键词公式"），作为独创性证明。避免直接使用竞品图片作为"以图生图"输入，例如将星巴克 LOGO 改为自创品牌需确保不构成商标侵权。

## 11.3.4　运营优化阶段

### 1. 核心目标

精细化运营，提升用户留存与复购。

### 2. 推荐工具

酷表 Chat Excel、RapidMiner、国家知识产权局专利检索系统。

### 3. 使用技巧

（1）数据驱动决策

用酷表 Chat Excel 分析用户行为数据，输入"计算用户生命周期价值（LTV）"等指令，生成可视化报表。通过 RapidMiner 构建预测模型（如"用户流失预警"），设置阈值自动触发运营动作（如发送优惠券）。

（2）技术迭代与保护

每月通过国家知识产权局专利检索系统监控竞争对手专利，例如输入"申请人：某教育科技公司"，调整技术路线以规避侵权。若发现核心技术被抄袭，通过中国专利信息中心的"专利价值自动评价系统"评估侵权影响，制定维权策略。

（3）合规性监控

使用腾讯云 AI 合规助手扫描宣传文案，自动识别敏感词（如"最佳""第一"），避免违反《广告法》。定期审查开源依赖，通过 OSS Index 检测漏洞（如 Log4j 2.0 漏洞），及时更新版本。

### 4. 注意事项

（1）数据工具需与业务场景深度绑定，例如用 RapidMiner 分析用户反馈图片（如"课程评价截图"），提取高频负面关键词（如"卡顿"）优先修复。建议每季度进行一次"知识产权体检"，重点核查专利年费缴纳情况和商标续展时间。

（2）商业秘密保护

核心算法（如推荐系统）需通过技术措施（如代码混淆）保护，禁止上传至公开代码库。与第三方合作时，在合同中明确数据所有权（如"乙方不得将甲方用户数据用于其他项目"）。

## 11.3.5　扩展融资阶段

### 1. 核心目标

吸引投资，实现规模化增长。

### 2. 推荐工具

MotionGo、深言达意、国家知识产权局专利检索系统。

### 3. 使用技巧

（1）融资材料制作

用 MotionGo 的"路演模板"生成 PPT，输入如"AI 教育赛道融资"等指令，自动匹配行业数据（如"市场规模 2000 亿元"）。结合深言达意的"学术润色"功能优化技术白皮书，突出专利壁垒（如"已申请发明专利 5 项，覆盖核心算法"）。

（2）知识产权增值

通过国家知识产权局专利检索系统筛选"高价值专利"（如引用次数>100），作为融资谈判筹码。申请 PCT 国际专利（如通过 WIPO 平台），为全球化布局做准备。

（3）合规性审查

聘请知识产权律师进行"自由实施（FTO）"检索，确保产品不侵犯第三方专利。梳理现有知识产权组合，制作"专利地图"（如技术领域分布、保护地域），提升投资吸引力。

### 4. 注意事项

（1）融资材料需平衡"技术深度"与"商业逻辑"，例如用 MotionGo 的动画展示技术原理，用酷表 Chat Excel 呈现财务预测。建议提前 3 个月启动知识产权评估，预留时间补充申请（如实用新型专利审查周期约 6 个月）。

（2）估值与权属风险

避免在 BP 中夸大专利价值（如"估值 10 亿元"），需提供第三方评估报告（如国家知识产权局专利价值分析报告）。若存在职务发明（如基于学校课题），需取得校方书面授权，避免后续股权纠纷。

## 11.3.6　具体案例分析：AI 工具辅助创新创业大赛商业计划书

下面以一项假设的创新创业大赛商业计划书《校园智能外卖服务平台》为例，进行详细的实例分析。

**第一步，需求分析与选题优化。**

**实例说明：**

使用文心一言（百度智能云 AI 开放平台）或 Kimi 等生成式 AI 工具，输入"校园外卖痛点""大学生用餐需求"等关键词，通过 AI 生成行业报告及用户反馈摘要，人工判读核心痛点（如校园封闭管理下配送效率低、取餐体验差）。

通过百度智能云 AI 开放平台的趋势分析工具，检索"校园外卖""智能配送"等关键词近三年搜索趋势，验证需求热度（如 2024 年搜索量同比增长 45%）。

创新方向推导：结合 AI 分析结果，聚焦"校园封闭场景下配送效率不足"，提出"AI 动态路径规划+校内学生兼职配送+智能取餐柜"解决方案。

**第二步，行业研究与数据支撑。**

通过阿里云 AI 服务或腾讯云 AI 产品获取"高校外卖市场规模"及"校园配送技术渗透率"数据，分析行业增长空间（如校园外卖渗透率不足 30%）。

使用天眼查或 Espacenet（专利数据库辅助竞争分析），检索"校园外卖平台"相关企业技术布局（如智能取餐柜专利占比）。

通过腾讯云 AI 产品的问卷生成工具设计调研问题（如"可接受的等餐时间""取餐柜需求场景"），定向投放高校社群。利用酷表 Chat Excel 导入 200 份问卷数据，自动生成分析报告（如"82%学生希望 30 分钟内送达"）。

政策支撑：结合教育部文件，通过深言达意或火龙果写作提炼政策关键词，强化合规性（如《高等学校数字校园建设规范（试行）》鼓励数字化配送）。

**第三步，内容生成与框架搭建。**

从 MotionGo（PPT 模板库）或 Canva 可画下载"校园服务类商业计划书"框架，通过深言达意或火龙果写作生成核心内容（如商业模式：分层收费机制；技术方案：基于蚁群算法的路径规划系统），支持多轮追问优化。

使用酷表 Chat Excel 输入假设参数（如日订单 2000 单、客单价 15 元），自动生成 3 年损益表、现金流预测。通过阿里云 AI 服务的风险模拟工具，输入"骑手人力成本上涨"等变量，生成应对方案（如引入无人车配送）。

**第四步，技术方案与创新强化。**

通过知网 AI 助手检索"校园路径规划算法"最新论文，提取"改进蚁群算法降低配送距离"等技术结论。

使用豆包或商汤科技日日新大模型生成平台界面原型图（如骑手端路径导航、学生端取餐柜状态实时显示）。

通过国家知识产权局专利检索系统及 Espacenet 分析"校园外卖系统"领域专利，锁定"骑手-取餐柜联动调度系统"作为核心专利方向。

利用文心一言生成差异化对比表，对标美团、饿了么，突出"校园定制化配送系统""学生兼职配送网络"等优势。

通过以上步骤可以对技术的可行性进行验证，并针对知识产权进行提前布局，开展差异化设计。

**第五步，可视化与路演优化。**

使用 Canva 可画生成"校园外卖订单热力图"，动态展示午间教学楼、晚间宿舍区订单高峰。

通过 MotionGo 的"科技蓝校园主题"AI 模板，自动生成 10 页路演 PPT，人工强化痛点对比图（如传统配送 30 分钟 vs 本项目 15 分钟达）、技术流程图（AI 调度系统避峰逻辑）。

利用 DeepSeek 或 Kimi 生成评委提问清单（如"校企合作模式""数据隐私保护"），模拟答辩场景。

通过一帧秒创或可灵制作 AI 数字人路演视频，支持校园实景背景切换，提升演示沉浸感。

通过以上步骤可以实现数据的可视化与 ppt 的设计，模拟路演与预判提问内容。

**第六步，风险控制与迭代方案。**

使用百度智能云 AI 开放平台的内容审核工具，检测计划书中"学生信息安全"条款是否符合《中华人民共和国网络安全法》。

通过文心一言生成应急预案（如极端天气启用室内机器人配送、疫情封控下的无接触配送升级方案）。

利用腾讯云 AI 产品的舆情监控功能，实时追踪"校园外卖配送慢"等社交媒体关键词，识别运营风险。

结合 TensorFlow/PyTorch 升级路径规划模型，持续优化调度算法，形成技术迭代方案。

通过以上步骤可以实现计划书的合规性预审，生成参考的应急预案，并对运营机制进行持续优化。

**关键原则**

（1）先检索后创新：立项前至少进行 3 次专利查新（初期、中期、融资前）。

（2）确权优先：确保每个创新点都有对应的知识产权保护。

（3）合规使用：严格遵守工具服务条款和开源协议。

（4）动态监控：每季度进行一次"知识产权健康度"检查，及时调整策略。

高校应为学生提供相关的培训和指导，建立 AI 实验室或创新工作室，为学生提供实践平台和资源支持，帮助学生合理使用 AI 工具，提升创新创业能力。同时，高校需要制定明确的 AI 使用指南，规范学生和科研人员对 AI 工具的使用，确保学术论文的原创性和学术价值。例如，上海交通大学出台了《规范学生使用人工智能工具的教师指南》，复旦大学发布了《复旦大学关于在本科毕业论文（设计）中使用 AI 工具的规定（试行）》，这些指南和规定为 AI 工具的合理使用提供了明确的指导。通过技术创新与法律意识的深度融合，大学生团队可更稳健地推进创业项目，实现从"创意"到"商业价值"的跨越。

## 11.4  AI 重构知识产权运营体系

根据 WIPO 发布的《世界知识产权指标 2024 年》，全球专利申请量在 2023 年达到了 355 万件，比 2022 年增长了 2.7%。面对如此海量的信息，传统的人工检索与分析方法已难以应对，而 AI 驱动的智能专利分析技术，正通过数据挖掘-价值评估-风险预警-决策生成的全链条重构，成为企业、高校及政府机构知识产权战略升级的关键基础设施，如图 11-2 所示。

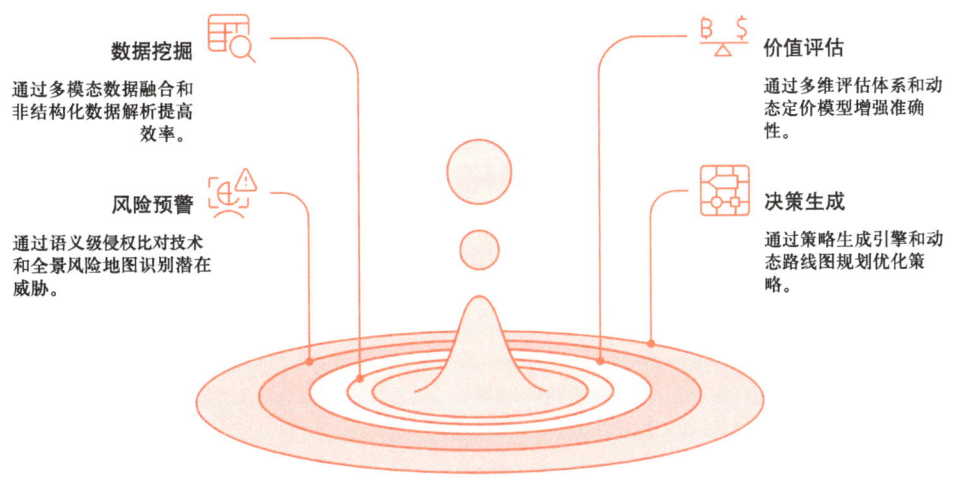

图 11-2  AI 在知识产权运营中的应用

### 11.4.1  AI 重构知识产权运营全链条体系

#### 1. 数据挖掘

数据挖掘是知识产权运营的基础环节，其效率的提升对整个运营体系的优化至关重要。传统模式下，数据挖掘主要依赖人工检索，耗时耗力，且难以整合分散在不同机构和平台的异构数据，而 AI 驱动的数据挖掘模式通过多模态数据融合和非结构化数据解析技术，实现了从信息碎片到知识图谱的跃迁，效率大幅提升。

（1）多模态数据融合技术突破

多模态数据融合技术是实现知识产权运营体系跃迁的关键技术之一。通过整合专利文本、技术图纸、法律诉讼记录、市场交易数据等异构信息，构建动态更新的专利知识图谱，能够为知识产权运营提供全面且深入的数据支持。

（2）非结构化数据解析进展

非结构化数据解析技术是知识产权运营中不可或缺的一环，尤其是对于专利权利要求书和技术图纸等关键信息的提取。通过自然语言处理（NLP）技术和计算机视觉（CV）算法，能够高效地从非结构化数据中提取有价值的技术特征和图形元素，为知识产权运营提供精准的数据支持。

例如，智慧芽的专利大模型（PatentGPT）通过整合海量的专利文本、技术图纸、法律文件等多模态数据，利用自然语言处理（NLP）和计算机视觉（CV）技术，实现了对非结构化数据的高效解析。其 PatentBench 基准数据集集成了专利代理、专利审核、专利分类、总结关键技术点等内容，为知识产权领域的知识图谱构建提供了丰富的数据支持。智慧芽该专利大模型在 2019 年中国专利代理师资格考试中成绩超过 GPT-4，达到人类专家水平。此外，智慧芽的 AI 助手"芽仔"能够通过对话帮助用户探索技术方案、自动撰写技术交底书、生成技术预研报告等，极大提升了工作效率，如图 11-3 所示。

图 11-3 智慧芽 AI 助手芽仔

## 2. 价值评估

价值评估是知识产权运营中的关键环节，传统评估方法主要依赖专家经验，主观性强，误差率高。随着 AI 技术的发展，知识产权价值评估逐渐从经验判断向量化模型升级。

（1）多维评估体系构建

多维评估体系的构建是这一升级的核心，市面上不少商业数据库均采用多维评估体系来对专利价值进行评估。例如，大为全球专利检索分析系统的 DPI 专利价值评估，通过 AI 技术，将专利价值评估从传统的主观经验判断转变为多维度的量化分析。系统从技术价值、法律价值、战略价值、市场价值和经济价值五个维度对专利进行评估，并通过雷达图展示各个维度的分数。这种量化方法对于其后续的人工评审具备较高的参考价值，同时也为研发人员节省了宝贵的专利阅读时间，如图 11-4 所示。

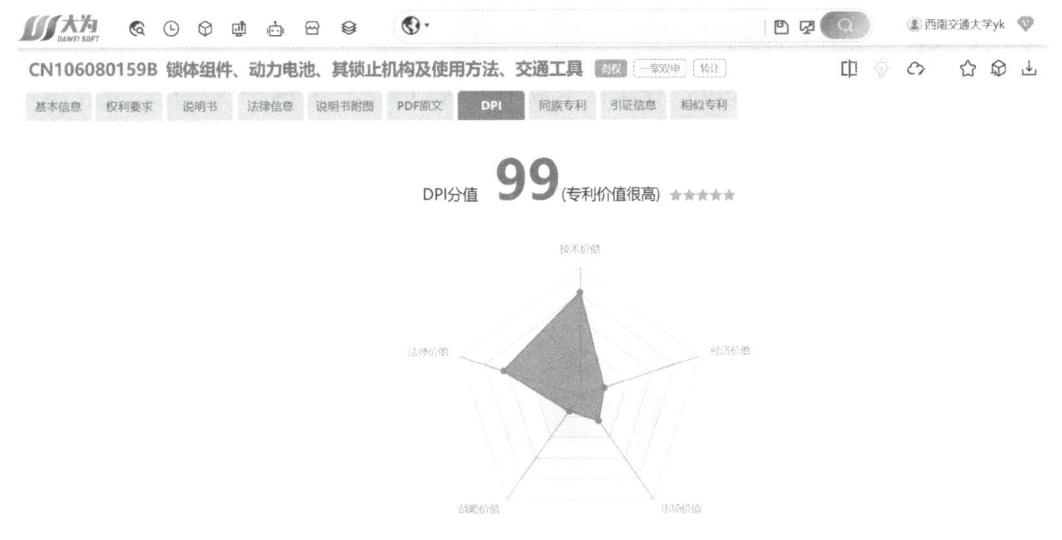

图 11-4　大为专利数据库中的专利价值评估

（2）动态定价模型应用

动态定价模型是 AI 技术在知识产权价值评估中的重要应用，它能够根据市场变化和技术发展动态调整知识产权的价值评估结果。基于深度强化学习的动态定价模型能够预测专利许可费、证券化价值及并购溢价，显著提高了评估的精度和效率。例如，IPwe 的无形资产智能管理平台（SIAM）可提供针对逐项专利和针对完整专利组合的实时评估分析，能够实时发掘知识产权的真正价值，并且保持对市场变化的动态跟踪和实时数据更新。

### 3.　风险预警

（1）语义级侵权比对技术

语义级侵权比对技术是 AI 在知识产权风险预警中的关键突破，它通过深度学习算法，尤其是 BERT 模型，能够对文本进行深度语义理解，通过上下文关系提取文本的语义特征。在侵权比对中，BERT 模型可以将产品描述和专利权利要求转化为语义向量，计算两者之间的相似度。这种方法不仅能够识别字面上的相似性，还能够捕捉到语义上的相似性，从而更准确地判断侵权风险。

（2）全景式风险地图构建

全景式风险地图构建技术整合了地缘政治、法律变更、技术替代等宏观风险因子，为知识产权运营提供了全面的风险预警。全景式风险地图通过大数据分析和机器学习算法，将微观的侵权风险与宏观的市场、法律和技术风险相结合。它不仅能够实时监测全球专利动态，还能够分析地缘政治变化、法律政策调整和技术发展趋势，为企业提供全方位的风险预警。

### 4. 决策生成

（1）策略生成引擎原理

策略生成引擎是 AI 在知识产权决策生成中的核心技术，它结合博弈论与强化学习，能够模拟不同知识产权策略的长期收益，从而为企业提供最优的决策方案。通过分析企业与竞争对手之间的互动关系，预测不同策略下的市场反应和竞争结果。例如，在专利布局中，企业需要考虑竞争对手的专利申请策略、技术发展方向以及市场定位等因素，博弈论能够帮助企业制定出更具竞争力的专利布局策略。

（2）动态路线图规划方法

动态路线图规划是 AI 在知识产权决策生成中的另一项关键技术，它能够根据技术演进趋势自动调整专利布局优先级，确保企业在技术发展过程中始终保持竞争优势。通过大数据分析和机器学习算法，动态路线图规划能够实时监测技术发展趋势，预测未来技术的发展方向和热点领域。基于技术演进趋势分析，动态路线图规划能够自动调整专利布局的优先级，使企业能够及时将资源投入到最具潜力的技术领域。

## 11.4.2　AI 驱动的专利检索分析

### 1. 传统与 AI 驱动的专利检索分析比较

（1）操作逻辑与步骤差异

**■ 传统专利检索分析**

需求拆解：需手动将技术问题转化为关键词（如"锂离子电池正极材料"），并通过逻辑运算符（AND/OR/NOT）组合，同时可能需匹配国际专利分类号（如 IPC 分类 H01M4/00）。

工具选择：依托国家知识产权局官网、Espacenet 等平台，需熟悉不同数据库的检索规则（如 Espacenet 的 CPC 分类检索）。

结果筛选：逐条浏览返回的专利列表，通过标题、摘要初步判断相关性，再下载全文精读，耗时较长。

数据分析：手动统计专利数量、绘制技术路线图，或使用 Excel 进行数据整理，需具备基础统计知识。

语言限制：若需跨语言检索（如日文专利），需手动翻译关键词或依赖基础翻译工具，效率较低。

### ■ AI 驱动的专利检索分析（以智慧芽为例）

自然语言输入：直接输入技术描述（如"如何提高锂离子电池能量密度"），AI 自动解析语义，扩展同义词（如"高比容量正极材料"）并生成检索式。实践操作中，这里需要结合人工判读。

智能推荐：系统根据输入内容推荐相关技术领域、分类号（如 IPC 分类 H01M）及相似专利，降低对专业分类知识的依赖。

多维度筛选：AI 自动对结果进行聚类（如按技术路线、申请人），并提供可视化分析（如技术特征关系图、趋势报告），快速定位核心专利。

自动生成报告：输入技术信息后，AI 可一键生成技术预研报告，涵盖技术趋势、核心申请人、专利分布等内容，直接用于论文或竞赛立项。

跨语言支持：一键翻译专利全文（支持英、日、韩等），并自动标注专业术语（如"lithium cobalt oxide"对应"钴酸锂"），消除语言障碍。

### ■ 实践对比

时间成本：传统检索分析常常需要数小时构建检索式、筛选结果并手动分析，AI 检索分析仅需十几分钟即可获取高相关性结果及结构化报告。

知识门槛：传统方法要求熟悉 IPC/CPC 分类体系及关键词扩展技巧，AI 方法对零经验学生更友好，尤其适合快速了解技术领域。

（2）核心分析功能与效率提升

### ■ 传统分析的局限性

关键词依赖：若技术描述模糊（如"新型电池材料"），易导致漏检（如未覆盖"固态电解质"等细分领域）。

结果冗余：返回大量低相关专利（如标题含"电池"但内容不相关），需手动排除。

分析孤立：缺乏技术关联分析，难以识别技术演进路径（如从"三元材料"到"富锂锰基"的发展脉络）。

数据验证复杂：需手动验证专利法律状态（如有效性、诉讼信息），耗时且依赖专业数据库。

### ■ AI 的突破

**语义理解与扩展**

通过 NLP 技术识别技术问题的核心要素（如"提高能量密度"需关联"材料结构优化""电解质改进"），自动扩展检索维度。

示例：输入"电动汽车电池热管理"，AI 不仅检索"热管理"关键词，还关联"温度传感器""冷却系统"等下位概念，覆盖更多潜在专利。

**智能标引与聚类**

AI 自动提取专利中的技术特征（如"正极材料类型""制备工艺"），并生成结构化标签，支持多维度筛选（如按"高镍三元""固态电解质"过滤结果）。

结果以技术树形式呈现，直观展示技术分支（如"锂离子电池→正极材料→高镍三元→NCM811"），帮助学生构建技术框架。

**辅助分析工具**

一键总结：自动生成专利要点（如技术方案、创新点、权利要求范围），无需逐字阅读。

对比分析：智能匹配相似专利，突出技术差异（如"本专利采用石墨烯改性负极，比现有技术提升 20% 容量"），助力技术创新评估。

可视化报告：生成技术趋势图、申请人分布地图、专利价值热力图等，直接用于论文或报告撰写。

**数据验证与法律状态**

AI 自动标注专利法律状态（如有效、驳回、过期），并提供诉讼、转让等信息，减少手动验证步骤。

支持链接至国家知识产权局官网或专业数据库（如 Espacenet、WIPO），快速验证数据准确性。

（3）实践案例

技术调研：某大学生需了解"钙钛矿太阳能电池"技术现状，传统方法需手动组合"perovskite""solar cell""efficiency"等关键词，并筛选数百篇结果；AI 方法直接输入"钙钛矿太阳能电池最新研究"，系统自动返回近三年高被引专利、技术趋势图及核心申请人（如牛津大学、协鑫集团），节省大量时间。

专利写作：AI 可根据技术描述生成专利交底书框架（如背景技术、发明内容、实施例），并自动填充相关专利数据（如现有技术缺陷、创新点对比），降低撰写门槛。

## 2. AI 驱动专利检索分析的适用场景

快速技术调研：快速获取领域概览、核心专利及技术趋势，辅助论文选题或竞赛立项。

创新验证：通过"AI 标引"功能分析技术空白（如"某材料在特定应用中的专利数量为零"），为实验设计提供方向。

专利撰写与布局：利用 AI 生成交底书框架，结合人工润色提升撰写效率，尤其适合团队协作项目。

专利预警：AI 每日更新全球专利数据库，实时监测新申请专利，通过技术特征的相似性计算，评估侵权风险。

竞赛加分：在"挑战杯"等科技竞赛中，引用 AI 生成的专利分析报告，提升项目创新性和说服力。

## 3. 大学生实践建议

（1）分层使用

初步检索：优先使用 AI 工具（如智慧芽）获取技术全景，确定研究方向。

深度检索：针对核心技术，采用传统方法（如 IPC 分类+关键词组合）进行补充检索，确保查全率。

（2）交叉验证

对 AI 返回的高相关专利，通过传统方法（如引证分析、同族专利检索）验证其技术影响力和法律状态。

（3）资源整合

利用高校图书馆资源（如试用数据库、知识产权信息服务中心）降低使用成本。

（4）数据验证

AI 生成的报告需结合官方数据库（如国家知识产权局、WIPO）验证法律状态，避免依赖单一数据源。

综上所述，建议大学生采用"AI+传统"的混合模式：用 AI 快速定位方向，用传统方法验证深度，从而兼顾效率与质量，为科研和创新活动提供有力支撑。

# 11.5  全球治理与伦理挑战

## 11.5.1  国际规则与中国特色发展路径

### 1.  国际规则

在人工智能与知识产权融合发展的背景下，国际规则的演进成为全球关注的焦点。世界知识产权组织（WIPO）于 2024 年发布了《帮助创新生态系统做好准备迎接人工智能：知识产权政策工具包》，为各国制定相关政策提供了重要参考。该工具包涵盖了 AI 生成作品的版权归属、AI 在专利审查中的应用、数据保护等多个方面，强调了在 AI 时代平衡创新激励与知识产权保护的重要性。

欧盟的《人工智能法案》也对知识产权领域产生了深远影响。该法案是全球首部全面监管人工智能的法规，不仅规范了 AI 系统的开发和使用，还特别强调了 AI 在知识产权保护中的责任和义务。例如，法案要求 AI 系统在使用数据进行训练时，必须确保数据的合法性，避免侵犯他人的知识产权。此外，法案还提出了对 AI 生成内容的透明度要求，规定 AI 系统必须明确标识其生成内容的来源和性质，以保护消费者的知情权。

### 2.  中国特色发展路径

中国在 AI 与知识产权融合发展的过程中，探索出了一条具有中国特色的发展路径。政策创新方面，《知识产权强国建设纲要（2021-2035 年)》明确提出要加快大数据、人工智能等新领域新业态知识产权立法。例如，纲要强调要完善知识产权保护法律法规，探索制定地理标志、外观设计等专门法律法规，健全专门保护与商标保护相互协调的统一地理标志保护制度。这些政策为 AI 技术在知识产权领域的应用提供了明确的法律框架和保障。

产业实践方面，浙江打造的"数字龙井"系统，依托物联网技术、区块链技术、AI技术、5G 技术，将数字技术应用渗透到龙井茶生产、流通、销售的每一个环节。该系统中的 AI 引擎可分析茶叶形状与颜色各项指标，判断是否符合采摘条件，而区块链技术能保证数据的真实性和可追溯性，消费者扫描溯源码可获取龙井原产地等信息。

司法探索方面，北京互联网法院在 AI 生成证据认定规则上进行了开创性尝试。例如，在"AI 文生图"著作权案中，法院首次明确了利用 AI 生成的图片具有"作品"属性，使用者具有"创作者"身份。这一判决不仅为 AI 生成内容的著作权保护提供了司法实践案例，还为未来相关案件的审理提供了重要的参考依据。

### 3. 国内外比较

美国版权局在 2023 年 3 月发布的《版权登记指南：AI 生成作品》中明确，完全由 AI生成且无人类实质性干预的作品不符合版权保护要求。欧盟则在《人工智能法案》中提出"技术性署名"制度，要求披露 AI 生成内容的参与程度。

相比之下，中国司法实践展现出更大包容性：在 2019 年腾讯 Dreamwriter 案（全国首例 AI 生成文章著作权案）中，深圳南山法院认定涉案财经文章构成著作权法意义上的"作品"，其核心逻辑在于——尽管文章由 AI 自动生成，但人类团队完成了数据筛选、算法训练、框架设定等创造性劳动。2023 年北京互联网法院进一步在"AI 文生图著作权案"中细化标准，认定当用户通过提示词设计、参数调整等行为体现个性化表达时，可享有"有限著作权"。

## 11.5.2 伦理挑战

当 AI"学习"了数百万人类作品后，是否构成侵权是一个亟待解决的问题。一方面，AI 的训练数据通常来源于大量的公开作品，这些作品的使用是否需要获得原作者的授权尚无明确法律规范。另一方面，AI 生成的内容可能与人类作品高度相似，从而引发侵权争议。例如，一些 AI 绘画作品在风格和主题上与著名画家的作品极为相似，这引发了艺术界的广泛关注。专家指出，解决这一伦理困境需要在鼓励技术创新和保护知识产权之间找到平衡。

## 11.5.3 大学生必备法律素养

在 AI 时代，大学生作为未来的创新主体，需要具备相应的法律素养，以确保在使用AI 工具时合法合规。首先，使用 AI 工具时的版权声明规范至关重要。例如，学生在使用DeepSeek 等 AI 工具撰写学术论文时，必须明确标注引用内容的来源，避免侵犯他人的版权。高校可以开设相关课程，教授学生如何正确使用 AI 工具，并强调学术诚信的重要性。

其次，开源代码与商业化的合规边界也是大学生需要关注的问题。例如，GPL 协议作为一种常见的开源协议，规定了开源代码的使用和分发规则。大学生在参与开源项目时，需要了解并遵守相关协议，避免因违反协议而导致的法律纠纷。通过学习和实践，大学生可以培养出良好的法律意识和合规能力，为未来的创新创业活动奠定坚实的基础。

## 11.6 本章小结

在本章节中，我们深入探讨了人工智能（AI）与知识产权的深度融合及其带来的广泛影响。从技术基础到实际应用，从市场运营到法律治理，再到伦理挑战，AI 正在全方位重塑知识产权的生态体系。

AI 技术的分类及其在知识产权领域的应用场景清晰地展示了其强大的赋能潜力。生成式 AI、分析型 AI 和协作型 AI 分别在内容创作、数据分析和人机协同发明中发挥着重要作用，为知识产权的创造和保护提供了全新的工具和方法。

在知识产权创造方面，AI 辅助发明创造的实践案例表明，AI 能够显著提高创新创业的效率和质量。高校作为创新的重要场所，也在积极探索 AI 工具的合理应用，为学术研究和学生创新创业提供了新的思路和规范。

AI 通过数据挖掘-价值评估-风险预警-决策生成，对知识产权运营体系进行了全链条的重构。技术图谱绘制和专利价值评估的智能化，为企业的知识产权管理提供了更精准的决策支持。智能合约和 AI 匹配技术的应用，推动了知识产权的高效转化和价值实现。同时，全网侵权监测系统和电子证据固证技术的发展，为知识产权的保护提供了更有力的保障。

在全球治理层面，国际规则的演进和中国方案的探索为 AI 与知识产权的融合发展提供了政策指引和法律框架。WIPO 的政策草案和欧盟的法案为全球知识产权保护提供了新的思路和规范。中国通过政策创新、产业实践和司法探索，走出了一条具有中国特色的发展道路，为全球知识产权保护贡献了中国智慧。

然而，AI 技术的发展也带来了诸多伦理挑战。创新效率与人类主体性的矛盾、数据垄断危机以及量子计算和脑机接口技术带来的新型问题，都需要我们在技术进步的同时，深入思考如何平衡人类价值与技术发展的关系。

对于未来的创新者，尤其是大学生，保持人性温度的创新者将成为 AI 时代的核心竞争力。**批判性思维、伦理意识和跨界整合能力的培养**，将帮助他们在技术浪潮中坚守人类的价值观，创造出真正有益于社会的创新成果。

总之，AI 与知识产权的融合是一个复杂而深刻的过程，它既带来了前所未有的机遇，也提出了严峻的挑战。我们需要在技术、法律、伦理和社会等多个层面进行协同探索，以确保在 AI 时代实现知识产权的可持续发展和人类创新的繁荣进步。

# 第十二章　正视局限：AIGC的"不能"与人类责任

在数字技术深度渗透的当下，AIGC以其高效的内容生成能力与跨模态适配性，迅速融入科研、创意、商业等多元场景，成为驱动行业变革的核心力量。它不仅重塑了知识生产与交互模式，更在提升效率、突破认知边界等方面展现出巨大潜力，为解决复杂问题提供了技术新路径。

然而，技术繁荣的表象下，AIGC的内在局限逐渐显现。从内容"幻觉"、算法偏见等技术缺陷，到伦理争议、责任模糊等社会风险，正冲击教育、医疗等关键领域的公平性与人类独立判断能力。

本章直面AIGC的"能力边界"与"应用风险"，解析技术局限背后的数据偏差、监管滞后等深层逻辑，并提出"人类补位计划"，强调以技术优化、伦理建构、监管创新构建"人类主导、技术辅助"的共生范式，确保AIGC发展锚定人文价值，服务于人的全面发展。

## 12.1　AIGC的能力局限与风险认知　

### 12.1.1　内容生成的本质性缺陷

#### 1. 事实性与逻辑性缺陷

（1）事实性错误

**事实性错误**（也称"幻觉"，Hallucination），是指大模型在生成内容时，输出看似逻辑通顺、结构完整，但实际包含虚构、错误或违背客观事实信息的现象（表12-1）。

#### 表 12-1　AIGC "幻觉"：形式、案例与隐患

| 主要类型 | 表现形式 | 典型案例 | 潜在风险 |
|---|---|---|---|
| 事实违背型 | 内容与现实事实不符 | 编造"约翰·史密斯 19 世纪发明时光机" | 误导公众，影响历史认知 |
| 信息虚构型 | 生成虚假信息 | 虚构参考文献 | 破坏学术诚信，误导研究 |
| 常识违背型 | 违背科学常识 | 称"水常温下自燃""蜂蜜控血糖" | 危害健康，误导科普教育 |
| 领域混淆型 | 跨领域事实混淆 | 法律文本引废止法规，医疗建议混淆药物禁忌症 | 引发法律纠纷，损害利益 |

思考：AIGC 生成音乐为什么没有幻觉？

（2）逻辑断层

逻辑断层也称逻辑连贯性不足，指大模型在生成内容时出现的逻辑矛盾、连贯性缺失或合理性偏差现象（表 12-2）。

#### 表 12-2　AIGC 逻辑断层：形式、案例与隐患

| 主要类型 | 表现形式 | 典型案例 | 潜在风险 |
|---|---|---|---|
| 上下文断裂 | 生成内容偏离用户需求或前文主题，逻辑链中断 | 用户声明不吃海鲜，AI 仍推荐海鲜食谱 | 用户体验下降 |
| 因果逻辑错误 | 强行建立不符事实或常识的因果关系 | 混淆时间顺序与因果，称"A 在 B 前，故 A 导致 B" | 误导用户，影响决策 |
| 事实矛盾 | 同一文本客观信息不自洽，如数据、时间线冲突 | 前后数值矛盾，人物与事件年代错位 | 降低内容可信度与权威性 |
| 冗余循环 | 重复堆砌语句，缺乏有效信息 | 用不同句式重复同一观点 | 降低信息获取效率，影响体验 |
| 知识盲区补全失败 | 遇盲区编造信息，混淆真假或用模糊表述 | 混合真实人物与虚构事件，用"有研究表明"等掩盖 | 传播虚假信息，误导用户 |

思考：哪些领域逻辑连贯性要求更高，需严格限制 AIGC 使用？

表 12-3 给出幻觉与逻辑断层的区别。

#### 表 12-3　幻觉与逻辑断层的区别

| 对比维度 | 幻觉 | 逻辑断层 |
|---|---|---|
| 本质特征 | 内容可靠性缺陷 | 逻辑推理缺陷 |
| 核心问题 | 数据驱动致"创造性"与"真实性"脱节，缺事实验证能力 | 模型难模拟人类系统思维，依赖局部匹配致深层逻辑断裂 |
| 关注维度 | 聚焦内容是否符合客观事实（真实性失效） | 聚焦内容是否逻辑自洽（连贯性失效） |

续表

| 对比维度 | 幻觉 | 逻辑断层 |
|---|---|---|
| 案例示例 | ChatGPT 虚构参考文献；AI 给糖尿病患者错误建议 | 小说角色年龄突变；对话话题无逻辑跳转 |
| 深层影响 | 致信息污染、信任危机 | 引发认知混乱、创造力同质化 |

### 2. 知识动态性与泛化能力不足

（1）时效性滞后

时效性滞后指大模型的训练数据存在时间局限，其知识库仅包含特定时间节点前的信息（如 DeepSeek R1 更新至 2024 年 7 月），无法实时跟进后续新事件、科研成果或政策变化，导致面对这些新内容时无法提供准确或最新答案（表 12-4）。

表 12-4　AIGC 时效性滞后：形式、案例与隐患

| 主要类型 | 表现形式 | 典型案例 | 潜在风险 |
|---|---|---|---|
| 训练数据滞后 | 大模型训练数据有时空局限，新信息难纳入 | DeepSeek 等模型对新的政策、科学发现认知不足，内容过时或逻辑错 | 误导用户决策，难适应新知识，降低实用性 |
| 实时数据缺失 | 大模型难以实时接入处理最新数据 | 分析金融市场未纳入当日最新利率调整数据 | 导致决策建议偏离真实情形 |

（2）跨领域泛化能力弱

跨领域泛化能力弱主要体现在大模型在面对与训练数据领域差异较大的新任务时，难以有效迁移已有知识，导致性能显著下降或任务失效（表 12-5）。

表 12-5　AIGC 跨领域泛化能力弱：形式、案例与隐患

| 主要类型 | 表现形式 | 典型案例 | 潜在风险 |
|---|---|---|---|
| 领域适应问题 | 源领域与目标领域差异大，模型迁移后性能降 | 新闻模型迁到医疗误释"血栓" | 错误决策致严重后果 |
| 负迁移问题 | 源领域知识干扰目标学习，致反向优化 | ImageNet 视觉模型迁到文本分类，错误率大幅提升 | 模型在目标任务性能显著下降 |
| 语义鸿沟 | 领域间语义差异大，模型难捕捉特征 | 电商评论模型用于法律文书，误判"被告主张"为"用户投诉" | 理解错，影响决策正确性 |
| 算法可解释性弱 | 模型决策黑箱化，不满足透明需求 | 医疗诊断模型荐高风险手术却无法解释依据，遭医生抵制 | 用户不信任，影响应用接受度 |

（3）多模态协同失效

多模态协同失效，本质是大模型在处理文本、图像、音频、视频等多种类型数据时，难以精准、自然地整合不同模态数据的语义与逻辑关系，导致生成内容出现模态信息冲

突、表达不连贯、情感传递错位等问题（表 12-6）。

**表 12-6　AIGC 多模态协调失衡：形式、案例与隐患**

| 主要类型 | 表现形式 | 典型案例 | 潜在风险 |
|---|---|---|---|
| 模态信息不一致 | 图文描述与图像内容主题/细节不符 | 旅游攻略文字介绍"樱花长廊"，配图为冬季枯枝雪景 | 影响信息的可信度和用户体验 |
| 情感表达失衡 | 各模态情感基调冲突 | 葬礼视频配爵士乐，字幕却写"永远怀念" | 情感表达不一致，影响情感共鸣和内容的感染力 |

### 3. 创造性与文化敏感度的天然局限

（1）创造性表达局限

大模型的内容生成是通过对训练数据元素进行拆解、量化和概率性组合的重组式创新，属于统计学驱动的排列组合优化，并非源于自主意识或跨领域颠覆性创造，存在创造性表达局限（表 12-7）。

**表 12-7　AIGC 创造性表达局限：形式、案例与隐患**

| 主要类型 | 表现形式 | 典型案例 | 潜在风险 |
|---|---|---|---|
| 元素重组型 | 内容看似新，内核重复，风格主题雷同 | 手机广告设计中，方案多用相似组合，不同品牌广告雷同 | 缺乏创新，难突出品牌特色 |
| 符号堆砌型 | 处理文化元素仅表面拼贴，未抓内涵，罗列符号 | 春节海报堆砌灯笼、春联、舞狮等元素，未体现"团圆"等核心意义 | 难传文化内涵，易致误解或反感 |
| 跨学科表面融合型 | 跨学科创作仅简单拼接，未融核心逻辑 | "生物进化+艺术"科普图，拼接标本和颜料块，未释进化过程 | 缺深度逻辑，信息传达不准，影响教育科普 |

（2）文化敏感度缺失

文化敏感度缺失，是指其在处理涉及不同文化、宗教、地域的特定符号、习俗或价值观时，可能因训练数据的片面性、语义理解的表层化，或是对文化语境深层规则的建模不足，而无意识地生成可能引发误解、冒犯或文化冲突的内容（表 12-8）。

**表 12-8　AIGC 文化敏感度缺失：形式、案例与隐患**

| 类型 | 核心表现 | 典型案例 | 潜在风险 |
|---|---|---|---|
| 宗教禁忌失察 | 误用宗教符号、混淆教义内涵 | AI 生成图误用宗教符号遭信众抗议 | 激化信仰冲突 |
| 地域习俗误解 | 误读习俗象征 | AI 曲解某地节日习俗含义，被指不尊重当地文化 | 伤害地域文化认同，阻碍交流 |
| 历史记忆偏差 | 错解历史事件或语境 | AI 描述历史时间线错误 | 误导公众，破坏历史传承准确性 |

续表

| 类型 | 核心表现 | 典型案例 | 潜在风险 |
|------|---------|---------|---------|
| 社会禁忌失焦 | 用歧视性语言或调侃敏感议题 | AI 回复含歧视表述引谴责 | 强化偏见，加剧群体对立 |
| 价值观冲突 | 单一文化视角致价值观对立 | 国外 AI 以自身文化为中心被批 | 引发文化对立，被视为"文化霸权" |
| 语言符号误用 | 误解隐喻、俚语或礼仪用语 | AI 正式回复误用俚语 | 破坏语言精准性，引发排斥 |

## 12.1.2　伦理与法律层面的潜在风险

### 1. 数据与权益侵害风险

（1）隐私泄露

隐私泄露指大模型在生成内容过程中，因技术漏洞、训练数据含隐私信息或设计不当等，致个人医疗记录、金融账户、生物特征等隐私信息被未经授权地收集、使用、泄露或合成的风险（表 12-9）。

**表 12-9　AIGC 隐私泄露：形式、案例与隐患**

| 主要类型 | 表现形式 | 典型案例 | 潜在风险 |
|---------|---------|---------|---------|
| 数据收集阶段入侵 | 非授权留存敏感输入；利用碎片化数据推测隐私 | 智能客服留存病历泄露病情 | 敏感信息泄露致隐私侵犯 |
| 数据处理阶段失效 | 训练数据含未脱敏隐私；行为数据关联泄露隐私 | 健康 AI 引用真实病史细节 | 用户健康信息被滥用 |
| 内容生成阶段伪造传播 | 合成逼真隐私图像；生成钓鱼文本诱导隐私泄露 | 图像工具合成未授权私人场景照片 | 伪造内容误导公众 |

（2）版权侵权风险

版权侵权风险是指大模型在训练与生成过程中可能涉及的知识产权法律问题（表 12-10）。

**表 12-10　AIGC 版权侵权风险：形式、案例与隐患**

| 侵权类型 | 表现形式 | 典型案例 | 潜在风险 |
|---------|---------|---------|---------|
| 训练数据侵权 | 未经授权用受版权保护内容作训练数据 | "Stable Diffusion"被控非法用 Getty Images 作品训练 | 引发法律诉讼、赔偿，有损品牌形象 |
| 生成内容侵权 | AI 生成内容与现有作品实质相似 | 艺术家指控相关公司用其作品训练，生成相似图像 | 导致法律纠纷与赔偿 |

续表

| 侵权类型 | 表现形式 | 典型案例 | 潜在风险 |
|---|---|---|---|
| 权利归属模糊 | 法律未明确 AI 生成内容著作权主体 | 美国版权局称 Midjourney 漫画插图不受保护，因作者仅提供文本提示 | 致版权保护和利益分配不定，影响创作与开发积极性 |

（3）系统性偏见与歧视

系统性偏见与歧视是指大模型在训练和应用过程中，由于数据、算法或设计等方面的局限性，其对某些群体、特征或观点产生不公平的倾向或偏见，并在生成结果中体现出来（表 12-11）。

表 12-11　AIGC 系统性偏见与歧视：形式、案例与隐患

| 偏见类型 | 表现形式 | 典型案例 | 潜在风险 |
|---|---|---|---|
| 性别偏见 | 职业关联刻板印象 | 将医生关联男性、护士关联女性 | 加剧性别不平等 |
| 种族/民族偏见 | 职业推荐差异、语言生成中刻板印象关联 | 将黑人关联"暴力"等负面词汇 | 强化种族歧视 |
| 地域偏见 | 经济水平刻板印象、方言歧视、资源分配偏见 | 方言文本被判定为"低教育水平" | 强化地域歧视 |
| 语言/文化偏见 | 低资源语言支持不足、文化习俗误判、少数群体术语歧视 | 非洲方言文本生成错误率高于英语 | 加剧文化歧视 |

## 2. 深度伪造技术滥用

深度伪造技术滥用是指利用大模型生成高度逼真的虚假音视频、图像或文本内容，并将其用于诈骗、身份冒用、传播虚假信息、侵犯隐私等恶意目的，从而危害社会信任、个体权益或公共安全的行为（表 12-12）。

表 12-12　AIGC 深度伪造技术滥用：形式、案例与隐患

| 类型 | 表现形式 | 典型案例 | 潜在风险 |
|---|---|---|---|
| 身份伪造 | AI 换脸、语音模拟冒充他人 | 美国一公司员工利用 AI 语音模拟老板声音，骗走数十万欧元 | 金融诈骗致经济损失；侵犯肖像权、隐私权 |
| 信息篡改 | 伪造篡改音视频、图像，制造假新闻 | 社交媒体传伪造新闻 | 误导舆论；破坏社会信任 |
| 色情制品 | 深度伪造技术制作传播非法色情内容 | 韩国深度伪造性犯罪案 | 侵犯名誉权；引发社会恐慌 |
| 市场操纵 | 伪造名人言论形象影响资本市场或加密货币投资 | 伪造名人推荐加密货币 | 扰乱金融市场；损害投资者利益 |

### 12.1.3　社会结构性冲击

#### 1. 信息生态污染

信息生态污染是指基于大模型的内容生成技术，批量产出并传播虚假、有害、低质或误导性信息，破坏信息环境的真实、可靠与多样，危害公众认知、社会信任及信息系统运行（表 12-13）。

表 12-13　AIGC 信息生态污染：形式、案例与隐患

| 污染类型 | 表现形式 | 典型案例 | 潜在风险 |
|---|---|---|---|
| 虚假信息泛滥 | 伪造新闻、数据等，篡改图文视频 | "某疫苗致癌"假新闻 | 误导公众，扰乱秩序 |
| 有害内容扩散 | 生成仇恨、诈骗、色情内容 | 种族攻击言论 | 伤害群体，引发冲突 |
| 低质内容过载 | 批量"僵尸内容"、标题党内容、AI 拼凑内容 | 重复营销文案 | 降低信息效率，拉低质量 |
| 观点极化与认知操纵 | 定制"信息茧房"，操纵舆论 | 伪造用户评论 | 加剧分裂，干扰决策 |
| 信息熵增与信任危机 | 真假混杂，稀释权威 | 伪造政府公告 | 削弱信任，影响公信力 |

#### 2. 责任框架瓦解

大模型的责任框架瓦解是指在实际应用过程中，技术特性、法律模糊性及多方利益冲突，导致传统的责任归属机制失效的现象。其本质是技术能力超越现有责任体系的承载范围，形成责任真空（表 12-14）。

表 12-14　AIGC 责任框架瓦解：形式、案例与隐患

| 主要类型 | 表现形式 | 真实典型案例 |
|---|---|---|
| 责任主体模糊化 | 生成内容"自主性"增加，责任边界不清 | 香港 2 亿港元 AI 换脸诈骗案，开发者推责，平台监管失效 |
| 因果关系追溯困难 | 技术黑箱致错源难定 | AI 换脸投资诈骗，技术链复杂，责任难追 |
| 法律与伦理标准滞后 | AI 生成内容责任划分不明 | 某地伪造"民警"视频诈骗，平台连带责任无规定，追责难 |
| 利益相关者推诿博弈 | 开发、用户、监管互推 | 虚假投资平台诈骗，开发者称"技术无罪"，执法缺据 |

### 3. 权威信任转移

权威信任转移是指公众在健康、金融、知识、媒体、法律、伦理等领域，因过度依赖大模型提供的建议，而弱化对专业医生、分析师、教师等专业人士的信任（表 12-15）。

表 12-15　AIGC 权威信任转移：形式、案例与隐患

| 主要类型 | 具体表现 | 典型案例 | 潜在风险 |
|---|---|---|---|
| 健康权威转移 | 公众依赖大模型医疗建议，弱化专业医生咨询 | 大模型提供的医疗建议致用户减少看医生 | 误导诊疗，延误病情 |
| 金融权威转移 | 依赖大模型投资建议，忽视专业分析师 | 用户按大模型建议高风险投资 | 投资损失，引发经济风险 |
| 知识权威转移 | 学生用大模型做作业，削弱自主学习 | 学生借大模型完成作业致学习力下降 | 影响教育质量，阻碍知识掌握 |
| 媒体权威转移 | 公众依赖大模型生成新闻，减少传统媒体关注 | 大模型生成新闻致用户远离传统媒体 | 信息失真，舆论导向偏差 |
| 法律权威转移 | 依赖大模型解读法律，减少律师咨询 | 用户按大模型解读处理法律事务 | 法律风险，权益受损 |
| 伦理权威转移 | 公众靠大模型做伦理判断，弱化自身思考 | 大模型就伦理问题提出片面建议 | 伦理判断失误，引发社会争议 |

### 4. 学术诚信危机

学术诚信危机是指大模型的在科学研究、学术成果生成与应用过程中，因其技术特性引发的系统性伦理风险与规范冲突。这种危机既包含大模型作为工具被滥用导致的学术不端行为，也涉及模型自身技术逻辑对传统学术价值体系的冲击（表 12-16）。

表 12-16　AIGC 学术诚信危机：形式、案例与隐患

| 危机类型 | 表现形式 | 典型案例 | 潜在风险 |
|---|---|---|---|
| 技术性失真 | 知识幻觉、数据投毒、逻辑谬误 | 生成"半真半假"文献等 | 损害学术真实性，误导研究，破坏传承，削弱成果可信度 |
| 行为性越界 | 论文代写、数据伪造、文献拼凑 | 国外博士生用 AI 生成论文被开除 | 破坏学术公平，挤压原创空间，形成"学术泡沫" |
| 制度性失效 | 规范滞后、监管缺失、权责模糊 | 医学院教授伪造数据致论文被撤稿 | 削弱学术信任，加剧不端行为，阻碍国际合作 |

## 12.1.4 人类主体性危机

### 1. 职业价值侵蚀

大模型通过自动化替代重复性、机械性工作，导致部分岗位需求减少或消失，迫使劳动者面临职业转型压力，同时加剧技术依赖和技能鸿沟（表 12-17）。

表 12-17    AIGC 职业价值侵蚀：形式、案例与隐患

| 主要类型 | 表现形式 | 典型案例 | 潜在风险 |
|---|---|---|---|
| 直接岗位替代 | 重复性、规则明确的工作被自动化替代 | 行政、法律、人力资源领域的基础岗位，如简历筛选、员工问答等工作被取代 | 失业率攀升，增添社会不稳定因素 |
| 技能需求极化 | 高低技能岗位差距显著拉大，经验带来的优势不再 | 教育、文化行业从业者的传统经验价值被算法取代 | 中等技能岗位数量减少，加剧社会阶层固化趋势 |
| 职业结构重塑 | 新岗位需求增多但薪资降低，工作任务复杂度提升 | 中等企业程序员、内容创作者，需求增加但工资增速放缓 | 引发劳动力市场动荡 |

### 2. 认知自主性退化

认知自主性退化指人类在长期依赖大模型的过程中，逐渐丧失独立判断、创造与决策能力，形成对技术的非理性依附状态（表 12-18）。

表 12-18    AIGC 认知自主性退化：形式、案例与隐患

| 主要类型 | 表现形式 | 典型案例 | 潜在风险 |
|---|---|---|---|
| 学习与思考能力弱化 | 依赖 AI 完成工作，减少自主探索 | 多国高校发现学生提交 AI 生成的作业 | 失去独立思考能力，影响长期学习效果 |
| 决策依赖症 | 盲目采纳 AI 建议，忽视专业意见 | 患者因过度信任 AI 诊断工具忽略医生建议，导致病情延误 | 决策失误，忽视专家判断，增加风险 |
| 信息批判性缺失 | 全盘接受 AI 内容，缺乏事实核查 | AI 虚假新闻传播导致股市闪崩 | 信息真实性难以保证，引发社会恐慌 |
| 创造力同质化 | 依赖 AI 生成艺术作品，原创性被压制 | 艺术家指控 AI 模仿其风格 | 创作多样性减少，原创性贬值 |
| 社交与情感钝化 | 依赖 AI 进行人际沟通，社交技能退化 | 因长期与虚拟 AI 互动，现实社交障碍激增 | 现实社交能力退化，影响心理健康 |

## 12.2 AIGC 局限性的核心特征

### 12.2.1 缺陷的全局性

AIGC 的局限性并非孤立存在于某个环节，而是扎根于技术架构的底层逻辑，形成覆盖数据、算法、应用的完整链条。在数据层，训练素材的偏差被模型无意识吸收，成为算法逻辑的组成部分；在算法层，基于统计规律的生成机制本质上是对人类行为的概率模拟，缺乏对语义的真正理解，导致"幻觉"等典型问题；在应用层，这些内生性缺陷会随着技术嵌入各类专业场景而扩散，形成"数据污染-算法失真-决策偏差"的传导闭环。

这种系统性特征意味着，技术局限性并非某个环节的偶然失误，而是不同层级缺陷相互强化的结果。

### 12.2.2 缺陷的隐蔽性

AIGC 的局限性往往披着"合理"的外衣，以用户难以察觉的方式存在。普通用户感受到的是流畅的语言、逼真的图像、自然的语音，而技术的缺陷常被掩盖在逻辑连贯的表象之下，用户仅凭直观体验难以辨别。

更值得注意的是，技术开发者也未必能完全预判模型行为。复杂算法在训练中可能涌现出设计者未预期的"突现能力"，这些能力既可能带来惊喜，也可能引发风险。这种双重隐蔽性（对用户与开发者而言均不透明）使技术缺陷如同隐藏在暗处的荆棘，在人们放松警惕时造成伤害，而发现与诊断的过程往往需要专业的技术工具与深厚的领域知识。

### 12.2.3 缺陷的传导性

AIGC 的缺陷具备跨场景扩散特性。在技术系统内部，数据层的某个细微错误可能在算法的层层运算中被放大，导致应用端的显著偏差；在现实社会中，这种技术偏差会跨越虚拟与现实的边界，从信息传播领域渗透到资源分配、社会决策等关键领域。

技术缺陷的传导路径往往呈现非线性特征，初始的微小问题可能在复杂系统的互动中演变为系统性风险，如同蝴蝶效应般引发远超技术本身的社会连锁反应。

### 12.2.4    治理的复杂性

AIGC 技术局限性的治理是跨学科、跨领域的复杂工程，技术上需改进算法等，制度上要完善法律框架，社会层面得提升数字素养等，且各维度间存在治理张力，如技术迭代与法律滞后的矛盾、商业利益与公共利益的冲突，以及全球文化差异带来的治理难度。同时，技术影响具有多面性，同一缺陷常涉及事实、伦理、法律等多重问题，需多学科主体协同，打破传统单一主体解决模式，建立政府、企业等多元共治体系，平衡创新与风险。

### 12.2.5    影响不可逆性

AIGC 的长期应用可能对人类核心能力产生潜移默化的影响，这种影响具有缓慢而深远的不可逆性。当个体习惯依赖模型生成内容时，主动思考与创造性实践的频率会逐渐降低，批判性思维、逻辑推理、领域专长等能力可能因"用进废退"而弱化。

不仅如此，这种能力侵蚀可能影响社会知识生产的底层逻辑，简化传统知识构建过程。长此以往，人类或丧失对复杂问题的深层理解，陷入"技术依赖型"认知陷阱。

### 12.2.6    风险动态演化性

AIGC 的局限性并非静止不变的，而是随着技术进步与应用场景扩展不断演化的。当开发者针对某类已知缺陷（如"幻觉"问题）进行优化时，新的风险可能在模型迭代中显现。此外，技术应用场景的拓展也会催生新的局限性，每一次边界的突破都会暴露此前未被重视的潜在问题。

这种动态演化性使得技术风险呈现此消彼长的特征。早期的简单规则可以解决明显的技术漏洞，但面对复杂系统的自适应性，局限性会以更隐蔽、更复杂的形态出现。在此情形下，则需要构建持续迭代的风险监测机制，以在技术发展的每个阶段保持对新形态风险的敏锐洞察和及时应对，避免陷入被动治理的局面（图 12-1）。

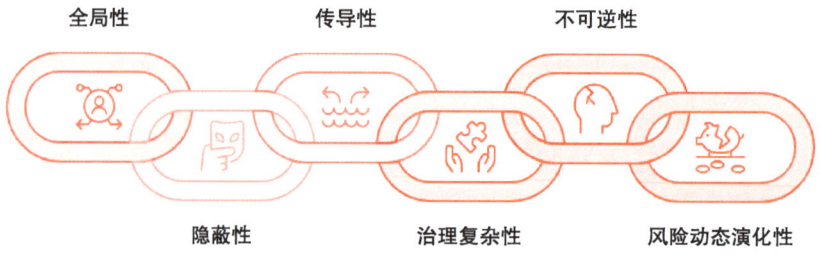

图 12-1    AIGC 局限性的核心特征

# 12.3　AIGC 技术与社会风险的根源

## 12.3.1　技术层面的内生性瓶颈

### 1. 训练数据偏差与噪声

大模型的性能表现深度依赖训练数据的质量，而数据偏差与噪声问题的产生，与数据采集、清洗及模型训练的技术原理紧密相关（图 12-2）。

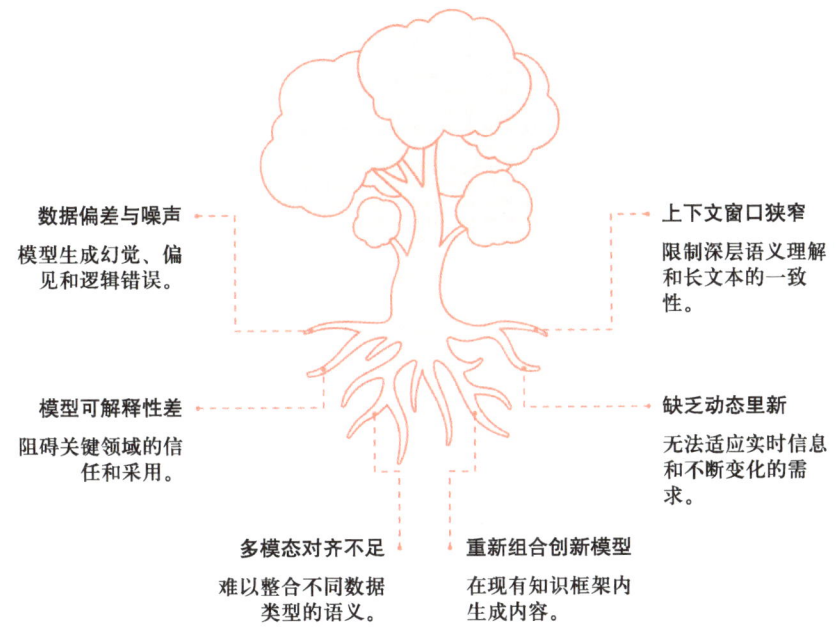

图 12-2　技术层面的内生性瓶颈

（1）在数据采集环节，由于网络爬虫技术的局限性，数据抓取往往倾向于热门网站与高频内容，导致长尾知识领域覆盖不足。

（2）从数据清洗技术原理来看，现有自动化清洗算法通常基于规则匹配与统计特征筛选，但面对语义模糊或格式异常的数据，难以精准识别噪声。当模型在这种掺杂噪声的数据上训练时，反向传播算法会将噪声数据产生的梯度错误地纳入参数更新，导致模型学习到错误的语言模式或知识表征。

（3）在模型训练机制层面，深度神经网络对数据分布的变化极为敏感。依据经验风险最小化原则，模型倾向于拟合训练数据中的统计规律，若数据存在偏差，模型会强化这种偏差的表达。如当训练数据中某类事件的样本占比过高时，模型在生成内容时会过度突出该事件的发生概率，造成认知误导。

（4）在数据动态治理层面，数据偏差与噪声在 AIGC 技术应用过程中并非一成不变，而是持续动态演化。一方面，用户交互产生的偏差数据形成"强化回路"，加剧模型错误迭代；另一方面，多模态数据偏差交叉污染给数据治理带来持续挑战。

数据偏差与噪声问题本质上源于数据处理技术与模型训练算法的固有局限，其对 AIGC 模型的干扰并非简单的内容缺陷表象，而是从底层改变模型的知识表征与推理逻辑，成为阻碍 AIGC 技术可靠性提升的关键技术瓶颈。

### 2. 上下文窗口狭窄

上下文窗口狭窄是制约大模型深层语义理解的核心技术瓶颈，具体表现为：

（1）技术架构限制：Transformer 自注意力机制计算复杂度随文本长度呈指数增长，在硬件与成本制约下，主流模型被迫限制窗口大小（如 GPT-3 仅 2048token），导致长文本分段处理或历史信息遗忘，出现生成内容逻辑断裂、对话"失忆"等问题。

（2）语义理解断层：大模型难以捕捉跨段落、跨章节的长距离语义关联，导致长文本生成时人设崩塌、论点矛盾；同时，大模型对指代、隐喻等修辞易产生误判（如混淆复杂句指代主体）；此外，大模型在处理跨领域知识整合时，仅能局部拼凑，无法构建完整语义图谱。

（3）场景适配困境：在医疗、金融等专业领域，大模型因窗口不足可能会遗漏病历细节、数据时间线等关键信息，影响结论准确性；同时在心理咨询、法律咨询等长对话场景中，模型常重复提问或忽略用户前文诉求，破坏交互流畅性。

### 3. 模型可解释性差

大模型可解释性差是 AIGC 技术落地关键领域的核心障碍，具体表现为：

（1）技术黑箱本质制约：Transformer 架构通过将语义转化为高维数值关联，每个词语的含义与千万参数非线性交织，单一神经元激活无法对应明确逻辑，开发者仅能通过输入输出相关性推测模型决策，难以解析深层机制。

（2）突现能力不可预测：大模型训练中常涌现未预期的"突现能力"或离奇错误，但其产生机制不明，增加解释难度，决策依据混杂数据经验与算法自演化逻辑，人类难以追溯。

（3）决策逻辑范式差异：大模型的内容生成基于数据统计关联（如"咳嗽"与"肺炎"共现频率），缺乏对因果机制的真正理解，当数据分布变化时容易误判，且无法像人类一样提供可解释的决策链条。

（4）关键领域信任危机：在医疗、法律、金融等领域，大模型可解释性差可能引发严重风险。如在医疗场景中，AI 无法解释诊断依据，医生难以采信；在法律场景中，因决策逻辑不可追溯导致责任主体模糊。这些问题动摇了人类对技术决策合法性的信任基础。

### 4. 动态更新机制缺失

当前主流大模型系统依赖大规模预训练数据构建知识体系，但缺乏对新数据的实时整合能力，因而无法适应现实动态需求，具体表现为：

（1）训练数据的时间胶囊效应：大模型训练一旦完成，便定格在某段数据采集的时空范围内，对此后新出现的政策法规、技术术语或社会热点往往一无所知。这种"时间断层"现象使模型在面对快速迭代的现实需求时，难以输出让用户满意的内容。

（2）增量学习记忆断层：大模型的深度神经网络参数共享机制易导致"灾难性遗忘"，表现为在学习新知识时会覆盖掉旧有知识，并出现跨任务性能退化的现象。

（3）反馈机制断裂：一方面，在目前的技术下，用户的纠错反馈很难被系统转化为具体的参数调整。另一方面，未经筛选的实时数据可能裹挟着噪声与偏见涌入，反而让模型性能"中毒"下降。由于缺乏有效的反馈机制，让模型难以对错误自我察觉与修正。

（4）关键场景适应真空：现有大模型在关键应用场景中常陷入适配性困境。如在医疗领域，因模型无法整合最新医学成果可能导致误诊，在教育领域，可能因不能随学生进度调整内容而缺乏个性化。这些问题本质上是模型静态认知与动态现实需求的脱节，在依赖实时信息的领域形成能力真空，让技术赋能变成了"滞后赋能"。

### 5. 多模态对齐能力不足

多模态对齐能力不足是大模型迈向通用智能的关键瓶颈，表现为系统难以整合多模态数据的语义与逻辑关系，具体问题如下：

（1）异质模态表征鸿沟：由于文本（离散符号）、图像（像素矩阵）、音频（波形信号）的数据结构差异显著，模型仅通过统计关联建立映射，缺乏对跨模态语义的深层理解（如无法关联"微笑"文本与对应表情图像的情感一致性）。

（2）跨模态交互机制缺陷：现有模型多停留在"浅层拼接"（如直接叠加图文特征），虽然 Transformer 的交叉注意力机制能实现局部对齐，但难以构建全局逻辑（如视频生成中人物口型与语音不同步），同时还易受单一模态优势数据干扰，导致信息失衡。

（3）训练数据对齐偏差：多模态标注成本高，数据普遍存在标注粗糙（如缺乏物体空间关系描述）、"伪对齐"样本（文本与图像偶然共现而非语义关联）及跨模态常识缺失的情况，直接影响模型学习效果。

### 6. 重组式创新模式

大模型的创造性本质是基于训练数据的"重组式创新"，即通过拆解、量化已有元素并进行概率性组合，生成未突破人类知识框架的内容，无法实现真正的跨领域颠覆性创造，具体表现为：

（1）知识表征的"碎片化拼接"：人类的创新源于对知识体系的深度理解。但大模型的知识表征是原子化的 token 序列（如词语、像素块、代码片段）。这种"碎片化记忆"

使大模型成为"知识积木的搬运工"，而非"知识体系的建筑师"，创新停留在表层重组，难以触及深层逻辑的突破。

（2）组合机制"概率关联"：大模型依赖概率关联而非因果推理进行组合，无法领悟背后的关联逻辑。这种基于数据概率的组合方式，使模型难以进行类似人类那样真正意义上的创新。

（3）语义一致性失衡：大模型逐 token 生成机制缺乏对语义架构的全局把控能力，导致内容局部流畅但整体逻辑断裂，直接影响到内容逻辑的整体连贯性。

（4）领域规则缺失：不同领域的创新都有各自的"门道"和核心规则，然而，大模型在重组信息生成内容时，往往忽视这些领域的特殊要求和内在约束。生成的内容可能违背专业原理，暴露专业创新能力短板。

## 12.3.2　社会伦理矛盾的数字化映射

### 1. 人类偏见的数字化复制

大模型成为人类社会偏见的"数字放大器"，训练数据中隐含的性别歧视、种族偏见、地域刻板印象等未经处理便被模型吸收，转化为算法输出（图 12-3）。具体表现为：

图 12-3　AIGC 社会伦理矛盾的数字化映射

（1）偏见内容植入：历史文本中"女性适合家庭、男性擅长事业"等性别分工描述，使模型生成职业推荐时默认关联特定群体（如护士-女性、工程师-男性），将性别不平等的观念进一步固化；同时，含种族歧视的社交媒体评论被纳入训练数据后，模型输出可能强化对特定种族的负面评价，加剧社会群体间的隔。

（2）算法放大效应：自动化生成特性使偏见传播速度与范围远超传统媒介，大模型生成的内容通过新闻推送、智能客服等渠道快速扩散，潜移默化影响用户认知。而大模型缺乏偏见识别能力，一旦将社会偏见转化为算法规则，便会在后续生成中不断复制强化与强化这些错误认知，形成"偏见→数据→算法→输出"的恶性循环。

### 2. 价值观对齐困境

AIGC 技术在融入社会的过程中，面临与人类复杂价值观对齐的根本性挑战，具体表现为：

（1）文化异质性冲突：多元文化、代际及行业价值观差异导致大模型容易输出相互矛盾的价值观点，此外，大模型在处理隐私保护、家庭场景等问题时，无法依据具体语境进行恰当的伦理判断。

（2）标注主观性陷阱：基于人类反馈的强化学习受标注者身份偏差影响（如地域、阶层），对道德模糊问题的随机标注易被算法误作明确规则。此外，大模型难以捕捉人类社会普遍存在的隐性价值规则（如孝道文化等）。以上陷阱使得大模型在生成场景内容时，因缺乏深层价值理解而产生冒犯性表达。

（3）动态价值演进滞后：社会价值观随技术进步、危机事件动态变化，但模型依赖静态训练数据，既无法剔除陈旧偏见（如过时性别观念），也难以应对元宇宙伦理、AI 版权等新兴议题。此外，在疫情、战争等特殊危机场景下，大模型无法及时感知社会价值观的临时性转变，依旧按常规模式生成内容，从而导致输出与现实场景格格不入。

（4）技术本质伦理盲区：大模型基于数据概率生成内容，无法理解人类价值观的场景化、情感化特征。此外，决策缺乏因果推理和情感共鸣，导致伦理判断机械生硬，人物刻画缺乏真实价值内核。

## 12.3.3　监管滞后引发的治理真空

### 1. 数据合规性监管不足

在 AIGC 蓬勃发展的浪潮中，数据合规性监管却未能跟上技术发展的步伐，这使大模型在数据的采集、使用、流转等环节都暴露出系统性的合规漏洞（图 12-4）。

图 12-4　AIGC 监管滞后引发的治理真空

（1）在技术标准方面，当前缺乏统一且完善的数据标注规范。数据标注是大模型训练的重要环节，标注的准确性直接影响模型的性能。然而，由于没有明确的标准，不同的数据标注团队可能采用不同的标注方式和标准，这就导致标注结果参差不齐，甚至出现错误标注的情况。对于生物特征数据，如人脸识别数据、指纹数据等，其处理过程更是存在严重的安全隐患。这些数据一旦泄露，将对个人隐私和安全造成极大的威胁，但目前在技术上缺乏有效的监管手段来保障其安全性。

（2）跨境数据流动也是数据合规性监管的一大难题。随着全球化的发展，相关企业往往需要在全球范围内收集和使用数据。然而，不同国家和地区对于数据主权和数据保护的规则差异巨大，这就使得跨境数据流动陷入了治理真空。一些企业在跨境数据传输过程中，可能会因为不了解或故意规避某些国家的法律规定，导致数据在传输过程中面临被窃取、滥用或泄露的风险。

### 2. 生成内容审查监管不及时

在 AIGC 技术蓬勃发展的今天，其生成内容的审查监管面临诸多难题，这背后有着复杂的技术原因。

（1）生成内容随机性。大模型基于概率分布预测来生成内容，它依据学习到的模式计算输出单元概率，选取概率最高的作为结果，这使生成内容具有随机性和不确定性，同一输入会产生不同输出，审查者难以依据固定模式审查，大大增加了审查难度。

（2）审查技术滞后。AIGC 技术让内容生成的速度和规模实现爆发式增长，能在短时间内产出大量文本、图像、音频或视频。但传统审查技术却难以跟上节奏，人工审查依赖审查人员的专业知识和经验，速度慢且易受疲劳、主观因素影响，面对海量内容无法及时、全面审查，对复杂内容的判断准确性也欠佳。此外，基于固定规则的算法审查也存在很大局限。它依靠预设关键词、模式或规则识别问题内容，可大模型生成的内容能通过同义词替换、语义转换等方式绕过规则。而且随着技术发展，新违规形式不断出现，这类算法难以快速适应。

（3）算法"黑箱性"。大模型参数多，内部计算过程复杂，具有黑箱性，审查者难以了解内容生成方式和潜在风险，缺乏深入分析和评估内容的有效技术手段。这些因素相互交织，共同导致了大模型生成内容审查监管的困境，亟待新的审查技术和方法来解决。

### 3. 安全监管机制不健全

AIGC 技术涉及数据处理、算法运行和模型应用等多个复杂环节，而现有安全监管制度在这些方面均存在明显短板。

（1）数据收集规范不足。数据的收集、存储与使用缺乏严格规范。相关企业为追求模型性能，常常过度收集用户数据，甚至涉及敏感信息，却未对这些数据进行妥善加密存储和合法合规使用。例如，一些图像生成应用在收集用户照片数据时，未明确告知用途和风险，且存储过程中加密措施薄弱，一旦数据泄露，将严重侵犯用户隐私。然而，当前监管制度中关于数据收集边界、存储安全标准以及使用授权的规定并不完善，导致监管部门在执法时缺乏明确依据，难以对违规行为进行有效约束。

（2）算法安全监管空白。算法是大模型的核心，但算法安全监管制度存在诸多空白。

算法在训练过程中可能因数据偏差产生偏见，从而导致歧视性结果，影响社会公平。比如在招聘场景中，大模型招聘筛选算法可能因训练数据中性别、种族等偏见因素，对特定群体产生不公平对待。但现有的监管制度中，缺乏对算法公平性的有效评估机制和常态化监测手段，无法在算法上线前全面检测潜在问题，也难以在算法运行中及时发现并纠正偏见。

（3）应用风险差异。在大模型应用层面，不同行业的应用风险差异巨大，但监管制度未能做到精准适配。以医疗和金融领域为例，大模型在这些行业的应用一旦出现错误，可能引发严重后果，如医疗误诊、金融诈骗等。然而，目前针对高风险领域大模型应用的准入门槛设定不够严格，应用过程中的监督检查也不够频繁和深入，缺乏全生命周期的监管机制。这使大模型在关键领域的应用缺乏足够的安全保障，对公众生命财产安全构成潜在威胁。

# 12.4 人类"补位"计划：从用到治的解决方案

## 12.4.1 从技术层面构建可靠生成体系

### 1. 增强模型认知与泛化能力

为提升大模型的认知和泛化能力，需从两方面增强其认知与适应能力（图12-5）：

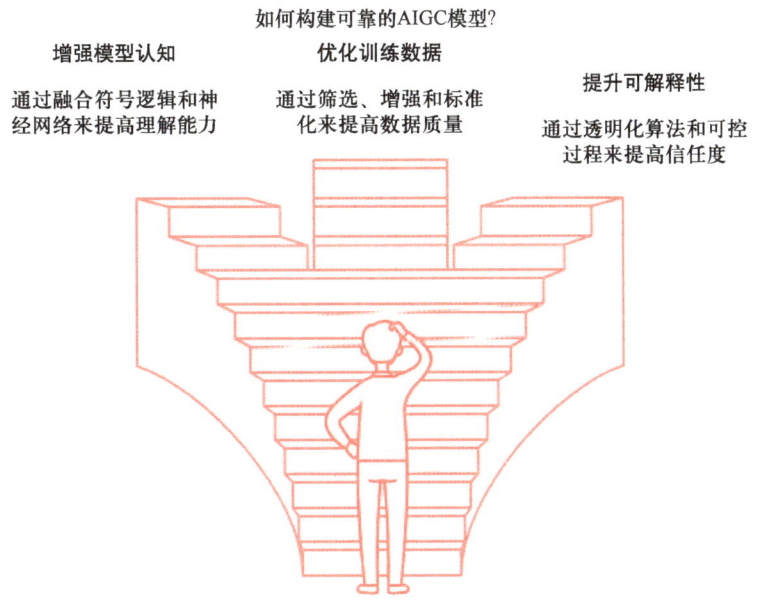

图 12-5 构建 AIGC 可靠生成体系的技术方案

（1）融合符号逻辑与神经网络技术。将人类总结的常识规则（如法律条文、伦理准则）转化为计算机可识别的符号化知识图谱，与擅长处理数据模式的神经网络结合，形成"规则+数据"双驱动的"智能引擎"。

（2）提升多维度语境理解能力。构建能综合分析场景背景、文化差异和情感倾向的动态模型，使 AI 更好捕捉隐性的社会规则与价值取向。

### 2. 优化训练数据与过程

为提升大模型的可靠性，需构建全链条数据优化体系：

（1）构建智能数据筛选与清洗系统：首先，利用智能筛选技术，自动剔除文本中的事实性错误、图像中的模糊噪点，以及重复冗余的无效内容。其次，通过数据增强技术（如图像旋转/文本重组）对清洗后的优质数据进行"变形加工"，让模型接触同一内容的多种表达形式，提升模型的泛化能力。最后，从行业层面设立数据准入标准，只有达标的数据才能进入训练环节，杜绝"问题数据"干扰模型学习。

（2）设计标准化训练流程：一是统一对数据进行预处理，确保模型"学习材料"格式统一。二是强化自动化调优与实时监控：通过算法自动搜索最优训练参数（如学习速率、迭代次数），避免人工试错的低效性。三是完善分阶段验证机制，在数据预处理、模型训练、生成输出等每个环节设置"质量检测关卡"，保障训练稳定性。

（3）动态更新与人工校准：一是定期根据现实变化更新训练数据，避免因数据滞后导致决策失误。二是在医疗、教育等对准确性要求极高的领域，引入人类专家对训练数据进行人工校准，确保专业领域数据的严谨性。三是完善动态反馈优化机制，将人类在实际使用中对内容的修正行为转化为训练信号，让模型从用户真实需求中学习，减少"脱离现实"的输出。

### 3. 提升可解释性与可控性

为解决大模型的"黑箱"问题并实现人工干预，需从三方面构建可控体系：

（1）算法透明化，让模型的"思考过程"看得见：一方面，研发专门技术将模型内部复杂的计算过程转化为直观的图表或流程图，让用户和监管者一目了然地看到"结果是怎么来的"。另一方面，为模型生成的每一项内容建立"知识档案"，让用户能追溯内容的其参考的数据源、知识图谱节点以及推理路径，提升内容可信度与可验证性。

（2）过程可控化，给模型装上"调节按钮"与"监控系统"：一是建立清晰的参数调节体系，为开发者和监管者提供可视化的"操作面板"，让人类能精准引导模型输出符合需求的结果。二是建立实时监测系统追踪关键指标，异常时自动预警并暂停服务，等待人工检查和修正，避免因模型异常导致严重后果。

（3）动态干预，让人类在关键时刻"踩刹车"与"调方向"：一方面，要加快完善紧急制动与内容修正机制，当模型生成有害内容（如虚假新闻、歧视性言论）或引发社会争议时，监管部门或授权人员可快速按下"暂停键"，阻止内容扩散并撤回已生成的信息。

另一方面，建立人机协同优化平台，让专家知识融入模型输出。这种"AI生成+人类校准"的模式，既发挥了技术的效率，又注入了人类的专业判断和伦理考量。

### 12.4.2 从伦理层面铸牢发展底线

AIGC技术的快速发展如同打开"潘多拉魔盒"，在释放创新潜力的同时，也需筑牢伦理防线，确保技术进步与人类价值同向而行。

（1）建立跨领域伦理准则体系（图12-6）。技术的中立性背后是人类价值观的投射，需构建覆盖核心场景的伦理准则，明确"可为"与"不可为"的边界。一是确立公平、透明、责任、无害四大通用伦理原则。二是针对医疗、教育、政务等高风险领域制定专项准则。三是建立动态更新机制，确保伦理准则可随着技术应用场景拓展和社会价值观演进定期修订。

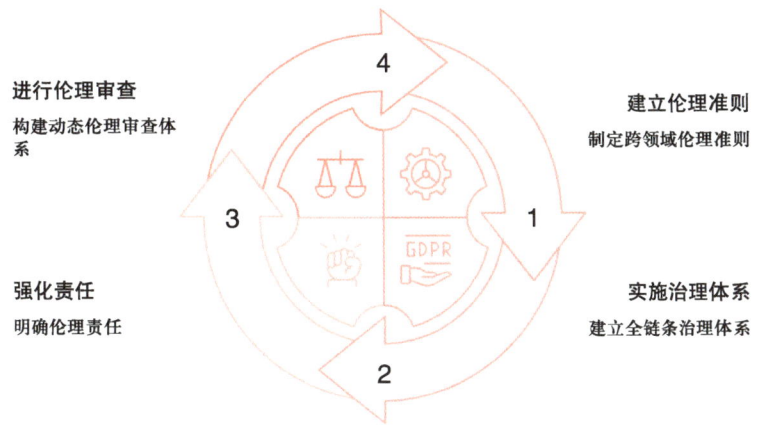

图12-6　AIGC伦理发展体系

（2）建立"检测—清洗—校准"的全链条治理体系。一是加强源头预防，在训练数据采集阶段引入伦理委员会评估，剔除包含歧视性表述的文本、偏见性图像，避免"脏数据"污染模型价值观。二是加强过程干预，实时扫描生成内容中的隐性歧视。三是加强结果校准，通过反事实推理验证生成结果的公平性，确保"相同条件下结果相同"的实质公平。

（3）三是强化伦理责任落实与追究。明确大模型产业链各环节主体的伦理责任。开发者需确保算法设计融入伦理规则，并对大模型输出的伦理风险承担首要责任。使用者要履行场景伦理践行者责任，在医疗、法律等专业领域，人类使用者需对AI输出进行伦理校准，不得直接将未经审查的内容作为决策依据。监管者应做好制度伦理守护者，确保高风险大模型必须通过伦理合规性测试才能上线。

（4）构建动态伦理审查体系。一是开发伦理风险评估模型，通过情感分析识别生成内容的潜在冒犯性，检测决策逻辑中的伦理断层。二是建立包含技术专家、伦理学者、公众代表的多方审查委员会，定期对大模型进行伦理审计。三是针对跨国技术应用的伦理冲突（如不同文化对"隐私"的定义差异），推动建立国际伦理共识。

## 12.4.3　从监管层面构建治理生态

### 1. 全球主要经济体 AI 监管体系透视

（1）欧盟 AI 立法框架

2024 年 5 月 21 日，欧盟《人工智能法案》（AI Act）历时 3 年正式批准通过，成为全球首部人工智能专项规制法案。作为全球 AI 治理的标杆，欧盟《人工智能法案》通过"精准分类与差异化监管"和"全生命周期监管长链条"构建起全球首个系统性 AI 治理框架：既划定技术创新的安全边界，又为合规发展提供了明确路径。

① 精准分类与差异化监管

法案将 AI 系统分为四大风险等级，并匹配针对性监管措施：

一是不可接受风险：明确红线领域，如用于大规模社会操纵的深度伪造技术、无差别监控公民的生物识别系统，从法律层面直接禁止研发与应用。

二是高风险类：对医疗诊断 AI、自动驾驶 AI 等设立严格准入门槛，要求企业提交安全性测试报告（如医疗 AI 需通过万例真实病历验证）、算法可解释性说明（如自动驾驶决策逻辑需向监管部门公开），并实施年度伦理审计。

三是有限风险类：对内容生成工具（如文案助手、图像生成器）实施备案制管理，要求公示数据来源与隐私政策，避免用户被误导（如 AI 生成的新闻需标注"机器创作"标识）。

四是最低风险类：法案允许自由使用此类 AI 系统，无需过多限制。

② 监管的长链条（图 12-7）

欧盟《人工智能法案》对高风险 AI 系统实施全生命周期的严格监管。从系统的早期研发，到市场应用的现实，欧盟监管如影随形。合格性评估、CE 标志认证、完备的技术文档，以及入市后的持续监测等措施，共同构成了全面的监管链条。

（2）美国多层级 AI 监管体系

美国的 AI 监管体系以多层级协同治理为特征。在联邦层面，政策、标准与监管并行。2022 年 10 月，美国发布《人工智能权利法案蓝图》，确立了确保系统安全有效、防止算法歧视、保护数据隐私等五项核心原则。2023 年 10 月 30 日，白宫颁布《关于安全、可靠和可信赖的 AI 行政命令》，搭建起"伦理原则+风险管理"的治理框架。同时，美国国家标准与技术研究院（NIST）主导制定《AI 风险管理框架》等技术标准，为行业提供规范。此外，美国食品药品监督管理局（FDA）、美国联邦贸易委员会（FTC）等联邦机构则实施分领域监管。在州层面，科罗拉多州等 17 个州引入了 AI 相关法案，重点关注大型模型的歧视性问题、透明度以及生物识别技术的应用。

图 12-7 欧盟《人工智能法案》监管链条

美国在 AIGC 监管上呈现三大特点：策略上坚持自由市场导向与创新优先，凭借倡议性文件和分散监管模式，依托市场自我调节机制，既通过加大对 AI 机构的资金支持、放宽行业发展限制来激发创新活力，又要求监管保持灵活性；机构设置上未设立专门的 AI 监管机构，而是将相关职能分散于不同政府部门和机构，依靠多部门协同监管；内容层面聚焦 AI 系统透明度、反歧视、数据治理等核心议题，致力于保障 AI 技术的公平可靠，切实维护用户隐私与合法权益。

（3）中国 AIGC 监管体系

中国构建"法律-标准-指引"三位一体的 AIGC 监管体系：法律层以《生成式人工智能服务管理暂行办法》为核心，与《中华人民共和国网络安全法》《中华人民共和国数据安全法》《中华人民共和国个人信息保护法》等构成法律矩阵，明确合规红线；标准层通过《生成式人工智能服务安全基本要求》等设数据采集、模型训练等量化指标；指引层以《人工智能生成合成内容标识办法》，以及行业自律公约和地方合规指引提供实操指导，实现"刚性约束+柔性指导"结合，既保障监管权威性，又为技术创新保留空间，展现了数字治理领域的制度创新。

在监管策略方面，借鉴欧盟《人工智能法案》的风险分级思路，对金融、医疗等高危场景实施全生命周期管控，而对教育、娱乐等低风险领域则以透明度要求为主，鼓励创新。此外，通过跨部门协同机制（国家网信办统筹，联合工信部、公安部等七部门）和全链条责任体系（覆盖服务提供者、分发平台及用户），形成"技术研发—数据治理—内容审核—行业应用"的闭环监管。

## 2. AIGC 监管体系的国际对比

全球主要经济体在 AIGC 监管方面形成了一些共性框架，同时因价值取向差异呈现三种典型模式：

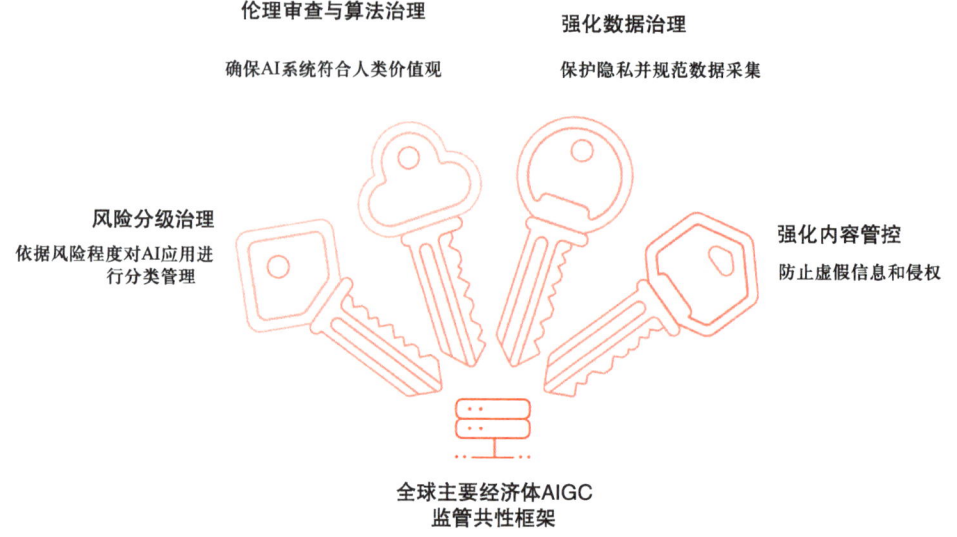

**伦理审查与算法治理**
确保AI系统符合人类价值观

**强化数据治理**
保护隐私并规范数据采集

**风险分级治理**
依据风险程度对AI应用进行分类管理

**强化内容管控**
防止虚假信息和侵权

**全球主要经济体AIGC
监管共性框架**

图 12-8　全球主要经济体 AIGC 监管共性框架

（1）共性监管原则

一是风险分级治理。全球主要经济体普遍以风险分级治理为基本理念，依据 AI 技术的应用场景和潜在风险程度实施分类管理，对高风险领域（医疗、自动驾驶）设严格准入，低风险场景简化监管。

二是伦理审查与算法治理。球主要经济体高度重视 AI 技术的伦理审查，确保 AI 系统的开发和应用符合人类的基本价值观，欧盟要求高风险 AI 伦理评估，中国禁止生成歧视内容，美国推动算法透明度自愿披露。

三是强化数据治理。强化全流程隐私保护，欧盟 GDPR 与 AI 法案联动，中国构建数据安全法律矩阵，美国通过州法规范数据采集。

四是强化内容管控。防范虚假信息，欧盟禁止政治深度伪造，中国强制标注 AI 生成内容，美国要求平台"通知-删除"侵权内容。

（2）差异化监管模式（表 12-19）

表 12-19　全球主要经济体 AI 监管模式差异

| 维度 | 欧盟 | 美国 | 中国 |
|---|---|---|---|
| 核心理念 | 风险分级，全周期管控（安全与创新平衡） | 市场优先，分散治理（创新驱动） | 安全与发展并重（分层协同治理） |

| 维度 | 欧盟 | 美国 | 中国 |
|------|------|------|------|
| 监管焦点 | 1. 高风险领域（医疗/交通）<br>2. 禁止危险技术（如深度伪造）<br>3. 透明与伦理 | 1. 反歧视与隐私<br>2. 透明度<br>3. 大型模型治理 | 1. 数据/内容安全<br>2. 高危场景（金融/医疗） |
| 关键措施 | 1. 四级风险分类（禁止/严控/备案/自由）<br>2. 全周期认证（CE标记+持续监测） | 1. 联邦政策+州立法<br>2. 行业自律+技术标准（如NIST框架） | 1. 法律-标准-指引三级体系<br>2. 高危场景全流程管控（备案/评估） |
| 特色 | 全球首个AI专项法案最严全周期监管 | 灵活分散治理鼓励市场自我调节 | 跨部门协同监管分类分级+底线约束 |
| 国际影响 | 风险分级框架引领国际标准 | 技术标准输出强，规则碎片化 | 强调数据主权，与欧美形成治理哲学差异 |

## 12.4.4 从社会层面促进人机共生

### 1. 企业主体责任与技术透明化要求

企业在AIGC领域需切实履行主体责任，生成合成服务提供者须对生成内容添加显式（如显著位置标注"AI生成"）与隐式标识（如数字水印），内容传播服务提供者应核验标识并向用户提示内容属性，应用程序分发平台需在审核时查验标识相关材料；同时，企业应推进技术透明化，公开数据来源、算法逻辑，记录内容生成全流程，保障用户知情权与监督权，以此构建责任明晰、透明可溯的技术生态，在释放AIGC创新活力的同时，防范滥用风险，实现技术发展与用户权益、公共利益的平衡。

### 2. 医疗、出版等领域的合规指南

（1）医疗行业

医疗领域明确AI辅助工具"辅助不替代"原则，允许其在影像分析、病例处理等场景提供支持，但禁止独立决策。多地规定处方必须由医师开具，AI不得替代医师操作或生成处方，且AI辅助内容需标注"AI生成"并保留人工复核，既发挥技术效率又坚守医疗安全底线。

（2）出版业

出版与学术领域针对AIGC技术建立"人类作者主体责任"的伦理规范。多家期刊明确AI工具在学术论文中的使用要求：一是严格限制AI署名权，严禁将AI列为论文作者或参考文献署名对象；二是允许在数据分析、文本润色等环节有限使用AI工具，但必须在论文中详细说明工具名称、使用场景、操作过程及具体贡献，未充分披露将面临退稿或

撤稿；三是重申科学研究严谨性、原创性等核心原则，反对依赖 AI 走捷径，要求学者恪守科研诚信与出版伦理；四是对违规使用 AI 的论文采取零容忍态度，通过直接退稿／撤稿机制及强化审稿流程中的原创性审查，确保学术规范得以落实。

（3）高等教育

高等教育领域对 AIGC 工具采取"有条件允许、严格规范"的管理策略，在技术辅助与学术能力培养间寻求平衡：允许学生在文献检索、格式优化等非核心环节借助 AI 提升效率，但严禁其直接生成论文核心内容（如研究结论、实验数据），且对 AI 生成部分需明确标注以保障学术诚信（表 12-20）。

表 12-20    国内部分高校 AIGC 管理策略

| 高校/机构 | 主要规定 | 使用限制 | 披露要求 | 备注 |
|---|---|---|---|---|
| 复旦大学 | 国内首个本科毕业论文 AI 规范，"六个禁止"（禁核心环节、生成修改数据等） | 涉及原创性等 AI 使用全面禁止 | 承诺书中披露 AI 工具名、版本、时间、用途及生成内容范围 | 强调学术原创，AI 仅非核心辅助 |
| 北京师范大学＆华东师范大学 | 联合发布指南，AI 生成内容标红且直接生成 ≤20% | AI 生成内容比例受限 | 标注明确 AI 生成内容 | 平衡辅助与独立创作 |
| 中国传媒大学 | 2024 年毕业论文规范，声明是否使用生成式 AI 并详说细节 | 无明确比例限制，需透明化使用过程 | 说明模型名、版本、使用时间及用途 | 侧重技术透明，防 AI 掩盖贡献 |
| 天津科技大学 | 生成式 AI 检测>40% 触发警示 | 技术检测量化 AI 使用边界 | 无直接披露要求，配合检测整改 | 技术监管引导合理使用，警示依赖代写 |

# 12.5    大学生 AIGC 素养提高路径

## 12.5.1    正确认识 AI 的"能"与"不能"

在 AIGC 迅猛发展的当下，大学生正确认知 AIGC 的能力边界意义重大，这关乎个人成长与对技术的驾驭能力。

一方面，AIGC 的确拥有强大的功能。它能高速处理海量数据，在学术研究资料收集阶段，可依关键词快速筛选信息，助力构建研究框架，大幅提升效率。在文本创作方面，能辅助生成文章大纲、优化语句，为写作提供灵感，让创作更顺畅。

另一方面，AIGC 并非无所不能。其生成内容常现事实性错误与逻辑漏洞，学术场景中可能虚构参考文献、给出错误观点。如在医学内容生成上，易混淆病症诊断和治疗方法，学生若盲目引用，会得出错误结论，影响论文质量与学术诚信。

所以，大学生使用 AIGC 时要严守学术规范。引用其内容必须注明工具来源，且不能轻信，要仔细核查验证。日常学习里，应将 AIGC 当作拓展思维的助手，而非获取答案的捷径。像解数学难题，可参考其解题思路，但要自己推导得出答案。

总之，大学生以理性、审慎的态度对待 AIGC，充分发挥其优势，规避其风险，大学生才能在享受技术带来便利的同时，不断提升自身的学术能力和创新思维，真正成为 AIGC 时代的驾驭者，为未来的学术研究和职业发展奠定坚实基础。

## 12.5.2　培养多元化工具使用能力

根据不同的需求，选择不同的工具。在信息检索与处理过程中，根据需求场景的不同特性，搜索引擎、AI 工具及二者结合的检索方式各有优势，具体选择如表 12-21 所示。

表 12-21　不同场景下信息获取优选工具

| 场景类型 | 优先方式 | 优选依据 |
|---|---|---|
| 广泛收集信息 | 搜索引擎 | 快速多渠道获信息，助全面认知，如研新兴行业趋势 |
| 查特定事实数据 | 搜索引擎 | 精准定位网络事实信息，如查 GDP 数据、战役日期 |
| 了解最新资讯 | 搜索引擎 | 及时抓最新信息，追时事热点，如关注突发事件 |
| 复杂问题深度分析 | AI 工具 | 理解自然语言，深入解答，如科学理论分析 |
| 求个性化建议/方案 | AI 工具 | 依用户情况生成，如定旅行计划、荐学习方法 |
| 文本创作优化 | AI 工具 | 辅助生成大纲、润色语句，提写作效率质量 |
| 信息准且全 | AI+搜索引擎 | AI 析关键方向，搜索获广信息，AI 整理确保准确，如学术研究 |
| 处理模糊问题 | AI+搜索引擎 | AI 澄清需求，结合搜索解答，如用户有大概想法时 |
| 快速获高质量信息 | AI+搜索引擎 | 搜索得原始信息，AI 筛选分析总结，支持商业决策等 |

## 12.5.3　科学鉴别 AI 生成内容真伪的方法

在信息爆炸时代，掌握系统化的内容鉴别方法是应对 AIGC 技术风险的核心能力。以下整合国际通行工具，形成可落地的验证框架：

（1）SIFT 四步法：快速筛查碎片化信息可信度

数字素养专家 Mike Caulfield 提出的 SIFT 法，通过四步操作高效过滤虚假信息，尤其适用于社交媒体、新闻资讯等场景（图 12-9）。

Stop（暂停反应）：面对煽动性标题或情绪化内容时，先抑制转发冲动，预留理性验证时间。

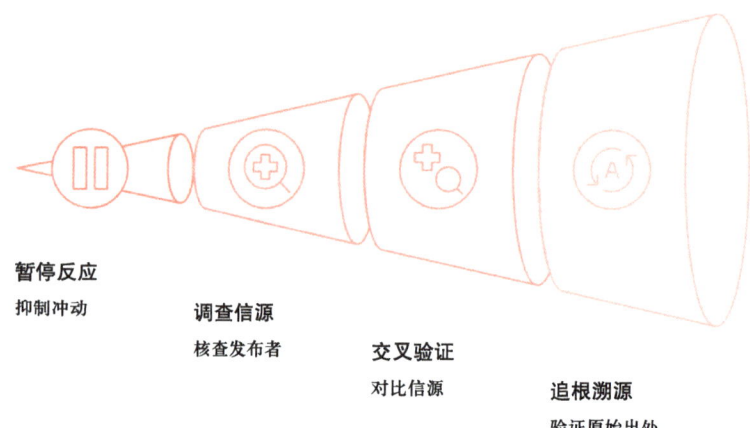

**筛选可信信息**

暂停反应
抑制冲动

调查信源
核查发布者

交叉验证
对比信源

追根溯源
验证原始出处

图 12-9 SIFT 四步法

Investigate（溯源信源）：核查发布主体资质，通过搜索"机构名称+可信度""作者背景+争议"等关键词，判断其专业性与利益关联。

Find（交叉验证）：对比权威信源（如政府官网、学术期刊、主流媒体）对同一主题的表述，观察是否存在共识或矛盾。

Trace（追根溯源）：通过搜索引擎、文献数据库等权威工具定位原始出处，验证信息是否断章取义。

（2）CRAAP 工具：五维评估深度可信度

针对学术研究、专业报告等复杂内容，可采用 CRAAP 标准进行结构化评估，从五个维度量化信息价值（图 12-10）。

Currency（时效性）：科技、医疗等领域优先选择近 1-3 年的文献，注意数据是否纳入最新政策或研究成果。

Relevance（相关性）：根据需求筛选内容颗粒度，学术研究侧重方法论细节，大众科普关注结论通俗性，通过阅读摘要快速判断匹配度。

Authority（权威性）：学术场景参考期刊影响因子、作者单位；大众场景核查机构资质。

Accuracy（准确性）：数据类内容需标注来源，观点类内容需提供论证逻辑，警惕"绝对化表述"。

Purpose（目的性）：识别内容背后的利益导向，商业广告常隐含产品推销，政治宣传可能强化单一立场，学术论文需声明资金来源。

（3）"五维四步"融合验证法：构建系统化鉴别流程

将 SIFT 操作流程与 CRAAP 评估维度深度结合，形成"初筛-深查-验证-溯源"的闭环机制（图 12-11）。

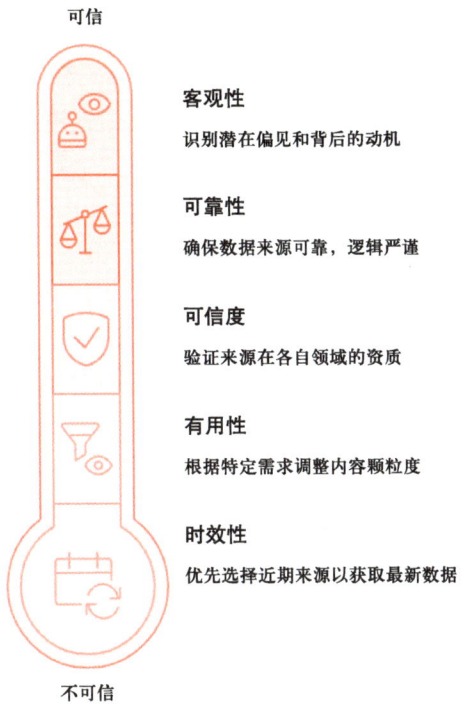

图 12-10 CRAAP 可信度评估框架

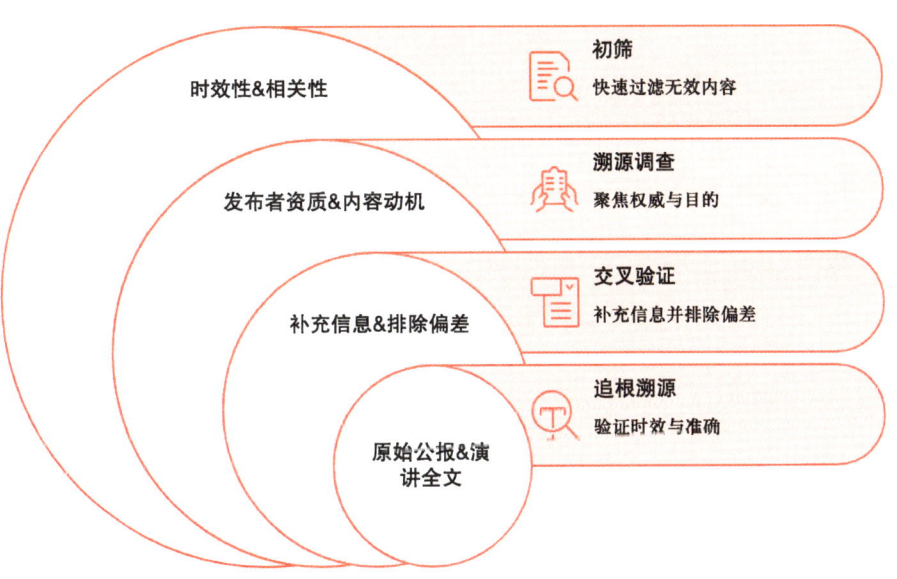

图 12-11 SIFT 和 CRAA 评估流程

Stop（暂停反应）→CRAAP 初筛：接触信息时先通过时效性（发布时间）和相关性（主题匹配度）快速过滤无效内容。

Investigate（溯源信源）→聚焦权威与目的：重点分析发布者资质及内容动机。

Find（交叉验证）→提升相关与准确：通过多信源交叉验证补充信息，学术场景检索 CNKI、Web of Science 等学术数据库，大众场景对比央视新闻与地方媒体报道，排除单一信源偏差。

Trace（追根溯源）→验证时效与准确：对关键数据追溯政府原始公报，对引用观点核查演讲全文，确保未篡改语境。

## 12.6　本章小结

本章深入剖析了 AIGC 在技术、伦理、社会等层面的局限性与风险，涵盖内容生成缺陷、数据与隐私侵害、系统性偏见、信息生态污染及责任框架瓦解等问题。同时，探讨了其对人类主体性、学术诚信的冲击，以及技术局限性的核心特征。为应对这些挑战，提出了"人类补位计划"，从技术优化、伦理规范、监管创新到社会适应等多个维度构建解决方案，旨在实现人类与 AIGC 技术的协同共生，确保 AIGC 的发展符合人类价值观，服务于人的全面发展和社会进步。

### 读者意见反馈

为收集对教材的意见建议，进一步完善教材编写并做好服务工作，读者可将对本教材的意见建议通过如下渠道反馈至我社。

**咨询电话** 400-810-0598

**反馈邮箱** hepsci@pub.hep.cn

**通信地址** 北京市朝阳区惠新东街4号富盛大厦1座　高等教育出版社理科事业部

**邮政编码** 100029

### 防伪查询说明

用户购书后刮开封底防伪涂层，使用手机微信等软件扫描二维码，会跳转至防伪查询网页，获得所购图书详细信息。

**防伪客服电话** （010）58582300